특별부록 Ⅰ

빈출포인트

숫자 공략! 핵심지문 80선

시대
에듀

www.sdedu.co.kr

빈출포인트 숫자 공략! 핵심지문 80선

[학습안내] 반드시 암기해야만 풀 수 있는 숫자 관련 유형의 문제가 시험에 빈번하게 출제되고 있습니다. 다음 〈표〉는 헷갈리지만 시험에 자주 나오는 '중요 숫자 관련 핵심지문 80선'을 선별하여 한눈에 볼 수 있도록 정리하였으니, <u>시험 전 최소 3회 이상 반복학습</u>하여 꼭 암기하도록 합니다.

숫자	내 용	비 고
『1』	투자권유대행인은 **1사**(금융투자업자) 전속이어야 한다.	
	준법감시인은 준법감시업무의 효율적 수행을 위하여 부점별 또는 수개의 부점을 **1단위**로 하여 준법감시인의 업무 일부를 위임받아 직원의 관계법령등 및 이 기준의 준수여부를 감독할 관리자를 지명할 수 있다.	
	방문판매를 수행하는 금융회사 임직원은 **연 1회** 이상 직무교육을 이수하여야 한다.	방문판매는 녹취가 필수임
	관리종목 지정 시, 불성실공시법인 지정 시 **1일간** 매매정지	공시 관련 벌점누계 15점 시 관리종목 지정
『2』	준법감시인의 임기는 **2년** 이상으로 한다.	
	금융투자업자는 부수업무를 영위하고자 하는 경우 영위 시작한 날로부터 **2주** 이내에 금융위에 보고하여야 한다.	사후보고
『3』	[주주명부의 폐쇄] 주주명부의 폐쇄기간은 **3개월**을 초과하지 못한다.	
	투자매매업자 또는 투자중개업자는 금융투자상품의 매매에 관한 투자자의 청약 또는 주문을 처리하기 위하여 최선의 거래조건으로 집행하기 위한 기준("최선집행기준")을 마련하고 이를 공표하여야 한다. 또한 **3개월**마다 최선집행기준의 내용을 점검하여야 한다. 이 경우 최선집행기준의 내용이 청약 또는 주문을 집행하기에 적합하지 아니한 것으로 인정되는 때에는 이를 변경하고, 그 변경 사실을 공표하여야 한다. 최선집행기준의 적용대상 금융투자상품은 '상장주권'에 한하여 적용한다.	한국거래소 외에 대체거래소(ATS) 출범과 관련된 내용임
	거래소는 단일가매매 시 예상체결가격 및 그 수량을 **3단계**까지 공개한다.	접속매매 시는 10단계 공개
	[유가증권시장 상장조건(IPO)] 회사의 영업활동기간 및 기업규모 요건상 경과연수는 **3년** 이상이다. (자기자본 300억원 이상, 상장주식수 100만주 이상)	주식 분산요건은 일반주주 500명 이상임
	ISA계좌의 의무가입기간은 **3년**이다.	9.9%의 분리과세
	금융소비자의 청약철회 요청 시 금융회사는 청약접수한 날로부터 **3영업일** 이내에 받은 금전 등을 반환하여야 한다.	늦어지면 연체이자 지급
	[CDD/EDD] 고객위험평가에서 저위험과 중위험 고객인 경우 **3년**마다 재수행	고위험 고객은 1년마다 재수행
	파생결합증권과 파생결합사채에 조기상환조건이 있는 경우 최초 조기상환기간을 **3개월** 이상으로 설정하여야 한다.	파생결합증권 중 ELW 제외
	[회사법] 감사위원회는 **3인** 이상의 이사로 구성한다.	감사와 감사위원회는 병존할 수 없음
『5』	유가증권시장에서 상장폐지된 법인의 경우 상장폐지일로부터 **5년** 이내 재상장이 가능하다.	분산요건 일반주주 500명 이상
	K-OTC 신규등록 요건을 위한 매출액은 **5억원** 이상(단, 크라우드 펀딩기업은 매출액 3억원 이상)이다.	등록과 지정은 다름에 유의
	연금저축(신탁/펀드/보험)은 가입 후 **5년** 후, **55세** 이후에 연금으로 수령한다.	납입한도 연간 1,800만원
	[위법계약해지청구권] 금융소비자는 계약을 체결한 날로부터 5년 이내에 서면등으로 해당 계약의 해지를 요구할 수 있고 금융상품판매업자등은 10일 이내에 금융소비자의 해지요구에 대한 수락여부를 통지하여야 한다.	단, (5년 범위 내) 위법계약임을 안 날로부터 1년 이내에 해지요구 가능
	금융투자회사가 거래상대방에게 재산상 이익을 제공하거나 제공받은 경우 제공목적, 제공내용, 제공일자, 거래상대방, 경제적 가치 등을 **5년** 이상의 기간 동안 기록·보관하여야 한다.	
	온라인소액투자중개업자의 인가조건 중 **5억원** 이상의 자기자본이 필요하다.	

	[주식등의 대량보유 등의 보고] 주권상장법인의 주식등을 대량보유(본인과 그 특별관계자가 보유하게 되는 주식등의 수의 합계가 그 주식등의 총수의 100분의 5 이상인 경우)하게 된 자는 그 날부터 **5일** 이내에 그 보유상황, 보유목적(발행인의 경영권에 영향을 주기 위한 목적 여부), 그 보유주식등에 관한 주요 계약내용 등을 금융위원회와 거래소에 보고하여야 하며, 그 보유주식등의 수의 합계가 그 주식등의 총수의 100분의 1 이상 변동된 경우에는 그 변동된 날부터 **5일** 이내에 그 변동내용을 금융위원회와 거래소에 보고하여야 한다.	
	상시근로자 **5인** 이상의 법인·조합·단체는 대출성 상품에 있어서 전문금융소비자에 해당한다.	
『6』	계좌가 폐쇄된 날로부터 **6개월**이 경과한 때에는 해당 계좌의 계좌번호를 새로운 투자자에게 부여할 수 있다.	
	주권상장법인의 임원, 직원(직무상 중요정보를 알 수 있는 자) 또는 주요주주가 "특정증권등"을 매수한 후 **6개월** 이내에 매도하거나 특정증권등을 매도한 후 **6개월** 이내에 매수하여 이익을 얻은 경우에는 그 법인은 그 임직원 또는 주요주주에게 그 이익("단기매매차익")을 그 법인에게 반환할 것을 청구할 수 있다.	
	금융투자회사가 금융소비자로부터 판매 관련 자료를 서면으로 요청받은 경우 해당 자료를 **6영업일** 이내에 제공하여야 한다. 또한 금융투자회사는 금융소비자로부터 분쟁조정 또는 소송의 수행 등 권리구제의 목적으로 자료의 열람을 요구받은 날로부터 **6영업일** 이내에 해당 자료를 열람할 수 있도록 하여야 한다.	6일과 6영업일은 다른 표현임에 유의
『7』	[투자성 상품] 청약의 철회는 계약서류를 제공받은 날 또는 계약체결일로부터 **7일** 이내에 가능하다(해당 기간보다 더 긴 기간을 정한 경우는 해당 기간).	대출성 상품은 14일 이내 철회 가능
	[해피콜 제도] 금융투자상품 판매 후 **7영업일** 이내에 판매직원이 아닌 제3자가 금융소비자와 통화한다.	
	금융투자업자는 제3자에게 업무를 위탁할 경우 위탁계약을 체결하여야 하며 실제 업무수행일의 **7일** 전까지 금융위에 보고하여야 한다(단, 본질적 업무가 아닌 경우는 업무수행일로부터 14일 이내의 사후보고).	사전보고
	금융투자회사가 약관을 제정·변경하는 경우에는 제정 및 변경 후 **7일** 이내에 금융위 및 협회에 보고하여야 한다.	사후보고
	금융투자분석사는 소속 금융투자회사에서 조사분석자료를 공표한 금융투자상품을 매매하는 경우에는 공표 후 24시간이 경과하여야 하며, 해당 금융투자상품이 공표일부터 **7일**이 경과하지 아니한 때에는 공표내용과 같은 방향으로 매매하여야 한다.	
『8』	[서킷브레이커] 1단계는 종합주가지수가 전 거래일보다 8% 이상 하락하여 1분간 지속되는 경우, 2단계는 전 거래일보다 15% 이상 하락하여 1분간 지속되는 경우 발동된다. (다만 1단계 매매거래중단 시점의 주가지수 수치보다 1% 이상 하락하지 아니하거나, 1% 이상 하락하였으나 1분간 지속되지 아니한 경우는 제외) 1~2단계가 발동되면 20분간 시장 전체 거래가 중단되며, 이후 10분은 단일가매매가 가능하다. 3단계는 전 거래일보다 20% 이상 하락이 1분 이상 지속되는 경우 발동되며 이 때는 당일 주식거래가 종료된다.	8%-15%-20%
『9』	오후 **9시** ~ 다음 날 오전 8시까지는 방문판매가 금지된다.	고객요청 시 제외
『10』	금융투자회사는 거래상대방에게 제공하거나 수령한 재산상의 이익가액이 **10억원**을 초과하는 즉시 홈페이지를 통해 공시하여야 한다.	
	거래소에서 매매수량단위는 1주이지만 ELW는 **10주** 단위로 거래한다.	ELW 거래가격단위는 5원임
	거래소는 (접속매매 시) 매도·매수별 최우선호가의 가격을 포함한 **10단계** 우선호가가격 및 수량을 공개한다.	단일가매매 시는 3단계 공개
	유사해외통화선물거래의 거래단위는 기준통화의 **10만** 단위로 한다.	FX마진거래
	배당가산(Gross-up) 시 배당가산액 = 배당소득 × **10%**이다.	이중과세방지책
	[회사법] 자본금 **10억원** 미만의 주식회사에서 이사가 1인인 경우 그 이사는 자동으로 회사를 대표하며, 이사회의 기능을 대신한다.	
	국고채의 장내거래의 매매수량 거래단위는 10억원이다.	단, 장외거래는 제한이 없다.
『12』	방문판매인력은 고객으로부터 투자자 정보에 대한 별도의 변경 요청이 없으면 투자자 정보를 파악한 날로부터 투자자 정보 유효기간(**12개월**~24개월) 동안 투자자 정보가 변경되지 않은 것으로 간주하여 확인서 작성을 생략하고 방문판매등을 진행할 수 있다.	방문판매란 전화판매와 화상판매를 포함한 개념임

『15』	대표주관회사는 IPO상 청약에 대한 배정 시 초과배정 주식수량은 공모주식 수량의 **15%** 이내이어야 한다.	Green Shoe Option
	불성실공시 관련 과거 1년간 벌점누계 **15점** 시 관리종목으로 지정된다.	
	코넥스시장의 일일 가격제한폭은 **15%**이다(코넥스시장에는 정규시장 개시 전에 실행하는 경매매가 있음).	다만, 시간외 대량매매 가격제한폭은 30%
『18』	[증권거래세율] • 유가증권시장 : 없음(+ 농어촌특별세 0.15%) • 코스닥시장, K-OTC시장 : **0.15%** (코넥스시장 : 0.10%, 그 외 비상장주식양도 : 0.35%)	탄력세율이라고 함
『20』	공개매수기간은 **20일** 이상 60일 이내여야 한다.	장외거래임
	우리사주조합원은 (유가증권시장에서) 공모하는 주식총수의 **20%**를 우선적으로 배정받을 권리가 있다.	코스닥시장에는 적용하지 아니함
	대부업자의 대부금리 상한선은 대통령령에 의거 **20%**가 상한이다.	국내 모든 금리 동일 상한임
『24』	금융투자분석사는 소속 금융투자회사에서 조사분석자료를 공표한 금융투자상품을 매매하는 경우에는 공표 후 **24시간**이 경과하여야 하며, 해당 금융투자상품이 공표일부터 7일이 경과하지 아니한 때에는 공표내용과 같은 방향으로 매매하여야 한다.	
『25』	'비영업대금의 이익'의 이자소득과 출자공동사업자의 배당소득에 대한 소득세는 **25%**이다.	예 친구끼리 금전거래
『30』	미수동결계좌의 지정은 매수대금 미납 시 다음 매매거래일로부터 **30일간**이다.	매도증권 미납 시는 90일간
	거래소시장 중 유가증권시장, 코스닥시장의 일일가격제한폭은 **30%**이다(K-OTC시장도 **30%**임).	코넥스시장은 15%임
	상장폐지되는 종목은 마지막 환금기회로서 정규매매시간 중 **30분** 단위로 단일가매매로 이루어지고 가격제한폭은 없다.	7일간 정리매매기간
	금융감독원장은 분쟁조정 신청을 받은 날부터 **30일** 이내에 합의가 이루어지지 아니할 때에는 지체 없이 조정위원회에 회부하여야 한다. 조정위원회는 이를 심의하여 조정안을 60일 이내에 작성하여야 한다.	금융투자협회의 분쟁조정은 30/30일이다
『40』	투자매매업자 또는 투자중개업자는 증권의 모집 또는 매출과 관련한 계약을 체결한 날부터 그 증권이 증권시장에 최초로 상장된 후 **40일** 이내에 그 증권에 대한 조사분석자료를 공표하거나 특정인에게 제공할 수 없다.	
『50』	채권 장외거래 시 개인이나 일반법인이 **50억원** 미만의 소액거래 시에는 당일결제가 가능하다.	당일결제됨
	설명의무 위반, 불공정영업행위금지 위반, 부당권유행위금지 위반, 허위광고 시 얻은 수입은 **50%** 이내의 과징금 부과 대상이다.	과징금과 과태료의 구분
	상속세와 증여세 가액이 **50억원** 초과 시 국세부과제척기간은 (세무당국이) 안 날로부터 1년이다.	언젠가는 추징하겠다는 뜻
	상속세와 증여세의 경우 납부세액이 2천만원 초과 시 **50%** 이하의 금액은 납부기한 경과 후 2개월 이내에 분납할 수 있다.	2천만원 초과 시 세무서 허가로 연부연납 가능
『55』	주택연금(역모기지론) 수혜대상자는 부부 중 연장자가 **만 55세** 이상이어야 한다.	대출잔액이 주택가격 초과 시 상속인 부담 없음
	연금수령은 적립금 가입 후 5년이 경과하고 **만 55세** 이후에 가능하며, 연금수령 시 연금소득세를 징수한다.	연금소득세 3.3%~5.5%
『60』	유가증권 IPO 시장에서 신규상장종목의 호가범위는 평가가격(기준가격)의 **60%~400%** 범위로 한다.	K-OTC 신규상장은 30%~500%임
	주식형 펀드는 자산총액의 **60%** 이상을 주식(지분)에 투자, 채권형 펀드는 자산총액의 **60%** 이상을 채권에 투자한다.	혼합자산펀드는 비율 없음
『70』	유상증자를 구주주의 신주인수권을 배제하고 전액 일반투자자에게 배정하는 일반공모방식으로 할 경우에 발행가격은 기준주가의 **70%** 이상이어야 한다.	구주주 피해의 최소화
『80』	[금융투자업자의 외화유동성비율] 잔존만기 3개월 이내의 부채에 대한 잔존만기 3개월 이내의 자산비율은 100분의 **80** 이상이어야 한다.	3개월 이내 80%

『90』	유상증자를 제3자배정방식으로 할 경우 그 발행가격은 기준주가의 **90%** 이상이어야 한다.	제3자배정
	금융실명법상 비실명금융자산에 대한 소득으로 지급자가 금융기관인 경우 원천징수세율은 **90%**이다.	비실명에 대한 조치
	[사업보고서 등의 제출] 제출대상법인은 그 사업보고서를 각 사업연도 경과 후 **90일** 이내에 금융위원회와 거래소에 제출하여야 한다.	반기 및 분기보고서는 45일 이내
『100』	**100억원** 미만의 무보증사채의 공모 시 수요예측을 생략한다.	채권 IPO
『140』	[담보비율 등] 투자매매업자 또는 투자중개업자는 투자자의 신용상태 및 종목별 거래상황 등을 고려하여 신용공여금액의 100분의 **140** 이상에 상당하는 담보를 징구하여야 한다. 다만, 매도되었거나 환매청구된 예탁증권을 담보로 하여 매도금액 또는 환매금액 한도 내에서 융자를 하는 경우에는 그러하지 아니하다.	
『150』	월적립식 보험의 경우 저축성 보험차익에 대한 이자소득세 면제 요건 중 하나는 계약자 1명이 납입하는 월보험료가 **150만원** 이하이어야 한다.	납입기간 5년 이상, 월균등 납입
『300』	금융투자분석사의 금융투자상품 및 주식매수선택권의 보유가액의 합계가 **300만원** 이하인 경우에는 고지대상에서 제외할 수 있다. 다만, 주식선물·주식옵션 및 주식워런트증권은 보유가액의 크기와 관계없이 고지하여야 한다.	
	금융투자회사가 파생상품(유사해외통화선물 제외)과 관련하여 추첨 등으로 선정된 동일 일반투자자에게 1회당 제공할 수 있는 재산상 이익은 **300만원**을 초과할 수 없다. 다만, 유사해외통화선물 및 주식워런트증권과 관련하여서는 추첨등의 방법으로 일반투자자에게 재산상 이익을 제공할 수 없다.	
『600』	연금저축 세액공제한도는 연간 **600만원**이다.	DC, IRP 포함하면 900만원임
『1,000』	[CDD/EDD 적용대상 일회성 금융거래등의 금액] 1. 카지노 : 3백만원 또는 그에 상당하는 외화 이상 2. 가상자산거래 : 1백만원에 상당하는 가상자산의 금액 이상 3. 전신송금의 경우 : 1백만원 또는 그에 상당하는 외화 이상 3. 외화표시 외국환거래 : 미화 1만달러 이상 4. 그 밖의 금융거래등의 경우 : **1,000만원** 이상	가상자산도 규제
	CTR 대상은 원화 **1,000만원** 이상인 경우 적용	STR은 금액적용 없음
『1,500』	한 해 연금소득이 **1,500만원**을 초과할 경우 분리과세(16.5%) 또는 종합과세를 선택할 수 있다.	종합과세율은 6.6%~49.5%
『1,800』	연금저축(신탁/펀드/보험), 퇴직연금(DC, IRP)의 연간 납입한도는 **1,800만원**이다.	모두 합산하여 연간 900만원 세액공제 가능
『2,000』	[소액분쟁사건에 관한 특례] 조정대상기관은 다음 각 호의 요건 모두를 충족하는 분쟁사건에 대하여 조정절차가 개시된 경우에는 조정안을 제시받기 전에는 소를 제기할 수 없다. 1. 일반금융소비자가 신청한 사건일 것 2. 조정을 통하여 주장하는 권리나 이익의 가액이 **2,000만원** 이내일 것	
『3,000』	적합성의 원칙, 적정성의 원칙 위반 시 **3,000만원** 이하의 과태료 부과대상이다.	과징금이 아님에 유의

특별부록 Ⅱ

빈출포인트
파이널체크 O/✕ 퀴즈

www.sdedu.co.kr

시대
에듀

증권투자권유자문인력 **제1편**

증권분석

제**1**장 경기분석(6문항 대비)

01 경기순환(business cycle)이란 한 나라 국민경제 전체의 활동수준이 반복적인 규칙성을 지니고 변동하는 경향을 말한다. 일반적으로 경기순환은 회복 → (   ) → (   ) → 침체의 4개 국면으로 나누어 볼 수 있다.

02 대부분의 거시경제지표들은 시간의 순서에 따라 배열된 시계열 자료로서 추세변동, 순환변동, 계절변동, 불규칙변동 등으로 나누며 이 중 경기와 관련성이 낮은 두 개를 제거한 (   )과 (   )을 사용한다.

03 경기순환의 국면을 구분하는 방법에는 여러 가지가 있으나 경기저점에서 정점까지 경제활동이 활발한 (   )국면, 경기정점에서 저점까지 경제활동이 위축된 (   )국면으로 나누는 이분법이 주로 이용된다.

04 확장과 수축의 경기국면에서, 저점에서 다음 저점까지 또는 정점에서 다음 정점까지의 기간을 (   )(이)라고 하며, 순환의 강도를 의미하는 정점과 저점 간의 차이를 (   )(이)라고 한다.

05 물가지수로는 소비자물가지수(CPI), 생산자물가지수(PPI) 그리고 (   )가 있다.

06 ○ × 장기(2년 이상) 만기의 예금 및 적금은 금융기관유동성(L_f)에 속한다.

07 통화의 유통속도는 (사전적 / 사후적)으로 추계가 가능하므로 경기변화 및 인플레이션 압력 등을 예측하는 데 유용성이 (높다 / 높지 않다).

08 MV = PY에서 M은 통화량, V는 유통속도, P는 물가 그리고 Y는 (실질GDP / 명목GDP)를 나타낸다.

정답 **01** 활황, 후퇴
02 추세변동, 순환변동
03 확장, 수축
04 순환주기, 순환진폭
05 GDP디플레이터
06 ○
07 사후적, 높지 않다
08 실질GDP ▶ Y는 실질 생산량으로서 PY가 명목GDP가 된다.

---

09 MV = PY를 M의 증가식(⊿)으로 나타내면(미분하면) $\Delta M = \Delta P + \Delta Y - \Delta V$이다. Y의 전망치가 4~5%, P의 전망치가 3~4%이고 V의 전망치가 -1~-2%이면 통화공급의 증가율(ΔM)은 (   )의 범위이다.

10 경기변동의 한 가지 원인으로 민간기업의 투자지출 변화에 의한 수요충격을 들 수 있다. 케인즈에 따르면 자본주의 경제에서 투자는 기업가의 미래수익에 대한 기대치를 반영한다고 했는데 이 기대는 기업가의 투자심리 또는 (   ) 감각에 크게 의존한다고 하여 투자는 본질적으로 불안정하다고 보았다.

11 경기변동의 한 가지 원인으로 화폐적 충격을 강조한 (   ) 교수는 대표적인 통화주의자로서 경기순환이 나타나는 것은 통화당국의 (준칙 / 재량)에 의한 통화량 조절 때문이기에 이러한 정책이 경제를 불안정하게 한다고 주장하였다.

12 케인즈학파는 독립투자 또는 내구재소비의 증가는 생산증가 또는 소득증가를 유발한다는 (승수이론 / 가속도원리)과(와) 이러한 생산증가는 다시 투자증가를 유발한다는 (승수이론 / 가속도원리)을(를) 결합하여 경기순환을 설명하였다.

13 (케인즈학파 / 새고전학파 / 신고전학파)인 루카스는 소비함수나 투자함수의 계수는 (경직성 / 신축성)이 있으며, 개인이나 기업은 (합리적 기대 / 적응적 기대)를 한다고 주장하였는데 이를 '루카스 비판'이라고 한다.

14 ○× 새케인즈학파는 경제주체들의 최적화 행동 및 신축적인 가격조정 메커니즘을 통한 완전경쟁적 시장균형이 가능하다고 하였다.

15 통화당국의 통화정책은 내부시차가 (짧다 / 길다). 그러나 세율의 변화나 정부지출의 변화는 내부시차가 (짧다 / 길다).

16 통화주의자들은 통화정책에 대하여 (재량 / 준칙)을 강조한다.

17 새고전학파는 (준칙 / 재량)에 의한 통화정책은 단기적으로 인플레이션을 통한 경제성장 효과를 볼 수는 있지만 개인과 기업은 (적응적 / 합리적) 기대를 하므로 지속적으로 속지는 않는다고 주장하였다.

18 은행대출은 정보의 비대칭성으로 인하여 은행의 차입자에 대한 신용을 정확히 파악할 수 없기에 균형금리에서 결정되는 적정수준의 대출 수준보다 과소한 수준에서 이루어지는 (   ) 현상이 발생하여, 이는 통화정책의 파급경로 중 금리경로에서의 장애가 된다.

정답 **09** 8~11% ▶ 4 + 3 - (-1) = 8, 5 + 4 - (-2) = 11이므로 8~11% 범위가 된다.
10 동물적 (감각) (Animal Spirit)
11 프리드만, 재량(Discretion)
12 승수이론, 가속도원리
13 새고전학파, 신축성, 합리적 기대
14 × ▶ 새케인즈학파는 새고전학파 경제주체들의 합리적 기대는 받아들이면서도 케인즈의 가격 경직성의 아이디어는 계승하였다.
15 짧다, 길다
16 준칙(Rule)
17 재량, 합리적
18 신용할당(credit rationing)

19 ○× 경기변동의 국면·전환점과 속도·진폭을 측정할 수 있도록 고안된 경기지표의 일종으로, 국민경제의 각 부문을 대표하고 경기를 잘 반영하는 경제지표들을 선정한 후 이를 가공·종합하여 작성한 것을 경기확산지수(DI : Diffusion Index)라고 한다.

20 CI 중에서 향후 경기변동의 단기 예측에 이용되는 선행종합지수 구성지표에는 재고순환지표, 경제심리지수, 건설수주액(실질), 기계류내수출하지수(선박제외), 수출입물가비율, 코스피, (　　　　)의 7가지가 있다.

21 CI 중에서 현재 경기의 사후 확인에 이용되는 후행종합지수 구성지표에는 생산자제품재고지수, 소비자물가지수변화율(서비스), 소비재수입액(실질), (　　　　), CP유통수익률의 5가지가 있다.

22 ○× BSI 지수값은 (긍정응답업체수 − 부정응답업체수) / 전체응답업체수×100으로 표시되고 이 산식에 의거 모두 0에서 200까지의 값을 갖게 되며 긍정적인 답변과 부정적인 답변의 비중이 같을 때 100이 되는데 이때 이 100을 기준치라 한다. 100을 기준으로 지수가 100보다 크면 조사항목에 대해 긍정적으로 생각하는 업체(또는 가구)가 부정적으로 생각하는 업체보다 많다는 것을 의미한다.

23 경제심리지수(ESI)는 민간 경제주체의 경제상황에 대한 심리를 종합적으로 파악하기 위해 BSI와 (　　　　)를 합성한 종합심리지수이다. 한국은행이 조사와 분석을 거쳐 매달 마지막 날 발표하고 있다.

24 ESI는 장기평균 (50 / 100)을 중심으로 표준편차가 10이 되도록 표준화하여 산출하는 지수이다. 따라서 ESI 수치가 (50 / 100)을 넘어서면 기업과 가계 등 민간 경제주체의 경제심리가 과거보다 나아진 것으로 해석할 수 있고, 반대로 ESI 수치가 (50 / 100)에 미치지 못한다면 기업과 가계 등의 민간 경제주체가 경제심리를 과거보다 나쁘게 생각하고 있다고 해석 가능하다.

25 경기수축기에 있어서 BSI보다 일정기간 선행하는 특성이 있어 경기저점이나 경기수축국면을 예측하는 데 유용한 지표로 활용되는 것은 (　　　　)이며, 이 지표도 BSI와 동일하게 0~200의 값을 가진다.

정답
19 × ▶ 경기종합지수(CI : Composite Index of Business Indicators)에 대한 설명이다.
20 장단기금리차
21 취업자수
22 × ▶ BSI 지수값은 (긍정응답업체수 − 부정응답업체수) / 전체응답업체수×100 + 100이다.
23 CSI ▶ ESI(Economic Sentiment Index)란 기업과 소비자 모두를 포함해 민간이 경제 상황에 대해 어떻게 생각하는지를 종합적으로 파악하는 지표로서 일종의 경제성적표라고 할 수 있다. 기업경기실사지수(BSI)와 소비자동향지수(CSI)를 합성한 종합심리지수이다. 한국은행이 조사와 분석을 거쳐 매달 마지막 날 발표하고 있다.
24 100, 100, 100
25 CSI(소비자동향지수)

제2장 기본적 분석(5문항 대비)

01 ☐O☐X 자산과 부채는 1년을 기준으로 유동자산 또는 비유동자산, 유동부채 또는 비유동부채로 구분하는 것이 원칙이다.

02 ☐O☐X 기업이 고객으로부터 은행발행 자기앞수표의 수령 시 현금계정에 기록한다.

03 ☐O☐X 상품 및 원재료 구입자금으로 선지급한 금액은 자산계정인 선급비용 계정으로 처리한다.

04 ☐O☐X 부동산 매매업자가 판매를 목적으로 하는 토지는 유형자산인 토지 계정에 속한다.

05 ☐O☐X 부동산 매매업자가 부동산을 매각할 경우 매각금액은 손익계산서의 매출계정에 기입한다.

06 ☐O☐X 수익과 비용은 서로 차감하여 가능한 순액에 의하여 기재함을 원칙으로 하며, 미실현수익은 당기의 이익계산에 산입함을 원칙으로 한다.

07 ☐O☐X 제조업체가 영업활동 중 금융기관에 지급할 이자비용은 손익계산서상 판매비와 일반관리비에 속한다.

08 당기 기간 중 순손실이 발생하였음에도 불구하고 배당이 가능한 이유를 파악하려면 재무제표 종류 중 (　　　　)을(를) 참조한다.

09 ☐O☐X 잉여금처분계산서는 기업회계기준상 주요재무제표의 한 종류이다.

10 ☐O☐X 배당건설이자 계정은 손익계산서의 비용항목에 속한다.

정답　**01** O

02 O ▶ 언제든지 지급이 보장되므로 현금등가물이다.

03 X ▶ 선급금 계정이다. 선급비용은 내년도 임대료 등을 미리 지급한 경우이다. 즉 선급비용은 해당 기업의 주 업무인 상품의 매매가 아닌 비용의 선지급이다.

04 X ▶ 판매를 목적으로 하는 토지는 재고자산에 속한다.

05 O

06 X ▶ 수익과 비용은 총액에 의하여 기재함을 원칙으로 하며, 미실현수익은 당기의 이익계산에 산입하지 아니함을 원칙으로 한다.

07 X ▶ 영업활동 중 금융기관에 지급할 이자비용은 영업외비용에 속한다.

08 현금흐름표

09 X ▶ 잉여금처분계산서는 상법상 요구되는 것이지만 기업회계기준상 재무제표의 종류는 아니다. 다만, 공시가 필요한 경우 주석(Foot Note)으로 표시한다.

10 X ▶ 배당건설이자란 개업 전에 일정 기간 내에 주주에게 배당한 금액으로 자본조정항목으로 표기한다. 주식회사가 사업의 성질상 설립 후 2년 이상 그 영업의 전부를 개시할 수 없을 때 이를 정관에 규정하고 법원의 인가를 얻은 경우에 한하여 일정기간 자본금에 대하여 연 5분(分) 이하의 이자를 배당할 수 있는데 이러한 이자배당액을 배당건설이자라 한다. 사실상 자본금을 돌려주는 성격이므로 배당건설이자 지급은 자본조정항목으로 표기한다.

11 ⃞○ ⃞× 총자본이익률의 공식의 분모에는 차입금이 포함되지만 자기자본이익률 공식의 분모에는 차입금이 포함되지 않는다.

12 ⃞○ ⃞× 유동비율 공식의 분자에는 유동부채가 표기된다.

13 매출총이익 = 100, 영업이익 = 60, 당기순이익 = 50이며, 이자비용이 20인 경우 이자보상비율은 (   )배이다.

14 기업의 활동성을 측정하는 모든 회전율 공식의 분자에는 항상 손익계산서 항목인 (   )이 표기된다.

15 ⃞○ ⃞× 주가수익비율(Price Earning Ratio : PER)은 주가수익률이라고도 하는데 주가를 주당순이익(EPS)으로 나눈 것이다.

16 ⃞○ ⃞× 주가순자산비율(Price to Book-value Ratio : PBR)은 주가를 1주당 순자산으로 나눈 값인데 이 때의 순자산이란 재무상태표상의 장부가치를 말한다.

17 당기순이익 = 100원, 감가상각비 = 10원, 유가증권평가차익이 5원일 경우 현금흐름표상의 금액은 (   )이다.

18 주가수익비율(PER)은 높지만 현금흐름비율(PCR)이 낮은 경우에는 해당 주식에 대한 현재의 주가가 (낮은 / 높은) 것으로 볼 수 있으며, PER이 낮은 경우에 PCR이 높다면 현 주가는 (낮다고 / 높다고) 할 수 없다.

19 배당수익률과 배당률의 용어 쓰임이 다르다. 현재 주가 5만원(액면가 5천원)의 배당률이 10%라면 주당 배당금은 (5,000원 / 500원)이다.

20 ⃞○ ⃞× 비율분석의 한계점으로는 (1) 재무제표는 과거자료라는 점, (2) 손익계산서와 재무상태표의 시간적 차이가 존재한다는 점, 그리고 (3) 상이한 회계처리기준을 들 수 있다.

21 손익계산서는 (Flow / Stock) 개념이며, 재무상태표는 (Flow / Stock) 개념이다.

정답 **11** ○ ▸ 총자본 = 자기자본 + 타인자본이다. 따라서 차입금은 타인자본이므로 분모에 포함된다.

12 × ▸ 유동비율 공식 = 유동자산/유동부채 × 100이므로 분자에는 유동자산이 표기된다.

13 3(배) ▸ 이자보상비율은 영업이익/이자비용이므로 60/20 = 3배이다.

14 매출액

15 ○

16 ○

17 105원 ▸ 당기순이익(100원) + 감가상각비(10원) − 유가증권평가차익(5원) = 105원, 현금흐름상 지출이 없는 감가상각비를 더하고 현금유입이 없는 평가차익은 차감한다. 이는 발생주의 회계를 현금주의로 바꾼 것이다.

18 낮은, 낮다고 ▸ PER = 주가/주당순이익, PCR = 주가/주당현금흐름이므로, 주가수익비율(PER)은 높지만 현금흐름비율(PCR)이 낮은 경우 발생주의 회계에 의한 PER에 사용된 주당순이익보다 주당현금흐름이 크게 되면 (즉, PCR 비율이 낮게 되면) 현금흐름이 좋은 회사이므로 현재의 PER을 높다고 볼 수 없다(낮다는 의미이다).

19 500원 ▸ 그러나 배당수익률에 의한 주당 배당금은 5천원(현 주가 5만원 × 10%)이 된다.

20 ○

21 Flow, Stock ▸ 손익계산서는 일정 기간의 경영성과를 나타내는 Flow 개념이며, 재무상태표는 일정 시점의 재산상황이므로 Stock 개념이다.

22 기본적 분석이 한계점을 가지는 이유는 (1) 해당기업에 대한 (   )에 대해 투자자들의 견해가 다를 수 있고, (2) 기업마다 (   )이 다를 수 있기 때문에 그 내재가치의 적정성을 가질 수 없으며, (3) 내재가치 분석에 오랜 시간이 걸리므로 분석 도중에도 계속하여 분석대상 기업에 대한 새로운 정보의 출현으로 이를 제때 가치산정에 반영하기가 힘들기 때문이다.

23 배당평가모형 중 성장이 없는 모형으로서, 예를 들어 투자자가 매년 배당금 1,000원인 주식을 보유하고 있으며 현재 요구수익률이 연 20%라고 할 때 이 투자자가 갖고 있는 주식의 가치는 (   )원이다.

24 배당평가모형 중 성장이 있는 모형으로서, 예를 들어 투자자가 현재 배당금 1,000원을 지급한 주식을 보유하고 있으며 배당의 성장률이 10%, 투자자의 요구수익률이 연 20%라고 할 때 이 투자자가 갖고 있는 주식의 가치는 (   )원이다.

25 현재 3,000원의 배당금(D_0)을 지급하고 있는 어느 기업이 앞으로 계속적으로 10%의 배당성장(D_1)이 기대될 때 투자자의 요구수익률(k)이 15%라면 이 주식의 이론적 가격은 (   )원이다.

26 미래에 기대되는 배당성향(D_1)이 40%, 요구수익률(k)이 12%, 배당의 기대성장률(g)이 7%라면 이 회사의 PER은 (   )배이다.

27 ○✕ PER 지표는 기업의 단위당 수익가치에 대한 상대적인 주가수준을 나타낸 것이다. 주당 이익에 비하여 주가가 몇 배인지를 나타낸다는 의미에서 이익승수(earnings multiples)라고도 한다.

28 ○✕ PER이 주가와 일정기간 동안 수익이라는 유량(flow)관계를 나타내는 데 비하여, PBR은 주가와 특정시점 순자산의 저량(stock)관계를 나타내는 지표가 된다는 점에서 차이가 있다.

29 ○✕ 기술주의 경우는 처음 수년간 이익을 내지 못하여 수익가치를 평가할 수 없는 경우가 많다. 또 이들 기업은 우수한 인적자원은 많지만 고정자산 투자가 작아 자산가치를 평가하기 어려운 경우가 많다. 이러한 기업에 주가매출액비율(PSR : Price Sales Ratio)의 적용은 기업의 외형적인 성과척도인 주당매출액에 비교한 상대적 주가수준을 평가하는 지표로 유용하다.

30 어느 주식의 기대배당성향이 40%, 요구수익률이 12%, 기대성장률이 7%인 경우 PER값은 (   )이다.

정답 **22** 내재가치, 회계처리기준

23 5,000(원) ▶ 주식의 가치 = 1000/0.2 = 5,000원

24 11,000(원) ▶ 주식의 가치 = 현재 배당금(1 + 성장률) / (요구수익률 − 성장률) = 1,000(1 + 0.1) / (0.2 − 0.1) = 11,000원

25 66,000(원) ▶ P = 현재 배당금(1 + 성장률) / (요구수익률 − 성장률) = 3,000(1 + 0.1) / (0.15 − 0.1) = 66,000원

26 8(배) ▶ PER = 주가/주당이익 = P/E이다. 이 식에서 P = D_1 / (k − g), E_1(1 − f) = D_1(단 f = 사내유보율), 따라서 P/E = D_1 / (k − g) × (1 − f)/D_1 = (1 − f)/(k − g) = 0.4/(0.12 − 0.07) = 8

27 ○

28 ○

29 ○

30 8 ▶ PER = P/E = D_1/(k − g) = 0.4/(0.12 − 0.07) = 0.4/0.05 = 8

31 ⊙⨯ 주가순자산배율(PBR)은 주가를 1주당 순자산으로 나눈 값이다.

32 ⊙⨯ PBR = ROE × PER = 당기순이익/매출액 × 매출액/총자본 × 총자본/자기자본 × PER = 마진 × 활동성 × 부채레버리지 × 기업수익의 질적 측면(PER)으로 나타낼 수 있다.

33 ⊙⨯ PBR = ROI × PER이다.

34 PBR이 1이 아닌 이유는 (   )의 차이, (   )의 차이, 자산·부채의 인식기준의 차이이다.

35 ⊙⨯ PER이 높아도 PCR이 낮다면 저평가, PER이 낮아도 PCR이 높다면 고평가된 것으로 본다.

36 ⊙⨯ PSR = 주가/주당매출액으로서 주가가 주당매출액의 몇 배인가를 나타낸다.

37 ⊙⨯ EBITDA(Earning Before Interest, Tax, Depreciation & Amortization)는 장치산업보다는 벤처산업의 현금흐름을 더 잘 반영할 수 있다.

38 보기에 따를 때 EV/EBITDA 비율은 몇 배인가?

– 주가 40,000원 – 발행주식수 100만주 – 순차입금 200억원 – 세전영업이익 30억원 – 감가상각비 30억원

정답 **31** ○

32 ○

33 ✕ ▶ PBR = ROE × PER이다.

34 시간성, 집합성 ▶ (시간성의 차이) 분자의 주가는 미래 현금흐름을 나타내지만 분모의 순자산은 역사적 취득원가를 나타내기 때문이다. (집합성의 차이) 분자의 주가는 기업의 총체적 가치이지만 분모의 BPS는 단순히 개별자산의 합에 불과하기 때문이다. (자산·부채의 인식기준의 차이) 회계관습에 의하여 자산·부채의 장부가액의 평가가 제약을 받기 때문이다.

35 ○

36 ○

37 ✕ ▶ EBITDA는 감가상각비가 큰 장치산업의 현금흐름을 잘 반영할 수 있다.

38 10배 ▶ EV = 시가총액(4만원 × 100만주 = 400억원) + 순차입금(200억원) = 600억원

EBITDA = 세전영업이익(EBIT) + 감가상각비(DA) = 30억원 + 30억원 = 60억원

따라서 600/60 = 10(배)

제3장 기술적 분석(4문항 대비) 　　　　　　　　　　　　　　　　　　　　　　　실제유형 모의고사

01 ○× 일본식 차트와 달리 미국식 차트에서는 시가가 없다.

02 ○× 다우 이론에 따르면 시장에서 예상되고 있거나 이미 알려진 모든 정보는 시장 평균에 모두 반영되어 있으며, 예상치 못한 하나의 사건이 일어나면 이는 즉각적으로 시장에 반영된다.

03 다우이론의 장기추세 진행 과정에는 ① 매집국면(장래전망 여전히 어두움, 초보자는 매도하고 전문가는 매수함) → ② 상승국면(경제여건 호조, 상승추세 강화로 (기본석 / 기술적) 분석을 통해 가장 많은 수익을 올릴 수 있는 국면임) → ③ 과열국면(장래전망 최고조, 초보자들이 적극 매수하여 과열양상을 보임) → ④ (　　　　)국면(주가가 조금만 하락해도 거래량이 급증함, 전문투자자는 매도하고 일반투자자는 조정 후 상승기대로 매수함) → ⑤ 공포국면(경제여건 악화, 주가의 수직 하락, 거래량도 급감함) → ⑥ 침체국면(투매양상이 특징이지만 시간이 지날수록 주가낙폭은 완화됨)

04 다우이론에서 기술적 분석을 하는 주식투자자가 가장 높은 투자수익률을 올릴 수 있는 국면은 (매집국면 / 상승국면 / 과열국면 / 분산국면)이다.

05 ○× 다우이론의 한계점에는 대추세전환을 확인할 수 있다 하여도 너무 늦게 확인되어 실제 투자에 도움이 되지 못한다는 것이 있다.

06 ○× 엘리어트 파동이론에서 한 번의 가격움직임에는 상승 5파와 하락 3파의 8번의 파동이 존재한다.

07 엘리어트 파동이론의 3번 파동에서 나타날 수 있는 갭은 돌파갭이나 (소멸갭 / 계속갭)이다.

08 엘리어트 파동이론에서 상승국면에서 가지고 있던 매입포지션을 정리할 마지막 기회로 삼아야 하는 것은 (a / b / c) 파동이다.

09 엘리어트 파동이론에서 내부의 소파동이 5개로 이루어진 것은 (2번 / 4번 / 5번 / b) 파동이다.

정답 **01** ○

　　　02 ○

　　　03 기술적, 분산

　　　04 상승국면

　　　05 ○ ▸ 다우이론의 한계로는 주추세와 중기추세를 명확하게 구분하기 어렵다는 것과 추세전환을 확인할 수 있다 하여도 너무 늦게 확인되어 실제 투자에 도움이 되지 못하며, 추세를 정확히 예측한다고 해도 개별증권의 위험에 대해서는 아무런 정보를 제공할 수 없다는 것이다.

　　　06 ○

　　　07 계속갭

　　　08 b

　　　09 5번 ▸ 충격파동의 내부파동은 5개로 구성되므로 5번 파동이다.

10 엘리어트 파동이론에서 2번 파동의 (저점 / 고점)은 1번 파동의 고점과 겹칠 수 없고, (1번 / 3번 / 5번) 파동이 상승 5파 중 가장 길게 나타나며, (1번 / 2번 / 3번 / 4번 / 5번) 파동에서의 거래량이 가장 많다.

11 사케다 전법에서 매매시점 포착을 위한 적극적인 휴식기간을 의미하는 것은 (삼공 / 삼병 / 삼산 / 삼법)이다.

12 (적삼병 / 흑삼병)은 추세의 바닥권에서 출현해야 상승전환 신호로써 신뢰도가 높다.

13 사케다 전법은 기술적 분석의 종류상 (추세분석 / 패턴분석 / 지표분석)에 속한다.

14 해머형, 역전된 해머형, 교수형, 상승샅바형, 하락샅바형, 유성형, 십자형은 (1개 / 2개 / 3개)의 캔들차트에 속한다.

15 샛별형, 석별형, 까마귀형은 (1개 / 2개 / 3개)의 캔들차트에 속한다.

16 ○× 일정기간의 주가평균치의 진행방향을 확인하고 현재의 주가방향과 어떤 관계가 있는지를 분석함으로써 미래의 주가방향을 미리 예측하고자 하는 기법이 주가이동평균선 분석이다.

17 ○× 이동평균의 기준기간(Time Span)이 길수록 이동평균선은 유연해진다.

18 ( )이란 '주가 > 단기MA > 중기MA > 장기MA' 순으로 배열된 상태로서 상승에너지가 가장 강한 상태이며, 역배열이란 그 반대로서 하락에너지가 강한 상태를 말한다.

19 ○× 골든크로스(Golden Cross)란 단기MA가 중장기MA를 상향 돌파하는 것을 말하며, 데드크로스(Dead Cross)는 그 반대를 말한다.

20 V자형(바닥 V자, 천정 V자)은 (반전형 / 지속형) 패턴이다.

정답 **10** 저점, 3번, 3번 ▶ 엘리어트 파동이론에서 2번 파동의 저점은 1번 파동의 고점과 겹칠 수 없고, 3번 파동이 상승 5파 중 가장 길게 나타나며, 3번 파동에서의 거래량이 가장 많다.

11 삼법 ▶ 삼공(三空) : 삼공(세 번의 갭) 후에 긴 음선이나 십자형 캔들이 나오면 매도신호
- 삼병(三兵) : 바닥권에서의 적(赤)삼병은 상승신호, 천정권에서의 흑(黑)삼병은 하락신호
- 삼산(三山) : 삼산(세 개의 봉우리)이 완성된 후 대세 하락(모형형성에 1개월 이상 소요)
- 삼천(三川) : 삼산의 반대. 모형완성 후 대세 상승
- 삼법(三法) : 매매시점 포착을 위한 적극적인 휴식기간을 의미

12 적삼병
13 패턴분석
14 1개
15 3개
16 ○
17 ○
18 정배열
19 ○
20 반전형

21 ○× V자 패턴에서는 저점 이후로 거래량이 감소하지만 역V자 패턴에서는 정점 이후 거래량이 증가한다.

22 ○× 쐐기형, 다이아몬드형은 지속형 패턴이다.

23 통상 갭(Gap)은 보통갭 → 돌파갭 → 계속갭 → 소멸갭 → (   )의 순서를 보인다.

24 엘리어트 파동이론의 (1번 / 3번 / 5번) 파동에서 나올 수 있는 갭은 돌파갭과 계속갭이다.

25 ○× 추세의 움직임은 작용과 반작용에 의해 결정되는데 반작용은 되돌림에 해당하며, 되돌림의 원리를 이용하면서 최근 외환딜러 사이에 널리 사용되는 것이 트라이던트 시스템이다.

26 (OBV / 볼린저 밴드)는 거래량이 주가에 선행한다는 전제하에, 상승거래량과 하락거래량의 누적치의 변화를 통해서 추세의 변화를 파악하고자 하는 지표이다.

27 ○× MACD가 시그널을 상향돌파하면 매수시점으로 보는데 이는 이동평균선의 골든크로스 원리와 같다.

28 (스토캐스틱 / RSI)의 %K는 일정기간 동안의 주가변동폭 중 금일종가의 위치를 백분율로 나타낸 것으로 %K선이 %D선을 상향돌파하면 매수신호이고, 하향돌파하면 매도신호이다. 예를 들어, 최근 5일간 최고가가 15,000원이고 최저가가 10,000원인 주식이 있을 때, 현재가가 14,500원이라면 스토캐스틱 값은 (   )%이며, 이 값이 나올 때 (%K / %D)가 (%K / %D)를 하향돌파하면 강력한 (매수 / 매도) 신호로 인식한다.

29 ○× RSI의 값이 70 이상 혹은 30 이하에서 Failure Swing이 나타나면 추세반전이 임박했다는 신호이다.

30 (OBV / ADL / RSI)(이)란 일정기준일 이후부터 전일의 종가에 비해 상승종목수에서 하락종목수를 뺀 값을 매일 누적해서 선으로 이어 나타내는 지표로서 이 값이 상승한다는 것은 시장의 에너지가 유입되는 것으로 해석한다. 만약 종합지수와 이 지수가 동반 하락한다면 장세는 붕괴할 가능성이 크다.

31 패턴분석의 지속형에 속하는 상승쐐기형은 주로 추세선의 천장권에서 형성되며 저점과 고점경계선이 모두 상향 기울기를 나타내지만 고점경계선의 기울기가 저점경계선의 기울기보다 (완만한 / 급격한) 특징을 가진다.

정답
21 ✕ ▶ V자 패턴에서는 저점 이후로 거래량이 증가하지만 역V자 패턴에서는 정점 이후 거래량이 감소한다.
22 ○
23 섬꼴반전(또는 아일랜드갭)
24 3번
25 ○
26 OBV(On Balance Volume)
27 ○
28 스토캐스틱, 90, %K, %D, 매도
29 ○ ▶ RSI는 일정기간 동안의 개별종목과 업종 간의 주가의 상대강도를 말한다(14일의 기간이 가장 적정), RSI가 75% 이상이면 과매수이고 25% 이하이면 과매도를 말한다. RSI가 직전 고점을 돌파하지 못하고 반락하는 현상(반대도 마찬가지)을 Failure Swing이라 한다.
30 ADL(Advance Decline Line)
31 완만한

증권시장

제**1**장 유가증권시장(8문항 대비)

01 ○× 발행시장은 새로운 증권이 발행되므로 1차적 시장이라 하고, 유통시장은 이미 발행된 증권이 유통되는 단계이므로 2차적 시장이라 한다.

02 ○× 공모에는 모집과 매출로 나눌 수 있는데 모집은 신규로 발행되는 증권의 취득을 권유하는 것이며, 매출은 이미 발행된 증권의 매수나 매도의 청약을 권유하는 것이다.

03 발행주체가 자기의 책임과 계산으로 발행위험을 부담하고 발행사무를 모두 담당하여 발행하는 형태를 (   )발행이라 한다.

04 이익배당에 있어서는 보통주에 우선하고, 잔여재산 분배에 있어서는 열등한 지위에 있는 주식을 (   )라고 한다.

05 주주가 회사에게 상환청구권을 행사할 경우, 회사가 의무적으로 상환하는 주식을 (상환청구권부주식 / 상환사유부주식)이라 하고, 회사가 주주에게 강제상환권을 행사하여 상환한 후 주식을 소각하는 것을 (상환청구권부주식 / 상환사유부주식)이라고 한다.

06 주식의 한 주의 금액(액면가)은 100원, 200원, 500원, 1,000원, (   )원, 5천원, 1만원(또는 1만원의 배수)이어야 한다.

07 ○× 회사가 무액면주를 발행할 경우에는, 주권 발행가액의 1/2 이상의 금액 중에서 회사가 임의로 정하는 금액을 자본금으로 한다.

정답 **01** ○
02 ○
03 직 접
04 혼합주
05 상환청구권부주식(의무상환주식), 상환사유부주식(강제상환주식)
06 2,500(원)
07 ○

08 ☐☒ 회사는 액면주와 무액면주를 선택하여 발행을 하되, 한 가지만 발행해야 한다.

09 신주배정기준일 2024.11.5, 신주배정비율 30%, 신주발행가액 20,000원, 실권주는 이사회결의로 처리한다면 (주주배정방식 / 주주우선공모방식 / 일반공모방식 / 제3자배정방식)이다.

10 일반공모방식의 발행가액 산정방식은 청약일 전 제3거래일에서 제5거래일까지의 가중산술평균 주가를 기준주가로 하며, 기준주가의 (   )% 이상 가격으로 발행가액을 결정하여야 한다.

11 제3자배정방식의 발행가액은 일반공모방식보다 엄격하여 기준주가의 (   )% 이상이어야 한다.

12 전환사채를 전환할 경우 (자산 / 부채) 감소와 (자산 / 자본)의 변화는 없다.

13 '전환사채의 주식전환, 신주인수권부사채의 신주인수권행사, 교환사채의 교환권행사'에서 신주발행에 해당하지 않는 것은 (   )이다.

14 한국거래소 시장 중 중소기업 및 기술 중심의 시장은 (   )이며, 초기 중소기업을 위한 시장은 (   )이다.

15 상장주식의 양도차익은 소득세법상 대주주가 아닐 경우 과세가 되지 않는데, 소득세법상의 대주주로서 유가증권시장은 '지분율 (   )% 또는 종목별 시가총액 (   )원' 이상을 보유한 자를 말한다.

16 모집(또는 매출)을 통한 주식분산 후 상장을 하는 형태를 공모상장이라고 하며, 이미 분산요건을 충족한 경우 모집(매출) 없이 상장하는 형태를 (   )이라고 한다.

17 주권상장법인의 특례로서, 공모하는 주식총수의 (   )%를 우선적으로 배정받을 권리가 있다.

18 ☐☒ 상법상 무의결권주 발행한도는 발행주식총수의 1/4을 초과할 수 없지만 주권상장법인의 특례로서 상장법인은 1/2을 초과할 수 없다.

정답 **08** ○ ▸ 액면주와 무액면주의 양자를 모두 발행할 수는 없다.
     09 주주배정방식 ▸ 기존 주주에게 배정받을 우선권을 주고 실권주를 이사회결의로 처리하므로 주주배정방식이며, 가장 일반적인 방식이다. 만약 실권주를 일반공모로 처리한다면 주주우선공모방식이 된다.
     10 70(%) ▸ 일반공모방식은 구주주의 신주인수권을 배제하고 일반투자자에게 배정하는 형식이므로 구주주의 피해를 최대한 줄이기 위해 발행가격을 엄격히 제한하고 있다. 70% 이상 발행가격을 정해야 하므로 할인율은 30% 이내로 하여야 한다.
     11 90(%)
     12 부채, 자산
     13 교환사채의 교환권행사
     14 코스닥시장, 코넥스시장
     15 1(%), 50억(원)
     16 직상장
     17 20(%) ▸ 유가증권상장법인은 법적 의무이지만 코스닥상장법인은 법적 의무가 아니다.
     18 ○

19 비상장법인의 액면미달발행은 '주주총회 특별결의 + 법원인가'로 가능하나, 주권상장법인의 특례로서 상장법인은 (주주총회 / 이사회)의 특별결의로만 가능하다.

20 상법상 주식배당한도(← 주식으로 배당한다는 뜻)는 이익배당가능액의 50%이나 주권상장법인의 특례로서 상장법인은 (   )%까지 가능하다(단, 주가가 액면가 이상이어야 함).

21 무상증자나 주식배당, 전환사채의 주식전환 등으로 상장하는 것을 (신규상장 / 추가상장)이라 한다.

22 상법상 주총소집 절차 특례로서 모든 주주에게 주총 소집통지를 해야 하나, 주권상장법인의 특례로서 상장법인은 1% 이하의 소액주주에게 '주총 2주 전 / 2개 이상 일간지 / 각각 2회 이상' 공고하거나 (   ) 또는 거래소가 운영하는 전자공시시스템으로 통지를 갈음한다.

23 기업공개를 통해 거래소시장에 상장하기 위해서는 금융투자회사와 대표주관계약을 체결해야 하며, 대표주관회사는 계약 체결 후 (   )영업일 이내로 금융투자협회에 신고해야 한다.

24 거래소의 주권상장의 질적 심사기준은 기업의 계속성, 경영의 투명성, 경영의 (   ), 상법상의 주식회사 및 투자자 보호에 관한 사항 등으로 구성되어 있다.

25 상장을 준비하는 기업은 거래소로부터 두 번의 심사를 받아야 한다. 상장예비심사는 상장자격에 대한 심사를 뜻하며, 신규상장심사는 주식의 (   )요건·시가총액요건 등의 충족 여부를 심사하는 것을 말한다.

26 거래소는 상장예비심사 신청일로부터 영업일 기준으로 (   )일 이내에 그 심사 결과를 당해 신청인과 금융위원회에 문서로 통지하여야 한다.

27 유가증권시장 신규상장심사요건으로서 상장주식수는 (   )주 이상, 자기자본 (   )원 이상, 일반주주수는 (   )명 이상이어야 한다.

정답 **19** 주주총회
20 100(%) ▶ 주권상장법인은 「상법」에도 불구하고 이익배당총액에 상당하는 금액까지는 새로 발행하는 주식으로 이익배당을 할 수 있다.
21 추가상장 ▶ 추가상장을 신주상장이라고도 한다.
22 금융감독원
23 5(영업일) ▶ 금융투자회사는 기업공개 또는 장외법인공모를 위한 주식(외국증권예탁증권을 포함)의 인수를 의뢰받은 때에는 대표주관계약을 체결하고, 주식인수의뢰서 사본, 대표주관계약서 사본 및 발행회사의 사업자등록증 사본을 계약체결일부터 5영업일 이내에 한국금융투자협회에 신고하여야 한다.
24 안정성 ▶ 주권의 주요 질적 심사기준에는 ⓐ 기업의 계속성 : 영업, 재무현황, 경영환경 등에 비추어 기업 계속성의 인정, ⓑ 경영의 투명성 : 기업지배구조, 내부통제제도, 공시체제, 특수관계인과의 거래 등에 비추어 기업 경영의 투명성 인정, ⓒ 경영의 안정성 : 지분 당사자 간의 관계, 지분구조의 변동 내용·기간 등에 비추어 기업 경영의 안정성 인정이 있다.
25 분 산
26 45(일) ▶ 단, 신속이전기업은 30일, 외국기업 1차 상장은 65일이다.
27 100만(주), 300억(원), 500(명)

28 유가증권시장 신규상장심사요건으로서 감사인의 감사의견은, 최근 (   )사업연도의 재무제표에 대한 감사의견이 각각 (적정 / 한정 / 부적정 / 의견거절)의견이어야 한다. 다만, 최근 사업연도의 직전 2사업연도의 경우 (한정 / 부적정 / 의견거절)의견도 가능하다. 그러나 이 경우 감사의견 범위제한으로 인한 (적정 / 한정 / 부적정 / 의견거절)의견은 제외된다.

29 주로 (우량한 / 부실한) 비상장기업이 상장기업을 합병, 주식교환, 제3자배정유상증자 등을 통해 경영권을 취득해서 주식거래소에 상장하는 방식을 우회상장(Back-door Listing)이라고 한다.

30 스팩(SPAC)은 다른 기업을 인수·합병(M&A)하는 것을 목적으로 설립된 명목상 회사(페이퍼컴퍼니)로서, 스팩을 상장해 모은 자금으로 비상장회사를 합병하는 방식으로 운영된다. 상장 후 3년간 인수·합병 목적을 달성하지 못하면 투자자에게 돈을 돌려주고 청산 절차를 밟는다. 이는 주로 (우량한 / 부실한) 비상장기업을 인수합병 대상으로 한다.

31 ○× 유가증권시장에서 상장폐지된 후 5년 이내에는 재상장 대상이 될 수 있으며, 이 경우 상장예비심사를 생략한다.

32 ○× 상장법인은 상장증권의 종목별로 거래소에 상장폐지를 신청할 수 있다.

33 ○× 주권상장법인은 공시의무사항 이외에 회사의 경영·재산 및 투자자의 투자판단에 중대한 영향을 미칠 수 있다고 판단되는 사항에 대하여 사유발생일로부터 다음 날까지 자율적으로 공시할 수 있다.

34 (공정공시 / 자율공시 / 조회공시)란, 기업내용 관련 풍문·보도의 사실 여부에 대해 거래소가 공시를 요구하거나, 해당 주권의 현저한 주가나 거래량의 변동에 대해 거래소가 공시를 요구할 경우, 그 조회공시 요구 시점이 오전인 경우에는 당일 오후까지 공시하여야 하고, 조회공시 요구 시점이 오후인 경우에는 (다음날 오전까지 / 다음날 중) 공시하여야 한다.

35 부도, 해산, 영업활동정지 등 상세폐지기준에 해당하는 풍문 및 보도 등과 같은 조회공시 요구 시 매매거래 정지조치가 취해지는 사항에 대해서는 (당일 / 다음날)까지 공시하여야 한다.

36 불성실공시란 상장법인이 자본시장법 및 유가증권시장 공시규정에 의한 공시의무를 성실히 이행하지 아니하여 공시불이행, 공시번복 또는 (   )에 해당하는 위반행위를 하는 것이다.

정답 **28** 3, 적정, 한정, 한정
29 부실한
30 우량한
31 × ▸ 상장폐지기업(유가증권시장에 한함)은 상장폐지일로부터 5년 이내에 재상장 신청이 가능하다. 그러나 기업 차원에서 새롭게 상장하는 경우(신규상장, 우회상장, 재상장)는 상장예비심사를 받아야 한다. 반면, 기업차원의 상장이 아닌 추가상장, 변경상장은 상장예비심사를 받지 않는다.
32 ○ ▸ 상장법인은 상장증권의 종목별로 거래소에 상장폐지를 신청할 수 있다. 물론 거래소는 상장법인 또는 상장증권이 상장폐지 사유에 해당하는 경우에는 상장법인이 신청하지 않더라도 해당 증권을 상장폐지할 수 있다.
33 ○ ▸ 그러나 자율공시한 내용을 변경 또는 번복하는 경우에도 불성실공시법인으로 지정된다.
34 조회공시, 다음날 오전까지
35 다음날
36 공시변경

37 미공개 기업정보의 선별적 제공을 금지하여 투자자 간 정보의 공평성을 확보하고자 하는 공시를 (　　　)공시라고 한다(단, 비밀유지의무자에 대한 정보제공은 선별제공이 가능함).

38 불성실공시법인의 지정을 통보받은 경우 당해 법인은, 통보받은 날로부터 (　　　)일 이내에 거래소에 이의신청을 할 수 있으며, 이 경우 거래소는 (　　　)일 이내에 공시위원회의 심의를 받고 심의일로부터 (　　　)일 이내에 불성실공시 지정여부 및 부과벌점을 결정해야 한다.

39 ⃞○⃞× 유가증권시장과 코스닥시장 공통으로 최근 1년간 공시위반 관련 벌점합계가 15점 이상이면 관리종목으로 편입된다.

40 불성실공시법인 지정 등으로 인한 벌점부과일로부터 기산하여 과거 1년 이내의 누계벌점이 (　　　)점 이상이 되는 경우 관리종목으로 지정된다.

41 ⃞○⃞× 관리종목 지정 후 1년 이내 불성실공시법인 지정 등으로 인한 누계벌점이 15점 이상이 되거나 기업경영에 중대한 영향을 미칠 수 있는 사항에 대하여 고의나 중과실로 공시의무를 위반하여 불성실공시법인으로 지정된 경우 상장적격성 실질심사대상이 된다.

42 회원이 고객(투자자)으로부터 증권의 매매거래를 수탁하는 경우, 해당 위탁자의 결제이행을 담보하기 위해 징수하는 현금 또는 증권을 (위탁증거금 / 거래증거금)이라고 한다.

43 위탁수수료는 결제시점에 투자자로부터 회원이 징수하는 금액을 말한다. 이 위탁증거금과 위탁수수료 모두 회원이 자율적으로 정할 수 있으며, 변경 시에는 (　　　)영업일 내에 거래소에 보고해야 한다.

44 상장주식수가 (　　　)주 미만인 종목의 (매수 / 매도) 주문을 수탁한 경우는 위탁증거금을 100% 징수해야 한다.

45 회원은 결제일까지 결제자금을 납부하지 아니한 위탁자의 매매거래계좌를 미수동결계좌로 지정하여야 하며, 매수대금의 미결제 시에는 (　　　)일간 매수금액 전부를, 매도증권의 미결제 시에는 (　　　)일간 매도증권의 전부를 위탁증거금으로 징수하여야 한다.

정답 **37** 공 정
　　　38 7(일), 10(일), 3(일)
　　　39 ○
　　　40 15(점)
　　　41 ○
　　　42 위탁증거금
　　　43 5(영업일)
　　　44 5만(주), 매도
　　　45 30(일), 90(일)

46 우리나라의 증권시장에서 채택하고 있는 결제방식은 실물결제, 집중결제 그리고 (차금결제 / 차감결제)이다.

47 ☐○☐× 근로자의 날(5월 1일)은 한국거래소의 매매거래 휴장일이다.

(48~51) ※ 기존의 호가표는 아래와 같다. 다음 문항에 답하시오.

매도 주문수량(주)	가격(원)	매수 주문수량(주)
100	10,040	
200	10,020	
	10,000	500
	9,980	1,100
	9,970	1,200

48 ☐○☐× 신규로 진입하는 투자자A는 최유리지정가로 300주 매수주문 입력 시 체결되는 수량은 10,020원에 200주 체결되고 10,020원에 매수대기 100주이다.

49 ☐○☐× 신규로 진입하는 투자자A는 최유리지정가로 300주 매도주문 입력 시 체결되는 수량은 300주로 전량 체결되고 매도대기는 없다.

50 ☐○☐× 신규로 진입하는 투자자A는 최유리지정가로 300주 매수주문 입력 시(IOC조건) 체결되는 수량은 200주만 체결되고 100주는 매수대기이다.

51 ☐○☐× 신규로 진입하는 투자자A는 최유리지정가로 400주 매수주문 입력 시(FOK조건) 체결되는 수량은 200주만 체결되고 미체결 200주는 주문취소이다.

정답 46 차감결제 ▸ 차금결제는 (증권시장이 아닌) 파생상품시장에서 최종거래일의 정산가격과 최종결제가격의 차에 의해 산출하는 방식이다.
47 ○
48 ○
49 ○
50 × ▸ IOC(Immediate Or Cancel)의 조건은 체결가능한 수량 200주만 체결하고 나머지 100주는 주문대기 없이 주문취소이다.
51 × ▸ FOK(Fill Or Kill)의 조건은 주문하고자 하는 수량이 400주인 반면 최유리 호가 10,020원에는 200주만 있으므로 주문자체를 취소(Kill)하므로 체결량이 없다.

(52~55) ※ 기존의 호가표는 아래와 같다. 다음 문항에 답하시오.

매도 주문수량(주)	가격(원)	매수 주문수량(주)
400	10,040	
① 200	10,020	
	10,000	500
	9,980	1,100
	9,970	1,200

52 ⃞○⃞✕ 신규로 진입하는 투자자A는 최우선지정가로 300주 매수주문 입력 시 10,020원에 200주 체결되고 동일호가에 매수대기 100주이다.

53 ⃞○⃞✕ 신규로 진입하는 투자자A는 최우선지정가로 300주 매도주문 입력 시 체결 없이 10,020원에 매도대기하며 ①번의 200주보다 선순위 대기다.

54 ⃞○⃞✕ 신규로 진입하는 투자자A는 시장가주문 300주 매수주문 입력 시 300주 전량 체결이 되며 매수평균단가는 10,020원보다 높다.

55 ⃞○⃞✕ 호가가격단위로 볼 때 매수호가 10,000원과 매도호가 10,020원 사이에 호가단위 2단계가 비어 있다.

56 ⃞○⃞✕ 한국거래소의 매매체결방식은 개별경쟁매매방식이다.

57 경매매는 코넥스시장에서 (매수 / 매도) 측이 단수인 경우에 한해서 적용된다.

58 시초가와 종가(하루에 두 번&매일), 그 밖에 시장의 중단 또는 개별종목의 거래중단 후 매매가 재개되는 경우에는 시작가격(최초가격)이 필요한데 이때 (단일가격에 의한 개별경쟁매매 / 복수가격에 의한 개별경쟁매매)로 최초가격을 결정한다.

59 ⃞○⃞✕ 동시호가 시 체결수량 배분방법은 3차까지만 배분이 되며, 1차 배분은 매매수량의 100배(100주), 2차 배분은 잔량의 1/2, 3차 배분은 잔량으로 한다.

정답 **52** ✕ ▸ 최유리지정가는 체결을 목표로 하지만 최우선지정가는 주문순서에서 앞서기를 원하는 주문이다. 그러나 시간상으로는 10,000원에 기존 500주 다음의 순번으로 체결대기한다.

53 ✕ ▸ 10,020원에 기존 ①번 200주의 후순위로 매도대기한다.

54 ○ ▸ 10,020 × 200주 + 10,040 × 100주 = 2,004,000 + 1,004,000 = 3,008,000
따라서 3,008,000/300 = 10,026이므로 매입평균가격이 10,020원보다 높다.

55 ✕ ▸ 거래소의 호가단위상 가격 5,000원~20,000원은 호가단위가 10원이다. 따라서 10,020~10,000원 사이에는 10,010원 1개의 호가단위가 비어 있다.

56 ○

57 매 도

58 단일가격에 의한 개별경쟁매매

59 ○

60 아래 조건의 단일가매매체결의 합치가격과 전체 체결수량은?

매도 주문수량(주)	가격(원)	매수 주문수량(주)
	10,020	300
	10,010	400
	10,000	600
500	9,990	800
500	9,980	
800	9,960	
500	9,940	

61 동시호가(同時呼價)란 시가(始價)등이 상·하한가로 결정되는 경우, 단일가매매에 참여한 상한가 매수호가 또는 하한가 매도호가(시장가호가 포함) 간에는 동시에 접수된 호가로 간주하여 시간상 우선순위를 배제하는 예외를 적용한다. 이러한 예외 시의 체결원칙은 수량우선원칙과 (　　　　) 우선원칙, 그리고 동일한 수량의 위탁주문 간에는 호가창에 '접수순'으로 배분한다.

62 ○× 동시호가는 수량우선원칙과 위탁매매우선원칙 그리고 '접수순'이 적용되며, 수량배분은 3단계 안분배분방식으로 한다.

63 동시호가는 시가, CB 또는 VI 발동, 전산장애 또는 풍문 등에 의한 거래 중단 후 재개 시의 최초가격이 상·하한가로 결정되는 경우에 적용한다. 그러나 (　　　　)결정이나 시간외단일가매매 시에는 동시호가제도를 적용하지 않는다.

64 ○× 대량매매제도에는 대량매매(장중, 시간외), 바스켓매매(장중, 시간외), 그리고 경쟁대량매매 제도의 3가지 종류가 있으며, 모두 경쟁매매가 적용된다.

65 ○× 경쟁대량매매의 체결가격은 해당 종목의 거래량가중평균(VWAP)이 적용되고, 거래소가 장 종료 후에 산출하여 각 당사자에게 통보하며, 최소호가 규모는 '호가수량×기준가격'의 금액이 유가증권시장은 5억원 이상, 코스닥시장은 2억원 이상이어야 한다.

66 ○× 대량매매제도의 정규시장 시간과 경쟁대량매매제도의 정규시장 시간은 '09:00~15:30'으로 동일하다.

정답 60 합치가격 : 9,990원, 체결수량 : 2,100개
61 위탁매매
62 ○
63 종가 ▶ 동시호가매매제도는 단일가매매를 하는 경우로서 '① 시가를 결정하는 경우 ② 시장임시정지 및 매매거래중단·정지 후 최초가격결정 시 ③ 신규상장종목 등의 최초가격결정 시'에, 그 가격이 상·하한가로 결정되는 때에는 동시호가를 적용한다. 즉, 출발가격이 상한가 또는 하한가이면 동시호가를 적용한다(종가결정 시는 적용 안 함).
64 × ▶ 경쟁매매가 적용되는 것은 '경쟁대량매매제도'(해외시장에서는 Dark Pool 제도라고 함)로서 체결가격은 시장에서의 거래량평균가격(VWAP : Volume Weighted Average Price)을 적용한다. 장중과 시간 외 거래에 존재하는 '대량매매'와 '바스켓매매'에는 쌍방호가(거래소에 거래입력 이전에 매매자가 서로 전화로 가격을 미리 정하고 거래소의 별도 주문창구인 K-Blox를 통해 자기들끼리 매매하는 것)가 적용되는 상대매매가 적용된다.
65 ○
66 × ▶ 대량매매제도의 정규시장 시간은 '09:00~15:30'이지만, 경쟁대량매매제도의 정규시장 시간은 '09:00~15:00'이다. 이는 거래량가중평균가격(VWAP)을 적용하여 매매를 성립시키는 특성상 주문을 정규시장의 마감 30분 전인 15시까지만 받기 때문이다.

67 경쟁대량매매의 경우 정리매매종목과 (　　　　)은 제외된다.

68 ☐○☐×☐ 경쟁대량매매는 투자자 간의 사전 합의 없이 시간우선의 원칙이 적용되는 경쟁매매방식이다.

69 서킷브레이커(CB)의 발동요건은 종합주가지수가 전일종가 대비 8%, 15%, 20% 이상 하락하여 (1 / 5 / 10)분간 지속되는 경우에는 거래소 시장의 모든 종목 매매거래를 중단한다. 20% 하락을 제외한 중단 후 (5 / 10 / 20)분이 경과하면 매매거래를 재개한다. 재개 시 최초의 가격은 10분간 호가를 접수하여 단일가격에 의한 경쟁매매의 방법에 의하여 결정하며, 그 이후에는 접속매매방식으로 매매를 체결한다.

70 사이드카는 (종합주가지수 / KOSPI200선물)의 가격이 기준가격 대비 5% 이상 상승(하락)하여 1분 이상 지속되면 주식시장에서 프로그램 매수호가(매도호가)의 효력을 5분간 정지한다.

71 비정상적인 주가 급등락이 우려되는 경우 단일가매매방식으로 매매체결방법을 변경시켜 투자자에게 주가급변의 이유를 파악할 수 있는 냉각기간을 제공하여 투자자에게 불측의 손실을 예방하기 위한 제도를 (랜덤엔드제도 / 변동성완화장치(VI)제도 / 프로그램매매제도)라고 한다.

72 단일가매매시간 중 허수성 호가에 의한 가격왜곡 문제를 방지하여 선의의 투자자 피해를 최소화하고 시장의 투명성 제고 및 균형가격 발견기능을 강화하기 위한 제도로서 거래소가 호가접수시간을 정규마감 이후 (　　　　)초 이내의 임의로 연장하는 것을 (랜덤엔드제도 / 변동성완화장치(VI)제도 / 프로그램매매제도)라고 한다.

73 ☐○☐×☐ 접속매매 시 동적VI가 작동되면 2분간 단일가매매로 전환되거나, 단일가매매 시 단일가호가 접수시간이 2분간 연장된다.

74 정적VI는 호가제출시점 직전에 체결된 단일가 체결가격을 참조가격으로 하여 동 참조가격 대비 (　　　　)% 이상 가격 변동 시 2분간 단일가매매체결로 전환된다.

75 주식시장과 파생상품시장의 가격 차이를 이용하여 이익을 얻을 목적으로 (코스피200지수 / 코스피200선물) 구성종목의 매수와 동시에 코스피200선물을 매도하는 전략 또는 그 반대의 매매거래전략을 (랜덤엔드제도 / 변동성완화장치(VI)제도 / 프로그램매매제도)라고 한다.

정답		
	67	관리종목
	68	○
	69	1(분), 20(분)
	70	KOSPI200선물
	71	변동성완화장치(VI)제도
	72	30(초), 랜덤엔드제도
	73	○
	74	10(%)
	75	코스피200지수, 프로그램매매제도

76 투자(주의 / 경고 / 위험)종목 지정은 투기적이거나 불공정거래의 개연성이 있는 종목을 공표하여 일반투자자들의 뇌동매매방지 및 잠재적 불공정거래 행위자에 대한 경각심을 고취하기 위한 것이다. 지정예고 없이 (1일간 지정 후 / 1일간 매매정지 후) 익일 자동해제되며 신용거래의 제한이 (없다 / 있다).

77 투자(주의 / 경고 / 위험)종목 지정은 투기적 가수요 및 뇌동매매가 진정되지 않고 주가가 지속적으로 상승할 경우 지정된다. 지정 시 해당 종목을 매수할 경우 위탁증거금을 100% 납부하여야 하고, 신용융자로 해당종목을 매수할 수 없으며, 해당 종목은 대용증권으로 인정되지 않는다. 주가가 추가적으로 급등할 경우 매매거래정지 및 투자(   )종목으로 지정될 수 있다.

78 우리나라에서 예외적으로 허용되는 공매도는 차입공매도의 개념으로서, 기관투자가의 차입공매도인 (대차거래 / 대주거래)와 일반투자자의 차입공매도인 (대차거래 / 대주거래)로 구분된다.

79 ○✕ 착오매매를 구제하는 수단으로 호가일괄취소(Kill Switch)와 대규모 착오매매 구제제도가 있다.

80 ○✕ 자기주식 매매의 장 개시 전 매수가격은 전일종가와 전일종가의 +5% 이내이어야 하고 장 개시 전 매도가격은 '전일종가와 전일종가보다 2호가 낮은 가격' 이내이어야 한다.

81 ○✕ 주권상장법인의 자기주식은 원칙적으로 정규시장 중에서 경쟁매매를 통하여 매매하여야 하며, 종가결정의 영향력을 방지하기 위하여 정규시장이 종료되기 30분 전 이후에는 신규호가 또는 정정호가를 제출할 수 없다.

82 회사는 자기주식을 거래소에서 취득하거나 (   )에 의한 장외매수도 가능하다.

83 ○✕ 회사가 가진 자기주식은 의결권이 없다.

84 자기주식을 취득할 수 있는 기간은 이사회 결의사항 공시 후 (   ) 이내이며 처분 기간은 이사회 결의일 익일부터 (   ) 이내이다.

정답 **76** 주의, 1일간 지정 후, 없다
77 경고, 위험
78 대차거래, 대주거래
79 ○
80 ○
81 ○
82 공개매수
83 ○
84 3개월, 3개월

85　공매도 잔고 보고제도 도입에 따라 발행주식총수의 (　　　)% 이상일 경우 투자자는 당해 기준에 해당하게 된 이후 2영업일 오후 6시까지 투자자의 인적사항, 보유한 순보유잔고 등을 금융위원회 및 거래소에 (　　　)하여야 한다. 또한, 공매도 잔고 공시제도 도입에 따라 상장주식수 대비 순보유잔고 비율이 (　　　)% 이상인 투자자는 (　　　) 의무가 발생한다.

86　공매도 과열종목으로 적출된 종목은 익일에 1일간 매매거래를 금지한다. 다만 주식시장의 유동성공급호가 및 (　　　) 호가, ELW・ETF・ETN 상품의 유동성 공급에서 발생되는 리스크 헤지를 위한 헤지거래 목적의 호가, 파생상품시장의 (　　　)을 위한 헤지거래 목적의 호가는 예외적으로 공매도 호가를 허용하고 있다.

87　◯✕ ETF환매청구에 따라 교부받을 주식 등의 매도로서 결제일까지 결제가 가능한 주식 등의 매도는 공매도가 아니다.

88　◯✕ 공매도는 원칙적으로 직전가격 이하의 가격으로 호가할 수 없다(Uptick Rule). 단, 가격이 상승하는 경우에는 예외가 허용된다.

89　거래소의 회원이 사전에 신고한 알고리즘거래 계좌 등에서 프로그램 오류 등으로 인한 착오주문 발생 시, 회원이 신청할 경우 해당 계좌의 미결제 호가를 일괄 취소하고 호가접수 취소 해제를 신청하기 전까지 추가적인 호가접수를 차단하는 것을 (Kill Switch / CNS) 제도라고 한다.

90　회원이 거래소에 결제증권 미납부 시 증권미납부(Fail)로 확정되고, 해당 회원은 이연결제대금을 (　　　)시까지 거래소에 납부하며, 거래소는 이를 증권을 수령하지 못한 결제회원에게 지급한다.

91　결제개시시점 09시부터 결제시한인 (　　　)까지 결제증권을 결제계좌에 납부즉시 수령 가능한 회원에게 인도하고, 결제시한까지 미납된 증권은 익일로 이연한 후 익일 결제할 증권과 차감하여 익일에 결제함으로써 증권의 결제시한에 종결하는 제도를 이연결제제도(CNS)라고 한다.

정답 **85** 0.01(%), 보고, 0.5(%), 공시 ▶ (공매도 잔고 보고 및 공시제도) 공매도 잔고 보고제도 도입에 따라 공매도 순보유잔고가 발행주식총수의 0.01% 이상인 투자자는 당해 기준에 해당하게 된 이후 2영업일 오후 6시까지 투자자의 인적사항, 보유한 순보유잔고 등을 금융위원회 및 거래소에 보고해야 하고, 또한 순보유잔고 비율이 0.5% 이상인 투자자는 공시의무가 발생하며, 투자자는 공시의무발생 이후 2영업일 오후 6시까지 인적사항, 종목명 및 최초 공시의무 발생일 등을 공시하여야 한다.

86 시장조성, 시장조성

87 ◯ ▶ 매수계약 체결 후 결제일 전에 해당 증권을 다시 매도하는 경우, 주식 관련 채권의 권리행사 등으로 취득할 주식이 결제일까지 상장되어 거래가 가능한 경우의 그 주식의 매도, DR에 대한 예탁계약을 해지함으로써 취득하게 될 주식에 대한 매도 등도 공매도가 아니다.

88 ◯

89 Kill Switch (제도)

90 17(시)

91 16시(또는 오후 4시) ▶ 이연결제제도(Continuous Net Settlement)의 설명이며, 마감이 16시 30분이 아닌 16시임에 유의한다.

제**2**장 코스닥시장(3문항 대비)

01 ☐○☐× 코스닥시장은 IT(Information Technology), BT(Bio Technology), CT(Culture Technology) 기업과 벤처기업의 자금조달을 목적으로 개설된 첨단 벤처기업 중심 시장이다.

02 ☐○☐× 코스닥시장은 유가증권시장의 보완적 역할을 한다.

03 ☐○☐× 벤처기업의 코스닥시장 상장요건은 일반기업의 요건보다 더 엄격한 기준을 적용한다.

04 공모(IPO)를 통해 조달한 자금을 바탕으로 다른 기업과 합병하는 것을 유일한 목적으로 하는 명목회사를 (   )이라 한다.

05 ☐○☐× 2025년 현재 코스닥시장과 유가증권시장의 증권거래세율은 동일하다.

06 상법상 의결권 없는 주식은 발행주식총수의 (   )까지 발행할 수 있으나, 코스닥상장법인이 외국에서 발행하는 의결권 없는 주식 및 외국에서 발행한 전환사채 · 신주인수권부사채 등의 권리행사로 인하여 발행하는 의결권 없는 주식은 한도계산 시 제외한다.

07 ☐○☐× 코스닥상장기업은 이익배당 시 이익배당총액까지 주식으로 배당할 수 있다.

08 ☐○☐× 감사의견 요건에서 유가증권시장과 코스닥시장의 요건은 동일하다.

09 코스닥상장기업은 (파산신청 / 법원의 파산선고결정) 시에 코스닥시장에서 상장폐지된다.

정답 **01** ○ ▸코스닥시장은 IT, BT 관련 기술주와 엔터테인먼트, 소프트웨어, 게임 등 시대를 선도하는 기업들이 참여하는 젊은 시장이다.
  02 × ▸유가증권시장과는 독립된 시장이다.
  03 × ▸벤처기업이 보다 용이하게 자금조달을 할 수 있도록 코스닥시장 상장요건은 일반기업의 요건보다 완화된 기준을 적용한다.
  04 SPAC ▸Special Purpose Acquisition Company이다. SPAC을 통하면 일반투자자도 M&A 시장에 참여할 수 있다.
  05 × ▸2025년부터 유가증권시장에 증권거래세는 없음(+농어촌특별세 0.15%), 코스닥시장은 0.15%, 코넥스시장은 0.10%이다.
  06 4분의 1(25%)
  07 ○
  08 × ▸코스닥은 최근연도가 무조건 적정이어야 하고, 유가증권시장은 3사업연도로 평가한다.
  09 법원의 파산선고결정 ▸파산신청 시는 관리종목으로 지정된다.

10 코스닥상장주식이 최근연도말 완전자본잠식이면 (관리종목지정 / 퇴출)된다.

11 분기 월평균 거래량이 유동주식수의 1%에 미달되면 (관리종목지정 / 퇴출)된다.

12 코스닥150지수의 구성종목 중 일평균거래대금이 상위 50%에 해당하는 종목의 대용증권 사정비율은 (   )%이다.

13 ○× 유가증권시장, 코스닥시장, 코넥스시장의 매매수량단위는 모두 1주이다.

14 코스닥시장의 바스켓매매의 구성요건은 최소주문수량이 '(   )종목 이상으로서 (   )원 이상'이면 된다.

정답 **10** 퇴출 ▶ 퇴출이란 상장폐지를 의미한다.
 11 관리종목지정
 12 80(%) ▶ 코스피200지수 구성종목과 동일하다.
 13 ○ ▶ 그러나 주식워런트증권(ELW)의 경우 매우 낮은 수준으로 가격이 형성되는 당해 증권의 성격을 감안하여 10주 단위로 매매거래하고 있다.
 14 5(종목), 2억(원) ▶ 유가증권시장의 경우 '5종목 이상 & 10억원 이상'이다.

제**3**장 기타 증권시장(2문항 대비)

01 코넥스시장은 (모든 국내기업 / 대기업 / 중소기업)을 위해 개설한 시장이다.

02 ○× 코넥스시장은 중소기업의 투자전문성이 인정되는 벤처캐피탈(창업투자조합 등 포함) 및 엔젤투자자의 시장참여를 허용하여 모험자본의 선순환을 지원한다.

03 코넥스상장을 원하는 기업은 (　　　　) 선임계약을 체결해야 상장신청이 가능하다. 다만, 상장특례를 인정하여 기술평가기업, 크라우딩펀딩기업의 경우에는 선임계약을 하지 않아도 상장할 수 있지만 상장일로부터 (　　　　)년 이내에 선임계약을 체결하고 그 계약을 유지하여야 한다. 또한 선임계약을 해지할 경우 (　　　　)영업일 내로 다른 자문인과 계약을 체결해야 하며, 체결하지 않을 경우 상장폐지요건에 해당한다.

04 지정기관투자자로부터 (　　　　) 이상의 기간 동안 지분율 (　　　　)% 이상 또는 투자금액 30억원 이상의 투자를 받고 있는 피투자기업(중소기업)은 지정기관투자자로부터 특례상장의 동의를 얻어 코넥스시장에 상장이 가능하다.

05 코넥스시장에 상장을 희망하는 중소기업은 자금조달의 필요성 및 규모 등을 고려하여 공모나 사모 또는 기업공개절차가 없는 (　　　　) 중에서 해당 중소기업의 실정에 적합한 상장방법을 선택할 수 있다.

06 ○× 코넥스시장은 아직 실적이 가시화되지 않은 성장 초기 중소·벤처기업이 원활하게 코넥스시장에 상장할 수 있도록 매출액·순이익 등의 재무요건을 적용하지 않고 있다. 그 밖에 초기 중소·벤처기업 실정에 부합하지 않는 요건은 폐지하거나 완화하고, 증권의 자유로운 유통과 재무정보의 신뢰성 확보를 위한 최소한의 요건만 적용하도록 하였다.

07 ○× 조회공시는 의무공시 사항이지만, 코넥스시장은 거래량이 많지 않기 때문에 주가나 거래량 급변에 따른 조회공시는 적용하지 않는다.

정답 **01** (중소기업기본법상의) 중소기업 ▶ 코넥스(KONEX : Korea New Exchange)는 자본시장을 통한 초기 중소·벤처기업의 성장지원 및 모험자본 선순환 체계 구축을 위해 개설된 초기·중소기업 전용 신시장이다. 참고로 유망 중소기업이나 성장 잠재력이 높은 벤처기업은 코스닥, 비상장기업은 K-OTC시장에 상장한다.

　　02 ○ ▶ 초기 중소기업에 최적화된 증권시장의 필요성이 제기되었으며, 초기 중소기업 특성을 반영한 시장제도를 마련하기 위해서는 기존 증권시장을 활용하기보다는 제로베이스에서 설계하는 것이 용이하다는 판단하에 코넥스시장을 개설하게 되었다.

　　03 지정자문인, 1(년), 30(영업일)

　　04 6개월, 10(%) ▶ 투자유치조건은 거래소가 지정하는 기관투자자(지정기관투자자)가 10% 이상 지분 보유 또는 투자금액이 30억원 이상(6개월 이상)이다. 또한 기술력 조건은 기술신용평가기관(TCB) 또는 기술전문평가기관으로부터 일정수준(BB) 이상의 기술등급을 확보하여야 한다.

　　05 직상장 ▶ 직상장(Direct Listing)이란 IPO, SPAC 등과 더불어 기업이 공개기업이 되는 경로의 하나로서, 신주의 발행 없이 기존 주주가 보유한 구주를 곧바로 거래소에 상장하여 거래되도록 하는 것을 의미한다.

　　06 ○

　　07 ○

08 ○× 코넥스시장에서 매매 시 호가는 지정가호가와 시장가호가의 2종류만 허용된다.

09 ○× 코넥스시장에서 가격제한폭은 유가증권시장, 코스닥시장과 동일한 30%이다.

10 코넥스시장에서는 공시부담 완화차원에서 불성실공시(공시불이행, 공시번복, 공시변경) 중 한 가지인 (   )은 적용하지 않는다.

11 K-OTC시장은 비상장주식의 매매거래를 위해 금융투자협회가 자본시장법에 따라 개설·운영하는 시장으로서 (장내시장 / 장외시장)에 속한다.

12 ○× K-OTC시장은 자본시장법상 금융투자상품시장으로 분류된다.

13 (등록 / 지정)은 신청법인이 직접 신청하거나 금융투자회사를 통하여 신청하는 것을 말하며, (등록 / 지정)은 해당 기업의 신청 없이 사업보고서 제출 등의 일정한 요건을 갖춘 기업에게 협회가 일방적으로 거래자격을 부여하는 것을 말한다.

14 K-OTC시장의 호가종류에는 (   )만 있으며, 호가가격단위는 (   )단계이다.

15 K-OTC의 등록·지정법인이 매도하면 (가)로 간주되고, (가)의 금액이 10억원을 상회하면 (나)를 제출해야 하며, 10억원 미만이면 (다)를 제출해야 한다.

16 ○× K-OTC거래 시 금융투자회사는 위탁자로부터 매매거래의 위탁을 받을 경우 매수의 경우에는 매수대금 전액을, 매도의 경우에는 해당 매도증권 전부를 위탁증거금으로 징수하여야 한다.

정답 **08** ○

09 × ▶ 코넥스시장은 유동성 부족으로 가격제한폭이 15%이다.

10 공시변경 ▶ 공시변경이란 기 공시한 내용의 수량 및 금액, 비율 등을 일정기준 이상 변경하여 공시하는 경우이다. 현재 코스피 및 코스닥시장에서 적용하는 불성실공시 지정사유는 공시불이행, 공시번복, 공시변경으로 나눌 수 있는데, 코넥스시장에서는 제도의 간소화를 위해 공시불이행 및 공시번복만 적용하고 있다.

11 장외시장 ▶ 거래소시장(유가증권시장 / 코스닥시장 / 코넥스시장)이 아니므로 장외시장이며, 조직화되고 표준화되어 거래된다는 점에서 1:1로 거래되는 장외시장과는 구분된다.

12 ○ ▶ 금융투자상품시장은 거래소시장, 다자간매매체결회사(ATS), K-OTC(장외)시장을 말한다.

13 등록, 지정 ▶ 협회는 등록신청회사로부터 신규등록신청이 있는 경우 등록신청일 다음 날로부터 10영업일 이내에 등록 여부를 결정하고, 그 결과를 해당 등록신청회사에게 서면으로 통보하여야 한다. 또한 협회는 일정한 요건을 모두 충족하는 법인이 발행한 주권을 지정할 수 있다.

14 지정가호가, 7(단계) ▶ 참고로 코넥스시장은 지정가·시장가호가 2종류만 있으며 호가가격단위는 유가증권시장, 코스닥시장, 코넥스시장과 동일하게 7단계이다.

15 가 : 매출, 나 : 증권신고서, 다 : 소액공모공시서류 ▶ 참고로 소액출자자의 경우에는 소액매출서류(약식서류)를 제출하면 소액공모공시 서류를 제출한 것으로 간주한다.

16 ○

17 ○× K-OTC시장 매매거래시간은 09:00~15:30이며, 동시호가 및 시간외시장은 없다.

18 매매체결방식은 (경매매 / 상대매매 / 경쟁매매) 방식으로 매도호가와 매수호가의 가격이 일치하는 경우에 일치하는 수량 범위 내에서 자동으로 매매가 체결된다.

19 K-OTC시장 등록법인의 불성실공시 유형은 공시불이행, 공시번복, (   )이다.

20 ○× K-OTC시장의 종목이 거래소의 증권시장에 상장되는 경우에는 등록 또는 지정해제 사유가 된다.

정답 **17** ○

18 상대매매 ▸ K-OTC시장의 매매체결방식은 상대매매방식으로 매도호가와 매수호가의 가격이 일치하는 경우에 일치하는 수량 범위 내에서 자동으로 매매가 체결되며, 동일가격 호가의 경우 먼저 접수된 호가가 뒤에 접수된 호가에 우선하며, 가격이 일치하지 않은 경우 체결을 원하는 투자자는 상대호가를 탐색하여 자신의 호가를 정정하여야 한다.

19 허위공시 ▸ 허위공시는 사실과 다른 허위의 내용을 공시하는 경우이다. K-OTC시장 등록법인은 K-OTC시장에서 정기공시, 수시공시 및 조회공시를 할 의무가 있다. 또한 K-OTC시장 지정법인은 K-OTC시장에서 공시를 할 의무는 없지만 지정법인은 사업보고서 제출대상법인이므로 자본시장법에 따라 금융감독원 전자공시시스템을 통하여 사업보고서, 반기보고서, 분기보고서 및 주요사항보고서 등을 제출할 의무가 있다.

20 ○

제4장 채권시장(7문항 대비)

01 채권 매입 후 채권수익률이 상승하면 보유채권 가격은 (상승 / 하락)한다.

02 '채권의 만기까지 단위기간별로 발생하는 이자와 액면금액에 의해 이루어지는 총현금흐름의 현재가치의 합을 채권가격과 일치시키는 할인율'을 (   )이라 한다.

03 채권을 '국채, 지방채, 특수채, 회사채 등'으로 구분하는 것은 (   )에 따른 분류이며, 이 중에서 국민주택채권은 (   )에 속한다.

04 ☐O☐X☐ 특수채로서 한국은행이 발행하는 통화안정증권은 신용물이다.

05 ☐O☐X☐ 특별법에 의해 설립된 한전이나 가스공사 등이 발행한 채권은 비금융특수채이다.

06 입찰자의 입찰금리대로 낙찰되는 경쟁입찰방식을 (Conventional / Dutch) 방식이라고 하고, 커트라인이 되는 금리로 단일하게 낙찰되는 방식을 (Conventional / Dutch) 방식이라고 한다.

07 채권의 공모가액이 (   ) 이상이면 금융위에 증권신고서를 제출해야 한다.

08 채권의 발행은 공모와 사모로 구분되고, 공모는 다시 직접모집과 간접모집으로 구분된다. 직접모집에는 (   )과 공모입찰발행이 있으며 간접모집에는 (   ), (   ), 총액인수가 있다.

09 ☐O☐X☐ 통화안정증권은 발행 주체에 따른 분류 시 국채에 속하며 발행 시 증권신고서를 제출하여야 한다.

10 우리나라의 산업은행이 발행하는 산업금융채권은 (직접발행 / 간접발행)에 속하며, (매출발행 / 공모입찰발행)을 한다.

정답 **01** 하 락
02 만기수익률(YTM)
03 발행주체, 국채
04 X ▶ 통화안정증권(또는 통화안정채권)은 국가와 동일한 신용도이므로 신용물(크레딧물)이 아니다.
05 O
06 Conventional, Dutch ▶ 입찰자의 입찰금리대로 복수가로 낙찰되는 방식을 컨벤셔널 방식, 커트라인이 되는 금리로 단일하게 낙찰되는 방식을 더치 방식이라 한다.
07 10억원
08 매출발행, 위탁발행, 잔액인수
09 X ▶ 통화안정증권(MSB)은 한국은행이 발행하는 특수채에 속하며 증권신고서 제출의무가 없다.
10 직접발행, 매출발행(창구매출)

---

11 ○× 국채 유통시장은 한국거래소에 개설된 국채전문유통시장(IDM), 금융투자협회에서 운영하고 있는 채권거래전용시스템(K-Bond)을 통한 IDB(Inter-Dealer Broker) 중개시장, 증권회사를 통해 거래되는 장외시장 등으로 구분할 수 있다.

12 정례발행되는 국고채는 원금과 이자가 분리되어 각각의 무이표채권으로 유통될 수 있는데 이를 국고채 원금이자 분리제도 또는 영어 약어로 (   )이라고 한다.

13 ○× 일반적으로 경기가 침체기일 때 신용스프레드가 확대된다.

14 채권발행자가 만기 이전에 채권의 원리금을 조기상환하게 되면 채권보유자가 추가 이익을 볼 기회를 상실하는데 이를 (   ) 위험이라 한다.

15 일반법인이나 개인은 증권회사를 통하여 (   )원 미만의 장외거래를 할 경우 (당일 / 익일) 결제를 할 수 있다.

16 채권액면 1만원, 표면이율 5%, 만기 1년, 연단위복리채를 발행일에 만기수익률 6%로 매입한다면, 매입가격은 (   )원이다(원 미만 절사).

17 수정듀레이션이 3년인 국채가 만기수익률이 10%에서 9%로 하락했다면 당해 채권의 가격변동폭은 (   )%이다.

18 어느 채권은 시장금리가 1% 상승할 경우 이 채권의 실제가격은 1.25% 하락한다. (채권의 볼록도 = 20) 이 채권의 수정듀레이션은 (   ) 이다.

19 볼록성은 표면이율이 낮을수록, 잔존만기가 길수록, 만기수익률이 낮을수록 (상승 / 하락)한다.

20 가격이 9,502원인 채권의 볼록성은 8.94이다. 시장금리가 1% 하락하면 볼록성에 의한 가격변동률은 약 (   )% 이고 그 변동한 값은 약 (   )원이다.

정답 **11** ○ ▸ IDM은 Inter Dealer Market의 약자이다.

12 STRIPS ▸ Separate Trading of Registered Interest and Principal of Securities의 약어이다.

13 ○

14 수의상환(또는 call)

15 50(원), 당일

16 9,905(원) ▸ $10,000 \times (1 + 0.05) / (1 + 0.06) = 9,905$원

17 3(%) ▸ 가격변동폭은 $-3 \times -1\% = +3\%$ (가격의 상승)

18 1.35 ▸ 볼록도는 20이므로 공식에 의거 (2025 기본서 1권, p397)

   (공식) $-0.0125 = -D \times 0.01 + \frac{1}{2} \times 20 \times (0.01)^2$ 에서 D_M(수정듀레이션)값을 구할 수 있다. $D_M = 1.35$이다.

19 상승 ▸ 듀레이션과 볼록성은 같은 방향으로 움직인다.

20 0.045(%), 4(원) ▸ 가격변동률 = $1/2 \times 8.94 \times (0.01)^2 = 0.045\%$

   즉 변동하는 가격은 $9,502 \times 0.045\% = 4$원

21 ○ⅹ 듀레이션으로 계산한 채권가격에 볼록성에 기인한 값을 더하면 채권의 실제가격에 접근한다.

22 ○ⅹ 볼록성에 기인한 값이 마이너스 값을 가질 수 있다.

23 어느 채권은 시장금리가 1% 상승할 경우 이 채권의 실제가격은 1.25% 하락한다. 이 채권의 수정듀레이션이 1.35일 경우 볼록도는 (   ) 이다.

24 채권가격과 수익률의 관계를 다음과 같이 정리할 수 있다(말킬의 채권가격 정리).
① 채권가격와 채권수익률은 (정(正) / 역(逆))의 관계에 있다.
② 채권만기가 길수록(장기채) 일정한 수익률변동에 대한 가격변동폭이 (작아진다 / 커진다).
③ 채권수익률변동에 따른 채권가격변동은 만기가 길수록 (작아지나 / 커지나), 그 증감률은 (체증 / 체감)한다.
④ 만기가 일정할 때 수익률 하락으로 인한 가격상승폭이 같은 폭의 채권수익률 상승으로 인한 가격하락폭보다 (작다 / 크다).
⑤ 표면이자율이 낮은 채권이 높은 채권보다 일정한 수익률 변동에 따른 가격변동폭이 (작다 / 크다).

25 5년 만기 복리채인 산업금융채권에 투자하여(매출가액 10,000원, 표면이율 5%), 만기에 총상환금 13,000원을 수령할 경우 연평균수익률은 (   )%이다.

26 2년 만기 현물이자율(Spot Rate)이 6%이다. 3년 만기 현물이자율이 7%라 할 때 2년 후로부터 향후 1년간의 내재선도이자율(Implied Forward Rate)은 (   )%이다(근사값).

27 ○ⅹ 재투자수익률 〉 만기수익률인 경우, 만기수익률 < 실효수익률 < 재투자수익률의 관계가 성립한다.

28 등급전망(Rating Outlook)은 Positive(긍정적), Negative(부정적), Stable(안정적) 그리고 (   )의 4가지로 구분되며, 이 중에서 (   )은 불확실성이 높아 중기적 등급의 변동방향을 단정하기 어려운 것을 나타낸다.

29 발행기관에 대한 상환청구권과 함께 발행기관이 담보로 제공하는 기초자산집합에 대하여 제3자에 우선하여 변제받을 권리를 가지는 채권을 (코코본드 / 이중상환청구권부채권 / 조건부자본증권)이라고 한다.

정답 **21** ○

22 ⅹ ▶ 볼록성의 값은 항상 양(+)의 값을 가진다.

23 20 ▶ (공식) $-0.0125 = -1.35 \times (+0.01) + \frac{1}{2} \times convexity \times (0.01)^2$ 에서 convexity = 20이다. (앞의 18번 문제를 역으로 물은 것이다. 자주 출제되므로 신속히 푸는 방법을 잘 익혀서 기계적으로 풀어야 한다.)

24 ① 역(逆), ② 커진다, ③ 커지나, 체감, ④ 크다, ⑤ 크다

25 6(%) ▶ 1/n(FV/P−1) = 1/5(13,000/10,000−1) = 6(%)

26 9(%) ▶ (3×7−2×6)/(3년−2년) = 9/1 = 9 (%)

27 ○

28 Developing(유동적), Developing(유동적)

29 이중상환청구권부채권(또는 커버드본드) ▶ 기초자산을 담보로 금융기관(은행)이 발행하는 채권으로서 은행이 소유한 기초자산을 담보로 하므로 유사시(은행 도산 시) 투자자는 기초자산에 대해 우선변제를 받을 권리를 가진다.

30 ○✕ 주택담보대출, 가계신용대출, 중소기업대출도 담보자산인 적격기초자산이 될 수 있다.

31 액면 10,000원인 전환사채의 전환주수가 2주일 때 주당 시가가 4,500원이면 패리티는 (　　)%이고 전환가치는 (　　)원이다.

32 액면 10,000원인 전환사채를 12,000원에 매수하였다. 전환사채 액면 10,000원당 전환주수가 2주이고 주식의 시장가격이 5,500원이면 패리티는 (　　)%이고 전환가치는 (　　)원이며 전환프리미엄은 (　　)원이고 괴리율은 약 (　　)%이다.

33 전환사채나 교환사채는 권리를 행사하면 사채권이 (존속 / 소멸)된다. 교환사채는 일정 기간 내에 사채의 소유자에게 회사가 교환을 청구하는 것으로, 교환권이 행사되면 회사가 보유한 자산은 (증가 / 감소 / 불변)하고 부채는 (증가 / 감소 / 불변)한다.

34 교환사채의 교환 시 추가적인 자금이 (소요되며 / 소요되지 않으며), 교환의 권리를 행사하면 회사의 자본금은 (증가 / 감소 / 불변)한다.

35 교환사채의 교환대상 주식이 2종류 이상인 경우의 교환사채를 (　　)라고 한다.

36 (적극적 / 소극적) 전략인 채권면역전략은 투자목표 기간과 포트폴리오의 (　　)을 일치시켜서 채권투자 만료 시 실현수익률과 목표수익률을 일치시키는 전략이다.

37 ○✕ 자산유동화증권(ABS)의 신용도가 목표 신용등급에 미달하여 외부의 신용보강기관의 신용보강을 통해 목표등급을 받더라도 원 기초자산의 등급을 초과할 수 없다.

38 (CBO / CLO / CDO / 합성CDO)의 경우 회사의 신용도가 낮아서 발행 또는 유통하기 어려운 회사채를 금융회사가 먼저 총액인수하여 이를 SPC에 양도하면 SPC가 신용보강 후 투자자에게 매각하는 구조이다.

정답 **30** ✕ ▶주택담보대출은 적격기초자산이 가능하지만, 가계신용대출, 중소기업대출은 담보력이 약하므로 적격기초자산이 될 수 없다.
31 90(%), 9,000(원) ▶패리티(%) = 주식의 시장가격/전환가격 × 100 = 4,500/5,000 × 100 = 90%, 전환가치 = 패리티 가치 = 주식의 시장가격 × 전환주수 = 4,500 × 2 = 9,000(원)
32 110(%), 11,000(원), 1,000(원), 9.1(%) ▶패리티(%) = 5,500/5,000 × 100 = 110%
• 전환가치 = 5,500 × 2 = 11,000(원)
• 전환프리미엄 = 전환사채의 시장가격 - 전환가치 = 12,000 - 5,500 × 2 = 1,000원
• 괴리율 = 전환프리미엄/전환가치 = 1,000/11,000 = 9.1%
33 소멸, 감소, 감소 ▶전환사채나 교환사채는 권리를 행사하면 사채권이 소멸된다. 교환사채는 일정 기간 내에 사채의 소유자에게 회사가 교환을 청구하는 것으로, 교환권이 행사되면 회사가 보유한 자산(교환대상 보유 주식)과 부채(교환사채)가 동시에 감소하는 특징이 있다.
34 소요되지 않으며, 불변 ▶교환사채(EB)의 권리행사 시 추가적인 자금이 소요되지 않는 점에서 BW와 차이점이 있고 권리를 행사하더라도 회사의 자본금은 증대하지 않는다(불변).
35 오페라본드(Opera Bond) ▶교환사채의 교환대상 주식이 2종류 이상인 경우의 교환사채를 오페라본드(Opera Bond)라고 한다.
36 소극적, 듀레이션
37 ✕ ▶ABS가 목표 신용등급에 미달하여 외부 신용보강기관의 신용보강을 통해 목표등급을 받으면 그 ABS의 모태가 되는 기초자산의 등급을 초과할 수 있다.
38 CBO(Collateralized Bond Obligation)

39 (CBO / CLO / CDO / 합성CDO)는 금융기관의 대출채권을 기초자산으로 발행하는 자산유동화증권으로서 우리나라의 경우 대부분 무수익대출채권(NPL)을 기초로 하여 발행하고 있다.

40 (CBO / CLO / CDO / 합성CDO)는 기초자산을 부채(Debt)로 한 것으로 CLO와 CBO를 포함한 개념이다.

41 (CBO / CLO / CDO / 합성CDO)는 자산의 소유권이 자산소유자의 장부에 그대로 남아있고 자산과 관련된 신용위험만이 제3자에게 이전되는 구조이다.

42 신종자본증권은 채무증권이 일정요건을 충족할 경우 회계적으로 자본으로 인정받을 수 있으며 그 자본인정요건으로는 후순위성, 만기의 영구성 그리고 이자지급의 (   )을 들 수 있다.

43 (이중상환청구권부채권 / 수의상환채권 / 수의상환청구부채권)이란 발행기관에 대한 상환청구권과 함께 발행기관이 담보로 제공하는 기초자산집합에 대하여 제3자에 우선하여 변제받을 권리를 가지는 채권이다.

44 전환사채의 주식전환가격이 10,000원, 전환대상 주식의 시장가격이 16,000원, 전환비율 100%일 경우 패리티 비율은 (   )%이다.

45 ○✕ 전환사채의 전환권행사 시에는 신규로 주금을 납입하여야 한다.

46 전자단기사채(Short Term Bond)는 전자증권법에서 정한 요건을 갖추고 전자적 방식으로 등록하며 만기 (   )개월 이내 발행 시 증권신고서 제출의무가 없다.

정답 **39** CLO(Collateralized Loan Obligation)
40 CDO(Collateralized Debt Obligation)
41 합성CDO(Synthetic CDO)
42 임의성
43 이중상환청구권부채권 ▸ 일명 커버드본드(Covered Bond)의 설명이다.
44 160(%) ▸ 패리티 비율 = 주식의 시장가격/전환가격 × 100이므로, 16,000/10,000 × 100 = 160%
45 ✕ ▸ 전환사채의 전환권행사 시 신규로 주금을 납입할 필요가 없다.
46 3(개월)

금융상품 및 직무윤리

제1장 금융상품분석 · 투자전략(13문항 대비)

01 은행은 일반은행과 (   )으로 구분된다.

02 특수은행에는 산업은행, 수출입은행, (   ), 농협중앙회, 수협중앙회가 있으며, 중앙은행인 한국은행은 특수은행에 (속한다 / 속하지 않는다).

03 금융투자회사에는 금융위의 인가를 요하는 투자매매업, 투자중개업, 집합투자업, (   )이 있고 등록을 요하는 투자자문업과 (   )이 있다. 그리고 투자중개업 중에서 (   )은 등록을 하게 되면 인가를 받은 것으로 본다.

04 집합투자기구는 설립형태에 따라 계약형, 회사형으로 구분하는데 투자신탁은 (   )에 속한다.

05 ○× 투자신탁의 조직은 집합투자업자, 수탁회사, 판매회사, 일반사무관리회사로 구성된다.

06 사모집합투자기구는 (   ) 사모집합투자기구와 (   ) 사모집합투자기구로 구분되며, 투자자 수는 (49명 / 100명) 이하이다.

07 사모집합투자기구 중 일반 사모집합투자기구는 강화된 투자자 보호규정이 적용되고 전문투자자와 (   )원 이상 투자하는 일반투자자가 가입대상이다.

08 자본시장법상 집합투자기구의 종류에는 증권집합투자기구, (   ), (   ), (   ), (   )의 5가지로 구분되고 이 중에서 (   )는 투자대상에 대한 비중의 제한이 없다.

정답 **01** 특수은행
02 중소기업은행, 속한다 ▸ 한국은행은 한국은행법이란 특별법에 의거 설립되었다.
03 신탁업, 투자일임업, 온라인소액투자중개업
04 계약형
05 × ▸ 일반사무관리회사는 투자회사에만 존재한다.
06 일반, 기관전용, 100명 ▸ 2021년 4월 자본시장법 개정으로, 사모집합투자기구는 일반 사모집합투자기구와 기관전용 사모집합투자기구로 구분되며, 투자자 수는 100명 이하이다(단, 전문투자자가 투자를 하여도 100명의 투자자 수에 포함하지 않는다).
07 3억(원)
08 부동산집합투자기구, 특별자산집합투자기구, 혼합자산집합투자기구, 단기금융집합투자기구(MMF) / 혼합자산집합투자기구 ▸ 혼합자산집합투자기구는 투자비율(50% 초과) 제한이 없다.

---

09 신탁은 재산의 종류에 따라 금전신탁과 재산신탁으로 구분하는데 이 중에서 부동산신탁은 (   )에 속하며, 부동산 신탁의 목적에 따라 관리, 처분, (   ) 그리고 토지신탁 등으로 구분한다.

10 생명보험은 보험금 지급조건에 따라 사망보험, 생존보험, (   )의 3가지로 구분된다.

11 (   )은 양로보험이라고도 하며, 생존보험의 (   ) 기능과 사망보험의 보장 기능을 절충한 보험이다.

12 손해보험은 담보위험에 따라 화재보험, (   )보험, 자동차보험, 보증보험, 특종보험, 연금보험, 장기저축성보험, (   )보험의 8가지로 구분된다.

13 ○× 상해보험과 도난보험은 특종보험에 속한다.

14 증권사의 CMA의 3가지 유형에는 수익을 지급해주는 모계좌가 어떤 상품인가에 따라 MMF형, RP형, (   )형으로 나누며 이 중 (   )형은 투자일임형에 속한다.

15 ○× 할인식상품(CD, 표지어음)은 만기가 되면 액면금액을 받게 되며 추가로 보유한다고 해도 액면금액만을 받게 된다.

16 (신용카드 / 직불카드 / 선불카드)는 수신상품으로서 예금잔액 범위 내에서 이용할 수 있다.

17 신용카드는 (여신상품 / 수신상품)이다.

18 ○× 대부업은 최저자본금 등의 진입요건이 없고 영업지역도 제한이 없으며 자금조달에 관한 규제도 없다.

19 금융투자업의 MMF에 대항하기 위한 은행의 금융상품은 (보통예금 / MMDA / 가계당좌예금)이다.

정답 **09** 재산신탁, 담보

10 생사혼합보험

11 생사혼합보험, 저축

12 해상, 해외원

13 ○

14 MMW, MMW ▶ RP나 MMF는 해당 상품에 자동 투자하는 유형이지만, MMW(수시입출금 가능 랩)는 증권회사가 적합한 투자대상을 담아서 랩(Wrap)으로 운용하는 것이므로 투자일임형이라고 할 수 있다.

15 ○ ▶ 참고로 할인식이 아닌 RP도 만기가 지났다고 해서 이자가 가산되지 않는다.

16 직불카드(Debit Card)

17 여신상품

18 ○ ▶ 단, 대부업자는 3년마다 등록을 갱신하여야 한다.

19 MMDA ▶ MMDA는 Money Market Deposit Account를 줄인 말로서 MMF와 CMA에 대항하는 은행의 단기 금융상품이며, 시장실세금리가 적용된다. 각종 공과금, 신용카드대금의 자동이체용 결제통장으로도 활용 가능하다.

20 ELS의 수익구조 중 원금보장형 ELS를 만들기 위한 예로서, '95%의 채권매수 + 5%의 옵션매수'를 한다. 즉, 매수한 채권 95%에 만기까지 5%의 이자가 추가되면 원금 100%를 보장할 수 있다. 즉 이자만 가지고 수익자산에 투자하는 결과가 되므로 이를 (　　　　) 전략이라고 한다.

21 ELS의 유형에는 Knock-out형, Bull Spread형, Reverse Convertible형 그리고 Digital형이 있으며, 이중 Reverse Convertible형은 채권 + (외가격 풋옵션매수 / 외가격 풋옵션매도)의 수익구조를 가진다.

22 ELS 유형 중 주가가 일정수준을 상회하면 확정된 수익을 지급하고 계약이 조기상환되는 유형은 (　　　　)이며, 풋옵션 매도를 통해 기대수익률을 올릴 수 있으나 주가가 일정수준 이하로 하락 시 큰 폭의 손실이 발생할 수 있는 유형은 (　　　　)이다.

23 4가지 ELS 유형 중에서 (낙아웃형 / 디지털형 / 리버스컨버티블형 / 불스프레드형)이 가장 잠재손실이 크다.

24 ELF는 (원금보존형 / 원금보존추구형)이 가능하다.

25 ETF(Exchange Traded Fund : 상장지수집합투자기구)는 일반주식처럼 시장에서 실시간으로 매매할 수 있으며 (위탁수수료 / 증권거래세)가 면제된다.

26 종류형집합투자기구란 집합투자기구에 부과되는 (판매보수 / 운용보수)나 판매수수료의 차이로 인하여 기준가격이 다른 수종의 집합투자증권을 발행하는 집합투자기구를 말한다.

27 전환형집합투자기구의 경우 미리 전환가능한 것으로 정해진 다른 집합투자기구로 전환하는 때에는 (　　　　)수수료를 징구하지 않는다는 점에 실질적인 의미가 있다.

28 ○× 모자형집합투자기구의 요건으로는 ① 자펀드가 모펀드 외의 다른 펀드에 투자하지 말 것, ② 자펀드 외의 자가 모펀드에 투자하지 말 것, ③ 자펀드와 모펀드의 집합투자업자가 동일할 것의 요건을 충족하여야 한다.

정답 **20** 이자추출(Cash Extraction)
21 외가격 풋옵션매도 ▶ Reverse Convertible형은 채권 + 외가격 풋옵션매도(∵ 풋매도로 인한 수취프리미엄이 ELS수익을 향상시킬 수 있기 때문) 구조를 가진다. Knock-out형은 채권 + Knock-out 콜옵션 매수, Bull Spread형은 채권 + 낮은 행사가격 콜옵션 매수 & 높은 행사가격 콜옵션 매도, 그리고 Digital형은 채권 + Digital 콜(풋)옵션 매수의 수익구조이다.
22 Knock-out형, Reverse Convertible형
23 리버스컨버티블형
24 원금보존추구형 ▶ 펀드는 원금보존을 할 수 없다. 다만 운용자가 원금보존을 추구할 수는 있다.
25 증권거래세
26 판매보수 ▶ 종류형집합투자기구는 운용보수에는 차이를 둘 수 없다. 즉 판매보수, 판매수수료를 제외하고는 각 종류의 집합투자증권별로 같도록 해야 한다.
27 환매 ▶ 전환형집합투자기구는 복수의 집합투자기구 간에 공통으로 적용되는 집합투자규약에 의하여 각 집합투자기구의 집합투자자가 소유하고 있는 집합투자증권을 다른 집합투자기구의 집합투자증권으로 전환할 수 있는 권리를 집합투자자에게 부여하는 구조의 집합투자기구를 말한다.
28 ○ ▶ 모자형집합투자기구는 다른 집합투자기구(모집합투자기구)가 발행하는 집합투자증권을 취득하는 구조의 집합투자기구(자집합투자기구)를 말한다. 이는 동일한 투자대상과 투자전략을 가지는 다수의 펀드(자펀드)의 자산을 하나의 펀드(모펀드)에 모아서 통합운용함으로써 규모의 경제효과를 얻기 위한 펀드구조라고 할 수 있다.

---

29 한국거래소에서 거래되는 ELW는 콜과 풋 모두 주식가격과 무관하게 (최대이익 / 최대손실)이 ELW의 매수가격으로 한정되며, 만기 시 (실물인수도 / 현금결제)한다.

30 랩어카운트는 여러 종류의 자산운용서비스를 하나로 싸서(Wrap) 고객의 기호에 적합하게 제공하는 자산종합관리계좌이다. 수수료는 투자자산의 일정비율로 결정되므로 별도의 (　　　) 수수료는 없다.

31 ☐☒ 랩어카운트의 일임형, 자문형, 펀드형 세 가지 형태 중에서 고객이 지불하는 수수료 부담이 가장 큰 것은 펀드형이다.

32 랩어카운트는 증권회사의 입장에서 장기적으로 안정적인 수입을 기대할 수 있고, 고객과 이익상충의 여지가 작다는 장점이 있으며, 직원의 입장에서는 고객에 대한 영향력이 (약화 / 강화)될 수 있다. 또한 고객의 입장에서 장세하락 시 수수료 부담이 (커질 수 / 작아질 수) 있다.

33 개인종합저축계좌(ISA : Individual Savings Account)는 의무가입기간이 (　　　)년 이상이며, 또한 나이 제한은 만 19세 이상 또는 직전연도 (　　　)소득이 있는 만 15세~19세 미만의 대한민국 거주자이어야 가입이 가능하다. 신탁형ISA는 예금가입이 가능하다.

34 연금저축 납입한도는 연간 (　　　)원이며, (소득공제 / 세액공제)는 연간 600만원에 대한 13.2%이지만 총급여 5,500만원 이하, 종합소득 4,500만원 이하는 16.5%이다.

35 연금저축은 가입 후 (　　　)년 이상이어야 하며 만 55세 이후 연금으로 수령할 수 있다.

36 과거 자료를 바탕으로 하되 미래의 발생상황에 대한 기대치를 추가하여 수익률을 예측하는 방법이다. 만약 A주식의 위험프리미엄이 6%이고 무위험수익률이 3%일 경우 A주식의 기대수익률은 (　　　)%이며, 이러한 기대수익률 측정방식을 (추세분석법 / 펀더멘털 분석법)이라고 한다.

37 위험에 비해 상대적으로 더 높은 기대수익 획득이 가능하거나 기대수익에 비해 상대적으로 더 낮은 위험수준을 부담하는 것이 가능하다면 자산배분전략을 수정할 필요가 있는데, 이를 (리밸런싱 / 업그레이딩)이라 한다.

정답　**29** 최대손실, 현금결제

30 증권매매

31 ✕ ▶ 일임형이 가장 많은 수고(서비스)를 필요로 하므로 수수료가 가장 높다. 가장 활성화되고 있는 랩이며, 실제 일임형랩의 규모가 가장 크다.

32 약화, 커질 수 ▶ 랩어카운트 상품은 직원이 계좌를 직접 관리할 때와 비교해서 고객에 대한 영향력이 현저하게 약화될 수 있다.

33 3(년), 근로 ▶ ISA는 당해 연도 납입한도를 채우지 못하는 경우 그 미불입 한도는 다음해로 이월된다. 또한, 납입금 한도 내에서 횟수에 제한 없이 중도인출할 수 있으며, 비과세 한도 초과분에 대해서는 분리과세(9.9%)된다.

34 1,800만(원), 세액공제 ▶ 연금저축은 연 1,800만원(+ ISA 만기금액)까지 입금 가능하다(단, 퇴직연금 DC형 및 IRP 개인추가납입 합산).

35 5(년) ▶ 연금소득세는 만 55세~69세는 5.5%, 70세~79세는 4.4%, 80세 이상은 3.3%이다.

36 9(%), 펀더멘털 분석법 ▶ 그러나 추세분석법은 과거 장기간 수익률을 분석하여 미래의 수익률로 사용하는 방법으로 미국과 영국처럼 자본시장이 발달하여 장기간의 수익률 자료를 구할 수 있는 경우에만 사용 가능하지만 한국처럼 자본시장의 역사가 짧은 경우에는 사용이 어렵다.

37 업그레이딩 ▶ 그러나 리밸런싱이란 상황 변화가 있을 경우 자산 포트폴리오가 갖는 원래의 특성을 그대로 유지하고자 하는 것을 말한다. 이는 주로 자산집단의 상대가격변동에 따른 투자비율의 변화를 원래대로의 비율로 환원시키는 것이다.

38 전술적 자산배분전략의 실행도구에는 가치평가모형, 기술적 분석 그리고 (포뮬러모형 / 시장가치접근방법)이 있다.

39 전술적 자산배분전략의 투자자 위험허용치는 포트폴리오의 실현수익률이라는 상황 변화에 영향을 받지 않는다고 가정한다. 그러나 운용자의 입장에서 현실적으로는 영향을 받게 된다. 즉, 시장가격의 상승으로 실현수익률이 높아지면 투자자의 위험허용도가 높아지므로 (낙관적인 / 비관적인) 투자 자세를 가지게 된다. 이를 전술적 배분전략의 실행과정에서 나타나는 (가치평가 과정 / 투자위험 인내과정)이라 한다.

40 자산집단(Asset Class)은 두 가지 기본적인 성격을 갖추어야 하는데, 이는 (　　　　)과 분산가능성이다.

41 ○× 마코위츠의 평균-분산 모델의 한계점은 기대수익률과 위험(입력변수)이 조금만 변화해도 자산별 배분비중이 큰 폭으로 변화하고 특정자산에 지나치게 과잉 또는 과소배분된다는 점이다.

42 ○× 자본시장선(CML)은 무위험자산과 효율적 투자기회선상에서 위험보상비율(RVAR)이 가장 높은 증권(또는 포트폴리오)과 연결하여 구해진다.

43 ○× 자산배분선(CAL)은 '무위험자산과 효율적 투자기회선상의 아무 점과 연결한 선'을 말하며, 무위험자산과 효율적 투자기회선의 접점을 연결한 선을 자본시장선(CML)이라 한다.

44 시장포트폴리오에 내재된 균형기대수익률을 산출하고 투자자의 시장전망을 모델에 반영하여 자산배분을 실행하는 모델을 (마코위츠의 평균-분산 모델 / 블랙-리터만 모델)이라 한다.

45 블랙-리터만 모형은 마코위츠 모형의 단점을 극복하기 위해 (포트폴리오기대수익률 / 균형기대수익률)을 도출하여 평균분산에 투입한다.

정답 **38** 포뮬러모형 ▶ 포뮬러모형은 시장과 역으로 투자함으로써 고수익을 지향하는 전략으로서 정액법과 정률법이 있다. 시장가치접근방법은 전략적 실행방법(시장가치접근법, 위험-수익 최적화 방법, 투자자별 특수상황을 고려하는 방법, 다른 유사한 기관투자자의 자산배분을 모방)의 하나이다.

39 낙관적인, 투자위험 인내과정

40 독립성

41 ○ ▶ 마코위츠의 평균-분산 모델의 추가적인 한계점으로는 모든 자산의 기대수익률과 위험에 대한 지표가 있어야 자산배분을 실행할 수 있다는 것과, 각 자산의 기대수익률과 위험을 정확히 추정하는 것이 어렵기 때문에 추정오차가 발생할 수밖에 없다는 것이다.

42 ○

43 ○ ▶ 자산배분선(CAL)은 효율적 투자기회선상의 어떤 점과 연결한 선이다. 따라서 무수히 많은 자산배분선이 있는데, 이들 자산배분선 중에서 위험보상비율(RVAR)이 가장 높은 선이 자본시장선(CML)이 된다.

44 블랙-리터만 모델

45 균형기대수익률 ▶ 균형기대수익률이란 시장의 수요와 공급이 균형을 이룬 이상적인 상태에서의 시장참여자들의 기대수익률을 말하고, 자산 간의 시가총액비중을 평균분산모형의 비중결정과정에 역산하여 도출한다.

---

46 □○□×□ 시장으로부터 균형기대수익률을 얻음으로써, 기대수익률과 위험을 몰라도 자산배분을 실행할 수 있고, 직관적 대응이 가능하며, 따라서 마코위츠의 평균-분산 모델에서 나타날 수 있는 극단적인 자산의 편중배분문제도 해결되었다.

47 ESG란 Environmental, Social 그리고 (　　　　)의 약어이다.

48 우리나라 국민연금기금운용 6대 원칙에는 ESG 관련하여 (　　　　) 원칙이 있다.

49 (　　　　)이란 친환경을 뜻하는 'Green'과 세탁을 뜻하는 'White Washing'의 합성어로 위장 환경주의를 뜻하며, 기업에서 실제로는 친환경 경영을 하고 있지 않으나 마치 친환경인 것처럼 속여 홍보하는 것을 말한다.

50 □○□×□ 파리협약(Paris Climate Agreement)은 지구온난화를 방지하기 위해 온실가스를 줄이자는 전 지구적 기후협약이다.

정답 **46** ○

　47 Governance(거버넌스) ▸ 거버넌스란 모든 수준에서 세계와 국가의 문제를 관리하기 위한 경제적·정치적·행정적 권한의 행사이다. 시민과 집단이 그들의 이익을 분명히 하고, 법적 권리를 행사하며, 의무를 이행하고, 차이점을 중재하는 메커니즘, 프로세스 및 제도라고 해석한다.

　48 지속가능성 (원칙) ▸ 6대 기금운용의 원칙은 수익성의 원칙, 안정성의 원칙, 공공성의 원칙, 유동성의 원칙, 지속가능성의 원칙, 운용독립성의 원칙이다. 지속가능성(Sustainable)이란 현재 세대의 필요를 충족시키기 위하여 미래 세대가 사용할 경제·사회·환경 등의 자원을 낭비하거나 여건을 저하(低下)시키지 아니하고 서로 조화와 균형을 이룬다는 뜻이다.

　49 그린워싱(Green Washing)

　50 ○ ▸ 이 파리협약은 국제사회가 함께 공동으로 노력하는 최초의 기후 합의이다.

제2장 투자권유 및 고객관리(5문항 대비)

01 ○× 부모가 미성년 자녀의 법정대리인으로 투자권유를 받는 경우 자녀에 대한 투자자정보 작성권한이 있는지 여부를 확인하여야 한다.

02 (RP / ELS)를 거래하는 투자자의 경우 투자자정보만을 간략하게 파악할 수 있다.

03 금융소비자가 장외파생상품을 거래하고자 하는 경우 (투자권유 시 / 투자권유 여부와 상관없이) '장외파생상품 투자자정보확인서'를 이용하여 투자자정보를 파악하여야 한다.

04 금융투자회사가 투자자정보 유효기간을 설정하고 이에 대하여 금융소비자가 동의한 경우 금융소비자가 별도의 변경 요청이 없는 한 투자자정보의 유효기간은 투자자정보 파악일로부터 (12~24 / 12~36)개월 동안 투자자정보가 변경되지 않은 것으로 간주할 수 있다.

05 [투자권유를 희망하지 않는 투자자에 대한 판매] 투자자가 금융투자상품을 특정하여 청약하는 경우에는 "투자권유 희망 및 투자자정보 제공 여부 확인" 내용이 포함된 확인서를 받아 판매절차를 진행할 수 있으나 이 경우 투자자가 그 확인서의 (   )와 (   )을 충분히 이해할 수 있도록 설명하여야 한다.

06 투자권유를 희망하지 않는 투자자에 대한 판매 시 "투자권유 희망 및 투자자정보 제공 여부 확인" 내용이 포함된 (   )를 받는 취지는 투자자가 판매직원의 투자권유 없이 특정 상품에 대한 투자를 희망하는 경우 판매자는 금소법상 (   ) 원칙이 적용되지 않는다는 사실을 고지하기 위함이다.

07 [유의사항] 투자권유를 희망하지 않는다는 확인서를 투자자가 작성하는 경우 판매자는 금소법상 (   ) 원칙과 (   ) 적용대상에서 제외되며, 판매자의 관련 법 위반에 대해 소비자의 권리를 주장할 수 없다는 사실을 금융소비자가 충분히 이해할 수 있도록 설명하여야 한다.

정답 **01** × ▶[투자자정보 파악] 부모가 미성년인 자녀의 법정대리인으로서 회사에서 투자권유를 받는 경우에는 임의대리인의 경우와 같이 본인이 자녀로부터 수권행위가 있을 수 없으므로, 이 경우 자녀에 대한 친권이 존재한다는 사실을 증명할 수 있는 서류를 회사에 제출하여 법정대리권이 있음이 확인되면 별도로 자녀에 대한 투자자정보 작성권한이 있는지 여부를 확인할 필요가 없다.
02 RP ▶[투자자정보의 파악 간소화 대상] RP, 국채증권, 지방채증권, MMF, 특수채증권 등 위험이 높지 않은 금융투자상품만을 거래하는 투자자의 경우 투자목적, 재산상황, 투자경험의 투자자정보만을 간략하게 파악할 수 있다.
03 투자권유 여부와 상관없이
04 12~24(개월) ▶임직원등은 투자자로부터 별도의 변경 요청이 없으면 투자자정보를 파악한 날로부터 12~24개월(투자자정보 유효기간) 동안 투자자정보가 변경되지 않은 것으로 간주할 수 있다. 임직원등은 회사가 이미 투자자정보를 알고 있는 투자자에 대하여 투자권유를 하고자 하는 경우 투자자정보 유효기간 경과 여부를 확인하고, 유효기간이 지난 경우에는 투자자정보를 다시 파악하여야 한다.
05 취지, 유의사항
06 확인서, 적합성 ▶투자권유 없이 투자자가 본인의 투자자 성향보다 위험도가 높은 금융투자상품을 스스로 청약하는 경우에는 "투자성향에 적합하지 않은 투자성 상품 거래 확인" 내용이 포함된 확인서를 받아 판매절차를 진행할 수 있다.
07 적합성, 설명의무 ▶다만, 설명의무의 경우 소비자가 요청할 경우에는 판매자에게 설명의무가 적용된다.

08 [투자권유를 받지 않는 투자자에 대한 보호의무] 향후 판매회사와 체결한 계약내용 등에 대한 피해 발생으로 분쟁 또는 소송이 발생하는 경우 투자자가 작성한 확인서로 인해 (유리 / 불리)하게 작용될 수 있으므로 그 확인서의 법적 의미와 그 위험 내용을 충분히 이해한 후 서명여부 등 확인서 작성을 신중하게 결정해야 한다는 사실을 충분히 이해할 수 있도록 설명하여야 한다.

09 파생상품, 파생결합증권(단, 금적립 계좌등은 제외), 사채(社債) 중 일정한 사유가 발생하는 경우 주식으로 전환되거나 원리금을 상환해야 할 의무가 감면될 수 있는 사채, 고난도금융투자상품, 고난도금전신탁계약, 고난도투자일임계약, 파생형 집합투자증권(레버리지·인버스 ETF 포함)을 투자권유 없이 판매할 경우 (적합성 / 적정성) 원칙이 적용된다.

10 ○× 임직원등은 회사가 이미 투자자정보를 알고 있는 투자자에 대하여는 기존 투자자성향과 그 의미에 대해 설명하고 투자권유를 하는 것이 바람직하다.

11 [고령투자자에 대한 금융투자상품 판매 시 보호 기준] 금융회사 임직원 등은 (   )세 이상인 고령투자자를 대상으로 금융투자상품을 판매하는 경우, 판매과정을 녹취하고 투자자가 요청하는 경우 녹취한 파일을 제공하여야 하며, 판매과정에서 (   )영업일 이상의 (   )을 부여하여야 한다.

12 임직원은 장외파생상품의 매매 및 그 중개·주선 또는 대리의 상대방이 법에 따른 일반투자자인 경우에는 투자권유 여부와 상관없이 그 투자자의 "위험회피대상"을 (보유한 경우 / 보유하고 있거나 보유할 예정인 경우)로서 약정거래기간 중 해당 거래에서 발생할 수 있는 손익이 위험회피대상에서 발생할 수 있는 손익의 범위를 초과하지 아니하여야 한다.

13 ○× 방문판매 시 야간(오후 9시 이후부터 다음 날 오전 8시까지를 말한다)에 고객에게 방문판매 등을 하는 행위는 금지된다. 단, 고객이 요청하는 경우에는 제외한다.

14 금융투자상품의 투자권유를 받은 투자자가 이를 거부하는 취지의 의사를 표시하였음에도 불구하고 투자권유를 계속하는 행위는 금지되지만 투자권유를 받은 투자자가 이를 거부하는 취지의 의사표시를 한 후 (   )이 지난 후에 다시 투자권유를 하는 행위와 (   )의 금융투자상품을 권유하는 행위는 가능하다.

15 ○× 임직원등은 투자자의 투자자성향 및 금융투자상품의 특성을 고려하여 장기투자가 유리하다고 판단되는 경우 그 투자자에게 해당 금융투자상품에 대한 장기투자를 권유할 수 있으며 투자자의 투자자산이 특정 종목의 금융투자상품에만 편중되지 아니하도록 분산하여 투자할 것을 권유할 수 있다.

정답 **08** 불리

09 적정성 ▶ 적정성 원칙이 적용되는 금융투자상품을 잘 암기하여야 한다.

10 ○

11 65(세), 2(영업일), 숙려기간

12 보유하고 있거나 보유할 예정인 경우 ▶ 일반투자자인 경우 투자권유 여부와 상관없이 그 투자자가 보유하고 있거나 보유하려는 자산·부채 또는 계약 등("위험회피대상"이라 한다)에 대하여 미래에 발생할 수 있는 경제적 손실을 부분적 또는 전체적으로 줄이기 위한 거래를 하는 경우에는 동 2가지 요건을 모두 충족하는 경우에 한하여 거래를 할 수 있다.

13 ○

14 1개월, 다른 종류

15 ○

16 임직원등이 투자자에게 포트폴리오 투자를 권유하는 경우에는 그 임직원등이 금융투자협회에 등록된 금융투자전문인력
　　으로서의 (업무범위에 해당하는 / 업무범위를 초과하는) 금융투자상품으로 구성된 포트폴리오를 권유할 수 있다.

17 ○✕ 임직원등은 일반투자자에게 계열회사인 집합투자업자가 운용하는 펀드를 투자권유하는 경우에 이 사실을 일반투
　　자자에게 고지한 경우에는 타 집합투자업자가 운용하는 유사한 펀드를 함께 투자권유할 의무는 없다.

18 계열회사등이 아닌 집합투자업자가 운용하는 유사한 펀드를 함께 투자권유하는 경우의 "유사한 펀드"란 일반투자자에게
　　투자권유한 계열회사등의 펀드와 금융투자상품 위험도 분류기준에 따른 위험 수준이 (같아야 한다 / 같거나 낮아야 한다).

19 ○✕ 계열회사등이 아닌 집합투자업자가 운용하는 유사한 펀드를 함께 일반투자자에게 투자권유 시 계열회사등의 펀드
　　와 같은 종류의 펀드이어야 한다. 다만, 증권집합투자기구 및 단기금융집합투자기구 이외의 종류일 경우 회사가 같은
　　종류의 펀드를 갖추지 못했을 때에는 다른 종류로 할 수 있다.

20 ○✕ 투자권유 시 계열회사등이 아닌 집합투자업자가 운용하는 유사한 펀드 기준을 충족하는 펀드 중에서도 주된 투자
　　대상자산·투자지역(국내·해외) 등을 고려하여 투자권유하여야 하며 해당 펀드의 향후 전망, 운용 안정성, 판매전략
　　등을 감안하여 달리 투자권유할 수는 없다.

21 ○✕ [온라인 판매 시] 투자권유가 없는 온라인 판매의 경우에도 투자자가 투자판단에 참고할 수 있도록 계열회사 펀드
　　임을 표시하여야 한다.

22 금융투자회사는 투자성향에 맞지 않는 금융투자상품 매매 또는 투자권유를 희망하지 않는다는 의사표시는 영업점 책임자
　　를 거쳐 확인하여야 하며, 온라인거래 시에는 회사가 정하는 내부통제기준에 따라 (사전확인 / 사후확인) 절차 등을
　　거칠 수 있다.

23 임직원등은 투자자에게 투자권유를 하는 경우 투자자가 이해할 수 있도록 설명하여야 하며, 설명한 내용을 투자자가
　　이해하였음을 서명등으로 확인받아야 한다. 설명의무는 단순 확인방식으로 이행할 수 없으며, (　　　　) 또는 육성으로
　　진술하는 방식으로 이행하여야 한다.

정답　**16** 업무범위에 해당하는
　　　17 ✕ ▸계열회사등이 아닌 집합투자업자가 운용하는 유사한 펀드를 함께 투자권유하여야 한다.
　　　18 같거나 낮아야 한다.
　　　19 ○ ▸일반투자자에게 투자권유한 계열회사등의 펀드와 같은 종류(법 제229조에 따른 종류)의 펀드이어야 한다. 법 제229조의 종류란 증권펀드,
　　　　　부동산펀드, 특별자산펀드, 혼합자산펀드, MMF의 5가지를 지칭한다.
　　　20 ✕ ▸다만, 해당 펀드의 향후 전망, 운용 안정성, 판매전략 등을 감안하여 달리 투자권유할 수 있다.
　　　21 ○
　　　22 사후확인
　　　23 자 필

24 ○✕ 설명의무는 자필 또는 육성으로 진술하는 방식으로 이행해야 하는데 이행 시 1) 투자자는 본인이 이해하는 상품의 특성, 최대 위험 등이 포함되어야 하며, 2) 판매한 임직원등은 투자자의 상품 이해 수준, 설명내용 등이 포함되어야 한다.

25 ○✕ 설명의무에 있어서 계속적 거래가 발생되는 단순한 구조의 상장증권(예 주식, ETF 등) 및 장내파생상품(예 선물옵션) 등을 거래소시장에서 거래하는 경우에는 실질적으로 매 투자권유 시마다 거래의 방법 및 위험성 등을 설명하기 곤란하므로, 최초 계좌개설 또는 투자권유 시에만 설명의무를 이행하는 것도 가능하다.

26 임직원등은 투자설명을 (한 후 / 하기 전에) 서면교부, 우편 또는 전자우편, 휴대전화 문자메시지 또는 이에 준하는 전자적 의사표시방법으로 투자자에게 설명서를 제공해야 한다.

27 투자자에게 설명서 제공을 제외할 수 있는 경우는 ① 증권신고의 효력이 발생한 증권을 취득하고자 하는 투자자가 서면, 전화·전신·모사전송, 전자우편 및 이와 비슷한 전자통신 등의 방법으로 설명서의 수령을 거부하는 경우, ② 이미 취득한 것과 같은 집합투자증권을 계속하여 추가로 취득하려는 때에 (   )의 내용이 직전에 교부한 것의 내용과 같은 경우, ③ 기본계약을 동일한 내용으로 갱신하는 경우 또는 기본계약을 체결하고 그 계약내용에 따라 계속적·반복적으로 거래를 하는 경우이다.

28 임직원등은 투자자에게 (외화증권 투자를 / 해외자산에 투자하는 집합투자기구의 집합투자증권을 / 해외자산에 투자하는 신탁계약을) 투자권유하는 경우에는 과거의 환율변동추이가 미래의 환율변동을 전부 예측하지는 못하며, 통화 간 상관관계는 미래에 변동할 수 있다는 사실을 추가적으로 설명하여야 한다.

29 조건부자본증권에 대한 설명의무 특칙으로서 일정한 사유가 발생하면 원리금이 전액 상각되거나 (   )로 전환되는 특약이 있다는 사실, 상각·전환의 사유 및 효과, (이자지급제한에 관한 특약이 있는 경우) 특정한 사유 발생 시 또는 발행인의 재량에 따라 이자가 지급되지 않을 수 있다는 사실, (만기가 장기이거나 발행인의 임의만기연장 특약이 있는 경우) 장기간 현금화가 불가능하거나 유동성이 보장되지 않을 수 있다는 사실, (중도상환 조건이 있는 경우) 만기가 짧아질 수 있다는 사실, 사채의 (   )를 추가적으로 설명하여야 한다.

30 금융투자상품의 위험등급은 최소 (   )단계 이상으로 구분하고, (   )등급을 가장 높은 위험으로 한다. 금융투자상품의 위험등급 산정 시 ① 기초자산의 변동성, ② 신용등급, ③ 상품구조의 (   ), ④ 최대 원금손실 가능액, ⑤ 환매·매매의 용이성, ⑥ 환율의 변동성, ⑦ 그 밖에 원금손실 위험에 영향을 미치는 사항을 참고하여 결정한다.

정답 **24** ○ ▶ 설명의무는 단순 확인방식으로 이행할 수 없으며, ① 투자자의 경우는 본인이 이해하는 상품의 특성, 최대 위험 등, ② 임직원등의 경우는 투자자의 상품 이해 수준, 설명내용 등을 포함하여 자필 또는 육성으로 진술하는 방식으로 이행하여야 한다.

25 ○

26 하기 전에

27 투자설명서 ▶ 출제빈도가 높은 지문이므로 3가지 제외사항을 잘 암기하여야 한다.

28 해외자산에 투자하는 신탁계약을 ▶ 최근 설명의무와 관련한 출제에서 응시자에게 매우 세밀한 지식을 요구하고 있다.

29 보통주, 순위

30 6(단계), 1(등급), 복잡성 ▶ 상품구조의 복잡성은 정성적 요소에 속한다.

31 금융투자회사는 금융상품의 위험등급을 설명함에 있어서 각 위험등급별로 다른 색상으로 나타내는 등 고객이 각 등급의 의미를 시각적으로 이해하기 쉽게 표시하여야 한다. 따라서 금융투자상품의 위험도에 따라 금융투자상품 위험도 분류를 (2 / 3 / 4)가지 색상으로 구분하여 금융투자상품의 위험도에 대한 투자자의 직관적인 이해도를 높여야 한다.

32 장외파생상품의 경우 '주의', '경고', (   )의 3단계로 분류하며 이 중 통화스왑, 옵션(매도 / 매수), 선도거래는 3단계 중 (   )에 속한다.

33 ☐○×☐ [계약서류의 교부] 금융투자회사는 투자자와 계약을 체결한 경우 금소법령에 따른 계약서류를 서면교부, 우편 또는 전자우편, 휴대전화 문자메시지 또는 이에 준하는 전자적 의사표시의 방법 중에서 투자자가 특정 방법으로 제공해 줄 것을 요청하는 경우에는 그 방법으로 제공해야 한다.

34 [청약의 철회] 금융투자회사는 투자자가 투자성 상품 중 청약 철회가 가능한 대상상품에 대해 계약서류를 제공받은 날 또는 계약체결일에 해당되는 날로부터 (7일 / 14일) 내에 서면 등(전자우편, 휴대전화 문자메시지 등)의 방법으로 청약 철회의 의사를 표시하는 경우 이를 수락하여야 한다.

35 [청약의 철회] 청약 철회가 가능한 투자성 상품의 경우, 청약의 철회는 투자자의 서면등이 (발송한 때 / 도착한 때) 효력이 발생한다. 또한 투자자가 서면 등을 발송한 때에는 지체 없이 그 발송 사실을 회사에 알려야 한다.

36 [청약의 철회] 금융투자회사는 청약의 철회를 접수한 날로부터 (3일 / 3영업일) 이내에 이미 받은 금전등을 반환하고, 반환이 늦어진 기간에 대해서는 해당 금융상품의 계약에서 정해진 연체이자율을 금전·재화·용역의 대금에 곱한 금액을 일 단위로 계산하여 지급한다.

37 대출성 상품인 신용공여의 경우 금융회사는 투자자가 계약서류를 제공받은 날 또는 계약 체결일로부터 (7일 / 14일) 내에 청약의 철회 의사를 표시하는 경우 이를 수락하여야 한다. 다만, 담보로 제공된 증권이 법에 따라 처분된 경우에는 그러하지 아니하다.

38 금융회사는 청약이 철회된 경우 투자자에 대하여 청약의 철회에 따른 손해배상 또는 위약금 등 금전 지급을 청구할 수 없으며, 청약의 철회에 대한 (약관 / 특약)으로서 투자자에게 불리한 것은 무효로 한다.

정답 **31** 3 ▸ 금융투자상품의 위험도에 따라 금융투자상품 위험도 분류를 3가지 색상(적색, 황색, 녹색)으로 구분하여 금융투자상품의 위험도에 대한 투자자의 직관적인 이해도를 높이는 방식 등을 활용하여야 한다.

32 위험, 매도, 경고

33 ○

34 7일 ▸ 투자성 상품 중 청약 철회가 가능한 상품은 고난도금융투자상품(일정기간에만 금융소비자를 모집하고 그 기간이 종료된 후에 금융소비자가 지급한 금전등으로 집합투자를 실시하는 것만 해당), 고난도투자일임계약, 고난도금전신탁계약, 비금전신탁을 말한다.

35 발송한 때

36 3영업일

37 14일 ▸ 신용공여상품은 ① 신용거래, ② 주식담보대출, ③ 청약자금대출이 해당한다. 고객이 대출성 상품에 대해 청약 철회를 요청한 경우, ① 회사는 고객으로부터 받은 수수료(증권 매매수수료 등은 제외) 등을 고객에게 반환해야 하며, ② 고객은 대출원금과 이자, 인지대 등을 회사에게 반환하여야 한다.

38 특 약

39 ⃞O ⃞× 고난도투자일임계약 또는 고난도금전신탁계약에 대하여 청약 철회 기간을 계산할 때 숙려기간을 제외하고 계산한다.

40 투자자가 위법한 계약을 체결하였음을 안 날로부터 (　　　　)년 이내에 해지를 요구할 수 있지만 유의해야 할 점은 해당 기간은 계약체결일부터 (　　　　)년 이내의 범위에 있어야 한다. 이에 금융회사는 투자자의 해지를 요구받은 날부터 (　　　　)일 이내에 수락 여부를 통지하여야 하며, 거절할 때에는 거절사유를 함께 통지하여야 한다.

41 금융투자상품에 대한 위법계약 해지의 효력이 발생하면 해당 계약은 해지시점을 기준으로 (소급하여 / 장래에 향하여) 효력을 상실한다. 또한 금융회사는 계약 해지와 관련한 환매수수료, 중도환매수수료 등을 고객에게 요구할 수 (있다 / 없다).

42 [과당매매의 권유 금지] 임직원등은 투자자의 투자목적, 재산상황 및 투자경험 등을 고려하지 아니하고 일반투자자에게 빈번한 금융투자상품의 매매거래 또는 과도한 규모의 금융투자상품의 매매거래를 권유하여서는 아니 된다. 이 경우 특정 거래가 빈번한 거래인지 또는 과도한 거래인지 여부는 투자자가 부담하는 (　　　　)총액, 투자자의 재산상태 및 투자목적에 적합한지 여부, 투자자의 투자지식이나 경험에 비추어 해당 거래에 수반되는 (　　　　)을 잘 이해하고 있는지 여부, 개별 매매거래 시 권유내용의 타당성 여부로 판단한다.

43 ⃞O ⃞× 금융회사의 임직원은 투자자에게 회사가 발행한 주식의 매매를 권유하여서는 아니 된다.

44 ⃞O ⃞× 금융회사의 임직원은 집합투자증권의 판매와 관련하여 회사가 받는 판매보수 또는 판매수수료가 회사가 취급하는 유사한 다른 집합투자증권의 그것보다 높다는 이유로 투자자를 상대로 특정 집합투자증권의 판매에 차별적인 판매촉진 노력을 하여서는 아니 된다. 다만, 투자자의 이익에 부합된다고 볼 수 있는 합리적 근거가 있어 판매대상을 단일집합투자업자의 집합투자증권으로 한정하거나 차별적인 판매촉진 노력을 하는 경우는 제외한다.

45 ⃞O ⃞× [투자자문업자 및 투자일임업자 준수사항] 금융회사 임직원등은 투자자와 투자자문계약 또는 투자일임계약을 체결하고자 하는 경우에는 ① 투자자문의 범위 및 제공방법 또는 투자일임의 범위 및 투자대상, ② 금융투자상품등, 투자자문업 또는 투자일임업의 수행에 관하여 회사가 정하고 있는 일반적인 기준 및 절차, ③ 투자자문업 또는 투자일임업을 실제로 수행하는 임직원의 성명 및 주요 경력(로보어드바이저의 경우, 투자자문 또는 투자일임이 로보어드바이저에 의해 이루어진다는 사실)을 기재한 서면자료를 미리 투자자에게 제공하고 확인받아야 한다.

정답 **39** O

40 1(년), 5(년), 10(일) ▶ 투자자가 위법한 계약을 체결하였음을 안 날로부터 1년 이내에 (해당 기간은 계약체결일부터 5년 이내의 범위에 있어야 함) 해당 계약의 해지를 요구할 수 있으며, 회사는 투자자의 해지를 요구받은 날부터 10일 이내에 수락 여부를 통지하여야 하고, 거절할 때에는 거절 사유를 함께 통지하여야 한다.

41 장래에 향하여, 없다 ▶ 금소법상 위법계약 해지의 효력이 발생하더라도, 해당 계약은 해지시점을 기준으로 장래에 향하여 효력을 상실하므로 원상회복 의무는 발생하지 않는다.

42 수수료, 위험 ▶ 손실금액의 크기는 판단기준이 아님에 유의해야 한다.

43 O

44 O

45 O

46 ⊙ⓧ [투자일임 및 금전신탁에 대한 특칙] 투자일임 및 금전신탁(투자자가 운용대상을 특정종목과 비중 등 구체적으로 지정하는 특정금전신탁은 제외)의 경우에는 하나 이상의 자산배분유형군을 마련하여야 하며, 하나의 자산배분유형군은 둘 이상의 세부자산배분유형으로 구분하여야 한다.

47 ⊙ⓧ 금융상품판매업자등은 금융상품판매업등의 업무와 관련한 자료를 기록하여야 하며, 자료의 종류별로 대통령령으로 정하는 기간(10년 또는 5년) 이내의 범위에서 유지·관리하여야 한다.

48 금융투자회사는 투자자로부터 분쟁조정 또는 소송의 수행 등 권리구제의 목적으로 자료의 열람(사본의 제공 또는 청취 포함)을 요구받은 날로부터 (   )영업일 이내에 해당 자료를 열람할 수 있도록 하여야 한다. 동 기간 이내에 열람할 수 없는 정당한 사유가 있을 때에는 투자자에게 그 사유를 알리고 열람을 연기할 수 있으며, 그 사유가 소멸하면 지체 없이 열람하게 하여야 한다.

49 ⊙ⓧ 성공적인 CRM 전략을 위하여 과거의 정보화(Informatization)에서 자동화(Automation)로 옮겨 가서 고객의 금융수요를 충족하여야 한다.

50 CRM(Customer Relationship Management)의 효과로는 ① 예탁자산의 증대, ② 낮은 마케팅 관리비용, ③ 고객이탈률의 감소 그리고 ④ (   )을 통한 무료광고를 들 수 있다.

51 ⊙ⓧ 고객상담 Process 4단계는 '니즈탐구 → 관계형성 → 설득 및 해법 제시 → 동의확보 및 클로징'의 순이다.

52 ⊙ⓧ Harvard Business School의 자료에 따르면, 의사전달효과가 큰 순서는 말 > 목소리 > 몸짓의 순이다.

53 '(   ) Word'란 '날씨가 무척 덥죠?', '헤어스타일이 아주 멋집니다' 등의 말로, 첫 만남의 딱딱한 분위기를 부드럽게 해준다.

54 고객의 니즈를 찾아가는 바람직한 단계는 '문의(Questioning) → (   ) → 확인(Confirming)'이며 이 중에서 문의(Questioning)에는 폐쇄형 질문, 개방형 질문, (   ) 질문의 세 가지 방법이 있다.

정답 **46** ○

47 ○

48 6(영업일) ▶ 금융상품판매업자등은 자료 열람의 요구를 받은 경우에는 그 요구받은 날부터 6영업일 이내에 금융소비자가 해당 자료를 열람할 수 있도록 해야 한다. 〈금소법 시행령 개정 2023. 8. 1.〉

49 ✕ ▶ 과거의 자동화(Automation)에서 정보화(Informatization)로 옮겨 가서 고객의 금융수요를 충족하여야 한다.

50 구전(口傳)

51 ✕ ▶ 고객상담 Process 4단계는 관계형성 → 니즈탐구 → 설득 및 해법 제시 → 동의확보 및 클로징(Closing)의 순이다.

52 ✕ ▶ 몸짓 > 목소리 > 말의 순이다. 하버드 비즈니스 스쿨의 자료에 따르면 'Body Language 55% > Tone of Voice 38% > Word 7%'이다. 즉 서로 간의 의사소통에 있어서 '몸짓 하나하나'가 매우 중요하다는 것을 뜻한다.

53 매직(Magic)

54 촉진(Encouraging), 확대형

55 (폐쇄형 / 개방형 / 확대형) 질문이란 영업직원이 선택한 화제나 고객의 관심사에 대해 고객이 자유로이 이야기하여 주도록 유도하는 질문으로서 'Why, What, How' 등의 형식이다. 이 질문 방식은 고객이 스스로의 상황에 대해 좀 더 광범위하게 이야기할 수 있게끔 한다. 그러나 이 질문을 잘못 사용하면 상대방에게 꼬치꼬치 캐묻는 느낌을 주어 불쾌하게 할 우려가 있다.

56 [고객의 Needs 파악 기본규칙] 고객상담 4단계 상담 판매 과정 중에서 고객이 가장 많은 말을 하도록 유도해야 하는 단계는 '니즈파악'이므로 대화의 (   )%는 고객이, 나머지 (   )%는 세일즈맨이 하는 것이 좋다.

57 [Needs 파악 시 Check Point] 영업직원은 고객에게 문의하고 경청하며 (   )하고 있다는 말 또는 바디랭귀지를 보여주어야 고객이 신의를 갖고 이야기를 지속할 수 있다.

58 영업직원의 설득에 대한 고객의 (   )은 빙산의 일각으로 비유(Iceberg's Theory)된다. 즉, 겉에 드러난 것보다 보이지 않는 빙산의 부분(고객의 관심)이 더 많다.

59 고객의 반감처리 단계는 (   ) → 인정 → 응답 → 확인의 순이다.

60 다음의 사례는 고객의 반감처리화법 중에서 (Yes, But화법 / 부메랑법 / 보상법 / 질문법)에 해당한다.

> • 고객 : 너무 바빠서 투자할 시간이 없습니다.
> • 상담원 : 네, 정말 바쁘시군요. 그럴수록 재테크 같은 문제는 전문가에게 맡기시고 고객님은 고객님의 일에 더 전념하는 것이 좋지 않겠습니까?

61 고객의 동의확보 및 클로징 단계에서 클로징의 타이밍은 (미리 정하여야 한다 / 미리 정하면 안 된다).

62 상담종결화법 중에서 (추정승낙법 / 실행촉진법 / 가입조건 문의법)은 고객이 긍정적 답변은 하지 않으나 부정적이지 않을 때 영업직원은 "다른 질문사항이 없으시면 계약서류를 준비하겠습니다. 여기 서명하시면 됩니다."로 마무리한다.

63 고객 동의 확보의 실패요인에는 잘못된 자세 및 태도, 부족한 (   ), 나쁜 습관 등을 들 수 있다.

정답

55 개방형 ▶ 개방형 질문은 'Why, What, How' 등의 형식으로서 고객이 스스로의 상황에 대해 좀 더 광범위하게 털어놓을 수 있게끔 한다.

56 70(%), 30(%) ▶ 70-30 Rule : 대화의 70%는 고객이, 나머지 30%는 세일즈맨이 하는 것이 좋다.

57 공 감

58 반 감

59 경 청

60 부메랑법

61 미리 정하면 안 된다 ▶ 고객이 가입의사(Buying Signal)를 나타냈을 때가 클로징 타임이다.

62 실행촉진법 ▶ 실행촉진법이 아닌 추정승낙법인 경우, 고객이 확실한 대답을 하기 이전이라도 긍정적인 반응이 나올 때에 영업직원은 "선택해 주셔서 감사합니다. 가입서류를 준비하겠습니다."로 마무리한다.

63 프레젠테이션

제3장 직무윤리 및 투자자분쟁예방(12문항 대비)

01 법은 그 기초를 윤리원리에 입각하여 윤리에서 용납될 수 없는 반윤리적 행위를 억제하는 데 목적을 두므로 법은 (최소한 / 최대한)의 윤리이다.

02 기업의 관점에서 조직구성원에게 요구하는 윤리에 대한 포괄적 개념을 (기업윤리 / 직무윤리)라고 하며, 조직구성원 개개인들이 맡은 업무를 수행 시에 준수해야 하는 구체적 개념을 (기업윤리 / 직무윤리)라고 한다.

03 윤리경영은 직무윤리를 기업의 경영방식에 도입한 것으로 간단히 정의할 수 있다. 윤리경영의 문제는 기업의 경영활동에 있어 잠재적인 (   )의 방지, 기업의 (   ), 내부자거래, 뇌물수수 및 횡령, 직원 또는 고객에 대한 차별을 포함하고 기업의 사회적 책임(CSR)과 고객과의 신임관계로부터 파생되는 문제들까지 모두 포괄하는 통합적 개념이다.

04 오늘날 윤리경영과 직무윤리가 강조되는 이유는 환경의 변화, (   )과 거래비용, 생산성 제고, (   )자본, 인프라 구축 그리고 사회적 비용의 감소이다.

05 금융투자업에서 직무윤리가 다른 분야에 비하여 더욱 강조되는 이유로는 금융산업의 고유속성, 상품의 특성, 금융소비자의 질적 변화, 그리고 금융투자종사자에 대한 (   )가 필요하기 때문이다.

06 직무윤리의 사상적 배경은 (칼뱅 / 막스 베버)의 '금욕적 생활윤리'로서, 초기 자본주의가 발전하는 토대가 되었다.

07 ○× 우리나라는 경제규모에 비하여 윤리수준이 낮게 평가됨으로써 국제신인도에 부정적인 영향을 미치고 있는 실정이다.

08 부패인식지수(CPI)는 국제투명성기구(TI)가 매년 발표하는 각 나라별 부패인식지수로, 정부를 포함한 공공부문 부패수준에 대한 인식지수이다. 점수가 (낮을수록 / 높을수록) 부패함을 의미한다. 그러나 점수보다는 (   )의 변동추이를 살펴보아야 한다.

09 ○× 직무윤리의 적용대상에는 투자 관련 직무에 종사하는 일체의 자를 그 대상으로 하는데, 여기서 '일체의 자'는 관련 업무에 실질적으로 종사하는 자로서 투자권유자문인력 등의 관련 전문자격증을 소유하고 있지 않은 자는 제외한다.

정답 **01** 최소한

02 기업윤리, 직무윤리

03 이해상충(Conflict of Interest), 지배구조(Governance)

04 위험, 신종

05 안전장치(Safeguard)

06 **칼뱅** ▶직무윤리의 사상적 배경 변천은 루터의 소명적 직업관 → 칼뱅의 금욕적 생활윤리 → 마르크스의 유물론 → 막스 베버의 프로테스탄티즘의 윤리와 자본주의 정신으로 정리된다.

07 ○

08 **낮을수록, 순위** ▶점수가 낮을수록 부패함을 의미하고 높을수록 청렴함을 의미한다.

09 × ▶어떠한 경우라도 관련 업무에 실질적으로 종사하는 자는 모두 직무윤리를 준수해야 한다.

10 금융투자회사의 직무윤리의 2가지 기본원칙은 고객우선의 원칙과 (   )이다.

11 금융투자회사 표준윤리준칙의 제2조(고객우선)와 제4조(신의성실)에 의한 금융투자업종사자의 직무윤리는 지배구조법, 자본시장법 및 금융소비자보호법 등에서 (   )와 '금융소비자보호의무'로 대표되는 법적 의무로 승화되어 있다.

12 금융투자업에서 이해상충이 발생하는 3가지 원인은, ① 금융투자업을 영위하는 회사 내에서 (사적업무 / 공적업무)를 통해서 얻은 정보를 (사적업무 / 공적업무) 영역에 이용하거나, ② 정보의 비대칭을 활용하여 금융투자업자가 금융소비자의 이익을 희생하여 자신이나 제3자의 이익을 추구하거나, ③ 금융투자업자 간 (   )업무의 허용범위가 넓어지고 있기 때문이다.

13 ○× 금융투자업자는 이해상충이 발생할 가능성을 파악·평가한 결과 이해상충이 발생할 가능성이 있다고 인정되는 경우에는 그 사실을 미리 해당 투자자에게 알려야 하며, 그 이해상충이 발생할 가능성을 내부통제기준이 정하는 방법 및 절차에 따라 투자자 보호에 문제가 없는 수준으로 낮춘 후 매매, 그 밖의 거래를 하여야 한다.

14 ○× 금융투자업자는 이해상충이 발생할 가능성을 낮추는 것이 곤란하다고 판단되는 경우에는 준법감시인의 사전 승인 후 거래하여야 한다.

15 ○× 고객과 금융투자업자 사이의 이해상충이 발생하는 대표적인 경우인 과당매매의 판단 여부는 투자자의 손실금액의 크기를 최우선으로 고려하여야 한다.

16 ○× 투자매매업자 또는 투자중개업자는 금융투자상품에 관한 같은 매매에 있어 자신이 본인이 됨과 동시에 상대방의 투자중개업자가 되어서는 아니 된다. 단, 증권시장 또는 파생상품시장을 통하여 매매가 이루어지도록 한 경우에는 가능하다.

17 '금융투자회사의 금융소비자보호 표준내부통제기준'에 의하면 내부통제체제의 구축 및 운영에 관한 기본방침은 (이사회 / 대표이사 / 금융소비자보호 총괄기관)에서 정하여야 한다.

정답 **10** 신의성실의 원칙 ▶ '금융투자회사 표준윤리준칙' 제2조(고객우선), 제4조(신의성실)가 금융투자업 직무윤리의 기본원칙이자 근간이 된다.

11 이해상충 방지의무 ▶ 이해상충 방지의무는 이해상충이 자주 발생하는 금융투자업의 특성상 '금융투자업 직무윤리'를 올바르게 수행하기 위해 이행해야 하는 중요한 의무이다.

12 사적업무, 공적업무, 겸영 ▶ 사적업무(미공개중요정보가 발생할 수 있는 기업의 인수·합병 등의 업무)를 통해 얻은 정보를 공적업무(자산관리, 증권중개 등 공개된 정보를 이용한 투자권유나 거래업무)에 이용할 경우 이해상충이 발생한다.

13 ○

14 × ▶ 금융투자업자는 이해상충이 발생할 가능성을 낮추는 것이 곤란하다고 판단되는 경우에는 매매, 그 밖의 거래를 하여서는 아니 된다.

15 × ▶ 손실의 크기는 고려하지 아니한다. 과당매매 판단 시에 고려사항은 수수료부담 총액, 투자목적의 적합여부, 투자경험에 비추어 거래에 수반되는 위험을 잘 이해하는지 여부, 매매거래 시 투자권유의 타당성 등을 종합적으로 고려하여 판단한다.

16 ○

17 이사회 ▶ 제6조(이사회) ① 이사회는 회사의 금융소비자보호에 관한 내부통제체계의 구축 및 운영에 관한 기본방침을 정한다. ② 이사회는 내부통제에 영향을 미치는 경영전략 및 정책을 승인하고 이 기준, 내부통제체계 등 내부통제와 관련된 주요사항을 심의·의결한다.

18 '금융투자회사의 금융소비자보호 표준내부통제기준'에 의하면 (이사회 / 대표이사 / 금융소비자보호 총괄기관)은(는) 내부통제체제의 구축 및 운영에 필요한 제반사항을 수행·지원하고 적절한 내부통제정책을 수립하여야 한다.

19 [금융투자회사의 금융소비자보호 표준내부통제기준] 내부통제위원회는 대표이사, 금융소비자보호 총괄기관의 업무를 수행하는 임원, 사내임원, 준법감시인 및 위험관리책임자로 구성하며 의장인 대표이사가 주재하는 회의를 (매 반기마다 / 매 분기마다) 1회 이상 개최한다. 또한 내부통제위원회의 회의결과를 이사회에 보고하고, 논의사항은 서면·녹취 등의 방식으로 최소 (   )년간 기록·유지하여야 한다.

20 [금융소비자보호 총괄책임자의 지정] 금융소비자보호 총괄책임자는 (이사회 / 대표이사) 직속의 독립적 지위를 갖고 금융소비자의 권익이 침해되거나 침해될 현저한 우려가 발생한 경우 지체 없이 (이사회 / 대표이사)에게 보고하여야 한다.

21 회사는 금융상품 (개발, 판매 및 사후관리 / 판매 및 사후관리)에 관한 정책 수립 시 그동안 발생된 민원 또는 금융소비자의 의견 등이 적극 반영될 수 있도록 판매절차를 포함한 업무 절차를 구축·운영하여야 한다.

22 [적합성원칙] 금융상품판매업자등은 금융상품 계약체결등을 하거나 자문업무를 하는 경우에는 상대방인 금융소비자가 일반금융소비자인지 전문금융소비자인지를 확인하여야 한다. 금융상품판매업자등은 일반금융소비자에게 금융상품 계약체결을 권유(자문에 응하는 경우를 포함)하는 경우에는 면담·질문 등을 통하여 고객정보를 파악하고, 일반금융소비자로부터 서명(전자서명을 포함), 기명날인, (   ) 또는 그 밖에 대통령령으로 정하는 방법으로 확인을 받아 이를 유지·관리하여야 하며, 확인받은 내용을 일반금융소비자에게 지체 없이 제공하여야 한다.

23 O× 금융상품판매업자등이 전문투자형 사모집합투자기구의 집합투자증권을 판매하는 경우에는 적합성의 원칙을 적용하지 아니한다. 다만, 적격투자자 중 일반금융소비자가 요청하는 경우에는 그러하지 아니하다.

24 (적합성 / 적정성)의 원칙에 의거, 금융상품판매업자는 보장성 상품, 투자성 상품 및 대출성 상품에 대하여 일반금융소비자에게 계약 체결을 권유하지 아니하고 금융상품 판매 계약을 체결하려는 경우에는 미리 면담·질문 등을 통하여 관련 정보를 파악하여야 한다.

25 O× 금융상품판매업자등은 기존 계약과 동일한 내용으로 계약을 갱신하는 경우에는 설명서를 제공하지 아니할 수 있다.

정답 **18** 대표이사 ▶ 제7조(대표이사) ① 대표이사는 이사회가 정한 내부통제체계의 구축 및 운영에 관한 기본방침에 따라 금융소비자보호와 관련한 내부통제체계를 구축·운영하여야 한다. ② 대표이사는 회사의 금융소비자보호 내부통제체계가 적절히 구축·운영되도록 내부통제환경을 조성하고, 관련법규의 변경, 영업환경 변화 등에도 금융소비자보호 내부통제체계의 유효성이 유지될 수 있도록 관리하여야 한다.
19 매 반기마다, 5(년) ▶ 대표이사가 주재하는 회의를 매 반기마다 1회 이상 개최한다. 내부통제위원회는 회의결과를 이사회에 보고하고, 논의사항은 서면·녹취 등의 방식으로 최소 5년간 기록·유지하여야 한다.
20 대표이사, 대표이사 ▶ 금융소비자보호 총괄책임자는 금융소비자의 권익이 침해되거나 침해될 현저한 우려가 발생한 경우 지체 없이 대표이사에게 보고하여야 하며, 대표이사는 보고받은 사항을 확인하여 신속히 필요한 제반사항을 수행·지원하여야 한다.
21 개발, 판매 및 사후관리
22 녹 취
23 O
24 적정성
25 O

26 [○|×] 금소법에서는 투자자가 투자 설명사항을 이해할 수 있도록 설명하고 이해하였음을 확인받도록 규정하고 있으므로, 모든 투자자에 대하여 동일한 수준으로 기계적으로 설명할 필요는 없다. 즉, 설명의 정도는 금융투자상품의 성격 및 투자자의 지식・경험에 따라 달라질 수 있다.

27 금융회사의 임직원등이 투자설명서(간이투자설명서 포함)를 사용하여 펀드에 대한 투자를 권유하는 경우 투자설명사항 중 집합투자기구의 (종류형 / 전환형 / 모자형)에 관련하여 집합투자기구의 한글로 된 명칭은 '판매수수료 부과방식 – 판매경로 – 기타 펀드 특성'에 따라 3단계로 구분된다는 점과 투자자가 투자하고자 하는 펀드에 대한 한글로 된 명칭을 설명하여야 한다.

28 [○|×] 금융회사 임직원등은 설명하였음에도 불구하고 투자자가 주요 손익구조 및 손실위험을 이해하지 못하는 경우에는 투자권유를 계속하여서는 아니 된다.

29 회사는 투자자가 투자성 상품 중 청약철회가 가능한 대상상품에 대해 계약서류를 제공받은 날 또는 계약체결일로부터 (   )일(회사와 투자자 간에 해당 기간보다 긴 기간으로 약정한 경우에는 그 기간) 내에 서면(전자우편, 휴대전화 문자메시지 등) 등의 방법으로 청약철회의 의사를 표시하는 경우 이를 수락하여야 한다.

30 청약철회가 가능한 투자성 상품의 경우, 청약의 철회는 투자자가 서면 등의 (발송한 때 / 도달한 때)에 효력이 발생한다. 투자자가 서면 등을 발송한 때에는 지체 없이 그 발송 사실을 회사에 알려야 한다.

31 [○|×] 회사는 청약의 철회를 접수한 날로부터 3영업일 이내에 이미 받은 금전등을 반환하고, 반환이 늦어진 기간에 대해서는 해당 금융상품의 계약에서 정해진 연체이자율을 금전・재화・용역의 대금과 곱한 금액을 일 단위로 계산하여 지급한다.

32 금소법상 "투자성 상품 중 청약철회가 가능한 대상상품"이란 고난도금융투자상품, 고난도투자일임계약, 고난도금전신탁계약, 그리고 (   )을 말한다.

33 회사는 해당 투자자에게 "투자자가 지체 없이 운용하는 데 동의하는 경우 7일간 청약철회권 행사를 할 수 없다"는 사실 등을 설명하고 투자자가 직접 서명등의 방법으로 동의(확인)하는 회사와 투자자 간 (일반약관 / 개별약정) 방식으로 진행해야 한다.

정답 **26** ○ ▶예를 들어, 해당 회사에 동일한 유형의 상품에 투자한 기록이 남아있거나 투자자가 다른 회사에서 동일한 유형의 상품에 투자한 경험 등을 이유로 간략한 설명 등을 희망하는 경우에는 해당 상품의 구조와 위험성에 대한 간단한 질문을 통해 파악된 투자자의 이해수준에 맞게 설명의 정도를 간략히 할 수 있다.

27 **종류형(클래스)** ▶임직원등이 투자설명서(간이투자설명서 포함)를 사용하여 펀드에 대한 투자를 권유하는 경우 투자설명사항 중 집합투자기구의 종류(클래스)와 관련하여 다음 사항을 설명할 필요가 있다.
  • 집합투자기구의 한글로 된 종류(클래스) 명칭은 '판매수수료 부과방식 – 판매경로 – 기타 펀드 특성'에 따라 3단계로 구분된다는 점
  • 투자자가 투자하고자 하는 펀드에 대한 한글로 된 종류(클래스) 명칭

28 ○

29 7(일)

30 발송한 때

31 ○

32 비금전신탁

33 **개별약정** ▶약관・계약서・집합투자규약 등에 "투자자가 지체 없이 운용하는 데 동의(확인)합니다" 등의 문구를 미리 넣어 작성해 놓고 이를 투자자에게 교부하는 방식으로 투자자의 동의 의사를 확인할 수 없다. 이는 약관규제법 위반의 소지가 있다.

34 금융상품판매업자등이 자신들의 우월적 지위를 이용하여 대출성 상품에 관한 계약체결 시 금융소비자의 의사에 반하여 다른 금융상품의 계약체결을 강요하는 행위는 (불공정영업행위 / 부당권유행위)에 해당한다.

35 금융상품판매업자등이 계약체결 권유(자문 포함) 시 금융상품의 가치에 중대한 영향을 미치는 사항을 미리 알고 있으면서 금융소비자에게 알리지 아니하는 행위는 (불공정영업행위 / 부당권유행위)에 해당한다.

36 금융소비자보호법상 금융상품의 가치에 중대한 영향을 미치는 사항을 미리 알고 있으면서 금융소비자에게 알리지 아니하는 행위는 (불공정영업행위 / 부당권유행위 / 부당권유행위 금지와 설명의무 위반)에 해당한다.

37 금융상품판매업자등이 아닌 자는 업무에 관한 광고 또는 금융상품에 관한 광고를 해서는 아니 된다. 다만, 업권별 협회와 금융상품판매업자등을 자회사 또는 손자회사로 하는 (   )는 금융상품등에 관한 광고를 할 수 있다.

38 금융상품직접판매업자 및 금융상품자문업자는 금융소비자와 금융상품 또는 금융상품자문에 관한 계약을 체결하는 경우 계약서류를 금융소비자에게 지체 없이 제공하여야 한다. 다만, 계약서류의 제공 사실 또는 계약체결 사실 및 그 시기에 관하여 금융소비자와 다툼이 있는 경우에는 (금융소비자 / 금융상품직접판매업자 및 금융상품자문업자)가 이를 증명하여야 한다.

39 [금융투자업자의 매매명세의 통지 방법] 매매의 유형, 종목·품목, 수량, 가격, 수수료 등 모든 비용, 그 밖의 거래내용은 매매가 체결된 후 (지체 없이 / 매매가 체결된 날의 다음 달 20일까지) 통지하여야 하며, 집합투자증권 외의 금융투자상품 매매가 체결된 경우, 월간 매매내역·손익내역, 월말 현재 잔액현황·미결제약정현황 등의 내용은 (지체 없이 / 매매가 체결된 날의 다음 달 20일까지) 통지하여야 한다.

40 ○× [금융투자업자의 매매명세의 통지 방법] 서면 교부, 전화, 전신 또는 팩스, 전자우편, 그 밖에 이와 비슷한 전자통신 방법 중 투자매매업자 또는 투자중개업자와 투자자 간에 미리 합의된 방법(단, 계좌부 등에 따라 관리·기록되지 않는 매매거래는 서면 교부)으로 통지하여야 한다. 다만, 투자자가 통지를 받기를 원하지 않는 경우에는 지점, 그 밖의 영업소에 비치하거나 인터넷 홈페이지에 접속하여 수시로 조회가 가능하게 함으로써 통지를 갈음할 수 있다.

41 금융소비자는 분쟁조정 또는 소송의 수행 등 권리구제를 위한 목적으로 금융상품판매업자등이 기록 및 유지·관리하는 자료의 열람(사본의 제공 또는 청취를 포함)을 요구할 수 있다. 금융상품판매업자등은 열람을 요구받았을 때에는 요구받은 날부터 (   )영업일 내에 금융소비자가 해당 자료를 열람할 수 있도록 하여야 한다. 이 경우 해당 기간 내에 열람할 수 없는 정당한 사유가 있을 때에는 금융소비자에게 그 사유를 알리고 열람을 연기할 수 있으며, 그 사유가 소멸하면 지체 없이 열람하게 하여야 한다.

정답 **34** **불공정영업행위** ▸[불공정영업행위의 금지] 금융상품판매업자등은 우월적 지위를 이용하여 금융소비자의 권익을 침해하는 행위를 해서는 아니된다. 소위 금융회사의 '갑질'에 해당하는 행위로서 주로 대출성 상품에서 발생 가능성이 높다.

35 **부당권유행위**

36 **부당권유행위 금지와 설명의무 위반** ▸금융소비자보호법상 이는 부당권유행위 금지 위반과 동시에 설명의무 위반에도 해당한다.

37 **금융지주회사**

38 **금융상품직접판매업자 및 금융상품자문업자** ▸계약서류의 제공의무에 대한 입증책임은 금융회사에 있다.

39 **지체 없이, 매매가 체결된 날의 다음 달 20일까지**

40 **○**

41 **6(영업일)**

42 [위법계약의 해지] 금융소비자는 금융상품판매업자등이 금융상품에 관한 계약을 체결한 경우 (1년 / 5년) 이내에 서면등으로 해당 계약의 해지를 요구할 수 있다. 이 경우 금융상품판매업자등은 해지를 요구받은 날부터 10일 이내에 금융소비자에게 수락 여부를 통지하여야 하며, 거절할 때에는 거절 사유를 함께 통지하여야 한다.

43 ○× 계약이 해지된 경우 금융상품판매업자등은 수수료, 위약금 등 계약의 해지와 관련된 비용을 요구할 수 없다.

44 [금융소비자와 소송과의 관계] 조정이 신청된 사건에 대하여 신청 전 또는 신청 후 소가 제기되어 소송이 진행 중일 때에는 수소법원(受訴法院)은 조정이 있을 때까지 소송절차를 (중지할 수 있다 / 중지하여야 한다).

45 [소액분쟁사건에 관한 특례] 금융감독원 등의 분쟁조정기구에서 분쟁조정을 진행하고 있는 경우 해당 사건이 (일반 / 전문)금융소비자가 신청하고 그 가액이 (   )원 이내의 소액분쟁사건인 경우 (금융소비자 / 금융회사)는 조정안을 제시받기 전에는 소를 제기할 수 없다.

46 [금융상품판매업자등의 손해배상책임] 금융상품판매업자등이 설명의무를 위반하여 금융소비자에게 손해를 발생시킨 경우에는 그 손해를 배상할 책임을 진다. 다만, (금융소비자 / 금융상품판매업자)가 고의 및 과실이 없음을 입증한 경우에는 그러하지 아니하다.

47 ○× [부당한 재산상 이익의 제공 및 수령금지] 사용범위가 공연·운동경기 관람, 도서·음반 구입 등 문화활동으로 한정된 상품권을 제공하는 경우는 부당한 재산상 이익의 제공 및 수령에 해당하지 아니한다.

48 금융투자회사가 특정 거래상대방에게 제공하거나 수령한 재산상의 이익이 (   )원을 초과할 경우, 즉시 인터넷 홈페이지를 통해 공시하여야 한다.

49 [대외활동] 금융회사 임직원이 외부강연이나 기고, 언론매체 접촉, Social Network Service(SNS) 등 전자통신수단을 이용한 대외활동을 하는 경우 대외활동으로 인하여 금전적인 보상을 받게 되는 경우 회사에 (반납 / 신고)하여야 한다.

50 ○× 시장에 나타나는 불공정거래행위의 목적성이 입증되지 않아도 처벌이 가능하게 되면서 사실상 모든 시장질서교란행위에 대한 제재가 가능하게 되었다.

51 시장질서교란행위에 따른 이익(미실현이익 포함)이나 회피한 손실액의 (   )배에 해당하는 금액이 (   )원을 초과할 경우, 그에 상당하는 금액 이하의 (과징금 / 과태료)으로 부과한다.

정답 **42** 5년 ▶단, 계약체결일로부터 5년 이내이면서 금융소비자가 위법사실을 안 날로부터 1년 이내에 해지요구가 가능하다.
43 ○
44 중지할 수 있다. ▶중지 여부는 법원의 판단에 따른다.
45 일반, 2천만(원), 금융회사
46 금융상품판매업자 ▶금융회사가 설명의무를 위반한 경우에는 금융회사가 고의나 과실이 없음을 입증하여야 한다.
47 ○
48 10억(원)
49 신고
50 ○
51 1.5(배), 5억(원), 과징금

52 ◯☒ 시장질서교란행위 대상자는 내부자, 준내부자, 1차 수령자에 한한다.

53 [준법감시인의 임면] 회사(외국금융투자회사의 국내지점은 제외)는 준법감시인을 임면하려는 경우에는 이사회의 의결을 거쳐야 하며, 해임할 경우에는 이사 총수의 (3분의 2 / 과반수) 이상의 찬성으로 의결한다.

54 [준법감시인의 임면] 금융회사는 사내이사 또는 업무집행책임자 중에서 준법감시인을 선임하여야 하며, 그 임기는 (2년 / 3년) 이상으로 하여야 한다. 다만, 외국금융투자회사의 국내지점은 사내이사 또는 업무집행책임자가 아닌 자 중에서 선임할 수 있다. 준법감시인 또는 위험관리책임자를 임면하였을 때에는 그 사실을 금융위원회에 임면일부터 (   ) 영업일 이내에 보고하여야 한다.

55 ◯☒ [준법감시업무의 위임] 준법감시인은 준법감시업무 중 일부를 준법감시업무를 담당하는 임직원에게 위임할 수 있으며, 이 경우 위임 범위와 책임의 한계 등이 명확히 구분되어야 한다.

56 ◯☒ [준법감시업무의 위임] 준법감시인은 준법감시업무의 효율적 수행을 위하여 부점별 또는 수개의 부점을 1단위로 하여 준법감시인의 업무의 일부를 위임받아 직원의 관계법령등 및 이 기준의 준수여부를 감독할 관리자를 지명할 수 있다.

57 ◯☒ [내부고발제도] 준법감시인(또는 감사)은 내부고발 우수자를 선정하여 인사상 혜택을 부여하도록 회사에 요청할 수 있지만 금전적 혜택의 부여는 요청할 수 없다.

58 [영업점에 관한 통제] 준법감시인이 영업점에 대한 내부통제를 위하여 권한을 위임하는 영업관리자의 자격요건은 (1) 영업점에서 (1년 / 2년) 이상 근무한 경력이 있거나 준법감시·감사업무를 (1년 / 2년) 이상 수행한 경력이 있는 자로서 당해 영업점에 상근하고 있을 것, (2) 본인이 수행하는 업무가 과다하거나 수행하는 업무의 성격으로 인하여 준법감시업무에 곤란을 받지 아니할 것, (3) 영업점장이 아닌 책임자급일 것(다만, 당해 영업점의 직원 수가 적어 영업점장을 제외한 책임자급이 없는 경우에는 그러하지 아니하다), (4) 준법감시업무를 효과적으로 수행할 수 있는 충분한 경험과 능력, 윤리성을 갖추고 있을 것이다.

59 ◯☒ [영업점에 관한 통제] 준법감시인이 영업점에 대한 내부통제를 위하여 권한을 위임하는 영업관리자의 자격요건의 예외로, (1) 감독대상 영업직원 수, 영업규모와 내용 및 점포의 지역적 분포가 단일 영업관리자만으로 감시·감독하는 데 특별한 어려움이 없을 것, (2) 해당 영업관리자가 대상 영업점 중 1개의 영업점에 상근하고 있을 것, (3) 해당 영업관리자가 수행할 업무의 양과 질이 감독업무 수행에 지장을 주지 아니할 것을 충족하는 경우에는 단일 영업관리자가 2 이상의 영업점의 영업관리자의 업무를 수행할 수 있다.

정답 **52** ☒ ▶법령상의 제재대상은 내부자, 준내부자, 1차 수령자뿐만 아니라 미공개정보임을 알면서도 이를 수령하거나 전달한 모든 자를 대상으로 한다.
53 3분의 2
54 2년, 7(영업일) ▶금융회사는 준법감시인 또는 위험관리책임자를 임면하였을 때에는 그 사실을 금융위원회에 임면일부터 7영업일 이내에 보고하여야 한다.
55 ◯
56 ◯
57 ☒ ▶준법감시인(또는 감사)은 내부고발 우수자를 선정하여 인사상 또는 금전적 혜택을 부여하도록 회사에 요청할 수 있다. 다만, 내부고발자가 원하지 아니하는 경우에는 그러하지 아니한다.
58 1년, 1년
59 ◯

60 [직무윤리 위반행위 임원에 대한 제재조치] 금융위원회는 금융회사의 임원(업무집행책임자는 제외)에 대해서는 (해임 / 해임요구), 6개월 이내의 직무정지 또는 임원의 직무를 대행하는 관리인의 선임, 문책경고, 주의적 경고, 주의 등의 조치를 할 수 있다.

61 ○× 이해상충의 문제가 발생하는 경우 윤리기준에 따라 주주 〉 금융소비자 〉 임직원의 순서대로 가치를 두어야 한다.

62 [직무윤리 위반행위 직원에 대한 제재조치에 대한 청문 및 이의신청] 처분 또는 조치에 대하여 불복하는 자는 그 처분 또는 조치의 고지를 받은 날부터 (30일 / 60일) 이내에 그 사유를 갖추어 금융위원회에 이의를 신청할 수 있다. 이 때 금융위원회는 (30일 / 60일) 이내에 결과를 신청인에게 통지하여야 한다. 다만, 부득이한 사유로 해당 기간 이내에 통지할 수 없는 경우에는 그 기간을 만료일 다음 날부터 기산하여 (20일 / 30일)의 범위에서 한 차례 연장할 수 있다.

63 개인정보 관련, 일반법과 특별법의 관계에 있어 특별법에 의거하여 우선 처리하고 특별법에 정함이 없으면 일반법을 적용하므로 일반법은 (신용정보의 이용 및 보호에 관한 법률 / 개인정보 보호법 / 금융실명거래 및 비밀보장에 관한 법률 / 전자금융거래법)이다.

64 법률상 "개인정보"란 (살아 있는 / 생사에 무관한) 개인에 관한 정보로서 성명, 주민등록번호 및 영상 등을 통하여 개인을 알아볼 수 있는 정보(해당 정보만으로는 특정 개인을 알아볼 수 없더라도 다른 정보와 쉽게 결합하여 알아볼 수 있는 것을 포함한다)를 말한다.

65 개인정보 중 주민등록번호, 여권번호 등은 고유식별정보이며 건강상태, 진료기록, 병력, 정당의 가입 등은 (   )정보이다.

66 개인정보 관련 업무를 목적으로 개인정보 파일을 운용하기 위하여 스스로 또는 다른 사람을 통하여 개인정보를 처리하는 공공기관, 법인, 단체 및 개인 등을 (정보주체 / 개인정보처리자)라고 한다.

67 [개인정보처리자의 개인정보 보호 원칙] 개인정보의 처리 목적에 필요한 범위에서 개인정보의 정확성, (   ) 및 최신성이 보장되도록 하여야 한다.

68 [개인정보처리자의 개인정보 보호 원칙] 정보주체의 사생활 침해를 최소화하는 방법으로 개인정보를 처리하여야 하고 개인정보의 (   )처리가 가능한 경우에는 (   )에 의하여 처리될 수 있도록 하여야 한다.

정답 **60** 해임요구 ▸ 임원의 해임을 금융위가 직접적으로 할 수 없기 때문에 해당 금융회사에 해임을 요구한다.
61 ○
62 30일, 60일, 30일
63 개인정보 보호법
64 살아 있는
65 민 감
66 개인정보처리자 ▸ '정보주체'란 처리되는 정보에 의하여 알아볼 수 있는 사람으로서 그 정보의 주체가 되는 사람을 말한다. 또한 '개인정보파일'이란 개인정보를 쉽게 검색할 수 있도록 일정한 규칙에 따라 체계적으로 배열하거나 구성한 개인정보의 집합물(集合物)을 말한다.
67 완전성
68 익명, 익명

69 개인정보보호법은 정보유출에 대한 손해배상을 강화하면서 징벌적 손해배상제도를 도입하여 금융회사의 고의·중과실로 개인정보 유출 등이 발생한 때에는 그 손해액의 (   )배를 넘지 않은 범위에서 손해배상액을 정할 수 있다.

70 [분쟁조정의 효력] 조정은 법원의 판결과는 달리 그 자체로서는 구속력이 없고 당사자가 이를 수락하는 경우에 한하여 효력을 갖는다. 금융감독원에 설치된 금융분쟁조정위원회의 조정안을 당사자가 수락하면 당해 조정안은 (재판상 화해 / 민법상 화해)와 동일한 효력을 갖고, 그 밖의 기관(한국거래소 시장감시위원회의 분쟁조정심의위원회, 금융투자협회의 분쟁조정위원회 등)에 의한 조정은 (재판상 화해 / 민법상 화해) 계약으로서의 효력을 갖는다.

71 [금융감독원의 분쟁조정] 금융분쟁조정위원회의 경우 금융감독원장은 분쟁조정의 신청을 받은 날부터 (   )일 이내에 당사자 간에 합의가 이루어지지 아니하는 때에는 지체 없이 이를 조정위원회에 회부하여야 한다. 조정위원회는 조정의 회부를 받으면 (   )일 이내에 이를 심의하여 조정안을 작성하여야 한다.

72 [협회의 분쟁조정] 당사자 간에 합의가 성립하지 않은 경우 협회는 조정신청서 접수일로부터 (   )일 이내에 분쟁조정위원회에 사건을 회부하며, 위원회는 회부된 날로부터 (   )일 이내에 심의하여 조정 또는 각하결정함을 원칙으로 하나 부득이한 경우 (   )일 이내에서 기한을 연장할 수 있다. 위원이 당사자의 대리인이거나 친족관계 등 이해관계가 있는 경우 위원회에서 (   )되며 신청인은 위원명단을 통지받은 후 7일 이내에 특정위원에 대한 기피신청서를 협회에 제출할 수 있다.

73 ○× [분쟁 관련 금융투자상품의 내재적 특성] 분쟁 관련 금융투자상품의 내재적 특성으로는 (1) 원금손실 가능성, (2) 투자결과에 대한 본인 책임, (3) 투자상품에 대한 지속적인 관리, (4) 금융투자회사 직원에 대한 높은 의존성을 들 수 있다.

74 ○× [임의매매] 고객이 증권회사 또는 선물회사 직원에게 금융투자상품의 관리를 맡기지 아니하였고 그 금융투자회사 직원이 매매주문을 받지 않았음에도 고객의 예탁자산으로 마음대로 매매한 경우에는 민사상 손해배상책임이 발생하며 해당 직원에게 처벌까지 가해질 수 있다.

75 ○× [일임매매] 투자일임업자가 고객과 투자일임계약을 체결한 상태에서 당초의 일임계약 취지를 위반하여 수수료 수입목적 등의 사유로 인하여 과도한 매매를 일삼은 경우 등 고객충실의무 위반이 인정될 수 있는 경우에는 민사상 손해배상책임이 발생하며 해당 직원에게 형사처벌까지 가해질 수 있다.

정답 **69** 5(배)
70 재판상 화해, 민법상 화해
71 30(일), 60(일)
72 30(일), 30(일), 15(일), 제척
73 × ▶ 모든 금융투자상품이 금융투자회사 직원에 대한 높은 의존성을 수반하는 것은 아니다.
74 ○
75 × ▶ 임의매매와는 달리 일임매매는 해당 직원에게 형사처벌 대상은 아니다.

76 자금세탁은 단일한 행위가 아니라 일련의 단계로 이루어지는 과정이며, 3단계 모델이론에 따르면 예치(Placement) → (   ) → 합법화(Integration)의 단계를 거쳐 이루어진다.

77 자금의 출처 또는 소유자에 대한 허위서류 작성, 입·출금 반복, 유가증권 매입·매각의 반복, 전자자금이체 등의 방법을 이용하는 바, 금융비밀이 엄격히 보장되는 버뮤다, 케이만군도, 바하마제도 등 역외금융피난처를 이용하는 단계는 자금세탁 3단계 모델 중 (예치 / 은폐 / 합법화)의 단계이다.

78 (STR / CTR)이란 금융기관 종사자의 주관적 판단에 의해 (일정금액 이상 / 금액과 무관)인 금융거래가 불법자금이라는 의심이 가거나 거래상대방이 자금세탁을 하고 있다는 의심이 갈 경우 금융정보분석원에 보고토록 하는 것으로 자금세탁방지를 위한 핵심적 제도이다.

79 (STR / CTR)이란 (1천만원 / 2천만원) 이상의 현금거래를 금융정보분석원에 보고하도록 하는 제도로서 금융기관이 자금세탁의 의심이 있다고 주관적으로 판단하는 금융거래에 대하여만 보고토록 하는 혐의거래보고제도와는 구별된다고 할 수 있다.

80 우리나라의 자금세탁 방지관련법은 특정금융거래보고법, 마약류특례법, 범죄수익규제법, 공중협박자금조달금지법 등 주로 4가지 법률이 있으며 이 중에서 STR, CTR, FIU보고 관련법은 (   )이다.

81 ○×   FATF(Financial Action Task Force)의 40권고사항은 자금세탁·테러자금조달방지 분야에서 전 세계적으로 가장 광범위한 영향력을 행사하고 있는 국제규범 중 하나로서, 동 권고사항은 국제법상의 법적 구속력을 가지고 있다.

82 FATF는 각 국가는 자금세탁 위험을 사전에 평가하고 관리할 수 있는 위험기반접근법인 RBA(Risk-Based Approach)를 이행하도록 요구하고 있다. 이를 위해 위험은 크게 4가지로 국가위험, 고객위험, (   )위험 그리고 사업(서비스)위험으로 구분한다.

83 고객확인(CDD/EDD)이란 금융기관이 고객과 금융거래를 하는 때에 자신이 제공하는 금융상품 또는 서비스가 자금세탁등에 이용되지 않도록 고객의 신원(성명 및 실명번호)을 포함하여 주소, 연락처, 거래목적 및 자금의 (   ) 여부 등을 파악하는 데 합당한 주의를 기울이는 것을 말한다.

정답   **76** 은폐(Layering) ▸ 예치(Placement) → 은폐(Layering) → 합법화(Integration)의 단계를 거쳐 이루어진다.
      77 은 폐
      78 STR, 금액과 무관 ▸ 의심거래보고제도(STR : Suspicious Transaction Report)란 금융기관 종사자의 주관적 판단에 의한다.
      79 CTR, 1천만원 ▸ 고액현금거래보고제도(CTR : Currency Transaction Reporting System)의 설명이다.
      80 특정금융거래보고법 ▸ 「특정 금융거래정보의 보고 및 이용 등에 관한 법률」의 약칭이다.
      81 × ▸ 동 권고사항은 구속력이 있는 다자협약은 아니나, 회원국에 대한 상호평가, 자금세탁방지 비협조국가 지정 등을 통하여 사실상의 구속력을 발휘하고 있다.
      82 상품 ▸ 위험기반접근법(RBA : Risk-Based Approach)에서의 위험의 분류
        • 국가위험 : 자금세탁방지제도 및 금융환경이 취약한 국가에서 발생하는 위험
        • 고객위험 : UN 또는 금융위원회의 List, 외국의 주요 정치적 인물 등 관리위험
        • 상품위험 : 신상품이나 새로운 유통구조, 신기술사용 등에 따라 발생하는 위험
        • 사업(서비스)위험 : 신규사업을 포함한 전 사업영역에서 발생할 수 있는 위험
      83 실소유자

84 고객확인(CDD/EDD) 시 저위험·중위험인 고객은 (1년 / 2년 / 3년)마다, 고위험 고객은 (1년 / 2년 / 3년)마다 위험을 재평가하여야 한다.

85 고위험군 또는 자금세탁이 의심스러운 고객의 경우에는 신원정보 이외에 거래목적과 (   )을 추가로 파악하여야 한다.

86 ☐O☐X 고객확인은 금융거래가 개시되기 전에 선행되어야 하지만 예외적으로 종업원·학생 등에 대한 일괄적인 계좌개설의 경우에는 거래당사자가 계좌개설 후 최초로 금융거래등을 하는 때에 사후적으로 할 수 있다.

87 고객이 계좌보유 여부를 불문하고 금융기관 등을 이용하여 국내외의 다른 금융기관 등으로 자금을 이체하는 전신송금을 이용하는 경우, 금융기관 등은 원화 (   )원 또는 미화 (   )$를 초과하는 모든 국내외 전신송금에 대하여 고객(송금자)과 관련된 정보를 확인하고 보관하여야 한다.

88 ☐O☐X OECD 뇌물방지협약(OECD Anti-Bribery Convention)은 반부패 관련 국제조약으로 협약의 핵심은 가입국에 대하여 외국공무원에 대한 뇌물제공행위를 자국법상 범죄로 규정하도록 의무화하는 것으로서 민간인 간의 뇌물공여행위는 제외된다.

89 미국 이외의 해외 금융자산에 대한 지분을 보유하고 있는 미국의 납세의무자(개인 및 기업)는 각 연도별 해외 금융계좌의 잔액이 연중 단 하루라도 (1만불 / 5만불)을 초과하면 미국 재무부에 신고하는 제도가 (FBAR / FATCA)이다.

90 ☐O☐X FBAR는 세금신고 의무와 상관없지만, FATCA는 세금신고에 연동되는 의무이므로 소득이 없거나 적어서 세금신고 의무가 없는 경우 FATCA 신고 의무도 사라진다.

91 ☐O☐X 다자간 금융정보 자동교환 협정(Multilateral Competent Authority Agreement on Automatic Exchange of Financial Account Information, "CRS MCAA")은 미국이 제정한 공통보고기준(Common Reporting Standard, "CRS")에 따라 참여국이 공동으로서 명하여 실시하는 역외 탈세조치 방지의 일환이다.

정답 **84** 3년, 1년

85 자금원천 ▸ 강화된 고객확인제도(EDD)이다.

86 O ▸ 또한 타인을 위한 보험의 경우에 보험금, 만기환급금, 그 밖의 지급금액을 그에 관한 청구권자에게 지급하는 때 또는 보험금, 환급금, 그 밖의 지급금액에 관한 청구권이 행사되는 때에 고객확인을 할 수 있다.

87 100만(원), 1천($)

88 O ▸ OECD 뇌물방지협약은 뇌물을 주는 행위(공여)에 대해서만 규율한다. 뇌물을 주는 행위만을 처벌하는 것이 OECD 뇌물방지협약의 한계로 지적될 수도 있으나, 국가주권의 원칙상 자국의 형사관할권이 미치지 못하는 외국공무원을 처벌할 수 없는 데 따른 불가피한 조치라 할 수 있다.

89 1만불, FBAR ▸ FBAR(Foreign Bank Account Report)의 내용이다.

90 O ▸ FATCA(해외금융계좌납세협력법 : The Foreign Account Tax Compliance Act)는 미국 거주자가 해외 금융기관에 보유한 계좌의 합계금액이 연말 합계 또는 연중 최고가액이 기준금액을 초과하는 경우 해당 계좌 및 금융자산에 대한 정보를 미국 연방국세청인 IRS에 신고하는 제도이다. 신고 대상에 해외 금융계좌가 포함된다는 점은 FBAR와 공통점이지만 기타 금융자산이 신고 대상에 추가되는 점은 FBAR와 중요한 차이점이다.

91 X ▸ 미국이 아니라 OECD 및 G20국가를 중심으로 각 국가에 납세의무가 있는 고객의 금융정보를 상호교환하는 다자간 협정이다(이와 달리 미국의 FATCA는 다자간이 아닌 국가와 국가 간의 1:1 협정이다).

법규 및 세제

제1장 자본시장 관련 법규(금융소비자보호법 포함)(20문항 대비)

01 금융서비스는 3가지 요소인 투자자, 금융투자상품 그리고 (   )의 유형의 조합이 달라지면 금융서비스의 경제적 실질도 달라지기 때문에 금융위는 진입규제 등에서 차등 규제한다.

02 자본시장 및 기업회계 관련 주요 업무를 수행하기 위해 금융위원회 내에 설치된 기구는 (증권선물위원회 / 분쟁조정위원회)이다.

03 금융투자업 관계기관 중에 자율규제기관은 (   ), (   )이다.

04 ○× 금융감독원장은 금융회사가 수행하려는 행위에 대하여 해당 행위가 법령등에 위반되지 않는다는 비조치의견서를 회신하는 경우에는 해당 행위에 대해서는 사후에 회신내용의 취지에 부합하지 않는 법적 조치를 취하지 않는다.

05 행정지도를 한 경우 그 내용을 (공개 / 비공개)하는 것이 원칙이다.

06 ○× 금융위원회와 금융감독원, 금융회사가 공동으로 상호준수할 것을 약속하는 모범규준을 금융회사가 준수하지 않을 경우 그 사유에 대하여 설명할 의무는 없다.

07 투자성을 판단함에 있어서 투자자가 지급하는 '판매수수료 및 보수, 보험계약의 사업비, 위험보험료' 등은 투자금액 산정 시 (포함 / 제외)된다.

08 자본시장법상 원화표시CD, (   ), (   )은 금융투자상품으로 인정되지 않는다.

정답 **01** 금융투자업
02 증권선물위원회 ▸ 자본시장조사와 회계 관련 업무는 증선위 소관이다.
03 한국거래소, 한국금융투자협회
04 ○
05 공 개
06 × ▸ 설명할 의무가 있다.
07 제 외
08 관리형신탁의 수익권, 주식매수선택권(스톡옵션)

---

09 증권의 종류에는 (   ), (   ), (   ), (   ), (   ), (   )의 6가지가 있다.

10 ☐○☐×☐ '일반적인 금전채권(사적인 금전채권)'은 채무증권에 속한다.

11 특정 투자자가 그 투자자와 타인 간의 공동사업을 금전 등에 투자하고 주로 (자신 / 타인)이 수행한 공동사업의 결과에 따른 손익이 귀속되는 계약상 권리가 표시된 것을 투자계약증권이라 한다.

12 ☐○☐×☐ 금융투자상품에 대한 포괄주의 규제상 정의되는 장내파생상품은 한국 KRX 또는 ATS에서만 거래되는 파생상품을 말한다.

13 파생상품을 거래구조에 따라 분류하면 (   ), (   ), (   )의 3가지로 분류된다.

14 금융투자업의 종류는 (   ), (   ), (   ), (   ), (   ), (   ), 종합금융투자사업자, 온라인소액투자중개업등이 있다.

15 ☐○☐×☐ 종합금융투자사업자는 증권의 대여·중개·주선 등은 할 수 있지만 은행이 아니므로 일반기업에 대한 여신인 신용대출은 할 수 없다.

16 전문사모투자기구(헤지펀드)에 대한 효율적인 신용공여와 담보관리 등을 위해 주로 증권대차, 금전의 융자, 자산의 수탁관리 등의 업무를 수행하는 금융투자업자는 (   )이다.

17 온라인소액투자중개업의 영업대상이 되는 금융투자상품은 (   ), (   ), (   )의 모집 또는 사모에 관한 중개로 제한되며 인가요건으로 (   )원 이상의 자기자본, 상법상의 주식회사, 사업계획이 타당하고 건전할 것, 그리고 투자자 보호를 위한 인적·물적 설비를 갖추어야 한다.

18 전문투자자는 (   ), (   ), (   )의 3종류로 분류된다.

19 주권상장법인이나 지자체는 일반투자자의 대우를 받겠다는 의사를 금융투자업자에 서면으로 통지하면 일반투자자로 간주되는데, 이러한 전문투자자를 (   )라 한다.

정답 09 채무증권, 지분증권, 수익증권, 투자계약증권, 파생결합증권, 증권예탁증권(DR)

10 × ▶ 일반적인 금전채권은 유통성이 없으므로(손실 가능성이 없으므로) 증권에서 제외된다.

11 타 인

12 × ▶ KRX뿐 아니라 해외의 정형화된 파생상품거래소에서 거래되는 파생상품을 포함한다.

13 선도 또는 선물, 옵션, 스왑

14 투자매매업, 투자중개업, 집합투자업, 투자자문업, 투자일임업, 신탁업,

15 × ▶ 전 세계적 투자금융사와 대적하는 한국적 IB를 키우기 위하여 금융투자업자 중에서 종합금융투자사업자에 한하여 일반기업에 대한 신용공여 (대출)도 가능하도록 하였다.

16 종합금융투자사업자(프라임 브로커)

17 채무증권, 지분증권, 투자계약증권, 5억(원)

18 절대적 전문투자자, 상대적 전문투자자, 자발적 전문투자자

19 상대적 전문투자자

20 '주권상장법인 등'은 일반투자자로의 전환이 (가능 / 불가능)하고, 장외파생상품을 매매하고자 할 경우 별도의 의사표시를 하지 않는 한 (전문투자자 / 일반투자자)로 취급된다.

21 지정 신청일 전일 기준 100억원 이상의 금융투자상품잔고를 보유한 법인(외부감사 대상법인은 50억원)은 전문투자자로 전환할 수 있는데 이러한 전문투자자를 (   )라 한다.

22 개인투자자가 자발적 전문투자자가 되기 위해서는 '최근 5년 중 1년 이상의 기간 동안 금융투자상품(MMF 등 저위험상품 제외)을 월말평균잔고 기준으로 (   )원 이상 보유한 경험'이 있는 경우, '소득기준, 자산기준, (   )기준' 중의 하나를 추가로 충족하면 된다.

23 금융투자업은 인가와 등록을 받아야 영업을 할 수 있는데, 등록대상 금융투자업은 (   ), (   ), (   ), (   )이다.

24 자기자본요건에서 자기자본은 인가업무단위별 (   )원과 대통령령에서 정하는 금액 중 큰 금액 이상이어야 한다.

25 금융투자업자는 인가·등록을 받은 후에도 그 요건을 유지할 필요가 있는데, 자기자본요건에서는 매 회계연도말 기준 자기자본을 인가업무 단위별 최저 자기자본의 (   )% 이상으로 유지해야 한다.

26 (증권 / 지분증권)을 취급하는 (투자매매업 / 투자중개업)이 (일반투자자와 전문투자자 / 전문투자자)를 대상으로 영업을 하고자 할 경우 인가를 위한 최저자기자본이 가장 크다.

27 금융투자업자는 매 분기마다 자산 및 부채에 대한 건전성을 (   ), (   ), (   ), (   ), (   )의 5단계로 분류해야 한다.

28 금융투자업자는 매 분기마다 자산 및 부채에 대한 건전성을 5단계로 분류하고, (   )과 (   )에 대해서는 조기에 상각을 해야 하며, (   ) (   ) (   )에 대해서는 적정한 회수예상가액을 산정해야 한다.

29 분류된 자산 및 부채에 대한 충당금 적립기준(%)은 정상이 (   ), 요주의가 (   ), 고정이 (   ), 회수의문이 (   ), 추정손실이 (   )이다.

정답 **20** 가능, 일반투자자
21 자발적 전문투자자
22 5천만(원), 전문성
23 투자자문업, 투자일임업, 온라인소액투자중개업, 일반사모집합투자업
24 5억(원)
25 70(%)
26 증권, 투자매매업, 일반투자자와 전문투자자
27 정상, 요주의, 고정, 회수의문, 추정손실
28 회수의문, 추정손실 / 고정, 회수의문, 추정손실 ▶ '고정이하(고정 / 회수의문 / 추정손실)'에 대해서는 적정한 회수예상가액을 산정해야 하며, 이 중에서 '회수의문 / 추정손실'에 대해서는 조기에 상각해야 한다.
29 0.5%, 2%, 20%, 75%, 100%

30 순자본비율이 50% 이상 100% 미만일 경우 (　　　　), 0% 이상 50% 미만일 경우에는 (　　　　), 0% 미만일 경우에는 (　　　　)의 적기시정조치가 부과된다.

31 ☐○☐× 순자본비율을 작성하는 기본원칙상, 금융투자업자의 자산, 부채, 자본은 연결재무제표에 계상된 장부가액을 기준으로 하고, 시장위험과 신용위험을 동시에 내포하는 자산에 대해서는 더 큰 위험만을 산정한다.

32 ☐○☐× 순자본비율을 구하는 공식은 '(영업용순자본 - 총위험액) / 필요유지자기자본'이다.

33 금융투자업자의 외화유동성비율은 잔존만기 (　　　　) 이내의 외화부채에 대한 외화자산의 비율을 (　　　　)% 이상으로 유지해야 한다.

34 ☐○☐× 금융투자업자는 대주주 및 대주주의 특수관계인에 대하여 예외적으로 신용공여를 할 경우에는 재적이사 전원의 찬성에 의한 이사회결의를 거쳐야 한다.

35 금융투자업자는 다른 업무를 겸영하고자 하는 경우 그 업무를 영위하기 시작한 날로부터 (　　　　) 이내에 (사후) 보고하여야 하고, 금융투자업에 부수업무를 영위하고자 할 경우에는 그 업무를 영위하기 시작한 날로부터 (　　　　) 이내에 (사후) 보고하여야 하며, 금융투자업자가 제3자에게 업무를 위탁하는 경우 실제 업무수행일의 (　　　　) 전까지 금융위에 (사전) 보고하여야 한다.

36 금융투자업의 (본질적 업무 / 겸영업무 / 부수업무)를 위탁하는 경우에는 위탁받는 자가 당해 업무수행에 필요한 인가나 등록을 받은 자이어야 한다.

37 준법감시인 및 위험관리책임자의 업무 등의 (　　　　)업무는 위탁이 금지된다.

38 ☐○☐× 금융투자업자는 이해상충이 발생할 가능성이 있는 경우 투자자에게 그 사실을 미리 알리고, 이해상충의 발생 가능성을 내부통제기준에 따라 투자자 보호에 문제가 없는 수준으로 낮춘 후에 거래를 해야 하며, 낮추는 것이 어려울 경우에는 준법감시인의 승인 후에 거래하여야 한다.

39 ☐○☐× 선관주의 의무는 자산관리업자(집합투자업, 신탁업, 투자자문일임업)에게만 적용된다.

정답 30 경영개선권고, 경영개선요구, 경영개선명령

31 × ▶시장위험과 신용위험 둘 다 내포하는 경우에는 둘 다 반영한다.

32 ○

33 3개월, 80(%)

34 ○

35 2주, 2주, 7일 ▶출제빈도가 높으므로 잘 암기하여야 한다. 단, 금융투자업자가 제3자에게 업무를 위탁하는 경우 그 업무가 본질적 업무가 아닌 경우에는 (중요도가 약하므로) 업무수행일로부터 14일 이내에 (사후) 보고한다.

36 본질적 업무

37 내부통제

38 × ▶낮추는 것이 어려울 경우에는 해당 거래를 하여서는 안 된다.

39 ○

40 이해상충 관리를 위한 3가지 규제체계 중 선행매매 금지와 과당매매 금지는 (일반 규제 / 직접 규제 / 정보교류차단장치 (Chinese Wall))에 해당한다.

41 투자권유에 관한 금융소비자보호법상의 의무 중에서 자본시장법상의 손해배상책임을 부담하는 것은 (   )가 유일하다.

42 ○× 투자권유대행인은 위탁한 금융투자업자를 대리하여 계약을 체결할 수 있다.

43 ○× 투자권유대행인은 둘 이상의 금융투자업자와 투자권유 위탁계약을 체결할 수 있다.

44 ○× 금융투자업자는 손실의 보전·이익의 보장이 허용된 신탁상품, 그 밖에 정당한 사유가 있는 경우에는 손실보전 약속이 가능하다.

45 금융투자회사는 금융투자업의 영위와 관련하여 표준약관의 제정·변경에 따라 약관을 제정 또는 변경하는 경우에는 약관의 제정 또는 (변경 전 7일 / 변경 후 7일) 이내에 협회에 보고하여야 한다.

46 금융투자업자의 임직원은 자기계산으로 특정 금융상품을 매매하는 경우 자기의 명의로 (   )의 투자중개업자를 통해서 매매해야 하며(투자중개업자 임직원은 그가 소속된 회사에 한함), 매매명세를 (   )로 소속회사에 통지해야 한다. 그러나 주요직무종사자(조사분석사 등)는 (   )로 통지하여야 한다.

47 외국 금융투자업자의 지점, 그 밖의 영업소에 대하여 자본시장법을 적용하는 경우 영업기금은 이를 (   )으로 보고, 자본금·적립금 및 이월이익잉여금의 합계액은 이를 (   )으로 보며, 국내 대표자는 임원으로 본다.

48 ○× 외국 금융투자업자의 국내 지점등은 영업기금과 부채의 합계액에 상당하는 자산을 국내에 두어야 한다.

49 ○× 투자매매업자 또는 투자중개업자는 투자자로부터 금융투자상품의 매매에 관한 청약 또는 주문을 받는 경우에는 사전에 그 투자자에게 자기가 투자매매업자인지 투자중개업자인지를 밝혀야 하며, 이를 알리는 방법상의 제한은 없다.

정답 **40** 직접 규제 ▶ 금융투자업자에 대한 선관주의 의무는 일반 규제이며, 사내·외 정보차단벽 간 정보제공금지와 사무공간·전산설비 공동이용등의 정보교류금지는 Chinese Wall에 속한다.

41 설명의무 ▶ 적합성의 원칙 등 나머지는 손해배상책임이 없다는 것이 아니라 민법상의 손해배상책임을 질 수 있다.

42 × ▶ 대리하여 계약을 체결할 수 없다(권유만 가능함).

43 × ▶ 1사 전속계약만 가능하다.

44 ○

45 변경 후 7일

46 1개, 분기별, 월별

47 자본금, 자기자본

48 ○

49 ○

50 ○✕ 투자매매업자 또는 투자중개업자는 금융투자상품에 관한 같은 매매에 있어 자신이 본인이 됨과 동시에 상대방의 투자중개업자가 되어서는 아니 된다. 다만, 투자매매업자 또는 투자중개업자가 증권시장 또는 파생상품시장을 통하여 매매가 이루어지도록 한 경우에는 그러하지 아니하다.

51 투자매매업자 또는 투자중개업자는 금융투자상품의 매매에 관한 최선집행기준을 마련하여야 하며, 최선집행기준이 적용되는 금융투자상품은 (   )에 한하며, 투자매매업자 또는 투자중개업자는 (   )마다 최선집행기준의 내용을 점검해야 한다.

52 투자매매업자는 투자자로부터 그 투자매매업자가 발행한 자기주식으로서 증권시장(다자간매매체결회사(ATS)에서의 거래를 포함)의 매매 수량단위 미만의 주식에 대하여 매도의 청약을 받은 경우에는 이를 증권시장 밖에서 취득할 수 있다. 이 경우 취득한 자기주식은 취득일로부터 (   ) 이내에 처분하여야 한다.

53 ○✕ 투자매매업자 또는 투자중개업자는 투자자나 그 대리인으로부터 금융투자상품의 매매의 청약 또는 주문을 받지 아니하고는 투자자로부터 예탁받은 재산으로 금융투자상품의 매매를 하여서는 아니 된다.

54 투자자로부터 금융투자상품의 가격에 중대한 영향을 미칠 수 있는 매수 또는 매도의 청약이나 주문을 받거나 받게 될 가능성이 큰 경우 이를 체결시키기 전에 그 금융투자상품을 자기의 계산으로 매수 또는 매도하거나 제삼자에게 매수 또는 매도를 권유하는 행위를 할 수 없으며, 이런 행위를 (Front-running / Scalping)이라고 한다.

55 금융투자업자 또는 중개업자는 특정 금융투자상품의 가치에 대한 주장이나 예측을 담고 있는 자료("조사분석자료")를 투자자에게 공표함에 있어서 그 조사분석자료의 내용이 사실상 확정된 때부터 공표 후 (   )이 경과하기 전까지 그 조사분석자료의 대상이 된 금융투자상품을 자기의 계산으로 매매하는 행위는 금지되며 이러한 행위를 영어표현으로 (   )이라고 한다.

56 금융투자업자 또는 중개업자는 조사분석자료 작성을 담당하는 자에 대하여 대통령령으로 정하는 (   )업무와 연동된 성과보수를 지급할 수 없다.

57 금융상품판매업자등은 일반금융소비자에게 금융상품 계약체결을 권유하는 경우에는 면담·질문 등을 통하여 고객 정보를 파악하고, 일반금융소비자로부터 서명(전자서명 포함), 기명날인, (   ) 또는 그 밖에 대통령령으로 정하는 방법으로 확인을 받아 이를 유지·관리하여야 하며, 확인받은 내용을 일반금융소비자에게 지체 없이 제공하여야 한다.

정답 **50** ○
51 상장주권, 3개월
52 3개월 ▸ 자기주식의 예외적 취득의 내용이다.
53 ○ ▸ 임의매매금지의 내용이다.
54 Front-running ▸ 선행매매금지의 내용이다.
55 24시간, Scalping
56 기업금융 ▸ 기업금융이란 IB(Investment Banking)업무를 말한다.
57 녹 취

58 투자매매업자 또는 투자중개업자는 투자자의 신용상태 및 종목별 거래상황 등을 고려하여 신용공여금액의 (   )% 이상에 상당하는 담보를 징구하여야 한다. 다만 매도되었거나 환매청구된 예탁증권을 담보로 하여 매도금액 또는 환매금액 한도 내에서 융자를 하는 경우에는 그러하지 아니하다.

59 ○× 투자매매업자 또는 투자중개업자는 신용공여 후 담보로 제공된 증권을 평가하는 방법에서, 상장채권은 당일종가로 평가한다.

60 ○× 신용계좌에서 채무가 상환되지 않을 경우에는, 그 다음 영업일에 계좌에 예탁된 현금을 투자자의 채무변제에 우선 충당하고, 담보증권, 그 밖의 증권의 순서로 필요한 수량만큼 임의로 처분한다.

61 거래소가 투자(주의 / 경고)종목, 투자위험종목 또는 관리종목으로 지정한 증권에 대하여서는 신규의 신용거래를 할 수 없다.

62 투자매매업자 또는 투자중개업자는 증권과 관련하여 금전의 융자 또는 증권의 대여의 방법으로 투자자에게 신용을 공여할 수 있다. 다만, 투자매매업자는 증권의 인수일부터 (   ) 이내에 투자자에게 그 증권을 매수하게 하기 위하여 그 투자자에게 금전의 융자, 그 밖의 신용공여를 하여서는 아니 된다.

63 ○× 투자자예탁금은 투자자로부터 금융투자상품의 매매와 관련하여 예탁받은 금전을 의미하며, 투자매매업자 또는 투자중개업자는 이를 고유재산과 구분하여 증권금융회사에 예치하거나 신탁업자에 신탁해야 한다.

64 ○× 겸영금융투자업자, 투자매매업자 또는 투자중개업자는 투자자예탁금을 증권금융회사에 예치 또는 신탁 외에 신탁업자에게 신탁할 수 있다. 이 경우 그 투자매매업자 또는 투자중개업자가 신탁업을 영위하는 경우에도 자기계약을 할 수 없다.

65 발행공시제도는 모집 또는 매출 시 정보의 진실성 확보를 위해 금융위의 수리를 받아야 하는 (   )와 이후 투자자에게 교부하는 (   )로 구성된다.

66 50인을 산출하는 경우 청약을 권유하는 날 이전 (   ) 이내에 청약의 권유를 받은 자를 합산한다.

67 ○× 국가나 한국은행 등의 전문투자자, 신용평가업자, 발행주식총수의 5% 이상의 소유 주주, 발행인의 계열회사와 임원, 우리사주조합원 등은 50인의 산정대상에서 제외된다.

정답 **58** 140(%)
59 × ▶ 상장주권은 당일종가, 상장채권은 둘 이상의 채권평가회사가 제공하는 가격정보를 기초로 투자매매업자 또는 투자중개업자가 정한다.
60 ○ ▶ 임의상환순서 : 현금 → 담보증권 → 그 밖의 증권
61 경고 ▶ 투자주의종목은 신규의 신용거래를 할 수 있으며 대용증권으로도 사용할 수 있다.
62 3개월
63 ○ ▶ 일반적으로 증권금융에 예치하고 예외적으로 신탁업자에 신탁한다.
64 × ▶ 투자매매업자 또는 투자중개업자가 신탁업을 영위하는 경우에는 「신탁법」에도 불구하고 자기계약을 할 수 있다.
65 증권신고서, 투자설명서
66 6개월 ▶ 청약권유대상자 = 청약권유를 받은 자 + 합산대상 - 제외대상
67 ○

68 청약의 권유를 받은 자의 수가 50인 미만으로서 증권의 모집에 해당하지 않는 경우라도, 해당 증권이 발행일로부터 1년 이내에 50인 이상의 자에게 양도될 수 있는 경우를 모집으로 간주하는데 이를 (   )이라 한다.

69 과거 1년간 공모총액이 (   )원 미만인 소액공모인 경우에는 증권신고서 제출의무가 면제되며, 이 경우 소액공모공시서류를 제출해야 한다.

70 자본시장법상 증권신고서의 제출의무자는 (증권의 발행인 / 증권회사)이다.

71 지분증권이 아닌 경우 50매 이상으로 발행되거나 발행 후 50매 이상으로 권면분할되어 거래될 수 있는 경우 (   )이 있다고 보며 이 경우에는 모집으로 간주하여 증권신고서 제출대상이다.

72 50매 미만으로 발행되는 경우에는 증권의 권면에 발행 후 (6개월 / 1년) 이내에 분할금지특약을 기재하는 경우 전매제한 조치에 해당하므로 전매가능성이 없다고 본다.

73 ○× 증권의 모집가액 및 매출가액의 적정성 등 증권의 가치를 평가하는 증권분석기관에는 인수업무, 모집·사모·매출의 주선업무를 수행한 자, 신용평가업자, 회계법인 그리고 채권평가회사 및 일반사무관리회사와 감정평가사도 포함된다.

74 증권분석기관이 해당 법인에 자본금의 (   )% 이상 출자하고 있는 경우 및 그 반대의 경우에는 증권분석이 금지된다.

75 투자설명서에는 (   )에 기재된 내용과 다른 내용을 표시하거나 그 기재사항을 누락하여서는 아니 된다. 다만, 기업경영 등 비밀유지와 투자자 보호와의 형평 등을 고려하여 기재를 생략할 필요가 있는 사항의 기재를 생략할 수 있다.

76 개방형 집합투자증권 및 파생결합증권의 발행인은 투자설명서 및 간이투자설명서를 제출한 후 1년마다 (   )회 이상 다시 고친 투자설명서 및 간이투자설명서를 제출하여야 한다. 만약 변경등록을 한 경우 변경등록의 통지를 받은 날부터 5일 이내에 그 내용을 반영한 투자설명서 및 간이투자설명서를 제출하여야 한다.

77 ○× 집합투자증권의 경우 간이투자설명서를 사용할 수 있다. 다만, 투자자가 (정식) 투자설명서의 사용을 별도로 요청하는 경우에는 그러하지 아니하다.

정답 **68** 간주모집 ▶ 청약권유일 이전 6개월간 합산하며, 간주모집은 발행일 후 1년 이내에 50인 이상에게 전매될 수 있는 경우에 모집으로 간주하는 것을 말한다.
69 10억(원)
70 증권의 발행인
71 전매가능성 ▶ 전매가능성이 있으면 간주모집에 해당된다.
72 1년
73 × ▶ 일반사무관리회사와 감정평가사는 제외된다(기출에 빈번한 지문이다).
74 3(%)
75 증권신고서
76 1(회) ▶ 1년에 1회 이상 업데이트를 해야 한다는 의미이다.
77 ○

실제유형 모의고사

78　⬚○⬚×　증권신고서가 수리된 후에는 효력이 발생한 후에만 예비투자설명서를 사용할 수 있다.

79　⬚○⬚×　전문투자자 등 일정한 전문가에게는 투자설명서의 교부가 면제될 수 있다.

80　주권상장법인은 사업보고서를 각 사업연도 경과 후 (　　　)일 이내, 반기보고서와 분기보고서는 반기 및 분기 종료일로부터 (　　　)일 이내에 금융위원회와 거래소에 제출하여야 한다. 다만, 파산, 그 밖의 사유로 인하여 사업보고서의 제출이 사실상 불가능하거나 실효성이 없는 경우로서 대통령령으로 정하는 경우에는 사업보고서를 제출하지 아니할 수 있다.

81　⬚○⬚×　주주수가 500인 기준에 해당되는 발행인의 경우 각 증권의 소유자가 300인 미만이 된 경우는 사업보고서 제출의무가 면제된다. 다만, 그 소유자의 수가 300인 미만으로 감소된 날이 속하는 사업연도의 사업보고서는 제출하여야 한다.

82　사업보고서 제출대상법인은 발행어음이 부도가 나거나 영업활동의 전부나 중요한 일부가 정지되는 등의 사유가 발생할 경우에 (　　　)를 금융위에 제출하여야 한다.

83　⬚○⬚×　자기주식의 취득이나 처분에 대한 결의를 한 경우 주요사항보고서의 제출대상이다.

84　수시공시는 증권시장에서 항시적인 정보 형평을 기하기 위해 거래소 등 자율규제기관에서 담당하고 있는 대표적인 자율규제기능 중의 하나로서 그 하부적 유형에는 주요 경영사항의 신고·공시, 자율공시 그리고 (　　　)공시가 있다.

85　자율공시란 상장법인의 공시능력을 제고하고자 자진공시 및 일부 항목에서 제한적으로 운용되던 자율공시항목을 확대하여 주요경영사항 이외의 사항에 관하여 상장기업의 자율적인 판단에 의해 당해 기업에 관한 주요 경영상의 정보 등을 공시할 수 있도록 하는 제도로서 제출시기는 사유발생일 (당일 오후 6시 / 다음날)까지 신고하여야 한다.

86　(조회공시 / 자율공시 / 공정공시)란 증권의 공정한 거래와 투자자 보호를 위하여 기업의 주요 경영사항 또는 그에 준하는 사항에 관한 풍문 또는 보도(풍문 등)의 사실 여부나 당해 기업이 발행한 주권 등의 가격이나 거래량에 현저한 변동(시황)이 있는 경우 거래소가 상장법인에게 중요한 정보의 유무에 대한 답변을 요구하고 당해 기업은 이에 응하여 공시하도록 하는 제도이다. 기업이 풍문 등과 관련하여 이 공시를 거래소로부터 요구받은 경우에는 요구시점이 오전인 때에는 당일 오후까지, 오후인 때에는 (다음날 오전 / 다음날)까지 답변하여야 하며, 시황과 관련하여 이 공시를 요구받은 경우에는 요구받은 날로부터 1일 이내에 다음날까지 답변하여야 한다.

정답　**78**　× ▶ 증권신고서가 수리된 후 신고의 효력이 발생하기 전에 발행인이 예비투자설명서(신고의 효력이 발생되지 아니한 사실을 덧붙여 적은 투자설명서)를 사용할 수 있다.
79　○
80　90(일), 45(일)
81　○
82　주요사항보고서
83　○
84　조회(공시)
85　다음날
86　조회공시, 다음날 오전

87 (조회공시 / 자율공시 / 공정공시)란 상장법인이 증권시장을 통해 공시되지 아니한 중요정보를 기관투자자 등 특정인에게 선별적으로 제공하고자 하는 경우 모든 시장참가자들이 동 정보를 알 수 있도록 그 특정인에게 (제공하기 전에 / 제공한 후에) 증권시장을 통해 공시하도록 하는 제도이다.

88 주식등을 (   )의 기간 동안 증권시장 밖에서 (   )인 이상의 자로부터 매수등을 하고자 하는 자는 그 매수등을 한 후에 본인과 그 특별관계자가 보유하게 되는 주식등의 수의 합계가 그 주식등의 총수의 100분의 (   ) 이상이 되는 경우에는 공개매수를 하여야 한다.

89 ○× 주주가 주식매수청구권을 행사함으로써 회사가 매수하는 경우, 소각을 목적으로 하여 주식을 매수하는 경우 등은 공개매수요건이 되더라도 공개매수가 면제된다.

90 공개매수기간은 (   )일 이상 (   )일 이내에 실시해야 하고, 공개매수기간 중 별도의 매수는 (금지되며 / 허용되며), 공개매수하는 경우 그 매수가격은 균일해야 한다.

91 ○× 공개매수자는 공개매수신고서에 기재한 매수조건과 방법에 따라 응모한 주식등의 전부를 공개매수기간이 종료하는 날의 다음 날 이후 지체없이 매수하여야 한다. 다만, 응모한 주식등의 총수가 공개매수 예정주식등의 수에 미달할 경우 응모주식등의 전부를 매수하지 아니한다는 조건을 공개매수공고에 게재하고 공개매수신고서에 기재한 경우에는 그 조건에 따라 응모한 주식등의 전부 또는 일부를 매수하지 아니할 수 있다.

92 ○× 공개매수자는 공개매수공고일 이후에는 공개매수를 철회할 수 없다. 다만, 대항공개매수(공개매수기간 중 그 공개매수에 대항하는 공개매수를 말한다)가 있는 경우, 공개매수자가 사망·해산·파산한 경우, 그 밖에 투자자 보호를 해할 우려가 없는 경우로서 대통령령으로 정하는 경우에는 공개매수기간의 말일까지 철회할 수 있다.

93 주권상장법인의 주식등을 대량보유하게 된 자는 그 날부터 (   )일 이내에 그 보유상황, 보유목적, 그 보유주식등에 관한 주요 계약내용 등을 금융위원회와 거래소에 보고하여야 하며, 그 보유주식등의 수의 합계가 그 주식등의 총수의 100분의 (   )% 이상 변동된 경우에는 그 변동된 날부터 (   )일 이내에 그 변동내용을 금융위원회와 거래소에 보고하여야 한다. 이 경우 그 보유목적이 발행인의 경영권에 영향을 주기 위한 것(임원의 선임·해임 또는 직무의 정지, 이사회 등 회사의 기관과 관련된 정관의 변경 등)이 아닌 경우와 특례적용 전문투자자는 그 보고내용 및 보고시기는 보유상황 변동이 있었던 달의 다음달 (   )일까지 보고하여야 한다.

정답 **87** 공정공시, 제공하기 전에
88 6개월, 10(인), 5
89 ○
90 20(일), 60(일), 금지되며 ▸ 공개매수신고서에 위의 내용을 포함하여 신고하고 투자자에게는 공개매수설명서를 교부해야 한다.
91 ○
92 ○
93 5(일), 1(%), 5(일) 10(일)

94 주식등의 보유목적을 발행인의 경영권에 영향을 주기 위한 것으로 보고하는 자는 그 보고하여야 할 사유가 발생한 날부터 보고한 날 이후 (　　　　)일까지 그 발행인의 주식등을 추가로 취득하거나 보유 주식등에 대하여 그 (　　　　)을 행사할 수 없다. 이를 위반하여 주식등을 추가로 취득한 자는 그 추가 취득분에 대하여 그 의결권을 행사할 수 없으며, 금융위원회는 (　　　　) 이내의 기간을 정하여 그 추가 취득분의 처분을 명할 수 있다.

95 회사의 경영진이나 주주, 기타 제3자가 주총에서 다수의 의결권확보를 목적으로 기존주주에게 의결권행사의 위임을 권유하는 것을 의결권 대리행사 권유제도라 하며, 권유 시에는 (　　　　)와 (　　　　)를 교부하여야 한다. 단, (　　　　)인 미만의 자에게 대리행사를 권유하는 경우는 법에 의한 의결권 대리행사로 보지 않는다.

96 ○× 국가기간산업 등 국민경제상 중요한 산업을 영위하는 법인으로서 상장법인("공공적 법인"이라 한다)의 경우에는 그 공공적 법인만이 그 주식의 의결권 대리행사의 권유를 할 수 있다.

97 거래소시장 및 다자간매매체결회사(ATS) 외에서 증권이나 장외파생상품을 매매하는 경우에는 협회를 통한 비상장주권의 장외거래(K-OTC) 및 채권중개전문회사를 통한 채무증권의 장외증권 매매거래를 제외하고는 (단일의 / 복수의) 매도자와 매수자 간에 매매하는 방법으로 하여야 한다.

98 ○× 투자매매업자 또는 투자중개업자는 증권의 대차거래 또는 그 중개·주선이나 대리업무를 하는 경우에는 차입자로부터 담보를 받아야 한다. 다만, 증권의 대여자와 차입자가 합의하여 조건을 별도로 정하는 대차거래로서 투자매매업자 또는 투자중개업자가 필요하다고 인정하는 대차거래 중개의 경우에는 담보를 받지 아니할 수 있다.

99 투자매매업자 또는 투자중개업자는 기업어음증권을 매매하거나 중개·주선 또는 대리하는 경우에는 (　　　　) 이상의 신용평가회사로부터 신용평가를 받은 기업어음증권이어야 하며, 기업어음증권에 대하여 직접 또는 간접의 (　　　　)을 하지 아니하여야 한다.

100 ○× 투자매매업자 또는 투자중개업자의 장외파생상품의 매매 및 그 중개·주선 또는 대리의 상대방이 일반투자자인 경우에는 그 일반투자자가 위험회피 목적의 거래를 하는 경우에 한한다.

101 영업용순자본에서 총위험액을 차감한 금액을 인가업무 또는 등록업무 단위별 자기자본을 합계한 금액으로 나눈 값이 100분의 (　　　　)에 미달하는 경우에는 그 미달상태가 해소될 때까지 새로운 장외파생상품의 매매를 중지하고, 미종결거래의 정리나 위험회피에 관련된 업무만을 수행해야 한다.

정답　**94** 5(일), 의결권, 6개월 ▶5일은 냉각기간에 해당된다.
　　　95 위임장용지, 참고서류, 10(인)
　　　96 ○
　　　97 단일의 ▶이 내용의 취지는 인가된 제도권이 아니면 다수를 대상으로 한 매매거래는 불법이므로 영업을 금지한다는 뜻이다.
　　　98 ○
　　　99 둘(2), 지급보증
　　　100 ○
　　　101 150

102 ○× 장외파생상품에 대해서는 매매를 할 때마다 파생상품업무책임자의 승인을 받아야 한다. 다만, 금융위원회가 정하여 고시하는 기준을 충족하는 계약으로서 거래당사자 간에 미리 합의된 계약조건에 따라 장외파생상품을 매매하는 경우는 제외한다.

103 공공적 법인에 대한 종목별 외국인 및 외국법인등의 전체 취득한도는 해당 종목의 지분증권 총수의 100분의 (　　　　)을 초과할 수 없다.

104 ○× 상장법인이 발행한 채무증권 중 전환사채(CB), 신주인수권부사채(BW), 교환사채(EB), 이익참가부사채(PB)는 미공개중요정보 이용금지 대상 증권이다.

105 미공개정보 이용금지의 규제가 적용되는 규제대상자는 (　　　　), (　　　　), (　　　　)이다.

106 내부자 거래의 (　　　　)제도는 일정 범위의 내부자에 대해 미공개중요정보의 이용 여부와 관계없이 특정증권등을 매수한 후 6개월 이내에 매도하거나 매도한 후 6개월 이내에 매수하여 얻은 이익을 회사에 반환하도록 하는 것을 말한다.

107 주권상장법인의 임원 또는 주요주주는 임원 또는 주요주주가 된 날부터 5영업일 이내에 누구의 명의로 하든지 자기의 계산으로 소유하고 있는 특정증권등의 소유상황을, 그 특정증권등의 소유상황에 변동이 있는 경우에는 누적변동수량 (　　　　)주 이상이거나, 누적취득(처분) 금액이 (　　　　)원 이상인 경우, 그 변동이 있는 날부터 5영업일까지 각각 증권선물위원회와 거래소에 보고하여야 한다.

108 ○× 동일 품목의 장내파생상품(일반상품, 주가지수를 기초자산으로 하는 파생상품으로서 파생상품시장에서 거래되는 것만 해당)을 금융위원회가 정하여 고시하는 수량 이상 보유하게 된 자는 그 날부터 5영업일 이내에 그 보유상황을 금융위원회와 거래소에 보고하여야 하며, 그 보유수량이 금융위원회가 정하여 고시하는 수량 이상으로 변동된 경우에는 그 변동된 날부터 5일 이내에 그 변동내용을 금융위원회와 거래소에 보고하여야 한다.

109 시세조종행위로서 규제대상은 (　　　　), (　　　　), (　　　　), (　　　　), (　　　　)이다.

110 위장거래에 의한 시세조종행위는 (　　　　)와 (　　　　)가 있다.

정답

102 ○

103 40

104 ○

105 내부자, 준내부자, 정보수령자

106 단기매매차익반환(제도) ▸ 미공개정보의 이용 여부와 관계없이 적용된다는 점에 유의해야 한다.

107 1,000(주), 1천만(원)

108 ○

109 위장거래에 의한 시세조종, 현실거래에 의한 시세조종, 허위표시 등에 의한 시세조종, 가격고정 또는 안정조작 행위, 현·선연계 시세조종행위 ▸ 단, 가격고정이나 안정조작의 경우 투자매매업자가 인수업무의 일환으로 하는 행위는 규제대상에서 제외된다.

110 통정매매, 가장매매

111 누구든지 상장증권 또는 장내파생상품의 시세를 고정시키거나 안정시킬 목적으로 그 증권 또는 장내파생상품에 관한 일련의 매매 또는 그 위탁이나 수탁을 하는 행위를 하여서는 아니 된다. 다만, 증권의 모집 또는 매출의 청약기간의 종료일 전 (   )일부터 그 청약기간의 종료일까지의 기간 동안 증권의 가격을 안정시킴으로써 증권의 모집 또는 매출이 원활하도록 하기 위한 매매거래("안정조작")를 하는 경우는 그러하지 아니하다.

112 그 증권 또는 장내파생상품의 매매를 함에 있어서 그 권리의 이전을 목적으로 하지 않는 거짓으로 꾸민 매매를 하는 행위를 (통정매매 / 가장매매)라 한다.

113 시장질서교란행위규제 중 (정보이용형 / 시세관여형) 교란행위는 기존의 미공개중요정보 이용 금지조항이 2차 이상의 정보수령자 등을 규제할 수 없었던 점과 달리 이들에 대해서도 규제가 가능하게 하였다.

114 시장질서교란행위규제 중 (정보이용형 / 시세관여형) 교란행위는 기존의 시세조종행위 금지조항이나 부정거래행위 금지조항과 달리 비록 매매유인이나 부당이득을 얻을 목적성이 없더라도 규제하여 과징금을 부과할 수 있다.

115 ○× 시장질서교란행위규제는 기존의 시세조종행위규제가 목적성을 전제로 한 것과 달리 목적성이 없다 하더라도 규제가 가능하며 이를 시세관여형 교란행위라고 한다.

116 시장질서교란행위에 대해서는 5억원 이하의 과징금을 부과할 수 있으며, 위반행위와 관련된 거래로 얻은 이익 등의 (1.5배 / 5배)가 (   )원을 넘는 경우에는 그 금액 이하의 (과태료 / 과징금)을(를) 부과할 수 있다.

117 5% Rule은 '신규로 5% 이상을 보유하게 된 경우, 5% 이상의 보유자가 보유비율이 (   ) 이상 변동되는 경우, 보유목적이 변경되는 경우' 주식등의 보유상황을 공시하는 제도를 말한다.

118 ○× 일반투자자가 경영권에 영향을 줄 목적이 없는 '일반투자목적'인 경우에는 보유상황 변동이 있었던 달의 다음달 10일까지 보고하여야 한다.

119 ○× 특례적용 전문투자자(국가, 한국은행, 국민연금 등)의 경우, '5% Rule'에 의거 경영권 영향 목적이 아닌 스튜어드십 코드 도입 활성화를 위한 보유인 경우 그 보유상황 변동이 있었던 달의 다음달 10일까지 보고하여야 한다.

정답 **111** 20(일)
  112 가장매매
  113 정보이용형
  114 시세관여형
  115 ○
  116 1.5배, 5억(원), 과징금 ▶ 그러나 시세조종행위나 부정거래행위는 3배 이상 5배 이하의 벌금에 처한다.
  117 1% ▶ 5% Rule의 3가지 보고사유 : 신규보고사유, 변동보고사유, 보유목적 변경보고사유
  118 × ▶ 일반투자자가 경영권에 영향을 줄 목적이 없는 '일반투자목적(임원보수, 배당관련주주제안 등의 적극적인 주주활동)'인 경우에는 보유상황 변동일로부터 10일 이내에 보고하여야 한다. 그러나 일반투자자가 경영권에 영향을 줄 목적이 없는 주주의 일반적 권리행사를 위한 '단순투자목적(의결권, 이익배당청구권, 신주인수권 등)'인 경우에는 보유상황 변동이 있었던 달의 다음달 10일 이내에 보고하여야 한다.
  119 ○

120 5% 보고 시 보유목적이 경영권에 영향을 주기 위한 것으로 보고한 자는, 그 보고사유가 발생한 날로부터 보고한 날 이후 ( )일까지는 그 발행인의 주식 등을 추가로 취득하거나 보유주식 등에 대해서 의결권을 행사할 수 없다.

121 ⃞○⃞× 감독원장은 현장검사를 실시하는 경우에는 검사목적 및 검사기간 등이 포함된 검사사전예고통지서를 당해 금융기관에 검사착수일 1주일 전(정기검사의 경우 1개월 전)까지 통지하여야 한다. 다만, 사전에 통지할 경우 자료·장부·서류 등의 조작·인멸, 대주주의 자산은닉 우려 등으로 검사목적 달성에 중요한 영향을 미칠 것으로 예상되는 경우 등에는 그러하지 아니하다.

122 ⃞○⃞× 금융위 또는 감독원장으로부터 제재를 받은 금융기관 또는 그 임직원, 그 밖에 금융업관련법의 적용을 받는 자는 당해 제재처분 또는 조치요구가 위법 또는 부당하다고 인정하는 경우에는 금융위 또는 감독원장에게 이의를 신청할 수 있으며, 이의신청 처리결과에 대하여는 다시 이의신청할 수 없다.

123 ⃞○⃞× 자본시장조사 업무규정의 주요 조사 대상에는 상장회사 임직원의 횡령도 포함한다.

정답 **120** 5일 ▸냉각기간이라고 한다.

121 ○ ▸금융기관에 대한 업무 및 재산상황에 대한 검사를 함에 있어서, 검사의 종류는 종합검사와 부문검사가 있으며, 검사의 방법에는 현장검사, 서면검사가 있다. 그리고 종합검사는 대부분 현장검사의 방식으로 진행된다.

122 ○

123 ✕ ▸미공개정보 이용행위, 시세조종 등 불공정행위, 내부자의 단기매매차익 취득, 상장법인의 공시의무 위반, 상장법인 임원 등의 특정증권 및 변동상황 보고의무 위반 등, 주식의 대량보유 등의 보고(5% Rule)가 대상이다.

제2장 한국금융투자협회 규정(4문항 대비)

01 (자본시장법 / 금융소비자보호법)에서는 금융상품판매업자등은 금융상품계약을 체결하거나 자문업무를 하는 경우에는 상대방인 금융소비자가 일반투자자인지 전문투자자인지 여부를 확인하도록 하고 있으며, 일반투자자의 경우 투자권유 (또는 자문)를 하기 전에 면담・질문을 통하여 고객의 투자목적, 재산상황 및 (   ) 등의 정보를 파악하도록 하고 있다.

02 금융상품판매업자는 보장성 상품, 투자성 상품 및 대출성 상품에 대하여 일반금융소비자에게 계약체결을 권유하지 아니하고 금융상품 판매계약을 체결하려는 경우에는 미리 면담・질문 등을 통하여 투자자 정보를 파악하여야 한다. 이를 (적합성의 원칙 / 적정성의 원칙)이라고 한다.

03 금융투자회사는 금융소비자보호법에 따라 투자자 정보를 파악한 결과, 판매상품이 적합 또는 적정하지 아니하다고 판단되는 일반투자자("부적합투자자"라 한다)와 투자자 정보를 제공하지 않거나 투자권유를 희망하지 않는 일반투자자("투자권유 불원 투자자"라 한다)를 대상으로 상품을 판매한 실적을 (   )에 공시하여야 한다.

04 ○× 금융상품판매업자등은 "투자설명서"의 내용을 작성하는 경우에 중요한 내용은 부호, 색채, 굵고 큰 글자 등으로 명확하게 표시하여 알아보기 쉽게 작성하여야 한다.

05 금융투자회사는 일반투자자가 공모의 방법으로 발행된 파생결합증권(주식워런트증권 및 상장지수증권, 금적립계좌는 제외)을 매매하거나, 공모(사모 포함)로 발행된 고난도금융투자상품을 매매하거나 고난도금전신탁계약, 고난도투자일임 계약을 체결하는 경우 (   ), (   )를 하고자 하는 경우에는 (   )설명서를 추가로 교부하고 그 내용을 충분히 설명하여야 한다.

06 금융투자회사는 일반투자자가 (최초로 / 매매 시마다) 주식워런트증권(ELW) 및 상장지수증권(ETN)을 매매하고자 하는 경우 서명 등의 방법으로 매매 의사를 별도로 확인하여야 하며, 일반투자자가 (최초로 / 매매 시마다) 변동성지수선물의 가격을 기초로 하는 지수의 변동과 연계한 상장지수증권을 매매하고자 하는 경우에는 가격등락이 크게 발생할 수 있다는 위험 등을 고지하고 매매의사를 추가로 확인하여야 한다.

07 ○× 일반투자자가 레버리지가 들어간 ETF・ETN에 투자하려면 사전 의무교육 과정을 이수하여야 한다. 다만, 법인, 단체, 외국인, 투자일임계약 또는 비지정형 금전신탁계약에 따라 거래하려는 개인투자자의 경우 사전교육 대상에서 제외한다.

정답 **01** 금융소비자보호법, 투자경험
02 적정성의 원칙
03 협회의 인터넷 홈페이지
04 ○
05 신용융자거래, 유사해외통화선물거래, 핵심
06 최초로, 최초로
07 ○

---

08 '장내파생상품시장 적격 개인투자자제도'에 의거 한국거래소의 장내선물거래 및 옵션거래를 하고자 하는 경우 파생상품 투자위험 등을 숙지하기 위하여 일반투자자는 ( )시간 이상의 파생상품교육과정과 ( )시간 이상의 파생 상품모의과정을 사전에 이수하여야 한다.

09 ○✕ '장내파생상품시장 적격 개인투자자제도'에 대한 예외로서, 거래희망자의 사전지식 등 전문성 정도를 감안하여, 협회장이 인정하는 파생상품 업무경험이 1년 이상이고 파생상품 관련 자격시험에 합격한 사실이 있는 자에 대해서는 사전 의무교육 및 모의거래 이수를 면제한다.

10 [판매절차 적정성 점검 등] 금융투자회사는 일반투자자를 대상으로 금융투자상품을 매매하거나 투자자문계약, 투자일임 계약 또는 신탁계약을 체결하는 경우, ( )영업일 이내에 판매절차가 관계법규 및 당해 회사가 마련한 투자권유준 칙에서 정하는 방법과 절차에 따라 적정하게 이행되었는지 여부를 투자자로부터 확인하여야 한다. 다만, 금융투자회사는 금융투자회사의 인력현황, 계약건수, 금융투자상품의 위험도 등을 감안하여 확인하고자 하는 금융투자상품 또는 투자자 의 범위 등을 조정할 수 있다.

11 ○✕ [일중매매거래에 대한 위험 고지] 금융투자회사는 일반투자자가 주식, 주식워런트증권, 상장지수증권 및 장내파생 상품의 거래를 위하여 계좌를 개설하고자 하는 경우 해당 금융투자회사가 자율적으로 정한 설명서를 교부하고 이를 충분 히 설명한 후 서명 또는 기명날인을 받아야 한다. 또한 금융투자회사는 자신의 인터넷 홈페이지 및 온라인거래를 위한 컴퓨터 화면에 동 설명서를 게시하여야 한다.

12 금융투자회사는 일반투자자가 ( )매매 프로그램에 의한 매매거래를 신청하는 경우 프로그램에 내재된 가격예측 이론 및 사용방법 등에 대한 사전교육 이수여부를 확인하여야 한다.

13 ○✕ 펀드판매회사는 일반투자자에게 계열회사등인 집합투자회사가 운용하는 집합투자기구의 집합투자증권을 투자권 유하는 경우 그 집합투자회사가 자기의 계열회사등이라는 사실을 고지하여야 한다.

14 "방문판매등"은 방문판매, 전화권유판매 그리고 ( )판매로 구분한다.

15 방문판매인력은 금융투자회사의 임직원 또는 금융투자회사로부터 투자권유의 업무를 위탁받은 투자권유대행인이어야 하며, 협회가 주관하는 방문판매인력 직무교육을 연간 ( )회 이상 이수하여야 한다.

정답 **08** 1(시간), 3(시간)
09 ○
10 7(영업일)
11 ○
12 시스템 ▸ 금융투자회사는 일반투자자가 시스템매매 프로그램에 의한 매매거래를 신청하는 경우, 시스템매매가 반드시 수익을 보장해 주지는 않는 다는 내용과 해당 프로그램에 대한 올바른 이해 없이 증권 또는 장내파생상품의 매매거래를 하는 경우 커다란 손실을 입을 수 있다는 내용의 유의 사항을 고지하여야 한다.
13 ○
14 화상권유(판매) ▸ (1) 방문판매 : 금융투자회사의 영업소, 지점, 출장소 등 사업장 외의 장소로 고객을 방문하여 상품을 판매하는 방식, (2) 전화권 유판매 : 전화를 이용하여 고객에게 상품을 판매하는 방식, (3) 화상권유판매 : 영상통화, 컴퓨터시스템 등의 매체를 활용하여 고객과 방문판매인력 이 화상을 통해 상호 간에 얼굴을 보면서 실시간 대화를 통해 상품을 판매하는 방식
15 1(회)

실제유형 모의고사

16 [금융투자회사의 전문투자자 지정] 금융투자회사가 일반투자자를 전문투자자로 지정하는 경우에는 해당 투자자에게 향후 금융소비자보호법상의 적합성의 원칙, 적정성의 원칙, 설명의무 등이 적용되지 아니한다는 사실과 투자자가 요청하는 경우에는 일반투자자와 같은 대우를 받을 수 있다는 사실을 설명하고, 설명한 내용을 해당 투자자가 이해하였음을 (   ) 또는 녹화로 확인받아야 한다.

17 ○× 금융투자회사는 전문투자자 지정효력 기간이 만료하거나 전문투자자가 일반투자자와 같은 대우를 받겠다는 의사를 서면으로 통지한 경우 정당한 사유가 없는 한 해당 전문투자자를 일반투자자로 분류하고 그 사실을 해당 전문투자자에게 즉시 통보하여야 한다.

18 금융투자회사의 전문투자자 지정의 효력은 지정된 날부터 (   )년으로 한다.

19 (펀드투자권유대행인 / 증권투자권유대행인)은 MMF형 CMA매매를 권유하거나 투자자문계약, 투자일임계약 또는 신탁계약의 체결을 권유할 수 있다.

20 ○× 금융투자회사는 해당 금융투자회사의 임직원이 아닌 제3자가 작성한 조사분석자료를 공표하는 경우 해당 제3자의 성명(법인의 경우 법인명)을 조사분석자료에 기재하여서는 안 된다.

21 조사분석 담당부서와 (   )업무 관련부서 간의 자료교환은 준법감시부서를 통하여야 한다.

22 ○× 금융투자회사는 조사분석 담당부서의 임원이 기업금융·법인영업 및 고유계정 운용업무를 겸직하도록 하여서는 아니 된다. 다만, 임원수의 제한 등으로 겸직이 불가피하다고 인정되는 경우에는 그러하지 아니하다.

23 ○× 금융투자회사는 자신이 발행한 금융투자상품에 대하여 조사분석자료를 공표하거나 특정인에게 제공할 수 없지만, 자신이 발행한 주식을 기초자산으로 하는 주식선물·주식옵션 및 주식워런트증권에 대한 공표나 제공은 가능하다.

24 금융투자회사는 자신이 발행주식총수의 100분의 (   ) 이상의 주식등을 보유(또는 소유)하고 있는 법인에 대한 조사분석자료를 공표하거나 특정인에게 제공하여서는 아니 된다. 또한, 금융투자회사는 자신이 발행주식총수의 100분의 (   ) 이상의 주식등을 보유하고 있는 법인에 대한 조사분석자료를 공표하거나 특정인에게 제공하는 경우 자신과의 이해관계를 조사분석자료에 명시하여야 한다.

정답 **16** 녹 취
     17 ○
     18 2(년)
     19 증권투자권유대행인 ▶ 증권투자권유대행인은 증권 및 단기금융집합투자기구(MMF)의 집합투자증권의 매매를 권유하거나 투자자문계약, 투자일임계약 또는 신탁계약의 체결을 권유하는 자이다.
     20 ×
     21 기업금융(IB)
     22 ○
     23 × ▶ 자신이 발행한 주식을 기초자산으로 하는 주식선물·주식옵션 및 주식워런트증권에 대한 공표나 제공도 할 수 없다.
     24 5, 1

25 대표주관회사에 해당하는 금융투자회사는 자신이 대표주관업무(증권시장에 주권을 최초로 상장하기 위한 대표주관업무)를 수행한 법인이 발행한 주식의 가치 등에 관한 조사분석자료를 해당 법인이 발행한 주식이 증권시장에서 매매거래가 이루어진 날부터 1년간 (   )회 이상 공표하여야 한다.

26 금융투자회사는 특정 주식의 가치 등에 관하여 최근 1년간 (   )회 이상 조사분석자료(투자의견 및 목표가격 등이 구체적으로 기재된 조사분석자료를 말한다)를 공표한 경우 최종 공표일이 속하는 월말로부터 6개월 이내에 해당 주식의 가치 등에 관한 조사분석자료를 추가로 공표하여야 하며, 추가로 공표하지 않고자 하는 경우에는 그 사실과 사유를 자신이 공표하는 조사분석자료 또는 자신의 인터넷 홈페이지에 게시하는 등의 방법으로 고지하여야 한다.

27 (금융투자회사 / 금융투자분석사)는 조사분석자료를 공표한 금융투자상품을 매매하는 경우에는 공표 후 (   )시간이 경과하여야 하며, 해당 금융투자상품이 공표일부터 (   )일이 경과하지 아니한 때에는 공표내용과 (같은 / 다른) 방향으로 매매하여야 한다.

28 금융투자분석사는 일반투자자를 대상으로 자신의 재산적 이해에 영향을 미칠 수 있는 금융투자상품의 매매를 권유하는 경우 그 재산적 이해관계를 고지하도록 하여야 한다. 다만, 금융투자분석사의 금융투자상품 및 주식매수선택권의 보유가액의 합계가 (   )원 이하인 경우에는 고지대상에서 제외할 수 있다. 다만, 주식선물·주식옵션 및 주식워런트증권은 보유가액의 크기와 관계없이 고지하여야 한다.

29 ☐O☐X☐ 협회 규정상 "투자광고"란 금융투자회사가 금융투자회사의 영위업무 또는 투자성 상품, 대출성 상품 등을 널리 알리는 행위를 말한다.

30 금융투자회사는 투자광고의 의무표시사항 중 위험고지와 관련된 사항은 (1) 바탕색과 구별되는 색상으로 선명하게 표시할 것, (2) A4용지 기준 (   )포인트 이상의 활자체로 투자자가 쉽게 알아볼 수 있도록 표시할 것. 다만, 신문에 전면으로 게재하는 광고물의 경우 (   )포인트 이상의 활자체로 표시하여야 한다. (3) 영상매체를 이용한 투자광고의 경우 1회당 투자광고 시간의 3분의 1 이상의 시간 동안 투자자가 쉽게 알아볼 수 있도록 충분한 면적에 걸쳐 해당 위험고지내용을 표시하거나 1회 이상(단, 10분 이상의 광고물은 2회 이상) 소비자가 명확하게 인식할 수 있는 속도의 음성과 자막으로 설명할 것, (4) 인터넷 배너를 이용한 투자광고의 경우 위험고지내용이 (   )초 이상 보일 수 있도록 할 것. 다만, 파생상품, 그 밖에 투자위험성이 큰 거래에 관한 내용을 포함하는 경우 해당 위험고지내용이 (   )초 이상 보일 수 있도록 하여야 한다.

31 ☐O☐X☐ 종류형집합투자기구의 운용실적을 표시하는 경우에는 종류별 집합투자증권에 부과되는 보수·수수료의 차이로 운용실적이 달라질 수 있다는 사실을 표시하여야 한다.

정답	25	2(회)
	26	3(회)
	27	금융투자분석사, 24(시간), 7(일), 같은 (방향)
	28	3백만(원)
	29	O
	30	9(포인트), 10(포인트), 3(초), 5(초)
	31	O

32 금융투자회사가 투자광고를 하고자 하는 경우 (　　　)의 사전 승인을 받아 (　　　)에 심사를 청구하여야 한다. 다만, 단순한 이미지 광고나 지점 광고 등 일부의 경우에는 (　　　)의 심사절차를 거치지 않고 (　　　)의 사전 승인만 받으면 가능하다.

33 금융투자회사는 분기별 업무보고서를 금융위원회에 제출한 날부터 1년간 본점과 지점, 그 밖의 영업소에 비치하고, 해당 금융투자회사의 인터넷 홈페이지 등을 이용하여 공시하여야 하며, 인터넷 홈페이지가 없는 경우 (　　　)의 인터넷 홈페이지를 이용하여 공시하여야 한다.

34 ○× 금융투자회사는 영업보고서를 매 분기 종료 후 45일(사업연도 경과 후 확정된 재무제표를 기준으로 재작성된 결산기 영업보고서의 경우 결산기 종료 후 90일) 이내에 전산파일과 함께 협회에 제출하여야 한다.

35 ○× 금융투자회사는 수수료 부과기준 및 절차에 관한 사항을 정하거나 이를 변경한 경우 지체 없이 그 내용을 협회에 통보하여야 한다.

36 금융투자회사 및 신용평가회사의 (　　　)원 이하의 경조비 및 조화·화환에 해당하는 경우에는 재산상 이익으로 보지 아니한다.

37 금융투자회사가 파생상품과 관련하여 기타 우연성을 이용하는 방법 또는 특정행위의 우열이나 정오의 방법으로(추첨 등) 선정된 동일 일반투자자에게 1회당 제공할 수 있는 재산상 이익은 (　　　)원을 초과할 수 없다. 다만, 유사해외통화선물 및 (　　　)증권과 관련하여서는 추첨등의 방법으로 일반투자자에게 재산상 이익을 제공할 수 없다.

38 금융투자회사는 거래상대방으로부터 1회당 및 연간 또는 동일 회계연도 기간 중 (제공받을 수 있는 / 제공할 수 있는) 재산상 이익의 한도를 정하여야 한다. 이 경우 해당 재산상 이익의 한도는 일반적으로 용인되는 사회적 상규를 초과하여서는 아니 된다.

39 금융투자회사가 거래상대방에게 재산상 이익을 제공하거나 제공받은 경우 제공목적, 제공내용, 제공일자, 거래상대방, 경제적 가치 등을 (　　　)년 이상의 기간 동안 기록·보관하여야 한다.

40 금융투자회사는 재산상 이익을 제공하거나 제공받아서는 아니 된다. 그러나 거래상대방에게 사용범위가 공연·운동경기 관람, 도서·음반 구입 등 문화활동으로 한정된 (　　　)을 제공하는 경우는 제외한다.

정답 **32** 준법감시인, 협회(금융투자협회), 협회(금융투자협회), 준법감시인
33 협회(금융투자협회)
34 ○
35 ○
36 20만(원)
37 300만(원), 주식워런트(증권)
38 제공받을 수 있는 ▶ 수령한도임
39 5(년) ▶ 재산상의 제공한도는 폐지되었다.
40 상품권

41 투자자가 자신의 계좌 또는 자산을 관리하는 직원(관리예정 직원을 포함하며 해당 투자자의 계좌가 개설되어 있는 영업점에 근무하는 자에 한한다)의 징계내역 열람을 서면으로 신청하는 경우 지체 없이 (해당 직원의 동의서를 첨부하여 / 해당 직원의 동의서 없이) "징계내역 열람신청서"를 협회에 제출하여야 한다.

42 ⃞○⃞× 협회 규정 중 "신상품"이란 금융투자상품 또는 이에 준하는 서비스로서 새로운 비즈니스 모델을 적용한 상품 또는 서비스에 해당하여야 하며, 외국에서의 기 판매여부와 무관하다.

43 ⃞○⃞× "배타적 사용권"이란 신상품을 개발한 금융투자회사가 일정 기간 동안 독점적으로 신상품을 판매할 수 있는 권리를 말한다.

44 금융투자회사는 현금 및 금융투자상품 등 예탁자산의 평가액이 (   )원 이하이고 최근 6개월간 투자자의 매매거래 및 입출금·입출고 등이 발생하지 아니한 계좌는 다른 계좌와 구분하여 (   )계좌로 별도 관리할 수 있다.

45 예탁자산의 평가는 별도로 정하는 방법에 따라 산정하며, 그 밖의 금융투자상품은 (금융투자회사 / 협회)가 정하는 방법에 따라 산정한다.

46 상장채권 및 공모 주가연계증권의 평가는 2 이상의 채권평가회사가 제공하는 가격정보를 기초로 (채권평가회사 /금융투자회사)가 산정한 가격으로 한다.

47 금융투자회사는 계좌의 잔액·잔량이 "0"이 된 날로부터 6개월이 경과한 경우 계좌를 폐쇄할 수 있다. 폐쇄된 계좌의 투자자가 배당금(주식) 등의 출금(고)을 요청하는 경우 본인확인 절차를 거친 후 처리하여야 한다. 계좌가 폐쇄된 날부터 (   )이 경과한 때에는 해당 계좌의 계좌번호를 새로운 투자자에게 부여할 수 있다.

48 ⃞○⃞× 유사해외통화선물거래 대상은 원화를 포함한 이종통화로 한다.

49 금융투자회사는 유사해외통화선물거래 시 투자자로부터 거래단위당 미화 (   )달러 이상을 위탁증거금으로 예탁 받아야 하며, 투자자의 예탁자산평가액이 회사가 정한 (   )에 미달하는 경우 투자자의 미결제약정을 소멸시키는 거래를 할 수 있다. 이 경우 유지증거금은 위탁증거금의 100분의 (   ) 이상의 미화이어야 한다.

50 ⃞○⃞× 금융투자회사는 유사해외통화선물거래 시 2개 이상의 해외파생상품시장회원으로부터 호가를 제공받아 투자자에게 제시하여야 한다.

정답 **41** 해당 직원의 동의서를 첨부하여 ▶ 다만, 해당 직원이 투자자의 징계내역 열람에 동의하지 않는 경우에는 그러하지 아니하며, 이 경우 조회를 신청한 투자자에게 해당 직원이 징계내역 열람에 동의하지 않는다는 사실을 통보하여야 한다.
42 × ▶ 신상품 조건은 국내외에서 이미 공지되었거나 판매된 적이 없어야 한다.
43 ○
44 10만(원), 통합(계좌)
45 금융투자회사
46 금융투자회사
47 6개월
48 × ▶ 유사해외통화선물거래 대상은 원화를 제외한 이종통화로 하며, 거래단위는 기준통화의 100,000단위로 한다.
49 1만(불), 유지증거금, 50 ▶ 미국달러만 증거금으로 인정된다.
50 ○

51 금융투자회사는 해외파생상품시장거래총괄계좌가 개설되어 있는 해외파생상품시장회원의 분기별 재무현황을 매 분기 종료 후 (   )일 이내에 금융투자회사의 인터넷 홈페이지, 온라인 거래를 위한 컴퓨터 화면, 그 밖에 이와 유사한 전자통신매체 등에 공시하여야 한다. 또한, 매 분기 종료 후 (   )일 이내에 직전 4개 분기에 대한 유사해외통화선물거래의 손실계좌비율과 이익계좌비율을 협회에 제출하여야 하고, 협회는 동 비율을 협회 인터넷 홈페이지를 통하여 공시한다.

52 금융투자회사는 파생결합증권(주식워런트증권은 제외) 및 파생결합사채의 만기를 (   ) 이상으로 하여야 하며, 조기상환조건이 있는 경우에는 최초조기상환 기간을 (   ) 이상으로 설정하여야 한다. 다만, 즉시지급조건의 달성에 의해 발행일로부터 상환금이 지급되는 날까지의 기간이 (   ) 미만이 될 수 있는 파생결합증권 및 파생결합사채의 발행은 가능하나, 해당 파생결합증권 및 파생결합사채의 경우에도 조기상환조건이 있을 시 최초조기상환 기간을 (   ) 이상으로 설정하여야 한다.

53 ○× 금융투자회사는 파생결합증권 및 파생결합사채의 발행대금을 헤지자산의 운용에 사용하여야 하며, 헤지자산을 고유재산과 구분하여 관리하여야 한다.

54 ○× 집합투자회사는 집합투자기구의 명칭을 사용함에 있어 판매회사의 명칭을 사용할 수 있다.

55 ○× 판매회사는 판매회사 변경의 절차를 이행하는 대가로 투자자로부터 별도의 비용을 징구할 수 있다.

56 ○× 판매회사 변경효력이 발생하는 날이 집합투자규약에서 정하는 환매수수료 부과 기간 이내라 하더라도 판매회사는 투자자로부터 환매수수료를 징구할 수 없다.

57 ○× 투자자문회사 또는 투자일임회사는 수수료 산정에 관한 사항으로서, 일반적인 수수료 체계를 기재하여야 하며, 해당 투자자문계약 또는 투자일임계약에 적용되는 수수료 산정방법, 수수료 지급시기 및 방법 등을 구체적으로 기재하고 투자일임계약의 중도해지 시 수수료 산출방식 및 환급 또는 징수절차를 기재하여야 한다.

58 증권투자권유자문인력(Certified Securities Investment Advisor)이란 투자자를 상대로 증권(집합투자증권 및 "파생상품등"에 속하는 파생결합증권은 제외한다)에 대하여 투자권유 또는 투자자문 업무를 수행하거나 단기금융집합투자기구의 집합투자증권(Money Market Fund)을 자동으로 매수하는 (   )에 대하여 투자권유 업무를 수행하는 자를 말한다.

59 ○× "주관회사"란 증권을 인수함에 있어서 인수회사를 대표하여 발행회사와 인수조건 등을 결정하고 인수 및 청약업무를 통할하는 금융투자회사를 말하며, "대표주관회사"란 발행회사로부터 증권의 인수를 의뢰받은 자로서 주관회사를 대표하는 금융투자회사를 말한다.

정답
51 45(일), 15(일)
52 3개월, 3개월, 3개월, 3개월
53 ○
54 × ▶ 펀드명칭에 판매회사의 명칭을 사용할 수 없다(∴ 빈출지문). 이 외에도 집합투자기구의 명칭에 집합투자기구의 종류를 표시하는 문자(증권·부동산·특별자산·혼합자산 및 단기금융을 말한다)를 사용할 것, 사모집합투자기구의 경우 집합투자기구명칭에 "사모"를 포함할 것, 운용전문인력의 이름을 사용하지 아니할 것 등이 있다.
55 × ▶ (변경수수료 금지) 판매회사는 판매회사 변경의 절차를 이행하는 대가로 투자자로부터 별도의 비용을 징구할 수 없다.
56 ○ ▶ 또한, 판매회사를 변경한 펀드의 경우 환매수수료 면제를 위한 기산일은 해당 펀드의 최초 가입일로부터 계산한다.
57 ○
58 CMA(Cash Management Account)
59 ○

60 (   )이란 주식 또는 무보증사채를 공모함에 있어 공모가격(무보증사채의 경우 공모금리를 말한다)을 결정하기 위하여 대표주관회사가 공모예정기업의 공모희망가격(무보증사채의 경우 공모희망금리를 말한다)을 제시하고, 매입희망 가격, 금리 및 물량 등의 수요상황을 파악하는 것을 말한다.

61 (   )이란 기업공개 시 대표주관회사가 당초 공모하기로 한 주식의 수량을 초과하여 청약자에게 배정하는 것을 조건으로 그 초과배정 수량에 해당하는 신주를 발행회사로부터 미리 정한 가격으로 매수할 수 있는 권리를 말한다.

62 금융투자회사는 기업공개 또는 장외법인공모를 위한 주식의 인수를 의뢰받은 때에는 대표주관계약을 체결하고, 주식인수 의뢰서 사본, 대표주관계약서 사본 및 발행회사의 사업자등록증 사본을 계약체결일부터 (   )영업일 이내에 (   )에 신고하여야 한다.

63 ⃞O⃞X⃞ 기업공개를 위한 주식의 공모가격산정 방법은 협회가 구체적인 가격평가모형을 제시하여 정한다.

64 ⃞O⃞X⃞ 발행회사의 우리사주조합원 및 인수회사(인수회사가 일반청약자의 수요예측등 참여 희망물량을 취합하여 자신의 명의로 수요예측등에 참여하는 경우는 제외한다)를 참여시킬 수 없다.

65 투자일임회사 등의 수요예측 참여조건으로서, 투자일임회사(또는 부동산 신탁회사를 제외한 신탁회사)는 투자일임계약 (또는 신탁계약)을 체결한 투자자가 기관투자자이어야 하며 투자일임계약을 체결한 투자자가 투자일임계약 체결일로부 터 3개월이 경과하고, 수요예측 등 참여일 전 3개월간의 일평균 투자일임재산(또는 신탁재산)의 평가액이 (   )원 이상이어야 한다.

66 기업공개를 위한 대표주관회사는 공모주식을 유가증권시장 상장을 위한 기업공개의 경우 우리사주 조합원에게 공모주식 의 (   )%를 배정하고, 일반청약자에게 공모주식의 (   )% 이상을 배정하여야 한다.

67 대표주관회사가 발행회사와 초과배정옵션에 대한 계약권을 체결하는 경우 초과배정수량은 공모주식 수량의 (   )% 이내에서, 초과배정옵션의 행사일은 매매개시일부터 (   )일 이내에서 대표주관회사와 발행회사가 정하며, 초과 배정옵션의 행사에 따른 신주의 발행가격은 공모가격으로 하여야 한다.

68 금융투자업자는 금융투자업의 영위와 관련하여 약관을 제정 또는 변경하는 경우에는 약관의 제정 또는 (변경 전 7일 / 변경 후 7일) 이내에 협회에 보고하여야 한다. 다만, 투자자의 권리나 의무에 중대한 영향을 미칠 우려가 있는 경우에는 약관의 제정 또는 변경 시행예정일 (   )영업일까지 미리 협회에 신고하여야 한다.

정답 **60** 수요예측

61 초과배정옵션

62 5(영업일), 한국금융투자협회

63 ✕ ▶ 협회는 가격평가모형을 제시하지 않는다. 공모가격은 인수회사와 발행회사가 협의하여 단일가격으로 정하는 방법과 기관투자자를 대상으로 수요예측을 실시하고 그 결과를 감안하여 인수회사와 발행회사가 협의하여 정하는 방법으로 정한다.

64 O ▶ 개인투자자는 수요예측에 (간접참여이므로) 직접적으로는 참여할 수 없다(∴ 기출지문).

65 5억(원)

66 20(%), 25(%)

67 15(%), 30(일)

68 변경 후 7일, 10(영업일) ▶ 금융투자업자는 금융투자업의 영위와 관련하여 약관을 제정 또는 변경하는 경우에는 약관의 제정 또는 변경 후 7일 이내에 금융위원회 및 협회에 보고하여야 한다. 다만, 투자자의 권리나 의무에 중대한 영향을 미칠 우려가 있는 경우로서 대통령령으로 정하는 경우에는 약관의 제정 또는 변경 전에 미리 금융위원회에 신고하여야 한다.

제**3**장 회사법(6문항 대비)

01 (자본확정의 원칙 / 자본불변의 원칙 / 자본충실의 원칙)에 의거, 회사의 자본액은 주총 특별결의와 채권자보호절차 등 엄격한 법정절차를 거치지 않고는 변경(감소)할 수 없다.

02 ⊙× 주식회사 주주의 책임은 그가 가진 주식의 인수가액을 한도로 한다. 다만 정관이나 주주총회의 결의로 그 이상 가중할 수 있다.

03 ⊙× 발행된 액면주식을 무액면주식으로 전환하거나 무액면주식을 액면주식으로 전환할 수 없다.

04 ⊙× 우리나라 상법상 상환주식의 상환은 배당 가능한 이익으로만 할 수 있고 이 상환주식을 소각할 경우 그만큼 주식이 없어지므로 회사의 자본금이 감소한다.

05 주주의 권리인 신주발행유지청구권은 (단독주주권 / 소수주주권)에 속하고, 이사가 법령 또는 정관에 위반한 행위를 하여 이로 인하여 회사에 회복할 수 없는 손해가 생길 염려가 있는 경우에 이사에 대하여 그 행위를 유지할 것을 청구할 수 있는 위법행위유지청구권은 (단독주주권 / 소수주주권)에 속한다.

06 주주명부의 폐쇄란 일정한 시기에 주주 또는 질권자로서 권리를 행사할 자를 확정하기 위해 일정기간 동안 주주명부의 기재변경을 정지시키는 것으로 주주명부 폐쇄기간은 (   )을 초과할 수 없다.

07 ⊙× 주주명부 폐쇄기간 중 전환사채의 전환권 행사는 인정되나 의결권 행사는 할 수 없다.

08 주주명의 (   )이란 주주명부를 폐쇄에 갈음하여 일정한 날을 정하고 그 날에 주주명부에 기재되어 있는 주주 또는 질권자를 권리 행사자로 확정할 수 있다.

09 ⊙× 예탁결제원에 예탁된 주권의 주식에 관한 실질주주명부에의 기재는 주주명부에의 기재와 같은 효력을 가진다.

정답 **01** 자본불변의 원칙
02 × ▸ 주주는 유한책임이므로 정관이나 주주총회의 결의로도 그 이상 가중할 수 없다.
03 × ▸ 회사는 정관으로 정하는 바에 따라 발행된 액면주식을 무액면주식으로 전환하거나 무액면주식을 액면주식으로 전환할 수 있다.
04 × ▸ 상환은 이익소각이므로 회사의 자본에는 영향을 주지 않는다.
05 단독주주권, 소수주주권 ▸ 단독주주권에는 의결권, 설립무효판결청구권, 총회결의취소판결청구권, 감자무효판결청구권, 신주발행유지청구권, 정관, 재무제표 등의 열람권 등이다. 이사가 법령 또는 정관에 위반한 행위를 하여 이로 인하여 회사에 회복할 수 없는 손해가 생길 염려가 있는 경우에는 감사 또는 발행주식의 총수의 100분의 1 이상에 해당하는 주식을 가진 주주는 회사를 위하여 이사에 대하여 그 행위를 유지할 것을 청구할 수 있다.
06 3개월
07 ○
08 기준일
09 ○ ▸ 실질주주명부는 예탁결제원이 통지한 증권회사별로 고객명부를 기초로 하여 상장법인이 작성한다. 실질주주명부제도는 상장법인에만 두고 있는 제도이다.

10 ○× 권리주의 양도는 회사에 대해서는 그 효력이 없다.

11 ○× [자사주의 법적지위] 자사주는 의결권이 인정되지 않으며, 공익권과 자익권도 없다.

12 (회사의 분할 / 주식의 분할)이란 회사의 자본이나 재산의 증가 없이 하나의 주식을 두 개 이상의 주식으로 나누는 것을 말하며, 분할을 위해서는 (이사회 / 주주총회)의 (보통결의 / 특별결의)를 거쳐야 하고 최저 액면가는 (   )원이다.

13 회사는 주식의 포괄적 (교환 / 이전)에 의하여 다른 회사의 발행주식의 총수를 소유하는 회사("완전모회사")가 될 수 있으며, 이 경우 그 다른 회사를 "완전자회사"라고 한다.

14 회사는 주식의 포괄적 (교환 / 이전)에 의하여 완전모회사를 설립하고 완전자회사가 될 수 있다.

15 회사의 발행주식총수의 (   )% 이상을 자기계산으로 보유하고 있는 지배주주는 회사의 다른 주주(소수주주)에게 주식의 매도를 청구할 수 있다. 이때 지배주주의 매도청구를 받은 소수주주는 매도청구를 받은 날로부터 2개월 이내에 보유주식을 지배주주에게 매도해야 하며 매매가액은 상호 협의한다.

16 ○× 지배주주가 있는 회사의 소수주주는 언제든지 지배주주에게 그 보유주식의 매수를 청구할 수 있으며, 매수청구를 받은 지배주주는 매수를 청구한 날을 기준으로 2개월 내에 매수를 청구한 주주로부터 그 주식을 매수하여야 하고 그 매매가액은 매수를 청구한 주주와 매수청구를 받은 지배주주 간의 협의로 결정한다.

17 ○× 주식매수선택권은 양도와 상속이 금지된다.

18 ○× 무액면주식을 소각하면 주식 수뿐만 아니라 자본금도 감소하게 된다.

정답 **10** ○ ▶ 회사성립 전 즉 주식성립 이전의 주식인수인 권리를 권리주라고 하며, 권리주의 양도는 효력이 없다(→ 회사설립 시의 투기행위 조장을 방지하는 차원). 이와 관련하여 '주권발행 전의 양도'란 회사성립 후 또는 신주발행의 효력 후라도 주권이 발행되기 전에 하는 양도를 말하는데, 이는 절차적인 문제(주권발행 전이므로 대항효력이 없음)로 효력이 없다. 다만, 회사가 발행의무를 해태할 수도 있으므로 회사성립 후 6개월 후에는 주권발행 전의 양도라도 효력이 인정된다.

11 ○

12 주식의 분할, 주주총회, 특별결의, 100(원)

13 교환 ▶ 완전자회사가 되는 회사의 주주가 가지는 그 회사의 주식은 주식을 교환하는 날에 주식교환에 의하여 완전모회사가 되는 회사에 이전하고, 그 완전자회사가 되는 회사의 주주는 그 완전모회사가 되는 회사가 주식교환을 위하여 발행하는 신주의 배정을 받거나 그 회사 자기주식의 이전을 받음으로써 그 회사의 주주가 된다.

14 이전 ▶ 주식이전에 의하여 완전자회사가 되는 회사의 주주가 소유하는 그 회사의 주식은 주식이전에 의하여 설립하는 완전모회사에 이전하고, 그 완전자회사가 되는 회사의 주주는 그 완전모회사가 주식이전을 위하여 발행하는 주식의 배정을 받음으로써 그 완전모회사의 주주가 된다(모회사가 되는 회사가 기존회사이면 '포괄적 교환', 신설회사이면 '포괄적 이전'이라고 한다).

15 95(%) ▶ 지배주주의 매도청구권이다. 회사의 발행주식총수의 95% 이상을 보유하고 있는 주주("지배주주"라 한다)는 회사의 경영상 목적을 달성하기 위하여 필요한 경우에는 회사의 다른 주주("소수주주")에게 그 보유하는 주식의 매도를 청구할 수 있다. 지배주주가 매도청구를 할 때에는 미리 주주총회의 승인을 받아야 한다.

16 ○ ▶ 소수주주의 매수청구권이다.

17 × ▶ 양도는 불가하나 상속은 가능하다(권리자의 상속인이 권리행사한다).

18 × ▶ 액면주식과는 달리 무액면주식을 소각할 경우 자본금의 감소가 없으므로 자본감소절차가 적용되지 않는다.

---

19 ⃞○⃞× 주주총회의 특별결의사항의 예로 주식의 포괄적 교환, 정관 변경, 이사·감사 해임 그리고 유한회사로의 조직변경을 들 수 있다.

20 [주주총회의 권한] 주주총회는 법률과 정관에 규정된 사항만을 결의할 수 있다. 결의사항은 보통결의, 특별결의, (   )결의 사항이 있으며, 이러한 주총의 권한은 다른 기관이나 제3자에게 위임할 수 (있다 / 없다).

21 주주제안권이란 의결권 없는 주식을 (포함한 / 제외한) 발행주식총수의 100분의 (   ) 이상에 해당하는 주식을 가진 주주는 이사에게 주주총회일의 6주 전에 서면 또는 전자문서로 일정한 사항을 주주총회의 목적사항으로 할 것을 제안하는 것을 말한다.

22 주주가 2 이상의 의결권을 가지고 있는 때에는 이를 통일하지 아니하고 행사할 수 (있다 /없다).

23 상법상 주식회사의 이사는 (   )인 이상이어야 하나 자본금 10억원 미만의 회사에는 1인 이사가 인정된다.

24 ⃞○⃞× 주식회사의 이사는 자연인이어야 하며, 법인은 원칙적으로 이사가 될 수 없다. 다만 자본시장법상 투자회사(펀드 등)는 법인이사를 둘 수 있으며, 이사는 주총의 보통결의로 선임되고 특별결의로 해임할 수 있다.

25 이사는 이사회의 승인이 없으면 자기 또는 제삼자의 계산으로 회사의 영업부류에 속한 거래를 하거나 동종영업을 목적으로 하는 다른 회사의 (   )이나 이사가 되지 못한다.

26 이사의 회사에 대한 책임은 주주 (과반수 / 전원)의 동의로 면제할 수 있다.

27 회사는 집행임원을 둘 수 있다. 이 경우 집행임원을 둔 회사는 (이사 / 대표이사)를 두지 못한다.

28 상법은 업무집행에 대한 감독권을 이사회에 맡기는 동시에, 감사에게도 (   )감독권과 함께 업무감독권을 부여하였다.

정답 **19** × ▸ 예시 중 유한회사로의 조직변경은 총주주의 동의를 요하는 특수결의사항이다.
20 특수(결의), 없다.
21 제외한, 3
22 있다 ▸ 불통일행사 시 주주총회일의 3일 전 회사에 대하여 서면 또는 전자문서로 그 뜻과 이유를 통지하여야 한다. 주주가 주식의 신탁을 인수하였거나 기타 타인을 위하여 주식을 가지고 있는 경우 외에는 회사는 주주의 의결권의 불통일행사를 거부할 수 있다.
23 3(인) ▸ 이사는 3인 이상이어야 하고, 이사임기는 3년을 초과하지 못하며(3-3원칙), 연임은 가능하다. 예외적으로 자본금이 10억원 미만인 회사는 1인 이사도 가능하되 이사회는 없다.
24 ○
25 무한책임사원
26 전원(의 동의)
27 대표이사 ▸ 집행임원은 회사의 업무를 집행하고, 정관이나 이사회의 결의에 의하여 위임받은 업무집행에 관한 의사결정을 한다. 집행임원을 둔 회사는 대표이사를 두지 못하는 대신 대표집행임원을 두어 대표이사의 역할을 하게 할 수 있다.
28 회 계

29 ○✕ 자산총액 1천억원 이상인 상장회사는 주주총회 결의에 의하여 회사에 상근하면서 감사업무를 수행하는 감사(상근감사)를 1명 이상 두어야 한다. 다만, 감사위원회를 설치한 경우에는 그러하지 아니하다. 또한 자산총액 2조원 이상의 대형상장법인과 금융투자회사는 감사위원회의 설치가 강제되므로 감사위원회를 두는 경우 감사는 둘 수 없다.

30 ○✕ 감사는 언제든지 이사에 대하여 영업에 관한 보고를 요구하거나 회사의 업무와 재산상태를 조사할 수 있다. 또한, 모회사의 감사는 그 직무를 수행하기 위하여 필요한 때에는 자회사에 대하여 영업의 보고를 요구할 수 있으므로 자회사가 지체 없이 보고를 하지 아니할 때 또는 그 보고의 내용을 확인할 필요가 있는 때에는 자회사의 업무와 재산상태를 조사할 수 있다.

31 (자본확정의 원칙 / 자본충실의 원칙 / 자본불변의 원칙)에 의거하여 상법상 변태설립에 대한 엄격한 조사와 감독을 정관의 상대적 기재사항으로 하고 있다.

32 (자본확정의 원칙 / 자본충실의 원칙 / 자본불변의 원칙)에 의거하여 회사설립 시 발행하는 주식의 총수를 절대적 기재사항 중 하나로 규정하고 있다.

33 유가증권인 주권은 어음이나 수표와는 달리 그 요식성에 대한 엄격성이 (완화 / 강화)되어 있다.

34 회사는 이익의 배당, 잔여재산의 분배, 주주총회에서의 의결권 행사, 상환 및 전환 등에 관하여 내용이 다른 (　　　　) 주식을 발행할 수 있다.

35 ○✕ 기명주식을 입질(주주명부에 질권을 설정)했을 경우 질권설정자(주주)는 의결권을 행사할 수 없다.

36 ○✕ 비밀준비금은 법정준비금이다.

37 ○✕ 상법상 회사는 주주총회의 결의에 의하여 이익의 배당을 새로이 발행하는 주식으로써 할 수 있다. 그러나 주식에 의한 배당은 이익배당총액의 2분의 1에 상당하는 금액을 초과하지 못한다.

정답 **29** ○ ▶ 자산규모 2조원 이상 상장회사는 감사위원회를 설치하여야 한다.

30 ○ ▶ 모회사의 감사는 자회사가 지체 없이 보고를 하지 아니할 때 또는 그 보고의 내용을 확인할 필요가 있는 때에는 자회사의 업무와 재산상태를 조사할 수 있으며, 자회사는 정당한 이유가 없는 한 보고 또는 조사를 거부하지 못한다.

31 자본충실의 원칙

32 자본확정의 원칙 ▶ 발기인이 회사의 설립 시에 발행하는 주식의 총수를 인수한 때에는 지체 없이 각 주식에 대하여 그 인수가액의 전액을 납입하여야 한다(자본확정의 원칙).

33 완화 ▶ 우리나라 어음법과 수표법은 그 법적 요식성이 매우 엄격하다.

34 종류 ▶ 회사는 이익의 배당, 잔여재산의 분배, 주주총회에서의 의결권 행사, 상환 및 전환 등에 관하여 내용이 다른 종류의 주식("종류주식"이라 한다)을 발행할 수 있다.

35 ✕ ▶ 질권설정은 채권적 권리에만 해당하므로 공익권은 주주가 행사 가능하다.

36 ✕ ▶ 대차대조표에 계상되지 않은 감추어진 적립금 또는 이익잉여금으로서 기업의 순 재산의 과소 표시나, 과대한 감가상각에 의한 자산의 과소 표시 따위로 생긴다.

37 ○ ▶ 상법상 주식배당은 이익배당총액의 2분의 1을 초과할 수 없다. 다만, 상장법인은 이익배당총액 전액까지 가능하다. 다만 상장법인도 주가가 액면가 미달 시에는 상법상 한도가 적용된다.

38 ☐○☐× 발행주식총수의 100분의 3 이상에 해당하는 주식을 가진 주주는 이유를 붙인 서면으로 회계의 장부와 서류의 열람 또는 등사를 청구할 수 있는 회계장부열람권을 가진다.

39 ☐○☐× 회사 결손보전을 이익준비금과 자본준비금으로 충당할 경우 그 보전순위가 있다.

40 ☐○☐× 상법상 회사의 채권은 사채전액의 납입이 완료된 후가 아니면 이를 발행하지 못하므로 매출발행이 불가하다.

41 ☐○☐× 전환사채의 경우 전환청구기간 중에는 언제든지 전환을 청구할 수 있으나, 주주명부 폐쇄기간에는 전환이 불가하다.

42 담보부사채란 담보부사채신탁법에 의하여 발행되는 (수익증권 / 채무증권)으로서 사채상환의 질권, 저당권 등의 물상담보가 제공된 사채를 말한다.

43 (전환사채 / 신주인수권부사채)는 회사에 청구한 때에 그 효력이 발생하며, (전환사채 / 신주인수권부사채)는 발행금액 전액을 납입한 때에 그 효력이 발생한다.

44 ☐○☐× 합병으로 소멸하는 회사는 청산절차를 거치지 않는다.

45 ☐○☐× 합병으로 인한 존속회사 또는 신설회사는 소멸회사의 권리의무를 포괄적으로 승계한다.

46 ☐○☐× 분할합병은 분할된 부분이 기존회사에 흡수되는 '흡수분할합병'과, 기존회사와 분할된 부분이 합병하여 새로운 회사가 설립되는 '신설분할합병'으로 나눌 수 있다.

정답 **38** ○ ▸회계장부 열람의 남용방지를 위한 회계장부열람권은 소수주주권이다. 이와 다르게 주주의 재무제표열람권의 경우, 이사는 정기총회일의 1주간 전부터 재무제표와 영업보고서, 감사보고서를 본점에 5년간, 그 등본을 지점에 3년간 비치하여야 한다.

39 × ▸회사의 결손을 이익준비금과 자본준비금으로 충당할 때 그 충당순위는 없다. 또한 회사는 이사회의 결의에 의하여 준비금의 전부 또는 일부를 자본금에 전입할 수 있다.

40 ○ ▸사채권은 전액납입이든 분할납입이든 납입이 완료된 후에만 발행할 수 있으므로 매출발행은 불가하다(그러나 특수은행의 특수채(산업금융채권 등)는 매출발행도 가능함).

41 × ▸주주명부 폐쇄기간에도 전환이 가능하나 단, 그 기간에는 의결권 행사가 불가하다.

42 채무증권

43 전환사채, 신주인수권부사채

44 ○

45 ○ ▸합병 후 존속한 회사 또는 합병으로 인하여 설립된 회사는 합병으로 인하여 소멸된 회사의 권리의무를 승계한다.

46 ○ ▸회사는 분할에 의하여 1개 또는 수개의 존립 중의 회사와 합병(분할합병)할 수 있다(흡수분할합병). 또한 회사는 분할에 의하여 1개 또는 수개의 회사를 설립함과 동시에 분할합병할 수 있다(신설분할합병).

제4장 증권세제(5문항 대비)

01 세율의 구조에 따라 비례세와 (   )로 구분된다.

02 교육세는 (국세 / 지방세)이며 (간접세 / 목적세)이다.

03 (   )은 어느 시점에서 어느 시점까지의 계속된 시간을 뜻하며, (   )은 법률행위의 효력발생·소멸·채무의 이행 등을 위하여 정한 일정시점을 뜻한다.

04 정부가 납세의무자에게 송달하는 방법 중 (우편송달 / 전자송달)은 서류의 송달을 받아야 할 자가 신청하는 경우에 한하여 행한다.

05 증여세는 증여에 의하여 재산을 취득하는 때에 납세의무가 (성립 / 확정)된다.

06 납세의무의 확정이란 과세요건의 충족으로 성립한 추상적 납세의무를 납세의무자 또는 세무관청이 일정한 행위나 절차를 거쳐 구체적 납세의무(현실적 금전채무)로 확정하는 절차로 신고확정, 부과확정, (   )이 있다.

07 (신고확정 / 부과확정 / 자동확정)은 인지세, 원천징수하는 소득세 및 법인세, 납세조합이 징수하는 소득세, 중간예납하는 법인세에 대해 납세의무가 (   )하는 때에 특별한 절차 없이 확정된다.

08 ○× 납부·충당(국세환급금을 납부할 국세 등과 상계시키는 것)되거나 부과가 취소된 때, 국세부과의 제척기간이 만료된 때, 국세징수권의 소멸시효가 완성한 때에는 납부의무가 소멸한다.

09 국세부과의 (   )기간은 국가가 납세의무자에게 국세를 부과할 수 있는 법정기간으로 그 기간이 만료하면 국세부과권의 소멸로 인하여 납세의무도 소멸한다.

10 국세징수권의 소멸시효는 권리자가 권리를 행사할 수 있음에도 일정기간 권리를 행사하지 않는 경우 그 권리가 소멸하는 것으로, 국세징수권은 국가가 권리를 행사할 수 있는 때로부터 5년간(5억원 이상 국세채권은 10년) 행사하지 아니하면 소멸시효가 완성하고 이로 인하여 납세의무도 소멸한다. 다만, 납세고지·독촉 또는 납부최고·교부청구·압류의 경우는 이미 경과한 시효기간의 효력이 (중단 / 정지)된다.

정답
01 누진세
02 국세, 목적세
03 기한, 기간
04 전자송달
05 성립
06 자동확정
07 자동확정, 성립
08 ○
09 제척(기간)
10 중단 ▶ 소멸시효의 중단과 정지는 다르다.

---

11 ○× 납세자가 부정행위로 상속·증여세(50억원 초과 시)를 포탈한 경우로서 상속인이 명의이전 없이 취득하는 경우 부과제척기간은 15년이지만 일정한 요건의 경우에는 세무당국이 안 날로부터 1년 내에 과세할 수 있다.

12 ○× 사업양수인은 2차 납세의무자로서 양도양수한 사업과 관련하여 양도일 이전에 확정된 국세 등은 사업양수인이 제2차 납세의무를 진다.

13 ○× 소득세는 자연인인 개인을 납세의무자로 한다. 다만, 법인격 없는 단체 중 국세기본법 규정에 의하여 법인으로 보는 단체가 아닌 단체(예 동창회, 종중 등)는 세법상 개인으로 보아 소득세의 납세의무자가 된다.

14 현행 소득세법은 거주자의 소득을 당해 연도에 발생하는 이자소득, 배당소득, 사업소득, 근로소득, (   ) 및 기타소득을 합산하는 (   )소득과 퇴직으로 인하여 발생하는 퇴직소득과 자산의 양도로 인하여 발생하는 양도소득으로 각각 구분한다. 이는 종합소득은 매년 종합소득과세 방식으로 과세하고, 퇴직소득과 양도소득은 발생 시에 (분리 / 분류 / 종합)과세 방식으로 과세하기 위함이다.

15 소득의 유형이 종합소득에 속하는 소득이나 법정률(원천징수세율)만을 원천징수함으로써 종합소득세의 납세의무가 종료되어 종합소득과세표준에 합산하지 아니하는 제도를 (분리과세 / 분류과세 / 종합과세)라 한다. 거주자의 이자소득, 배당소득, 기타소득, 연금소득 중 특정소득 또는 일정 기준액 이하의 소득이 이에 해당한다.

16 비거주자는 국내사업장이나 부동산소득이 있는지 여부에 따라 과세방법이 달라진다. 즉, 국내사업장이나 부동산임대소득 등이 있는 비거주자는 국내원천소득(퇴직소득, 양도소득 제외)을 (분리과세 / 종합과세)한다.

17 소득세는 납세자가 정부에 신고함으로써 과세표준과 세액이 확정된다. 따라서 소득 내용에 따른 증빙서류와 기장된 장부에 의하여 소득금액과 세액을 계산하여 다음 연도 (   )월 1일부터 31일까지 주소지 관할세무서에 신고 및 납부하여야 한다.

18 ○× 퇴직소득만 있는 거주자도 종합소득세 신고대상이다.

19 상속세는 자연인의 사망을 원인으로 무상이전되는 재산을 과세대상으로 하여 그 재산의 (상속인 / 피상속인)에게 과세하는 조세이다.

정답 **11** ○ ▶ 상속세·증여세의 부과제척기간은 10년간이지만 납세자가 부정행위로 상속세·증여세를 포탈하거나 환급·공제받은 경우, 신고서를 제출하지 아니한 경우와 거짓 신고 또는 누락 신고를 한 경우에는 부과할 수 있는 날부터 15년간으로 한다. 또한 일정한 요건의 경우에는 일반적인 제척기간이 지났더라도 그 사유가 발생했거나 그 사실을 안 날로부터 기산하여 1년 내에는 과세할 수 있다.

12 ○
13 ○
14 연금소득, 종합(소득), 분류(과세)
15 분리과세
16 종합과세 ▶ 그러나 국내사업장이나 부동산임대소득 등이 없는 비거주자는 국내원천소득을 분리과세한다.
17 5(월)
18 × ▶ 퇴직소득과 양도소득은 분류과세로서 종합소득세 신고대상이 아니다.
19 상속인 ▶ 피상속인의 유산총액을 기준하여 과세하는 유산세 방식과 상속인 각 인이 취득하는 상속재산을 기준하여 과세하는 유산취득세 방식이 있는데, 우리나라는 유산세 방식을 원칙으로 한다.

20 상속세의 경우 피상속인의 유산총액을 기준하여 과세하는 유산세 방식과 상속인 각 인이 취득하는 상속재산을 기준하여 과세하는 유산취득세 방식이 있는데, 우리나라는 (유산세 방식 / 유산취득세 방식)을 원칙으로 한다.

21 상속세의 과세대상인 상속재산은 상속재산·유증재산·사인증여재산·특별연고자분여재산을 뜻하나, 상속세법은 의제 상속재산인 보험금·신탁재산 그리고 (　　　　　) 등을 상속재산에 포함하고 있다.

22 ○× 상속세 과세가액에서 공제할 수 있는 법정공제액에는 공과금, 장례비용(500만원을 기초로 하고, 1,000만원을 한 도로 함)과 봉안시설 등에 소요된 500만원 이내의 금액을 합한 금액, 그리고 채무이다.

23 상속인이 상속세 신고기한 이내에 국가·지방자치단체 또는 공공단체에 증여한 재산은 (비과세 / 과세가액불산입)이며, 피상속인이나 상속인이 상속세 신고기한 이내에 공익법인 등에 출연한 재산의 가액은 (비과세 / 과세가액불산입) 대상이다.

24 증여세는 증여에 의하여 수증되는 재산을 과세대상으로 (증여자 / 수증자)에게 과세하는 조세로 상속세가 피상속인의 유산 즉, 사후이전 재산에 과세함에 반하여 증여세는 생전이전 재산에 과세하는 차이를 갖는다.

25 상속세의 신고 납부기한은 상속개시일에 속하는 달의 말일로부터 국내 거주 시에는 (　　　　) 이내, 국외 거주 시에는 9개월이며, 증여세의 신고 납부기한은 증여개시일에 속하는 달의 말일로부터 (　　　　) 이내이다.

26 ○× 상속세와 증여세는 물납이 허용된다.

27 상속세 또는 증여세액이 1천만원~2천만원 범위일 때 (　　　　)원 초과액은 (납부기일 / 납부기한 경과일)로부터 (　　　　) 이내에 분납이 가능하다. 다만, 연부연납허가를 받은 경우에는 분납할 수 없다.

28 상속세 또는 증여세액이 2천만원을 초과하는 경우에는 납부금액의 (　　　　)% 이하 금액을 (납부기일 / 납부기한 경과 일)로부터 2개월 이내에 분납이 가능하다. 다만, 연부연납허가를 받은 경우에는 분납할 수 없다.

29 상속 또는 증여세액이 2천만원을 초과하는 경우에는 (　　　　)의 허가를 얻어 연부연납할 수 있다.

30 환매조건부채권의 매매차익과 저축성보험의 보험차익은 (이자소득세 / 배당소득세)로 과세한다.

정답　**20**　유산세 방식
　　　21　퇴직금
　　　22　○
　　　23　비과세, 과세가액불산입
　　　24　수증자
　　　25　6개월, 3개월
　　　26　×　▸증여세의 경우 2016년부터 물납이 허용되지 않는다.
　　　27　1천만(원), 납부기한 경과일, 2개월
　　　28　50(%), 납부기한 경과일
　　　29　세무서
　　　30　이자소득세

31 ○× 직장공제회란 동일 직장이나 직종에 종사하는 근로자들의 생활안정, 복리증진 또는 상호부조 등을 목적으로 구성된 공제회·공제조합 및 이와 유사한 단체를 말하고, '직장공제회 초과반환금'은 근로자가 퇴직하거나 탈퇴하여 그 규약에 따라 직장공제회로부터 받는 반환금으로 이자소득세 대상이다.

32 이자소득은 금전의 사용에 따른 대가를 뜻하며, 배당소득은 지분투자에 대한 이익의 분배금을 말한다. 이자소득 및 배당소득은 금융상품의 보유이익 성격으로서 통상적으로 (   )소득이라고 칭한다. 현행 소득세법은 거주자별로 연간 금융소득의 합계액이 (   )원 이하인 경우에는 원천징수로써 납세의무를 종결하며, 이를 초과하는 경우에는 그 초과분은 다른 소득과 합산하여 누진세율로 과세한다.

33 (   )배당이란 형식상으로는 배당이 아니라도 사실상 회사의 이익이 주주 등에게 귀속되는 경우에 이를 배당으로 간주하는 경우이며, (   )배당이란 법인세법에 의하여 (손금불산입 등으로 인하여) 배당으로 처분된 금액을 말한다.

34 ○× 소득세법상 집합투자기구의 범위는 (1) 자본시장법에 의한 집합투자기구일 것, (2) 당해 집합투자기구의 설정일부터 매년마다 1회 이상 결산·분배할 것, (3) 금전으로 위탁받아 금전으로 환급할 것의 요건을 충족하여야 한다.

35 집합투자기구로부터의 이익의 배당소득 수입시기는 그 이익을 지급받은 날 또는 (   )에 전입된 날이다.

36 배당가산(Gross-up)적용을 위한 배당가산액 = 배당소득 × (   )%이다.

37 배당의 형식으로 지급된 것은 아니지만 법인세법에 의하여 배당으로 처분된 금액은 (인정배당 / 의제배당)으로써 배당소득으로 과세된다.

38 거주자 A는 비상장영리내국법인으로부터 현금배당을 2백만원, 지인에게 대여한 금액의 이자인 비영업대금이익 50만원을 받을 경우 소득세 원천징수액의 합계는 (   )이다(단, 지방소득세는 고려하지 않음).

39 ○× 금융투자업자 및 예탁결제원은 매월 분의 증권거래세 과세표준과 세액을 다음달 10일까지 신고·납부하여야 한다.

40 개인투자자인 거주자A가 예탁결제원과 금융투자회사를 거치지 않고 거주자B에게 주식을 양도하였다(3월 20일). 이 경우 (A / B)가 (   )까지 신고납부를 해야 한다.

정답 **31** ○ ▶ 직장공제회 초과반환금의 설명이다.
32 금융(소득), 2천만(원)
33 의제(배당), 인정(배당)
34 ○
35 원 본
36 10% ▶ 이중과세(법인세)를 부담한 개인주주는 그 배당금에 다시 소득세를 부담하면 불합리하므로 이를 조정하는 것이 배당가산(Gross-up)과 배당세액공제이다. 최근 법 개정으로 10%로 변경되었다.
37 인정배당
38 $2,000,000 \times 14\% + 500,000 \times 25\% = 405,000$원
39 ○
40 A, 8월 31일 ▶ 양도인A가 양도일이 속하는 반기말로부터 2개월 이내에 신고납부한다.

What is your passcode?

최신 기본서 및 기출분석 반영

PASSCODE

증권투자권유자문인력 실제유형 모의고사

제2회

제2회
증권투자권유자문인력
실제유형 모의고사

문항 및 시험시간

평가영역	문항 수	시험시간	비 고
증권투자권유자문인력	100문항	120분	

제2회 실제유형 모의고사

증권분석 및 증권시장(35문항)

★★
01 다음 중 경기순환과정에 대한 설명으로 적절하지 않은 것은?

① 경기순환은 반복적이고 지속적이며, 비주기적이고 비대칭적이며, 경제의 장기적 성장추세를 중심으로 상승과 하강을 반복하는 현상을 말한다.

② 전통적인 방법은 경기순환을 회복(Recovery), 호황(Boom), 후퇴(Recession), 불황(Depression)의 네 국면으로 나누는데, 현실적으로 호황(Boom)과 후퇴(Recession)의 이분법을 더 많이 사용한다.

③ 경기의 정점 또는 저점이 발생한 구체적인 시점을 기준순환일(Reference Date)이라 한다.

④ 경기정점과 다음 정점 혹은 경기저점과 다음 저점까지의 기간을 순환주기(Cycle)라 하고, 정점과 저점 간의 차이를 순환진폭이라고 한다.

★★★
02 다음 중 우리나라 금리에 대한 설명으로 적절하지 않은 것은?

① 중앙은행이 공개시장조작 등으로 통화공급을 확대하여 장기금리를 낮추면 단기금리와 은행금리가 함께 하락하여 기업투자와 가계소비가 늘어날 수 있다.

② 국고채 유통수익률은 장기금융시장의 자금상황을 반영한다.

③ 양도성예금증서(CD)는 단기금융시장의 자금상황을 반영한다.

④ 한국은행은 7일물 RP매각에 적용되는 RP금리를 기준금리로 선택하고 이를 운용목표로 삼고 있다.

★★★
03 다음 중 경기변동이론에 대한 설명으로 적절하지 않은 것은?

① 케인즈학파들은 경기순환의 원인으로 기업가의 동물적 감각이 독립투자와 내구소비재에 대한 지출을 변동시킴으로써 경기변동이 발생한다고 보았다.

② 통화주의자들은 통화정책이 내부시차가 긴 경향이 있기 때문에 통화정책을 재량적으로 사용하는 것을 반대하였다.

③ 새고전학파인 루카스(Lucas)는 소비함수, 투자함수의 계수를 임의적으로 설정해서는 안 된다고 주장하여 케인즈의 소비함수와 투자함수 모형을 비판하였는데 이를 루카스 비판(Lucas Critique)이라고 한다.

④ 새케인즈학파는 새고전학파의 방법론은 받아들이되, 케인즈학파의 임금 · 가격의 경직성과 승수효과의 아이디어를 계승하였다.

★
04 다음 중 경기종합지수(CI)에 대한 설명으로 적절하지 않은 것은?

① DI가 각 개별 시계열의 변화방향만을 감안하여 작성하는 데 비하여 CI는 각 지표의 전월대비 변화율을 통계적으로 종합·가공하여 산출한다.

② 예를 들어, 선행지표 7개 중 2개가 큰 폭으로 (+)이고, 나머지 5개가 (−)이어서 전체적으로 (+)로 나타날 경우에는 외형상 경기상승이지만 실질적으로는 경기하강일 수 있다.

③ CI는 경기변동의 방향, 국면 및 전환점은 물론 변동속도까지 동시에 분석할 수 있으며 경기조정정책 수립에 필요한 기초자료로 제공된다.

④ CI는 기준순환일에 대한 시차(Time Lag) 정도에 따라 선행·동행·후행종합지수의 3개군으로 구분되며 이 중 취업자수와 CP유통수익률은 선행지표에 해당된다.

★
05 다음 중 통화지표별 포괄범위로 잘못 연결된 것은?

① 요구불예금, MMDA = M1
② CD, RP, CMA, 금융채 = M2
③ 만기 2년 이상 금융채 및 예적금, 표지어음, 기업어음 = Lf
④ Lf + 정부 및 기업 등이 발행한 유동성 상품 = L

★★
06 다음 중 기업경기실사지수(BSI)에 대한 설명으로 적절하지 않은 것은?

① 경기에 대한 기업가들의 판단, 예측 및 계획 등이 단기적인 경기변동에 중요한 영향을 미친다는 경험적인 사실에 바탕을 두고 설문지를 통해 조사하여 지수화한 것이다.

② 전체응답자 100명, 긍정적 응답자 70명, 부정적 응답자 30명일 경우 BSI 지수는 140이다.

③ BSI 지수가 100을 초과하면 경기확장국면을 의미한다.

④ BSI 지수가 전월 40에서 금월 90으로 상승하였다면 경기가 하강국면에 있지만 그 에너지가 좋아져서 조만간 경기가 상승 전환할 것으로 예상된다.

07 다음 중 재무비율의 산식으로 적절하지 않은 것은?

① 이자보상비율 $= \dfrac{\text{당기순이익}}{\text{이자비용}} \times 100$

② 유동비율 $= \dfrac{\text{유동자산}}{\text{유동부채}} \times 100$

③ 부채비율 $= \dfrac{\text{타인자본}}{\text{자기자본}} \times 100$

④ 재고자산회전율 $= \dfrac{\text{매출액}}{\text{재고자산}} \times 100$

08 다음 중 PER의 설명으로 적절하지 않은 것은?

① PER 계산식에서 분자의 주가자료로 회계연도 마지막 날의 종가를 사용하거나 이익발표 직전 일정기간의 주가평균을 사용하는 방법이 있는데, 후자의 방법이 분모인 주당순이익의 정보내용을 좀 더 적절히 반영시킨다고 할 수 있다.
② 주가수익비율이 높다면 주당순이익은 평균수준인데 주가가 높아서인 경우와, 주가는 평균수준인데 주당순이익이 너무 낮은 경우의 두 가지로 볼 수 있다.
③ PER은 기업 수익력의 성장성, 위험, 회계처리방법 등 질적인 측면이 총체적으로 반영된 지표이다.
④ 산업평균 PER을 계산할 때 부(-)의 PER은 사실상 주가손실비율이므로 시장의 기대로서 정보가치가 없어 제외시킨다.

09 A주식회사가 지난 해 500원의 배당을 하였다. 향후에도 이익의 30%를 배당으로 지급할 예정이다. 이 기업의 자기자본이익률이 10%이고 요구수익률이 13%라면 이 기업의 주식가치는? (근사값)

① 8,916원   ② 17,166원
③ 17,833원   ④ 18,833원

10 다음 중 주가현금흐름비율(PCR)에 대한 설명으로 적절하지 않은 것은?

① 주가를 1주당 현금흐름으로 나눈 것을 말한다.
② 현금흐름은 당기순이익에 현금지출을 수반하지 않는 감가상각비, 외환 및 유가증권 평가차손 등을 가산해야 한다.
③ PER이 높은 경우에 PCR이 낮으면 현재 주가는 고평가되어 있다고 볼 수 있다.
④ PER이 낮은 경우에 PCR이 높으면 현재 주가는 저평가되었다고 볼 수 없다.

11 A주식회사의 자기자본이익률(ROE)은 20%, EPS = 2,000원이며 PBR은 2이다. 이 A주식회사의 주가는 얼마인가?

① 20,000원　　　　　② 25,000원
③ 30,000원　　　　　④ 40,000원

12 다음 중 엘리어트 파동에 대한 설명으로 적절하지 않은 것은?

① 상승 5파동 중에서 3번 파동이 가장 길다.
② 일반적으로 거래량이 가장 많이 나타나는 것은 5번 파동이다.
③ 4번 파동의 저점은 1번 파동의 고점보다 낮을 수 없다.
④ b파동은 상승국면에서 가지고 있던 매수 포지션을 정리할 마지막 단계이다.

13 다음은 사케다 전법으로 주가의 움직임을 설명한 것이다. 다음 〈보기〉에 해당하는 것은?

― 〈보 기〉 ―

매수, 매도하는 과정에서 휴식을 강조한다. 휴식 행동지시는 상승 시와 하락 시에 각각 나타나는데 휴식기간에 무조건 쉬는 것이 아니고 매도 시점이나 매수 시점을 포착하기 위한 관망자세의 개념이다. 즉, 매매 시점 포착을 의식하면서 적극적인 휴식기간을 갖는 것이다.

① 삼 공　　　　　② 적삼병
③ 섬꼴반전　　　　④ 삼 법

14 다음 중 이동평균선과 관련이 적은 지표는?

① VR　　　　　② MACD
③ 엔빌로프　　　④ 볼린저 밴드

15 기술적 분석의 패턴분석 중 반전형에 속하는 것은?

① 깃대형　　　　② 다이아몬드형
③ V자 모형　　　④ 쐐기형

★★
16 다음 중 주권상장법인에 대한 자본시장법 특례에 관한 설명으로 적절하지 않은 것은?

① 주권상장법인은 유상증자 시 반드시 수요예측 과정을 거쳐야 한다.

② 비상장법인은 주식배당을 할 때 이익배당총액의 1/2을 초과하지 못하나, 상장법인은 이익배당총액에 상당하는 금액까지 할 수 있다.

③ 상장주식은 대주주 등을 제외하고 주식양도에 따른 양도소득세를 부과하지 않고 있기 때문에 상장을 위해 모집하거나 유가증권시장을 통해 양도하는 경우에는 양도소득세가 면제된다.

④ 비상장법인의 주주총회 소집통지는 주주총회일 2주 전에 각 주주에게 서면으로 하게 되어 있으나, 상장법인의 주주총회 소집통지는 의결권 있는 발행주식총수의 1% 이하를 소유하는 주주에 대해 정관이 정하는 바에 따라 주주총회일 2주 전에 2개 이상의 일간신문에 각각 2회 이상 공고하거나 금융감독원 또는 한국거래소가 운용하는 전자공시시스템을 통해 공고함으로써 이를 갈음할 수 있다.

★★★
17 다음 중 유상증자 공모 발행가격의 할인율 결정방식으로 옳은 것은?

① 제3자배정증자방식 : 기준주가의 90% 이상

② 일반공모방식 : 기준주가의 100%

③ 주주우선공모방식 : 기준주가의 80% 이상

④ 정부, 정책금융공사 등의 공모방식 : 기준주가의 70% 이상

★★
18 다음 중 추가상장(또는 신주상장)에 해당하지 않는 것은?

① 유상증자에 따른 발행 후 상장

② 전환사채의 전환권 행사에 따른 발행 후 상장

③ 주식배당에 따른 발행 후 상장

④ 액면분할로 새롭게 발행한 후 상장

★★
19 다음 중 유가증권시장의 신규상장심사요건에 대한 설명으로 적절하지 않은 것은?

① 상장예비심사청구일 현재 설립 후 3년이 경과하고 계속적인 영업을 하고 있어야 한다.
② 상장예비심사청구일 현재 자기자본은 300억원 이상이어야 한다.
③ 일반주주는 100명 이상이어야 한다.
④ 상장주식수는 100만주 이상이어야 한다.

★★★
20 다음은 서킷브레이커(CB)에 대한 설명이다. 괄호 안에 들어갈 말이 순서대로 올바르게 연결된 것은?

> 코스피(코스닥)지수가 직전 매매거래일의 최종수치보다 (2단계인) 15% 이상 하락하여 1분간 지속되는 경우 주식시장과 관련 파생상품시장은 (   )분간 매매거래가 정지된다. 매매거래정지 해제 시에는 (   )분 동안 (   )를 한다. 다만 1단계 매매거래중단(8% 이상 하락 시) 시점의 주가지수 수치보다 1% 이상 하락하지 아니하거나, 1% 이상 하락하였으나 (   )분간 지속되지 않은 경우는 제외한다.

① 10 - 10 - 접속매매 - 1
② 10 - 20 - 단일가매매 - 2
③ 20 - 10 - 접속매매 - 2
④ 20 - 10 - 단일가매매 - 1

★★
21 다음 중 매매거래의 종류가 아닌 것은?

① 당일결제거래
② 익일결제거래
③ 보통거래
④ 접속매매거래

★★
22 다음 중 시장가 주문에 대한 설명으로 옳지 않은 것은?

① 종목과 수량은 지정하되 가격은 지정하지 않는다.
② 시장가 매도주문은 하한가 매도지정호가에 우선한다.
③ 정리매매종목은 시장가 주문을 할 수 없다.
④ ELW는 가격제한폭이 없으므로 시장가 주문이 허용되지 않는다.

★★
23 다음 중 불성실공시에 대한 조치의 설명으로 적절하지 않은 것은?

① 과거 1년간 공시 관련 누계벌점이 15점 이상이 되는 경우 관리종목으로 지정된다.

② 관리종목으로 지정된 이후에도 불성실공시로 누계벌점이 15점 이상이 되면 상장적격성 실질심사 대상이 된다.

③ 거래소는 불성실공시 행위자에 대해서는 공시책임자 교체를 요구할 수 있다.

④ 불성실공시법인으로 지정되는 경우 지정일로부터 7일간 매매거래가 정지된다.

★★★
24 아래의 기존 호가 상황에서 투자자가 신규로 진입 시, 최유리지정가 매수주문 300주 호가입력 시의 체결상황으로 적절한 것은?

매도 주문수량	가격(원)	매수 주문수량
100	10,030	
200	10,020	
	10,010	
	10,000	200
	9,990	100

① 200주 체결 후 100주 주문 취소

② 10,000원에 300주 지정가 매수 대기

③ 200주 체결 후 지정가 10,020원에 100주 매수 대기

④ 체결 없이 300주 전량 주문 취소

★★
25 다음은 매매 관련 시장관리제도에 대한 내용이다. 변동성완화장치(VI)제도에 해당하는 것은?

① 단일가매매시간 중 허수성 호가에 의한 가격왜곡 문제를 방지하여 선의의 투자자 피해를 최소화하고 시장의 투명성 제고 및 균형가격 발견기능을 강화하기 위한 제도이다.

② 비정상적인 주가 급등락이 우려되는 경우 단일가매매방식으로 매매체결방법을 변경시켜 투자자에게 주가급변의 이유를 파악할 수 있는 냉각기간을 제공하여 투자자 불측의 손실을 예방하기 위한 제도이다.

③ 주식시장과 파생상품시장의 가격 차이를 이용하여 이익을 얻을 목적으로 코스피200 지수 구성종목의 매수와 동시에 코스피200선물·옵션을 매도하는 전략 또는 그 반대의 매매거래전략을 말한다.

④ 미확인된 정보 등의 시장확산으로 인한 불특정다수 투자자의 추종매매로 특정 종목의 주가가 단기간에 급등락을 반복하는 단기과열현상을 예방하기 위한 제도이다.

★★★
26 다음 중 신용거래가 금지되는 종목과 거리가 먼 것은?

① 관리종목

② 투자경고종목

③ 투자주의종목

④ 투자위험종목

★★★
27 잔존기간 3년, 액면가격 10,000원, 표면금리 8%인 연단위 후급 이자지급 이표채의 만기수익률이 10%일 때 채권가격은 9,502.63원이다(단, 이 채권의 수정듀레이션은 2.528, 볼록도는 8.94). 이 채권이 현재의 만기수익률에서 8%로 하락할 경우 아래 물음에 대해 적절한 것은? (근사값)

ⓐ 8%로 하락한 후 수정듀레이션에 의한 채권가격은?

ⓑ 볼록도에 의한 가격변동폭(원)은?

ⓒ 8%로 하락한 후 실제 채권가격은?

	ⓐ	ⓑ	ⓒ
①	9,983	17	10,000
②	9,983	19	10,002
③	10,000	− 21	9,979
④	10,000	− 23	9,977

★★
28 채권투자를 한 결과이다. 매입가격 10,000원, 매도가격 10,500원, 표면이자수입과 재투자수입 합계 2,000원이다. 이 때의 실효수익률과 연평균수익률은 각각 얼마인가? (투자기간 2년, 세전수익률로 계산하시오.)

	실효수익률	연평균수익률
①	11.8%	12.5%
②	12.5%	11.8%
③	11.8%	11.8%
④	12.5%	12.5%

★★★
29 다음 중 우리나라의 국채에 포함되지 않는 것은?

① 재정증권
② 외국환평형기금채권
③ 국민주택채권
④ 통화안정증권

★★★
30 다음은 채권거래에 대한 설명이다. 괄호 안에 들어갈 말이 순서대로 올바르게 연결된 것은?

> 채권투자를 위한 계좌개설 및 거래를 위한 기본절차는 기본적으로 주식과 같은 여타 유가증권거래의 경우와 크게 다르지 않다. 일반투자자는 계좌를 개설한 증권회사를 통해 거래를 HTS 등을 통해 수행한다.
> 거래소의 일반채권시장을 이용하여 매매할 경우 (   ) 결제가 이루어진다. 또한 장외거래의 경우도 일반법인이나 개인투자자가 (   )원 미만의 소액거래를 할 경우에도 (   ) 결제를 할 수 있다.

① 당일 – 30억 – 당일
② 익일 – 30억 – 익일
③ 당일 – 50억 – 당일
④ 익일 – 50억 – 익일

★★★
31 다음 중 채권수익률곡선(Yield Curve)에 대한 설명으로 적절하지 않은 것은?

① 채권수익률곡선은 신용위험이 동일한 채권이 잔존만기에 따라 이자율이 다르게 나타나는 것을 표시한 곡선이다.
② 채권수익률이 채권마다 다르게 나타나는 이유는 채권마다 위험구조와 기간구조가 다르기 때문인데 채권수익률곡선은 기간구조가 다르기 때문에 나타난다.
③ 채권수익률의 신용스프레드는 경기호황기에 더욱 확대된다.
④ 수익률곡선은 채권의 가격정보를 효율적으로 제공해 주기 때문에 채권시장의 현황을 파악할 수 있다는 장점이 있다.

★★★
32 액면 10,000원의 전환사채(전환주수는 2주)를 CB유통시장에서 11,000원에 매입하였다. 이때 주가가 5,300원이면 CB유통시장 매입가격의 괴리율은 얼마인가? (근사값)

① 3.50%   ② 3.78%

③ 4.00%   ④ 4.20%

★★
33 다음 〈보기〉에서 채권운용전략으로 옳은 것만을 모두 고른 것은?

─────────── 〈보 기〉 ───────────
ⓐ 나비형 투자전략을 수행하려면 바벨 포트폴리오를 구성해야 한다.
ⓑ 수익률곡선타기전략은 수익률 곡선이 우하향할 때 그 효과가 극대화된다.
ⓒ 면역전략은 투자시한과 듀레이션을 일치시켜 운용수익률을 목표시점까지 고정시키는 전략이다.
ⓓ 현금흐름일치전략은 향후 예상되는 현금유출액 이상이 되도록 현금유입액을 발생시켜 부채상환위험을 최소화시키는 전략으로 적극적 투자전략에 속한다.

① ⓑ, ⓒ, ⓓ   ② ⓒ, ⓓ

③ ⓐ, ⓒ   ④ ⓐ, ⓑ, ⓒ, ⓓ

★
34 다음 중 코넥스시장의 특징에 대한 설명으로 적절하지 않은 것은?

① 경매매 제도가 있으며, 호가는 지정가호가와 시장가호가 두 가지만 있다.
② 조회공시 요구에 대해 요구시점이 오전인 경우 익일 오전까지 답변해야 한다.
③ 지정자문인제도가 있으며, 정규거래시간에서 일일가격제한폭은 15%이다.
④ 공시내용 중 일부사항을 일정 범위 내에서 변경하여 공시하는 경우는 불성실공시 지정사유가 아니다.

★★
35 다음 중 K-OTC시장의 매매거래제도에 대한 설명으로 적절하지 않은 것은?

① 신용거래제도가 없으므로 매수주문 시 매수대금의 전액(100%)을 위탁증거금으로 납부해야 한다.
② K-OTC 매매체결방식은 상대매매방식으로 매도호가와 매수호가의 가격이 일치하는 경우에 일치하는 수량 범위 내에서 자동으로 매매가 체결된다.
③ K-OTC시장은 장외매매이므로 주식을 매도하는 경우 매도자가 직접 관할 세무서에 증권거래세를 신고 납부하여야 한다.
④ 시초가나 종가결정 시 단일가매매제도와 시간외매매제도는 도입되어 있지 않다.

금융상품 및 직무윤리(30문항)

★★★
36 다음 중 양도성예금증서(CD)에 대한 설명으로 적절하지 않은 것은?

① 실세금리 연동형 확정금리를 지급한다.

② 일정 주기로 이자가 지급된다.

③ 예치기간은 30일 이상인 경우 제한이 없으나 만기 이후에는 별도의 이자가 없다.

④ 예치한도에 제한이 없으나 중도해지가 불가능하다.

★★★
37 다음 중 모자형 집합투자기구의 요건에 대한 설명으로 옳은 것은 모두 몇 개인가?

> ⓐ 하위 투자기구가 상위 투자기구의 집합투자증권 외의 다른 집합투자증권을 취득할 수 없다.
> ⓑ 하위 투자기구 외의 자가 상위 집합투자기구의 집합투자증권을 취득할 수 없다.
> ⓒ 자산운용사는 실제 증권에 대한 투자를 상위 집합투자기구에서 실행한다.
> ⓓ 하나의 집합투자기구의 자산을 분리하여 둘 이상의 모집합투자기구로의 이전은 불가하나 원본액이 50억 미만인 경우에는 둘 이상의 모집합투자기구로의 이전이 가능하다.

① 1개   ② 2개

③ 3개   ④ 4개

★★
38 다음 중 연금저축에 대한 설명으로 적절하지 않은 것은?

① 연금수령 요건은 가입 후 5년을 경과하여야 하며, 만 55세 이후이다.

② 장기금융상품이다.

③ 미성년자도 가입이 가능하다.

④ 연금수령 시 소득공제분과 적립기간 중 발생한 소득에 대해 세금이 면제된다.

★★
39 다음 〈보기〉에서 설명하는 수익구조는 ELS 중 어떤 유형인가?

> ───── 〈보 기〉 ─────
> 채권 + 외가격 풋옵션 매도의 형태이다. 풋옵션 매도를 통해 기대수익률을 올릴 수 있으나 주가가 일정수준 이하로 하락 시 큰 폭의 손실이 발생할 수 있는 유형이기도 하다.

① 낙아웃(Knock-out)형   ② 디지털(Digital)형

③ 불스프레드(Bull Spread)형   ④ 리버스컨버터블(Reverse Convertible)형

★★★
40 어떤 금융상품에 대한 설명이다. 빈칸에 (순서대로) 알맞은 것은?

> 금융상품 (　　　　　)는 증권사 등이 투자자에게 가장 적합한 증권 포트폴리오에 관한 상담결과에 따라 자산을 운용(또는
> 자산운용회사를 소개)해주고 이에 부수되는 주문집행, 결제 등의 업무를 일괄 처리해 주며, (　　　　　)에 근거한 일정비
> 율의 수수료를 받는 '자산종합 관리계좌'를 말한다.

① CMA, 거래금액
② CMA, 잔고평가금액
③ 랩 어카운트, 거래금액
④ 랩 어카운트, 잔고평가금액

★
41 다음 내용에 해당하는 카드는?

성 격	발급대상	주요시장	가맹점 이용	연회비	이용한도
여신상품	자격기준 해당자	중·고액 거래 업종	가맹점 공동 이용	있 음	회사 자체 기준에 의거 신용도에 따라 차등

① 신용카드　　　　　　　　　　　② 직불카드
③ 선불카드　　　　　　　　　　　④ 체크카드

★★★
42 다음은 최적자산배분에 대한 설명이다. 괄호 안에 들어갈 말이 순서대로 올바르게 연결된 것은?

> 적극적 투자관리방법을 (A) 자산배분전략이라고 하며, 증시가 비효율적인 것을 전제로 하여 과소 또는 과대평가된
> 증권에 투자하여 일정 위험 수준에 상응하는 투자수익 이상의 초과수익을 추구하는 (B)적인 투자관리를 말한다. 반면
> 에 소극적 투자관리의 방법을 (C) 자산배분전략이라고 하며, 증시가 효율적인 것을 전제로 하여 시장평균수준의 투자
> 수익을 얻거나 투자위험을 최소화하려는 (D) 투자관리방법이다.

	A	B	C	D
①	전략적	중장기	전술적	단기
②	전략적	단기	전술적	중장기
③	전술적	단기	전략적	중장기
④	전술적	중장기	전략적	단기

★★
43　아래 펀드의 2기간 동안의 산술평균수익률과 기하평균수익률은 각각 얼마인가? (근사값)

시점 (기간 말)	펀드자금 증감(원)	1주당 시장가격(원)	주당 배당금(원)	총배당금(원)	펀드 내 주식 수
0	+ 50,000	50,000	0	0	1
1	+ 60,000	60,000	1,000	1,000	2
2	− 160,000	80,000	750	1,500	0

	산술평균수익률	기하평균수익률
①	22.00%	34.58%
②	34.58%	22.00%
③	22.00%	28.29%
④	28.29%	28.14%

★★
44　다음은 자산배분의 전략을 수정하는 내용이다. 다음 〈보기〉에 해당하는 것은?

───────── 〈보 기〉 ─────────

시장상황에 변화가 생긴 경우 자산 포트폴리오가 갖는 원래의 특성을 그대로 유지하고자 하는 것으로, 주로 자산집단의 상대가격 변동에 따른 투자비율 변화를 원래대로의 비율로 환원시키는 방법이다.

① 리밸런싱(Rebalancing)　　　　　　　② 업그레이딩(Up-grading)
③ 피드백(Feed Back)　　　　　　　　　④ 보강(Enforcement)

★★
45　기대수익률 측정 방법을 펀더멘털 분석법에 의할 경우 괄호 안에 들어갈 적절한 용어는?

주식의 기대수익률 = (　　　　　) + 주식시장 위험 프리미엄

① 무위험 이자율　　　　　　　　　　　② 배당수익률
③ 평균기대수익률　　　　　　　　　　　④ 10년 만기 국고채 수익률

★★
46　다음 중 벤치마크 조건에 대한 설명으로 적절하지 않은 것은?

① 벤치마크의 구체적인 내용은 운용 직후 즉시 설정되어야 한다.
② 벤치마크의 운용성과를 운용자가 추적하는 것이 가능해야 한다.
③ 적용되는 자산의 바람직한 운용상을 표현하고 있어야 한다.
④ 자산집단의 성과와 위험을 가장 잘 표현할 수 있는 다른 지수를 별도로 만들어 벤치마크로 사용할 수 있다.

***
47 다음 중 최적증권의 선택을 위한 과정에 대한 설명으로 적절하지 않은 것은?

① 지배원리(Dominance Principle)에 의해 효율적 투자선(Efficient Frontier)이 도출된다.

② 복수의 효율적 증권 중에서 최적증권을 선택한다.

③ 투자자의 위험성향에 따라 최적증권의 선택이 달라진다.

④ 최적증권은 효율적 투자선과 자산배분선(CAL)이 만나는 점에서 결정된다.

***
48 전략적 자산배분을 위한 채권투자 포트폴리오 구성과 거리가 먼 것은?

① 특수채

② 회사채

③ 정크본드(junk bond)

④ 콜론(call loan)

**
49 다음 중 방문판매에 대한 설명으로 적절하지 않은 것은?

① 투자성 상품의 계약체결을 권유하는 중 투자자가 요청하는 경우에는 대출성 상품의 안내를 할 수 있다.

② 전문금융소비자에게 장외파생상품의 사전안내를 할 수 없다.

③ 금융소비자가 스스로 방문판매를 요청하는 경우에는 개인정보 취득경로를 안내하지 않아도 된다.

④ 방문판매 요청 금융소비자가 사전안내 불가 상품에 대한 권유나 계약체결을 요청하는 경우에는 사전안내를 할 수 없고 방문판매도 진행할 수 없다.

**
50 다음 중 금융투자회사의 투자권유와 설명의무에 대한 설명으로 적절하지 않은 것은?

① 투자자의 투자경험과 금융투자상품에 대한 지식수준 등 투자자의 이해수준을 고려하여 설명의 정도를 달리할 수 있다.

② 장외파생상품에 대해서는 별도의 적합성 기준을 마련해야 하며, 임직원 등은 해당기준에 적합하지 않다고 인정되는 경우에는 투자권유를 할 수 없다.

③ 투자권유를 받은 투자자가 이를 거부할 경우 1개월 후에 다른 종류의 금융투자상품을 권유해야 한다.

④ 투자자가 서명, 전화·전신·모사전송, 전자우편 등의 방법으로 설명서의 수령을 거부하는 경우에는 설명서를 교부하지 아니해도 된다.

★★★
51 다음 중 투자권유 등에 대한 설명으로 적절한 것은?

① 투자권유는 계약의 체결까지 포함하는 개념이다.
② 주권상장법인이 장외파생상품 거래를 하는 경우 별도로 신청하지 않는 한 전문금융소비자이다.
③ 금융소비자가 투자권유 없이 스스로 특정상품에 대한 투자를 하는 경우 원금손실 가능성을 설명할 필요가 없다.
④ 금융소비자의 요청에 따라 객관적인 정보만을 제공하는 것은 투자권유가 아니다.

★★
52 조건부자본증권에 대한 설명의무 특칙에 해당하는 옳은 것을 고르면 모두 몇 개인가?

> 가) 일정한 사유가 발생하면 원리금이 전액 상각되거나 보통주로 전환되는 특약이 있다는 사실
> 나) 상각·전환의 사유 및 효과
> 다) (이자지급제한에 관한 특약이 있는 경우) 특정한 사유 발생 시 또는 발행인의 재량에 따라 이자가 지급되지 않을 수 있다는 사실
> 라) (만기가 장기이거나 발행인의 임의만기연장 특약이 있는 경우) 단기간 현금화가 불가능하거나 원금상환이 보장되지 않을 수 있다는 사실
> 마) (중도상환 조건이 있는 경우) 만기가 길어질 수 있다는 사실
> 바) 사채의 순위

① 5개   ② 4개
③ 3개   ④ 1개

★★★
53 고객의 반감처리화법과 관련하여 다음 〈보기〉의 내용에 해당하는 것은?

> ───── 〈보 기〉 ─────
> • 고객 : "저는 노후준비가 다 되어 있습니다."
> • 영업직원 : "물론 고객님 같은 분이야 노후준비를 철저히 하셨겠지요. 그런데 요즘처럼 변화가 극심할 때에 자금관리를 어떻게 하실 건가요? 그리고 고객님은 누구보다 바쁘신 분인데…."

① '맞습니다 맞고요' 화법(Yes, But)   ② 부메랑법
③ 보상법   ④ 질문법

★★
54 다음 중 직무윤리의 2대 기본원칙이 법제화된 두 가지는?

① 이해상충방지의무, 신임의무   ② 이해상충방지의무, 금융소비자보호의무
③ 금융소비자보호의무, 정보교류차단의무   ④ 신임의무, 설명의무

★★
55 다음 중 내부제보(고발)제도에 대한 설명으로 적절하지 않은 것은?

① 제보자의 악의적인 제보인 경우 신분 등의 비밀보장 등은 적용되지 않는다.

② 준법감시인은 내부제보 우수자를 선정하여 인사상의 혜택을 부여하도록 회사에 요구할 수 있으나 금전적 혜택은 부여하게 할 수 없다.

③ 제보자가 제보로 인하여 신분상의 불이익을 당한 경우 준법감시인에게 신분보장조치를 요구할 수 있다.

④ 제보의 대상은 법규 위반, 윤리기준 위반 및 성희롱 등이 포함된다.

★★★
56 다음은 금융소비자보호의무 이행을 위한 상품판매 이후 단계에서 실행되는 제도이다. 괄호 안에 들어갈 말이 순서대로 올바르게 연결된 것은?

> • 해피콜 서비스는 금융소비자와 판매계약을 맺은 날로부터 (   )영업일 이내에 판매직원이 아닌 제3자가 금융소비자와 통화하여 불완전판매가 없었는지에 대해 확인하는 제도이다.
> • 금융상품판매업자등은 금융소비자의 서면에 의한 위법계약해지 요구에 대하여 요구받은 날로부터 (   )일 이내에 수락여부를 통지하여야 한다.
> • 금융상품판매업자등은 매매가 체결된 후 지체 없이 매매의 유형, 종목·수량·가격 수수료 등 모든 비용, 그 밖의 거래내용을 통지하고, 매매가 체결된 날의 다음 달 (   )일까지 월간매매내역·손익내역, 월말 현재 잔액현황·미결제약정현황 등을 통지하여야 한다.

① 15, 7, 10   ② 15, 8, 20

③ 7, 10, 20   ④ 7, 15, 30

★★
57 금융투자회사 표준윤리준칙 제6조 '정보보호'에 대한 내용이다. 틀린 내용을 고른 것은?

> 가. 회사의 재무건전성이나 경영 등에 중대한 영향을 미칠 수 있는 정보 또는 고객의 신상정보나 거래내역 정보 등은 기록형태나 기록유무와 관계없이 비밀정보로 본다.
> 나. 임직원은 어떠한 경우라도 자신 또는 제3자를 위해 비밀정보를 이용해서는 아니 된다.
> 다. 특정한 정보가 비밀정보인지 불명확한 경우 그 정보를 이용하기 전에 준법감시인의 사전확인을 받아야 하며, 준법감시인의 사전확인을 받기 전까지 당해 정보는 표준내부통제기준이 정하는 바에 따라 비밀정보로 분류·관리되어야 한다.
> 라. 비밀정보의 제공은 그 필요성이 인정되는 경우에 한하여 제공하며, 제공한 경우 지체 없이 보고를 해야 한다.

① 가, 나   ② 다, 라

③ 가, 다   ④ 나, 라

58 다음 중 준법감시인이 권한을 위임할 수 있는 영업점별 영업관리자 자격요건에 대한 설명으로 적절하지 않은 것은?

① 영업점에 2년 이상 근무한 경력이 있거나 준법감시·감사업무를 1년 이상 수행한 경력이 있는 자로서 해당 영업점에 상근하고 있을 것

② 본인이 수행하는 업무가 과다하거나 수행하는 업무의 성격으로 인하여 준법감시 업무에 곤란을 받지 아니할 것

③ 영업점장이 아닌 책임자급일 것. 다만, 당해 영업점의 직원 수가 적어 영업점장을 제외한 책임자급이 없는 경우에는 그러하지 아니하다.

④ 1명의 영업점 관리자가 2개 이상의 영업점을 묶어서 관리할 경우 그 대상 영업점 중 1개의 영업점에 상근하고 있을 것

59 다음 중 금융투자회사의 내부통제체제 구축 및 운영에 관한 기준을 정하는 주체는?

① 이사회
② 대표이사
③ 감사 또는 감사위원회
④ 준법감시인

60 다음 중 개인정보주체의 권리를 모두 고른 것은?

> ㄱ. 개인정보처리에 관한 정보를 제공받을 권리
> ㄴ. 개인정보의 처리 정지 정정 및 파기를 요구할 권리
> ㄷ. 완전히 자동화된 개인정보처리에 따른 결정을 거부할 권리
> ㄹ. 법률의 특별한 규정에 대한 정보제공을 거부할 권리

① ㄱ, ㄴ, ㄷ
② ㄱ, ㄴ
③ ㄱ, ㄹ
④ ㄷ, ㄹ

61 다음 중 금융투자회사의 정보보호관리상 비밀정보의 관리에 대한 설명으로 적절하지 않은 것은?

① 비밀정보의 관리는 그 사안의 중대성으로 인하여 '금융투자회사의 표준윤리준칙'은 물론, 자본시장법에 근거한 '금융투자회사 표준내부통제기준'에도 규정하고 있다.

② 회사의 경영전략이나 신상품 및 비즈니스 등에 대한 정보는 인쇄된 경우에 한하여 비밀정보로 간주한다.

③ 정보차단벽(Chinese Wall)이 설치된 사업부서에서 발생한 정보는 비밀정보로 간주한다.

④ 특정한 정보가 비밀정보인지 불명확할 경우 준법감시인이 판단한다.

62 다음의 금융소비자보호법 위반에 대한 과태료 제재조치 중 가장 가벼운 것은?

① 일반금융소비자에게 투자대상의 설명서를 제공하지 않았다.
② 일반금융소비자의 투자요청상품이 투자자 성향에 적정하지 않다는 사실을 알리지 않았다.
③ 금융소비자에게 계약 관련 서류를 제공하지 않았다.
④ 회사가 금융상품 관련 업무자료를 기록·관리하지 않았다.

63 다음 중 금융투자협회의 분쟁조정제도에 대한 설명으로 적절하지 않은 것은?

① 신청인 본인이 직접 신청함이 원칙이나 원하는 경우 대리인도 신청이 가능하며 본회로 직접방문 또는 우편으로 신청이 가능하다.
② 조정신청일로부터 30일 내로 위원회에 회부해야 하며, 회부일로부터 30일 내로 조정안을 심의·의결해야 한다.
③ 당사자가 조정결정수락서에 기명 날인한 후 이를 조정결정의 통지를 받은 날로부터 30일 이내에 협회에 제출함으로써 성립하며 민법상 화해계약의 효력을 갖게 된다.
④ 조정결정을 받은 후라도 조정결과에 중대한 영향을 미치는 새로운 사실이 나타나는 경우에는 조정결정을 받은 날로부터 30일 내에 재조정을 신청할 수 있다.

64 다음 중 특정금융정보법에 대한 내용으로 적절하지 않은 것은?

① STR의 보고기준은 금액과 무관하다.
② CTR보고대상 기준금액 산정 시 수표거래는 제외한다.
③ CTR보고대상 기준금액 계산 시 지급·영수한 금액을 각각 별도 합산한다.
④ CTR과 STR 관련 자료 및 정보는 금융거래 등의 관계가 종료한 때부터 3년간 보존하여야 한다.

65 다음 중 고객확인제도(CDD/EDD)에 대한 설명으로 적절하지 않은 것은?

① 고객별 위험도 평가결과가 중위험인 경우에는 간소화된 고객확인(CDD) 대상이다.
② 카지노사업자, 환전상 그리고 대부업자인 경우 강화된 고객확인(EDD) 대상이다.
③ 외화 2만 US달러 이상의 일회성 금융거래 시 간소화된 고객확인(CDD) 대상이다.
④ 계좌거래에 의하지 아니한 100만원(또는 그에 상당하는 외화)의 가상자산 거래는 고객확인제도의 파악 대상이다.

법규 및 세제(35문항)

★★★
66 다음 중 금융위원회의 소관업무가 아닌 것은?

① 판매제한 명령   ② 세무조사

③ 과태료 부과   ④ 과징금 부과

★★
67 다음 중 금융투자업자의 공통영업행위규칙에 대한 설명으로 적절하지 않은 것은?

① 투자매매업자 또는 투자중개업자는 투자자예탁금(투자자로부터 금융투자상품의 매매, 그 밖의 거래와 관련하여 예탁받은 금전)을 고유재산과 구분하여 증권금융회사에 예치(預置) 또는 신탁하여야 한다.

② 금융투자업자는 다른 금융업무를 겸영하고자 하는 때에는 그 업무를 영위하기 2주 전에 이를 금융위원회에 사전 신고하여야 한다.

③ 준법감시인 및 위험관리책임자의 업무 등 내부통제업무는 위탁이 금지된다.

④ 금융투자업자는 제3자에게 업무를 위탁하는 경우 위탁계약을 체결하여야 하며, 실제 업무수행일의 7일 전까지 이를 금융위원회에 보고하여야 한다.

★★
68 다음 중 금융투자업에 대한 자산건전성 분류에 관한 설명으로 적절하지 않은 것은?

① 대손충당금 적립액이 '정상' 분류자산은 0.5%, '요주의' 분류자산은 2%, '고정' 분류자산은 20%, '회수의문' 분류자산은 75%, '추정손실' 분류자산은 100%의 합계액에 미달되는 경우에는 그 미달액을 대손준비금으로 적립해야 한다.

② 정상자산에 속하는 대출채권 중 한국채택국제회계기준(K-IFRS)에 따라 당기손익인식금융자산이나 매도가능금융자산으로 지정하여 공정가치로 평가한 금융자산에 대하여는 대손충당금을 쌓지 않아도 된다.

③ 금융투자업자는 회수의문과 추정손실로 분류된 채권에 대해서는 조기에 상각을 해야 한다.

④ 매 분기 말 현재 '요주의' 이하로 분류된 채권에 대해 적정한 회수예상가액을 산정해야 한다.

★★
69 투자자예탁금의 별도예치제도에 대한 설명이다. 틀린 항목을 모두 고르시오.

> 가. '투자매매업자 또는 투자중개업자(예탁을 하는 예치 금융투자업자)'가 '증권금융회사 또는 신탁업자(예탁을 받는 예치기관)'에게 투자자예탁금을 예치 또는 신탁하는 경우에는, 그 투자자예탁금이 예치 금융투자업자의 고유재산임을 명시해야 한다.
> 나. 겸영금융투자업자는 증권금융회사에 예치하지 않고 신탁업자에게 신탁할 수 있는데, 겸영금융투자업자로서 은행과 보험회사 등이 자신이 신탁업자로서 투자자예탁금을 보관하는 것은 금지된다.
> 다. 예치 금융투자업자가 다른 회사에 흡수합병 되거나 금융투자업의 전부 또는 일부를 양도하는 경우에는, 예치기관에 예치한 투자자예탁금을 인출하여 투자자에게 우선 지급해야 한다.

① 가, 나, 다   ② 나, 다

③ 가, 다   ④ 가, 나

70 다음 중 증권의 발행시장 공시에 대한 설명으로 적절하지 않은 것은?

① 모집과 매출에 대한 청약권유대상자가 50인 이상이면 공모발행이 되어 증권신고서 제출의무가 부과된다.

② 청약권유자 50인 산출 시 청약권유를 하는 날 이전 6개월 이내에 해당 증권과 같은 종류의 증권에 대해 모집이나 매출에 의하지 않고 청약권유를 받은 자를 합산한다.

③ 청약의 권유를 받는 자의 수가 50인 미만으로서 모집에 해당되지 않아도 해당 증권이 발행일로부터 6개월 이내에 50인 이상에게 양도될 가능성이 있는 경우라면 전매 가능성이 인정되어 모집으로 간주된다.

④ 공모총액이 10억원 미만인 소액공모 시 증권신고서 제출의무가 없지만 소액공모공시 서류는 제출해야 한다.

71 다음 중 공개매수에 대한 설명으로 적절하지 않은 것은?

① 공개매수 대상은 의결권 유무와 무관하므로 의결권이 없는 주식도 포함한다.

② 공개매수기간은 20일 이상 60일 이내이다.

③ 공개매수 해당여부 판단 시 본인과 특수관계인과 공동보유자 지분을 합산한다.

④ 공개매수자는 공개매수공고일 이후에는 공개매수를 철회할 수 없다. 다만, 대항공개매수가 있는 경우와 공개매수자가 사망·해산·파산한 경우에는 공개매수기간의 말일까지 철회할 수 있다.

72 다음 중 증권분석기관이 될 수 없는 기관은?

① 인수업무, 모집·사모·매출의 주선업무를 수행하는 자

② 일반사무관리회사

③ 신용평가업자

④ 채권평가회사

73 다음 중 주식의 대량보유상황(5% 보고제도) 보고제도에 대한 설명으로 적절하지 않은 것은?

① 새로 5% 이상을 보유하게 된 경우에는 신규보고하여야 한다.

② 5% 이상 보유자의 지분율이 1% 이상 변동(±1%)하는 경우에는 변동보고하여야 한다.

③ 보유목적을 경영참가목적에서 단순투자목적으로 변경하는 경우에는 변경보고하여야 한다.

④ 5% 보고 시 보유목적이 단순투자목적인 경우, 보고일로부터 5일까지 그 발행인의 주식 등을 추가로 취득하거나 보유주식 등에 대하여 의결권을 행사할 수 없다.

★
74 다음 중 시장질서교란행위에 대한 설명으로 적절하지 않은 것은?

① 정보이용교란행위와 시세관여교란행위로 나누어진다.

② 정보이용교란행위는 2차 이상의 다차 정보수령자도 그 대상이 되므로 종전의 내부자거래 규제보다 그 규제범위가 넓어졌다.

③ 시세관여교란행위는 매매유인이나 부당이득을 얻을 목적인 허수성주문도 그 대상이 되므로 종전의 시세조종행위 규제보다 그 규제범위가 넓어졌다.

④ 시장질서교란행위 규제에서는 징역형이 없고, 과징금 부과는 5억원을 한도로 하는 것이 원칙이나, 위반으로 얻은 차익의 1.5배가 5억원을 초과하는 경우에는 해당 금액까지 부과할 수 있다.

★
75 자본시장법상 미공개중요정보의 이용행위 금지 규제대상에 해당하지 않는 자는?

① 그 법인의 임직원으로서 직무와 관련하여 미공개중요정보를 알게 된 자

② 그 법인의 주주로서 그 권리를 행사하는 과정에서 미공개중요정보를 알게 된 자

③ 그 법인과 계약체결을 하고 있는 자로서 계약체결 과정에서 미공개중요정보를 알게 된 자

④ 그 법인 내부로부터 미공개중요정보를 받은 정보수령자

★★
76 증권신고서의 효력발생 등에 대한 설명으로 옳지 않은 것은?

① 사소한 문구 수정 등의 경미한 사항은 당초의 효력발생일에 영향을 미치지 아니한다.

② 효력이 발생한 증권의 발행인은 발행실적 보고서를 금융위에 제출하여야 한다.

③ 증권신고를 철회하고자 하는 경우 해당 증권의 취득 또는 매수의 청약일 전일까지 철회신고서를 금융위에 제출할 수 있다.

④ 일괄신고서의 정정신고서는 수리된 날로부터 7일을 경과한 날에 효력이 발생한다.

★★★
77 금융소비자의 위법계약해지권과 관련하여 빈칸을 옳게 연결한 것은?

금융소비자는 금융소비자보호법 시행령 제38조 제2항에 따라 금융상품의 계약체결일로부터 (   ) 이내이고 위법계약 사실을 안 날로부터 (   ) 이내인 경우에는 해당 위법계약에 대한 해지를 요구할 수 있다. 이 경우 금융상품판매업자는 해지를 요구받은 날로부터 (   ) 이내에 금융소비자에게 수락여부를 통지하여야 한다.

① 3년, 6개월, 7일   ② 3년, 1년, 10일

③ 5년, 6개월, 7일   ④ 5년, 1년, 10일

★
78 다음 중 금융소비자보호의무와 관련된 설명으로 적절하지 않은 것은?

① 윤리적 의무인 동시에 법적 의무이다.
② 신의성실의 원칙에 바탕을 두고 있다.
③ 회사의 평판위험(Reputation Risk) 관리와도 관련이 있다.
④ 전문금융소비자에 대해서는 적용되지 않는다.

★★
79 금융소비자보호법상 신용카드 · 시설대여 · 연불판매가 속하는 유형은?

① 대출성 상품　　　　　② 예금성 상품
③ 투자성 상품　　　　　④ 보장성 상품

★★★
80 금융소비자의 자료열람요구권에 대한 설명으로 옳은 것의 개수는 몇 개인가?

> 가. 금융소비자는 분쟁조정 또는 소송의 수행 등 권리구제를 위한 목적으로 금융상품판매업자 등이 기록 및 유지 · 관리하는 자료의 열람(사본의 제공 또는 청취를 포함)을 요구할 수 있다.
> 나. 금융상품판매업자 등은 열람을 요구받았을 때에는 해당 자료의 유형에 따라 요구받은 날부터 8일 이내에 금융소비자가 해당 자료를 열람할 수 있도록 하여야 한다. 이 경우 해당 기간 내에 열람할 수 없는 정당한 사유가 있을 때에는 금융소비자에게 그 사유를 알리고 열람을 연기할 수 있으며, 그 사유가 소멸하면 지체 없이 열람하게 하여야 한다.
> 다. 금융상품판매업자 등은 다른 사람의 생명 · 신체를 해칠 우려가 있거나 다른 사람의 재산과 그 밖의 이익을 부당하게 침해할 우려가 있는 경우 등에는 금융소비자에게 그 사유를 알리고 열람을 제한하거나 거절할 수 있다.
> 라. 금융상품판매업자 등은 금융소비자가 열람을 요구하는 경우 수수료와 우송료를 청구할 수 있다.

① 0개　　　　　② 1개
③ 2개　　　　　④ 3개

★★
81 금융소비자보호법상 투자성 상품에 대한 광고의 주체가 될 수 없는 자는?

① 해당 증권의 매출인
② 금융상품판매대리 · 중개업자
③ 협 회
④ 금융지주회사

★★

82 다음 중 금융상품판매업자등의 부당권유행위 금지에 대한 내용으로 적절하지 않은 것은?

① 보호받을 수 있는 대상은 전문금융소비자와 일반금융소비자이다.

② 투자성 상품의 경우 일반금융소비자로부터 계약의 체결을 요청받지 아니하고 방문(전화권유) 판매 시 장내파생상품을 사전 안내할 수 있다.

③ 주식 위탁매매를 권유하면서 일반금융소비자에게 먼저 신용거래융자 이용을 권유할 수 없다.

④ A주식 투자권유를 금융소비자가 거부한 경우 1개월 후에 다시 A주식을 재권유할 수 있다.

★★

83 다음 중 금융소비자보호법에서 정하고 있는 내용과 상이한 것은?

① 청약철회에 대한 특약으로 일반금융소비자에게 불리한 것은 무효로 한다.

② 위법계약의 해지 효력은 소급하므로 금융상품판매업자등은 금융소비자로부터 위법계약해지를 요구받은 날부터 10일 이내에 금융소비자에게 수락여부를 통지하여야 하며, 거절할 때에는 거절사유를 함께 통지하여야 한다.

③ 금융소비자의 자료열람 요구에도 다른 사람의 생명·신체를 해칠 우려가 있거나 다른 사람의 재산과 그 밖의 이익을 부당하게 침해할 우려가 있는 경우에는 제한할 수 있다.

④ 금융회사는 일반금융소비자가 신청한 소액분쟁(권리나 이익의 가액이 2천만원 이내)에 대하여 조정안을 제시받기 전에는 소를 제기할 수 없다.

★

84 금융소비자보호법상 '금융상품 판매업자등'에 해당하지 않는 자는?

① 금융상품직접판매업자

② 금융상품판매대리·중개업자

③ 금융상품일임업자

④ 금융상품자문업자

★

85 다음 중 「금융기관 검사 및 제재에 관한 규정」에 대한 설명으로 적절하지 않은 것은?

① 감독원장은 제재에 관한 사항을 심의하기 위하여 감독원장 자문기구로서 제재심의위원회를 설치·운영한다. 다만, 감독원장은 필요하다고 인정하는 때에는 심의회의 심의를 생략할 수 있다.

② 검사목적 달성이 어려워질 우려가 있는 경우로서 감독원장이 정하는 경우에는 사전통지 없이 현장검사를 할 수 있다.

③ 감독원장은 증거서류의 오류·누락, 법원의 무죄판결 등으로 그 제재가 위법 또는 부당함을 발견하였을 때에는 직권으로 재심하여 조치를 취할 수 있다.

④ 금융기관 또는 그 임직원은 이의신청 처리결과에 대하여는 다시 이의신청할 수 있다.

★★
86 다음 중 집합투자기구의 명칭으로 사용될 수 없는 것은?

① 집합투자업자의 명칭
② 판매회사의 명칭
③ 자본시장법상의 집합투자기구의 종류
④ 수수료 적용방식

★★
87 다음 중 조사분석자료에 대한 설명으로 적절한 것은?

① 금융투자분석사는 자신이 보유한 금융투자상품가액의 합계가 3백만원 이하인 경우 재산적 이해관계 고지대상에서 제외할 수 있지만 주식선물은 보유가액 크기에 관계없이 고지하여야 한다.
② 금융투자분석사는 소속 금융투자회사에서 조사분석자료를 공표한 금융투자상품을 매매하는 경우에는 공표 후 24시간이 경과하여야 하며, 해당 금융투자상품의 공표일부터 7일간은 해당종목을 거래할 수 없다.
③ 금융투자분석사의 매매거래내역은 분기별로 회사에 보고하여야 한다.
④ 금융투자회사는 자신이 발행주식총수의 100분의 5 이상의 주식등을 보유하고 있는 법인에 대한 조사분석자료를 공표하거나 특정인에게 제공하는 경우 회사와의 이해관계를 조사분석자료에 명시하여야 한다.

★★
88 다음 중 금융투자회사의 투자설명서 이외에 추가로 핵심설명서 교부대상이 아닌 것은?

① ELW
② 일반투자자 및 개인전문투자자에 대한 고난도금전신탁계약
③ 신용융자거래
④ 유사해외통화선물

★★
89 다음 중 「증권 인수업무 등에 관한 규정」의 내용으로 적절하지 않은 것은?

① 금융투자회사는 기업공개 또는 장외법인공모를 위한 주식의 인수를 의뢰받은 때에는 대표주관계약을 체결하고, 주식인수의뢰서 사본, 대표주관계약서 사본 및 발행회사의 사업자등록증 사본을 계약 체결일부터 5영업일 이내에 협회에 신고하여야 한다.
② 수요예측에는 기관투자자와 일반청약자가 참가할 수 있다.
③ 협회는 공모함에 있어 공모가격을 결정하기 위한 가격평가모형을 제시하지 않는다.
④ 코스닥시장 또는 코넥스시장 상장을 위한 기업공개의 경우 우리사주 조합원에게 공모주식의 20%를 배정할 수 있다.

90 상법상 주주총회 의결권에 대한 설명으로 적절하지 않은 것은?

① 의결권 행사를 위해서는 기명주는 명의개서, 무기명주는 공탁을 해야 한다.

② 우리 상법상 의결권의 서면행사가 인정된다.

③ 특수결의란 의결권이 없는 주주를 제외한 총 주주의 동의를 요하는 결의를 말한다.

④ 회사가 가진 자기주식은 의결권이 없다.

★★
91 상법상 주식회사의 감사위원회에 대한 설명으로 적절하지 않은 것은?

① 자산총액이 2조원 이상인 상장법인의 감사위원회는 법정 필요 상설기관이다.

② 감사위원회를 설치한 경우에는 감사를 둘 수 없다.

③ 감사위원회의 대표는 사외이사로 하여야 한다.

④ 사외이사가 위원의 3분의 1 이상이어야 한다.

★★
92 다음 중 단독주주권에 속하는 것은?

① 신주발행유지청구권   ② 회계장부열람청구권

③ 위법행위유지청구권   ④ 주주제안권

★★
93 다음 중 자본충실의 원칙과 거리가 먼 것은?

① 이익배당의 제한

② 주주의 유한책임

③ 법정 준비금 제도

④ 변태설립에 의한 엄격한 조사와 감독

94 다음 중 주식회사의 이사에 대한 설명으로 적절하지 않은 것은?

① 이사는 주주총회에서 선임하여야 하나, 정관으로 그 선임을 다른 기관에 위임할 수 있다.

② 주주가 아니라도 이사로 선임될 수 있으며, 정관으로 그 자격을 제한할 수 있다.

③ 주주총회를 통해 언제든지 특별결의로 임기만료 전의 이사를 해임할 수 있다.

④ 이사의 보수는 정관 또는 주주총회에서 정한다.

95 다음 중 상법상 주식회사의 감사에 대한 설명으로 옳지 않은 것은?

① 감사는 언제든지 이사에 대하여 영업에 관한 보고를 요구하거나 회사의 업무와 재산상태를 조사할 수 있다.

② 자산 규모 2조원 이상 상장회사는 감사 대신 감사위원회를 설치하여야 한다.

③ 감사는 이사회에서 선임한다.

④ 모회사의 감사는 그 직무를 수행하기 위하여 필요한 때에는 자회사에 대하여 영업의 보고를 요구할 수 있다.

96 우리나라 조세체계에서 국세에 해당하면서 간접세에 해당하는 것은?

① 증권거래세   ② 취득세
③ 증여세   ④ 레저세

97 다음 중 금융소득의 수입시기로 짝지은 것 중 적절하지 않은 것은?

① 무기명 주식의 이익이나 배당 – 배당소득 신고일

② 통지예금의 이자 – 인출일

③ 출자공동사업자의 배당 – 과세기간 종료일

④ 채권등의 보유기간 이자상당액 – 당해 채권 등의 매도일

98 다음 〈보기〉 중 소득세법상 무조건 분리과세 금융소득에 속하는 것을 모두 고르면?

───────────── 〈보 기〉 ─────────────
ⓐ 직장공제회 초과반환금
ⓑ 분리과세 신청한 장기채권의 이자와 할인액
ⓒ 비실명 이자·배당소득
ⓓ 법원보관금의 이자소득

① ⓐ, ⓑ   ② ⓐ, ⓑ, ⓒ
③ ⓐ, ⓒ, ⓓ   ④ ⓐ, ⓑ, ⓒ, ⓓ

99 조세의 분류 중 '세율의 구조'로 분류한 것은?

① 보통세 - 목적세
② 직접세 - 간접세
③ 종가세 - 종량세
④ 비례세 - 누진세

100 상속세 또는 증여세의 납부세액이 1,400만원이다. 이를 분납한다면 납부기한 내 금액과 분납금액을 순서대로 연결한 것은?

① 400만원 - 1,000만원
② 500만원 - 900만원
③ 1,000만원 - 400만원
④ 분납이 불가하다.

What is your passcode?

증권투자권유자문인력 실제유형 모의고사

제2회

PASSCODE

증권투자권유자문인력 실제유형 모의고사

제1회

제1회
증권투자권유자문인력
실제유형 모의고사

문항 및 시험시간

평가영역	문항 수	시험시간	비 고
증권투자권유자문인력	100문항	120분	

※ 이 자료는 저작권법에 의해 보호를 받는 저작물이므로 동영상 제작 및 무단전재와 복제를 금합니다.

제1회 실제유형 모의고사

증권분석 및 증권시장(35문항)

★★
01 다음 중 경기순환에 대한 설명으로 적절하지 않은 것은?

① 경기분석은 경기변동의 4가지 변동요소 중 계절변동과 불규칙변동을 제거한 추세 – 순환변동을 사용한다.

② 경기의 정점 또는 저점이 발생한 구체적 시점을 기준순환일이라고 한다.

③ 회복과 호황 또는 후퇴와 불황을 구분한 2분법보다 4분법이 주로 통용되고 있다.

④ 순환의 강도를 의미하는 정점과 저점 간의 차이를 순환진폭이라고 한다.

★★★
02 한 국가의 실질GDP 증가율 = 5%, GDP디플레이터 상승률 = 4%, 화폐유통속도 증가율 = –2%인 경우, EC 방식에 의한 통화공급 증가율의 목표치는?

① 0%

② 1%

③ 7%

④ 11%

★★★
03 다음 중 통화정책의 파급경로에 대한 설명으로 적절하지 않은 것은?

① 중앙은행의 금리정책에 의한 금리경로를 통하여 은행의 여수신금리에 영향을 주어 소비와 투자에 영향을 준다.

② 금리 하락과 통화량 증가는 자산가격경로를 통하여 부동산의 가격 상승을 가져올 수 있다.

③ 환율경로를 통하여 금리 변동은 환율에 영향을 준다.

④ 신용경로는 토빈의 q로 설명된다.

★
04 다음 중 경기확산지수(DI)에 대한 설명으로 적절하지 않은 것은?

① 경기변동의 진폭이나 속도는 측정하지 않고 변화 방향만을 파악하는 것이다.

② 경기국면의 판단 및 예측과 경기의 전환점을 식별하기 위한 지표이다.

③ DI가 50% 이상이면 경기상승 국면이다.

④ 경기확산지수가 60에서 100으로 상승한 경우 경기확장속도가 $\frac{100}{60}$ ≒ 1.7배 빠르다고 볼 수 있다.

★
05 다음 중 전통적인 경기순환 4국면의 순서로 올바르게 연결된 것은?

① 후퇴 – 회복 – 불황 – 호황

② 회복 – 후퇴 – 불황 – 호황

③ 호황 – 회복 – 불황 – 후퇴

④ 회복 – 호황 – 후퇴 – 불황

★
06 다음 〈보기〉의 내용과 관련된 것은?

―〈보 기〉―

한국은행에서 작성하는 것으로 기업과 소비자의 경기상황을 종합적으로 반영하며, 제조업의 가중치가 가장 높다.

① 기업경기실사지수

② 소비자태도지수

③ 경제심리지수

④ 경기종합지수

★★
07 다음은 기본적 분석에 대한 내용이다. 괄호 안에 들어갈 말이 순서대로 올바르게 연결된 것은?

대개 (   )을 통하여 경제의 흐름과 증권시장의 움직임에 대한 이해를 하고, (   )을 통하여 유망한 업종을 선택하게 되며, (   )을 통하여 유망한 종목을 선정하는데 이 순서대로의 분석을 (   )이라고 한다.

① 추세분석 – 산업분석 – 정밀분석 – Bottom-up방식

② 산업분석 – 미세분석 – 기업분석 – Bottom-up방식

③ 경제분석 – 산업분석 – 기업분석 – Top-down방식

④ 거시분석 – 미시분석 – 종목분석 – Top-down방식

★★★
08 아래 조건의 EV/EBITDA의 값은?

> 주가 30,000원, 발행주식수 100만주, 현금 및 투자유가증권 100억원, 총부채 200억원, EBITDA = 200억원

① 2배
② 3배
③ 4배
④ 5배

★★★
09 W주식회사의 현재 주식가격은 22,000원, 당기순이익은 5,000원이다. 만약 유보율 60%, 요구수익률 20%라면 항상 성장모형(Gordon 모형)에 의한 이 회사의 성장률은?

① 5%
② 10%
③ 15%
④ 20%

★★
10 다음 중 재무비율의 수익성 지표에 해당하는 것은?

① 총자본이익률
② 이자보상비율
③ 총자산회전율
④ 유동비율

★★
11 다음 중 재무상태표상의 자산계정으로만 구성된 것은?

① 미수수익, 선급비용
② 선급금, 선수수익
③ 반제품, 배당건설이자
④ 미수금, 예수금

★
12 다음 중 캔들차트 분석상 하락추세로 전환된 것으로만 모두 묶은 것은?

① 해머형, 샛별형

② 교수형, 해머형

③ 석별형, 샛별형

④ 유성형, 까마귀형

★
13 다음은 사케다 전법으로 주가의 움직임을 설명한 것이다. 다음 〈보기〉에 해당하는 것은?

─────── 〈보 기〉 ───────

상승 시작의 신호로 오랫동안의 침체국면에서 평행으로 움직이던 주가가 단기간에 걸쳐 양선 3개가 연이어 형성되는 주가 패턴으로, 바닥권에 있는 주가가 서서히 상승 시세로 진입하는 첫 단계의 주가흐름이다.

① 삼 공

② 적삼병

③ 흑삼병

④ 삼 법

★★
14 다음 중 거래량 지표와 관련이 깊은 지표는?

① OBV

② RSI

③ 스토캐스틱

④ 볼린저 밴드

★
15 다음 중 한 개의 캔들차트로서 상승추세가 한계에 다다라서 추세의 반전을 예고하는 것은?

① 유성형

② 샛별형

③ 잉태형

④ 까마귀형

★★
16 다음 중 상장기업의 혜택에 대한 설명으로 적절한 것은?

① 이사회의 결의로 조건부자본증권의 발행이 가능하다.

② 우리사주 조합원은 공모하는 주식 총수의 30% 범위 내에서 우선적으로 배정받을 권리가 있다.

③ 법원의 인가를 받아 주식의 액면미달 발행이 가능하다.

④ 주식배당은 이익배당총액의 1/2까지 가능하다.

★★
17 다음 중 증권의 상장제도에 대한 설명으로 적절하지 않은 것은?

① 공모상장의 경우 공모 절차 전에 상장예비심사를 거친다.

② 당해 주권의 액면금액, 수량 등이 변경되는 경우 변경상장하여야 한다.

③ 상장폐지된 기업이 재상장하는 경우에는 상장예비심사를 생략할 수 있다.

④ 유가증권시장에서 상장폐지된 경우에는 상장폐지일로부터 5년 이내에 재상장을 신청할 수 있다.

★★
18 다음 중 우회상장(SPAC상장 포함)에 대한 설명으로 적절하지 않은 것은?

① 상장기업과 기업결합, 경영권 변동을 통해 비상장기업이 실질적으로 상장되는 효과가 있다.

② SPAC상장은 우량 비상장기업의 건전한 우회상장을 위한 것이다.

③ 상장적격성을 충족하지 못하는 비상장기업의 우회상장 방지를 위하여 거래소는 신규상장 수준의 질적심사제도를 적용한다.

④ SPAC상장을 통하여 비상장기업이 보유한 자금으로 공모자금조달 효과를 낼 수 있다.

★★
19 다음 중 증권의 유통시장 공시가 아닌 것은?

① 증권발행실적보고서

② 사업보고서

③ 반기보고서

④ 주요사항보고서

★★★
20　다음 〈보기〉의 설명에 해당하는 것은?

――――――――――〈보 기〉――――――――――

모든 단일가매매 시 가격결정을 위한 호가접수시간을 정규마감시간 이후 30초 이내에 임의로 시간을 연장하여 매매체결 시점이 임의적으로 결정되도록 하는 제도이다.

① 동적VI

② 정적VI

③ 이연결제제도(CNS)

④ 랜덤엔드

★★
21　다음 중 주권의 상장폐지제도에 대한 설명으로 적절하지 않은 것은?

① 관리종목 지정은 상장폐지 우려가 있음을 사전에 예고하는 단계이다.

② 상장폐지는 거래소의 직권에 의해서만 가능하다.

③ 상장폐지가 결정된 종목은 7일간의 정리매매를 할 수 있다.

④ 상장폐지를 위한 정리매매는 정규거래시간 중 30분 단위의 단일가매매로 이루어지며 가격제한폭은 적용하지 않는다.

★★
22　다음 중 상장기업의 주요경영사항 공시대상이 아닌 것은?

① 영업의 정지

② 자기주식의 취득 또는 처분

③ 임직원의 횡령

④ 의결권 대리행사의 권유

★★
23　다음 중 불성실공시의 유형이 아닌 것은?

① 공시불이행

② 자율공시

③ 공시번복

④ 공시변경

★★★
24 다음 중 호가의 종류에 대한 설명으로 적절하지 않은 것은?

① 지정가주문은 지정한 가격 또는 그 가격보다 유리한 가격으로 매매거래를 하고자 최소한의 가격수준을 지정한 주문형태이다.

② 시장가주문은 종목과 수량은 지정하되 가격은 지정하지 않는 주문형태이다.

③ 조건부지정가주문은 시가결정 시에는 지정가주문이지만 정규시장에서는 시장가주문으로 전환되는 주문형태이다.

④ 최유리지정가주문은 주문시점에서 상대방 최우선호가의 가격으로 지정되는 주문형태이다.

★★
25 다음 중 매매체결원칙에 해당하지 않는 것은?

① 자기매매우선의 원칙

② 가격우선의 원칙

③ 시간우선의 원칙

④ 접수우선의 원칙

★★
26 다음 중 경쟁대량매매제도와 거리가 먼 것은?

① 정규시장시간은 09:00 ~ 15:30

② 거래량가중평균가격(VWAP)의 적용

③ 비공개거래(익명거래)

④ 경쟁매매방식과 시간우선원칙의 적용

★★★
27 다음 〈보기〉의 내용 중 옳은 것만을 모두 고른 것은?

─────── 〈보 기〉 ───────
ⓐ Dutch 방식은 낙찰된 수익률 중 가장 높은 수익률이 일률적으로 결정되는 단일가격 발행방식이다.
ⓑ Conventional 방식은 복수의 낙찰수익률이 생긴다.
ⓒ 잔액인수방식은 직접발행방식이다.
ⓓ 무보증 회사채는 매출발행의 비중이 가장 높다.

① ⓐ, ⓑ, ⓒ, ⓓ

② ⓐ, ⓑ, ⓒ

③ ⓐ, ⓑ

④ ⓒ, ⓓ

★★★
28 A채권은 시장금리가 1% 상승할 경우 이 A채권의 실제가격은 1.35% 하락한다. (채권의 볼록도 = 20) 이 A채권의 수정 듀레이션은 얼마인가?

① 1.25
② 1.35
③ 1.45
④ 1.50

★★
29 다음 중 우리나라의 국고채 발행에 대한 설명으로 적절하지 않은 것은?

① 국고채 장내매매거수량단위는 30억원이다.
② 국고채는 기획재정부장관이 발행하고 발행사무는 한국은행이 대행한다.
③ 국고채는 원금과 이자가 분리되어 각각의 무이표채권으로 유통시장에서 거래될 수 있는데 이를 STRIPS 제도라고 한다.
④ 국채통합발행제도(Fungible Issue)가 있다.

★★★
30 다음 중 듀레이션에 대한 설명으로 적절하지 않은 것은?

① 듀레이션은 현금흐름 기간의 가중평균이며, 이때 가중치는 각 시점의 현금흐름의 현재가치가 채권투자금액에서 차지하는 비율이다.
② 채권의 듀레이션을 활용하면 채권가격의 변화를 정확히 알 수 있다.
③ 표면금리가 높을수록 듀레이션은 감소한다.
④ 이표 지급빈도가 클수록 듀레이션은 감소한다.

★★★
31 채권의 과세에 대한 설명으로 옳지 않은 것은?

① 채권의 과세대상은 채권발행조건상의 표면이자와 할인액의 합계액에 한정하며 보유기간에 대한 과세를 한다.
② 채권에 대한 과세는 이자발생시점이 아니라 매도 시에 원천징수한다.
③ 채권의 발행수익률과 유통수익률과의 차이에서 발생하는 자본손익에 대하여서는 과세하지 아니한다.
④ 거주자의 채권에 대한 이자소득세는 14%(지방세 제외 시)로서 비거주자와 차이가 있다.

★★
32 다음의 채권투자전략에 해당하는 것은?

> 이는 투자기간과 채권포트폴리오의 듀레이션을 일치시킴으로써 수익률 상승(채권가격 하락) 시 채권가격 하락(수익률 상승)분과 표면이자에 대한 재투자수익 증대(감소)분을 상호 상쇄시켜 채권투자 종료 시 실현수익률을 목표수익률과 일치시키는 전략이다.

① 사다리형 만기전략　　　　　　　② 현금흐름일치전략
③ 면역전략　　　　　　　　　　　　④ 수익률 예측전략

★★
33 다음 중 여러 가지 채권에 대한 설명으로 적절하지 않은 것은?

① 수의상환청구채권의 수의상환청구권은 금리가 상승할수록 행사 가능성이 커진다.
② 교환사채의 교환 시 발행사가 보유한 자산(주식)과 부채(교환사채)가 동시에 감소하는 특징을 가진다.
③ 투자자가 전환사채의 전환권 행사 시 추가 자금이 필요하지 않다.
④ SPC에 대한 외부 신용보강을 하여도 원래 기초자산의 신용등급보다 높을 수는 없다.

★
34 다음 중 코넥스시장이 갖춘 특징이 아닌 것은?

① 경매매 제도　　　　　　　　　　② 지정기관투자자 제도
③ 지정자문인 제도　　　　　　　　④ 기본예탁금 및 소액투자자전용계좌 제도

★★
35 다음 중 K-OTC시장의 등록 · 지정해제 사유에 해당하지 않는 것은?

① 감사인의 의견거절　　　　　　　② 영업의 일부 양도
③ 자본의 전액 잠식　　　　　　　　④ 최근사업연도 말 기준 매출액이 1억원 미만

금융상품 및 직무윤리(30문항)

★★★
36 다음 중 장외거래 파생금융상품에 해당하는 것은 몇 개인가?

> 가) 선물환
> 나) 통화스왑
> 다) 금리선물
> 라) 주가지수옵션
> 마) 주가지수선물

① 2개   ② 3개
③ 4개   ④ 모두 해당

★★
37 다음 중 랩어카운트에 대한 설명으로 적절하지 않은 것은?

① 별도의 증권수수료를 지불하지 않는다.
② 고객의 입장에서 판매회사에 대한 의존도를 탈피할 수 있다.
③ 판매회사 입장에서 수수료 수입총액이 감소할 가능성이 존재한다.
④ 일임형 랩어카운트는 자산 포트폴리오 구성에서 운용까지 모두 증권사가 대행한다.

★★
38 다음은 종류형 집합투자기구에 대한 설명이다. 다음의 설명 중 옳은 것은 몇 개인가?

> 가. 집합투자업자가 특정 종류의 투자자에 대해서만 이해관계가 있는 사안에 대해서 수익자총회를 개최할 경우에는 다른 종류형 투자자로부터 동의를 요하지 아니한다.
> 나. 종류(class) 수에는 제한이 없으나, 기존에 이미 만들어진 비종류형집합투자기구를 종류형집합투자기구로 전환할 수 없다.
> 다. 투자자는 투자한 집합투자기구가 사전에 공시한 조건에 따라 동일한 펀드 내 다른 종류로 전환이 가능하며 전환 시 환매수수료는 징구하지 않는다.
> 라. 종류형집합투자기구는 클래스별로 집합투자업자와 신탁업자의 보수를 다르게 적용할 수 있다.

① 1개   ② 2개
③ 3개   ④ 4개

★★
39 다음의 괄호 안에 들어갈 내용을 올바르게 연결한 것은?

> 풋 ELW는 주식 및 주가지수 등 기초자산의 하락이 예상될 때 매수한 것으로 최대 (㉠)은 워런트의 (㉡)으로 제한된다.

	㉠	㉡
①	손실	행사가격
②	이익	기초자산가격
③	손실	매입가격
④	이익	만기가격

★
40 다음 중 MMF에 편입될 수 없는 금융상품은?

① 양도성예금증서(CD)
② 리츠(REITs)
③ 잔존만기 1년 이하의 국채
④ 기업어음(CP)

★★
41 ELW의 가격결정 요인별로 ELW에 미치는 영향의 설명으로 옳지 않은 것은?

① 행사가격이 상승할수록 Call ELW의 가격은 하락한다.
② 변동성이 클수록 Put ELW의 가격은 상승한다.
③ 배당수익률이 높을수록 Call ELW의 가격은 하락한다.
④ 시장이자율이 상승할수록 Put ELW의 가격은 상승한다.

★★★
42 다음 중 마코위츠의 평균–분산 모델에 대한 설명으로 적절하지 않은 것은?

① 효율적 포트폴리오를 위하여 투자종목 수 증가함에 따라 기업고유위험은 감소한다.
② 분산투자의 종목 수 n이 무한대로 증가해도 체계적 위험은 감소하지 아니한다.
③ 투자위험의 관리는 시장 관련 위험이며 개별종목의 고유위험이 아니다.
④ 포트폴리오의 공통된 위험을 비체계적 위험이라고 한다.

★★★
43 조직적으로 투자관리를 하는 통합적 투자관리(integrated investment management)의 순서로 옳은 것은?

① 투자전략적 관점의 자산배분 – 투자목표를 위한 투자전략의 수립 – 투자전술 관점의 개별종목 선택 – 포트폴리오의 수정과 사후조정

② 투자목표를 위한 투자전략의 수립 – 투자전술 관점의 개별종목 선택 – 투자전략적 관점의 자산배분 – 포트폴리오의 수정과 사후조정

③ 투자목표를 위한 투자전략의 수립 – 투자전략적 관점의 자산배분 – 투자전술 관점의 개별종목 선택 – 포트폴리오의 수정과 사후조정

④ 투자전술 관점의 개별종목 선택 – 투자목표를 위한 투자전략의 수립 – 투자전략적 관점의 자산배분 – 포트폴리오의 수정과 사후조정

★★
44 다음 중 블랙리터만의 자산배분 모델에 대한 설명으로 적절하지 않은 것은?

① 특정자산집단의 기대수익률과 위험을 몰라도 자산배분을 할 수 있다.

② 투자자의 주관적인 장기전망을 배제하여 자산배분하므로 시장 전망치의 오류 가능성을 배제할 수 있다.

③ 평균분산모델의 문제점인 극단적인 자산배분비중의 문제를 해결할 수 있다.

④ 투자자가 특별한 시장전망을 가지지 않을 경우 균형 기대수익률로 자산배분을 실행한다.

★★
45 다음 중 전술적 자산배분(TAA)의 실행도구가 아닌 것은?

① 가치평가 모형

② 기술적 분석

③ 포뮬러 플랜

④ 시장가치접근법

★★
46 A주식을 첫째 해 초 10,000원에 매입하여 연말에 400원의 배당금을 받았다. 둘째 해 초에 동일한 A주식을 10,600원에 추가 매입하여 그 해 말에 800원(한 주당 400원)의 배당금을 받고 21,600원(한 주당 10,800원)에 매각하였다. 산술평균수익률과 기하평균수익률을 순서대로 표시한 것은? (근사값)

① 6.00%, 4.00%

② 7.12%, 5.66%

③ 7.83%, 7.81%

④ 12.00%, 8.50%

★★★
47 다음 중 공격적 투자자의 최적증권에 해당하는 것은?

증 권	X	Y	P	Q	R
기대수익률(%)	10	5	10	4	8
표준편차(%)	14.0	3.5	17	3.5	10

① X

② Y

③ P

④ R

★★
48 다음의 괄호 안에 들어갈 용어로 올바르게 연결한 것은?

> ESG는 기업의 중장기 지속 가능성에 영향을 미칠 수 있는 요인들을 (   ), (   ), (   )로 나누어 체계적으로 세운 기준으로 자본시장에서 기업을 평가하는 새로운 프레임워크(Framework)로 발전하였다.

① Environmental, Sustainable, Governance

② Economic, Sustainable, Government

③ Environmental, Social, Governance

④ Economic, Social, Government

★
49 다음 중 투자자 정보 파악 등에 대한 설명으로 적절하지 않은 것은?

① 금융소비자가 별도의 변경요청이 없는 한 투자자 정보를 파악한 날로부터 24~36개월 동안 투자자 정보가 변경되지 않는 것으로 간주할 수 있다.

② 투자일임계약이 체결된 경우에는 금융회사가 투자자의 재무상태 및 투자목적 등 변경여부를 연 1회 이상 확인하여야 한다.

③ 부모가 미성년자 자녀의 법정대리인으로서 투자권유를 받는 경우 법정대리권이 있음이 확인되면 자녀에 대한 투자자 정보 작성권한이 있는지 여부를 확인할 필요가 없다.

④ 불특정금전신탁계약이 체결되는 경우 금융회사는 금융소비자의 재무상태가 변경될 때 회신하여 줄 것을 분기 1회 이상 통지하여야 한다.

★★
50 다음 중 투자권유에 대한 설명으로 적절하지 않은 것은?

① 투자권유를 희망하지 않는 금융소비자는 '투자자 정보 확인서'를 작성할 필요가 없다.

② 만 65세 이상의 고령투자자를 대상으로 ELS를 투자권유하는 경우 '적합성 보고서'를 제공하여야 한다.

③ 금융소비자가 판매직원의 투자권유 없이 본인의 투자성향보다 위험도가 높은 금융투자상품을 스스로 청약하는 경우에는 '투자성향에 적합하지 않은 투자성 상품 거래확인' 내용이 포함된 확인서를 받아 판매절차를 진행할 수 있다.

④ 투자권유를 받은 투자자가 이를 거부하는 경우 다른 종류의 금융투자상품을 1개월 후에 재권유하여야 한다.

★★★
51 다음 중 외화증권에 투자를 권유하는 경우에 추가적으로 설명해야 할 사항과 거리가 먼 것은?

① 투자대상 국가 또는 지역의 경제·시장상황 등의 특징

② 투자에 따른 일반적 위험 외에 환율변동 위험, 해당 국가의 거래제도·세제 등 제도의 차이

③ 금융소비자가 직접 환위험 헤지를 하는 경우 시장 상황에 따라 헤지 비율 미조정 시 손실이 발생할 수 있다는 사실

④ 과거의 환율변동 추이가 미래의 환율변동을 전부 예측하지는 못하며, 통화 간 상관관계는 미래에 변동할 수 있다는 사실

★★
52 다음 〈보기〉의 영업직원 상담종결화법에 해당하는 것은?

───── 〈보 기〉 ─────

끝까지 경청해주셔서 감사합니다. 제반사항을 다 살펴본 것 같습니다. 다른 질문이 없으시면 서류를 준비하겠습니다. 서류에 대한 내용은 충분히 확인하시고 서명, 날인은 여기에 하시면 됩니다.

① 추정승낙법

② 실행촉진법

③ 양자택일법

④ 가입조건 문의법

★★★
53 다음 중 기존의 고객서비스에서 탈피하여 성공적인 고객관리(CRM) 전략으로의 지향으로 적절하지 않은 것은?

① 고객획득(Customer getting)에서 고객유지(Customer keeping)로

② 판매촉진(Promotion)에서 고객서비스(Service)로

③ 정보화(Information)에서 자동화(Automation)로

④ 제품차별화(Product Differentiation)에서 고객차별화(Customer Differentiation)로

★★
54 다음 중 「금융투자회사의 영업 및 업무에 관한 규정」에서 정하고 있는 부당한 재산상 이익의 제공에 해당하지 않는 것은?

① 거래상대방만 참석한 여가 및 오락활동 등에 수반되는 비용을 제공하는 경우
② 법인 기타 단체의 고유재산관리업무를 수행하는 직원에게 스포츠관람권을 제공하는 경우
③ 집합투자회사가 펀드판매 증권사 직원에게 30만원 상당의 백화점상품권을 제공하는 경우
④ 증권회사 직원이 금융소비자에게 펀드 판매회사의 변경이동을 조건으로 연극관람권을 제공하는 경우

★★
55 금융투자회사의 표준윤리준칙 제16조(대외활동)에 의거 임직원이 외부강연이나 기고, 언론매체 접촉, Social Network Service(SNS) 등 전자통신수단을 이용한 대외활동을 하는 경우의 준수사항 내용으로 적절하지 않은 것은?

① 회사의 공식의견이 아닌 경우 사견임을 명백히 표현하여야 한다.
② 개인이 운영하는 블로그 등에 회사의 금융투자상품을 홍보할 수 없다.
③ 언론접촉이 예정된 경우 예외 없이 관계 부서와 반드시 사전 협의하여야 한다.
④ 대외활동으로 인하여 금전적인 보상을 받게 되는 경우 회사에 신고하여야 한다.

★★★
56 자본시장법상 시장질서 교란행위에 대한 설명으로 적절하지 않은 것은?

① 장내·외의 금융투자상품 및 이를 기초로 하는 파생상품의 매매 등에 중대한 영향을 줄 가능성이 있는 경우로서, 금융소비자들이 알지 못하는 사실에 관한 정보가 불특정 다수인에게 공개되기 전이어야 한다.
② 시장질서 교란은 목적성 여부와 무관하게 시세에 부당한 영향을 주는 행위이다.
③ 프로그램의 오류 등으로 대량의 매매거래가 체결되어 시세의 급변을 초래한 경우라 할지라도 시장질서 교란행위로 제재할 수 있다.
④ 위반에 대하여 5억원 이하의 과징금을 부과할 수 있으며 얻은 이익이나 회피한 손실의 1.5배에 해당하는 금액이 5억원을 초과하는 경우에는 그에 상당하는 금액 이하로 과징금을 부과할 수 있다.

★★
57 다음 중 금융투자회사의 준법감시인에 대한 설명으로 적절하지 않은 것은?

① 준법감시인을 임면하는 경우에는 이사회 의결을 거쳐야 한다.
② 준법감시인의 해임은 이사 총수의 3분의 2 이상의 찬성으로 의결하여야 한다.
③ 회사는 사내이사 또는 업무집행책임자 등에서 준법감시인을 선임하여야 한다.
④ 준법감시인의 임기는 2년 이상으로 하며 임면일로부터 10일 이내에 금융위원회에 보고하여야 한다.

★★
58 다음 중 영업점 내부통제로서 영업관리자에 대한 설명으로 적절하지 않은 것은?

① 준법감시인은 각 영업점의 내부통제를 위하여 영업점별 영업관리자에게 권한을 위임할 수 있다.

② 대상 영업점들에 대한 영업관리자의 상근 여부와 무관하게 예외적으로 1명의 영업관리자가 2개 이상의 영업점을 묶어 영업관리자의 업무를 수행할 수 있다.

③ 준법감시인은 영업점별 영업관리자에 대하여 연간 1회 이상 법규 및 윤리 관련 교육을 실시하여야 한다.

④ 회사는 영업점별 영업관리자의 임기를 1년 이상으로 하여야 한다.

★★
59 다음 중 일반투자자에 대한 과당매매 판단기준에 해당하지 않는 것은?

① 부담하는 수수료 총액의 크기

② 재산상태 및 투자목적에 부합하는지 여부

③ 투자지식이나 경험에 비추어 당해 거래에 수반되는 위험을 잘 이해하는지 여부

④ 해당거래로 인하여 손실이 발생했는지 여부

★
60 다음은 개인정보보호법의 내용이다. 괄호 안에 들어갈 용어를 올바르게 연결한 것은?

> 개인정보처리자는 개인정보를 (A) 처리가 가능한 경우에는 (A)에 의하여 처리될 수 있도록 하여야 한다. 개인정보처리자는 개인정보의 처리 목적에 필요한 범위에서 개인정보의 정확성, (B) 및 최신성이 보장되도록 하여야 한다.

	A	B
①	실명	개연성
②	실명	정당성
③	익명	완전성
④	익명	주체성

★
61 금융소비자보호법상 금융상품판매업자등에 대한 처분 내용으로 임원에 대한 조치가 아닌 것은?

① 해임요구

② 문책경고

③ 면 직

④ 주 의

★
62 다음 중 금융투자상품의 내재적 특성에 대한 설명으로 적절하지 않은 것은?

① 원금손실가능성

② 투자결과에 대한 본인의 책임

③ 금융투자회사의 불공정거래 가능성

④ 투자상품에 대한 지속적인 관리요구

★★★
63 다음의 괄호 안에 들어갈 용어를 순서대로 올바르게 연결한 것은?

> 분쟁조정의 대상이 되는 경우, 금융감독원장은 분쟁조정신청을 받은 날로부터 (   )일 이내에 합의가 이루어지지 않은 때에는 지체 없이 분쟁조정위원회에 회부하여야 하며, 조정위원회는 조정안을 (   )일 이내에 작성하며, 금융감독원장은 분쟁조정 신청인과 관계당사자에게 조정안을 제시하고 수락을 권고할 수 있다. 조정위원회의 조정안을 당사자가 수락하면 당해 조정안은 (   )의 화해와 동일한 효력을 갖는다.

① 30, 30, 재판상

② 30, 30, 민법상

③ 30, 60, 재판상

④ 30, 60, 민법상

★★
64 다음 중 고객확인제도(CDD/EDD)에 대한 설명으로 적절하지 않은 것은?

① 고객확인제도란 고객에 대한 합당한 주의를 기울이는 제도로 FATF의 권고사항이다.

② 간소화된 고객확인(CDD)은 저위험이나 중위험에 해당하는 고객을 대상으로 매 3년마다 재수행하여야 한다.

③ 종업원, 학생 등에 대한 일괄적인 계좌개설 시 사전 고객확인제도를 적용하여야 한다.

④ 금융기관은 실제당사자 여부가 의심되는 등 고객이 자금세탁행위를 할 우려가 있는 경우에는 고객별 신원확인 외에 "거래자금의 원천 및 금융거래 목적"까지 확인하여야 한다.

★★
65 다음 중 고액현금거래보고제도에 대한 설명으로 적절하지 않은 것은?

① 금융기관이 자금세탁의 의심이 있다고 주관적으로 판단하는 금융거래에 대하여만 보고하도록 하는 의심거래보고제도(Suspicious Transaction Report System)와는 구별된다.

② 금융회사는 자금세탁 여부에 관계없이 원화 1천만원 이상 현금거래 내용을 금융정보분석원에 보고하여야 한다.

③ 기준이 되는 현금액을 산정함에 있어서는 금융회사가 실지명의가 동일한 1거래일 동안의 금융거래에 따라 지급한 금액과 영수한 금액을 합산한 금액이 1천만원 이상인 경우에 해당한다.

④ 보고되는 기준금액 산정 시 100만원 이하의 무매체 입금거래와 수표거래ㆍ계좌이체ㆍ인터넷뱅킹을 이용한 거래는 제외한다.

법규 및 세제(35문항)

★★
66 다음 중 우리나라 금융법규 체계에 대한 설명으로 적절하지 않은 것은?

① 우리나라 금융법규는 은행, 금융투자, 보험, 서민금융 등 금융권 영역별로 나누어져 있기 때문에 동일한 금융서비스
에 대해서도 금융 권역별로 다르게 적용할 때가 있다.

② 비조치의견서는 행정 지도사항으로서 금융회사 등의 임의적 협력에 기초하여 지도·권고·지시·협조하는 내용이다.

③ 법규유권해석이란 금융회사가 금융위가 소관하는 금융법규 등과 관련된 사안에 대해 법규적용을 명확하게 확인하기
위하여 요청하는 경우 관련 법규를 유권으로 해석하는 것을 말한다.

④ 모범규준은 금융위·금감원·금융회사가 공동으로 상호 준수할 것을 약속하는 모범이 되는 규준으로 이를 준수하지
않을 경우 그 사유에 대하여 설명할 의무가 있다.

★★
67 다음 중 금융위의 등록 대상 금융투자업으로만 구성된 것은?

① 투자매매업, 집합투자업

② 투자일임업, 신탁업

③ 투자자문업, 일반사모집합투자업

④ 온라인소액투자중개업, 투자중개업

★★★
68 다음 중 금융감독당국의 금융투자업자에 대한 '긴급조치' 사항이 아닌 것은?

① 투자자예탁금 등의 일부 또는 전부의 반환명령 또는 지급정지

② 변동성이 높은 자산의 취득 금지

③ 투자자예탁금 등의 수탁금지 또는 다른 금융투자업자로의 이전

④ 채무변제행위의 금지

★
69 다음은 투자매매업자에 대한 설명이다. 괄호 안에 들어갈 말이 올바르게 연결된 것은?

> 누구의 명의로 하든지 (   ) 금융투자상품의 매매, 증권의 발행·인수 또는 그 청약의 권유, 청약, 청약의 승낙을
> 영업으로 하는 자로서, 한국은행이 공개시장조작을 하는 경우를(는) (   ).

① 자기의 계산으로, 포함한다.

② 자기의 계산으로, 포함하지 아니한다.

③ 타인의 계산으로, 포함한다.

④ 타인의 계산으로, 포함하지 아니한다.

★★★
70 다음 중 증권의 모집으로 보는 전매기준에 해당하지 않는 것은?

① 지분증권의 경우에는 같은 종류의 증권이 모집 또는 매출된 실적이 있거나 증권시장에 상장된 경우

② 지분증권이 아닌 경우에는 발행 후 50매 이상으로 권면분할되어 거래될 수 있는 경우

③ 신주인수권이 부여된 증권이 증권시장에 상장되어 있는 경우

④ 전환권 등이 부여된 경우에는 권리행사 금지기간을 발행 후 1년 이상으로 정하는 경우

★★
71 다음 〈보기〉에서 금융투자업자에 대한 영업규제 사항으로 옳은 내용을 모두 고르면?

─────── 〈보 기〉 ───────

ⓐ 금융투자업의 본질적 업무(인가·등록과 직접 관련된 필수업무)를 위탁하는 경우에는 위탁받는 자가 당해 업무수행에 필요한 인가·등록을 한 자이어야 한다.

ⓑ 원칙적으로 재위탁은 금지되나, 단순업무 및 외화자산 운용·보관 업무는 위탁자의 동의를 받아 재위탁할 수 있다.

ⓒ 금융투자업자는 다른 금융업무를 겸영하고자 하는 경우 그 업무를 영위예정일 7일 전까지 금융위에 신고하여야 한다.

ⓓ 이해상충이 발생할 가능성이 있다고 인정되는 경우에는 투자자에게 그 사실을 미리 알리고, 이해상충이 발생할 가능성을 내부통제기준에 따라 투자자보호에 문제가 없는 수준으로 낮춘 후에 거래를 하여야 한다. 만약 이해상충이 발생할 가능성을 낮추는 것이 곤란하다고 판단되는 경우에는 준법감시인의 허락을 받고 거래하여야 한다.

① ⓐ, ⓑ, ⓒ, ⓓ

② ⓐ, ⓑ, ⓒ

③ ⓐ, ⓑ

④ ⓐ, ⓑ, ⓓ

★★
72 다음 열거된 내용 중 자본시장법상 M&A 관련 공시제도에 해당하는 것을 모두 고른 것은?

가) 공개매수제도
나) 5% 보고제도
다) 의결권 대리행사 권유제도
라) 내부자의 단기매매차익 반환제도
마) 장내파생상품 대량보유 보고제도

① 가, 나

② 가, 나, 다

③ 가, 나, 다, 라

④ 모두 해당된다.

73 다음의 증권을 증권시장에 상장할 경우 주권상장법인등의 유통시장공시로서 사업보고서등의 제출대상이 아닌 것은?

① 전환사채
② 신주인수권이 표시된 것
③ 파생결합증권
④ 집합투자증권

74 다음 중 공개매수에 대한 설명으로 적절한 것은?

① 적용대상증권인 "주식등"에는 주권, 신주인수권증권, 신주인수권부사채 등이 포함되나, 전환사채 및 교환사채는 포함되지 않는다.
② 공개매수는 의결권이 있는 주식 등을 전제로 하므로 의결권이 없는 주식에 대해서는 의무공개매수 규정이 적용되지 않는다.
③ 공개매수 해당 여부 판단 시 본인과 특수관계인이 보유한 지분을 합산하되, 공동보유자의 지분은 합산하지 않는다.
④ 공개매수자는 공개매수공고일 이후라도 철회신고서 제출로써 언제든지 공개매수를 철회할 수 있다.

75 다음 중 「자본시장조사 업무규정」상 금융위원회의 조사대상이 아닌 것은?

① 한국거래소로부터 위법행위의 혐의사실을 이첩받은 경우
② 위법행위에 관한 제보를 받거나 조사를 의뢰하는 민원을 접수한 경우
③ 상장사의 자기자본 5% 이상의 횡령·배임 등이 발생한 경우
④ 각 행정기관으로부터 위법행위의 혐의사실을 통보받은 경우

76 금융소비자보호법상 투자성 상품에 대한 적합성원칙의 설명으로 적절하지 않은 것은?

① 투자권유 시 먼저 일반금융소비자인지 전문금융소비자인지 확인하여야 한다.
② 일반금융소비자의 정보를 파악한 결과 손실에 대한 감수능력이 적정한 수준이어야 한다.
③ 일반사모펀드 판매 시에는 원칙적으로 적합성원칙 적용이 면제되지만 금융소비자가 요청할 경우에는 적용하여야 한다.
④ 자본시장법상의 온라인소액투자중개대상증권을 포함한 투자성 상품에 적용한다.

★★★
77 다음 중 금융소비자보호법에서 정하고 있는 내용으로 적절하지 않은 것은?

① 투자성 상품에 대한 일반금융소비자는 계약체결일로부터 7일 이내에 청약의 철회를 할 수 있으며 금융회사가 청약철회권을 배제할 경우에는 약관 등이 아닌 개별약정방식으로 진행하여야 한다.

② 대출성 상품에 대한 일반금융소비자의 청약철회권은 계약체결일로부터 14일 이내이다.

③ 금융상품판매업자등은 금융소비자로부터 자료열람을 요구받은 날로부터 7일 이내에 금융소비자가 해당 자료를 열람하도록 해야 하며, 실비를 기준으로 수수료 또는 우송료를 금융소비자에게 청구할 수 있다.

④ 금융소비자의 위법계약해지권에 의하여 해지될 경우 금융상품판매업자등의 원상회복의무는 없다.

★
78 금융소비자보호법상 과징금 부과대상이 아닌 것은?

① 적정성의 원칙 위반

② 설명의무 위반

③ 불공정영업행위금지 위반

④ 광고규제 위반

★★
79 금융소비자보호법상 전문금융소비자에 대한 설명으로 적절하지 않은 것은?

① 투자권유대행인은 투자성 상품과 관련하여 전문금융소비자이다.

② 상시 근로자 5인 이상의 법인·단체·조합은 대출성 상품의 경우 전문금융소비자이다.

③ 대부업자는 투자성 상품과 관련하여 전문금융소비자이지만 보장성 상품에는 일반금융소비자이다.

④ 법인 등 단체는 예금성 상품과 관련하여 전문금융소비자이다.

★
80 금융소비자보호법상 광고규제에 대한 설명으로 적절하지 않은 것은?

① 광고대상은 금융상품뿐만 아니라 금융상품판매업자등이 제공하는 각종 서비스도 포함한다.

② 금융지주회사, 금융협회와 집합투자업자도 광고의 주체가 될 수 있다.

③ 광고주체가 금융상품 등에 대한 광고를 하는 경우 준법감시인의 심의를 받아야 한다.

④ 투자성 상품의 경우 금융상품판매대리·중개업자의 광고는 금융투자협회가 심사한다.

81 다음 중 금융소비자보호법에서 정하고 있는 내용으로 적절하지 않은 것은?

① 적합성과 적정성의 원칙 위반은 과태료 부과사항이다.

② 판매업자등은 계약 서류의 제공의무가 있으므로 금융소비자와 다툼이 있을 경우에는 금융상품직접판매업자등에게 입증책임이 있다.

③ 금융상품판매업자등은 방문판매 시 일반금융소비자에게 연락금지요구권이 있음을 알려야 하며, 그 내용을 구두로 알린 경우에는 알린 날로부터 1개월 이내에 그 내용을 서면, 전자우편, 휴대전화 문자메시지 등으로 추가로 알려야 한다.

④ 금융감독원 분쟁조정위원회 회의 시 구성위원은 분쟁당사자를 포함한 소비자단체와 금융업권 추천위원이 각각 동수로 지명된다.

82 다음 〈보기〉 중 금융소비자의 위법계약해지권 적용에 대한 사항으로 옳은 것은 모두 몇 개인가?

〈보 기〉

㉠ 6대 판매원칙 위반에 적용한다.
㉡ 계약체결일로부터 3년 이내에 해지요구가 가능하다.
㉢ 해지 시 소급하여 효력상실한다.
㉣ 금융투자회사는 금융소비자에게 해지 관련 비용(수수료, 위약금)의 요구가 가능하다.

① 0개
② 1개
③ 2개
④ 3개

83 금융소비자보호법에서 정하고 있는 금융투자회사의 부당권유금지와 관련한 내용으로 적절하지 않은 것은?

① 금융소비자로부터 요청받지 아니하고 방문 또는 전화 등 실시간 대화의 방법으로 장외파생상품에 대해서는 계약의 권유를 할 수 없다.

② 보호받을 수 있는 대상은 전문금융소비자가 아닌 일반금융소비자에게만 해당한다.

③ 적합성의 원칙을 적용받지 아니하고 권유하기 위해 일반금융소비자로부터 계약체결의 권유를 원하지 않는다는 의사를 서면 등으로 받는 행위를 하여서는 아니 된다.

④ 투자성 상품에 관한 계약체결을 권유하면서 일반금융소비자가 요청하지 않은 다른 대출성 상품을 안내하거나 관련 정보를 제공할 수 없다.

★
84 다음의 괄호 안에 들어갈 말로 적절한 것은?

> 자본시장법상 신용공여에 대한 규제로서, 투자매매업자 또는 중개업자는 투자자의 신용상태 및 종목별 거래상황 등을 고려하여 신용공여금액의 ( ) 이상에 상당하는 담보를 징구하여야 한다. 다만, 매도되었거나 환매청구된 예탁증권을 담보로 하여 매도금액 또는 환매금액 한도 내에서 융자를 하는 경우는 그러하지 아니하다.

① 100%

② 140%

③ 150%

④ 200%

★
85 다음 중 금융분쟁에 대한 설명으로 적절하지 않은 것은?

① 금융소비자보호법상 분쟁조정이 신청된 경우 시효중단의 효과가 있다.

② 분쟁조정 신청 전·후에 소가 제기된 경우 법원은 조정이 있을 때까지 소송절차를 중지할 수 있으며, 법원이 소송을 중지하지 않으면 조정위원회가 조정절차를 중지하여야 한다.

③ 금융회사는 일반금융소비자가 신청한 소액(2천만원 이내인 경우)분쟁 사건에 대하여 조정안 제시 전까지 소 제기를 할 수 없다.

④ 설명의무 위반에 대하여 금융소비자는 자신에게 고의 또는 과실이 없음을 입증하면 손해배상을 받을 수 있다.

★★
86 다음 〈보기〉 중 부당한 재산상 이익의 제공 및 수령의 금지대상을 모두 묶은 것은?

> ─── 〈보 기〉 ───
> ㉠ 경제적 가치가 일반인이 통상적으로 이해하는 수준을 초과하는 경우
> ㉡ 거래상대방만 참석한 여가 및 오락활동에 수반되는 비용을 제공하는 경우
> ㉢ 파생상품과 관련하여 추첨등 기타 우연성을 이용한 방법으로 선정된 일반투자자에게 1회당 300만원을 초과하는 금전 등을 지급하는 경우
> ㉣ 집합투자증권 판매회사의 변경을 권유하면서 백화점상품권을 제공하는 경우

① ㉠, ㉡, ㉢

② ㉠, ㉢, ㉣

③ ㉡, ㉢, ㉣

④ ㉠, ㉡, ㉢, ㉣

★★
87 다음 중 신상품의 보호에 관한 협회규정에 대한 설명으로 적절하지 않은 것은?

① 신상품이란 새로운 비즈니스 모델을 적용한 금융투자상품 또는 이에 준하는 서비스 등을 말하는데, 단 국내외에서 이미 공지되었거나 판매된 적이 없어야 한다.

② 배타적 사용권이란 신상품을 개발한 금융투자회사가 일정기간 동안 독점적으로 신상품을 판매할 수 있는 권리를 말한다.

③ 배타적 사용권에 대한 직접적인 피해가 발생하고 금융투자회사가 침해배제 신청을 한 경우, 협회심의위원회 위원장은 침해배제 신청 접수일로부터 10영업일 이내에 심의위원회를 소집하고 심의해야 한다.

④ 침해배제 신청이 이유가 있다고 결정된 경우 심의위원회는 지체 없이 침해회사에 대해 침해의 정지를 명할 수 있다.

★★
88 다음 〈보기〉 중 조사분석자료에 대한 설명으로 적절한 것을 모두 고르면?

───────── 〈보 기〉 ─────────

㉠ 금융투자회사는 자신이 발행한 주식을 기초자산으로 하는 주식워런트증권에 대해서는 조사분석자료를 공표할 수 없다.

㉡ 금융투자분석사가 기업금융업무 관련 부서와 협의하고자 하는 경우 자료교환은 준법감시부서를 통하고, 준법감시부서 직원의 입회하에 이루어져야 하며, 회의의 주요내용은 서면으로 기록·유지되어야 한다.

㉢ 금융투자분석사는 자신의 금융투자상품 매매내역을 분기별로 회사에 보고하여야 한다.

㉣ 소속 회사에서 조사분석자료를 공표하는 경우 금융투자분석사는 자신이 분석을 담당하는 업종이 아니더라도 공표일부터 7일간은 해당 종목을 매매할 수 없다.

① ㉠, ㉡

② ㉠, ㉣

③ ㉠, ㉡, ㉢

④ ㉠, ㉡, ㉣

★★
89 다음 중 협회의 금융투자전문인력에 대한 제재에 관한 설명으로 적절하지 않은 것은?

① 금융투자전문인력이 금융투자회사를 퇴직하더라도 등록을 말소할 수 없다.

② 금융투자전문인력이 정당한 사유 없이 보수교육을 이수하지 않은 경우 제재할 수 있다.

③ 금융투자전문인력이 개인정보보호교육을 이수하지 않은 경우에는 협회가 제재할 수 없다.

④ 다른 회사에 금융투자전문인력으로 등록되어 있는 자를 등록신청 시 등록거부를 할 수 있다.

★★★

90 상법상 주식회사의 상대적 기재사항이 아닌 것은?

① 현물출자를 하는 자에게 부여할 주식의 종류와 수

② 회사 성립 후에 양수할 재산의 종류와 그 양도인의 성명

③ 회사가 설립 시에 발행하는 주식의 총수

④ 회사가 부담할 설립비용이나 발기인이 받을 보수액

★★

91 다음 중 우리나라 회사법에 의한 감사에 대한 설명으로 적절하지 않은 것은?

① 감사의 자격에는 제한이 없으므로 회사 및 자회사의 지배인과 기타의 사용인도 감사가 될 수 있다.

② 감사는 주주총회에서 선임한다.

③ 감사는 회의의 목적사항과 소집의 이유를 기재한 서면을 이사회에 제출하여 임시총회의 소집을 청구할 수 있다.

④ 모회사 감사는 그 직무를 수행하기 위하여 필요한 경우 자회사에 대하여 영업의 보고를 요구할 수 있고 그 보고의 내용을 확인하기 위하여 자회사의 업무와 재산상태를 조사할 수도 있다.

★★

92 다음 중 주주의 의결권에 대한 설명으로 적절하지 않은 것은?

① 의결권 행사를 위해서는 주주명부에 명의개서가 되어야 한다.

② 모든 주주는 1주마다 1개의 의결권을 갖는다.

③ 주주 의결권의 대리행사를 금지할 경우 정관에 기재되어 있어야 한다.

④ 주주가 2개 이상의 의결권을 가지고 있는 경우 이를 통일하지 아니하고 행사할 수 있다.

★★

93 상법상 주주명부에 대한 설명으로 적절하지 않은 것은?

① 회사는 1개월을 초과하지 않는 기간을 정하여 주주명부의 기재변경을 정지시킬 수 있다.

② 주식의 이전은 취득자의 성명과 주소를 주주명부에 기재하지 아니하면 회사에 대항하지 못한다.

③ 주주명부 폐쇄개시 직전일 주주명부상의 주주가 권리 행사자로 확정된다.

④ 회사의 통지 및 최고는 주주명부에 기재한 주소 또는 그 자로부터 회사에 통지한 주소로 하면 된다.

94 상법상 주식회사의 합병에 대한 설명으로 적절하지 않은 것은?

① 합병에 반대한 주주라도 주식의 매수를 청구하지 않는 한 존속회사의 주주가 될 수 있다.

② 존속회사 또는 신설회사는 소멸회사의 권리의무를 승계하지 않는다.

③ 합병으로 소멸하는 회사는 청산절차를 거치지 아니하고 소멸한다.

④ 합병결의가 있는 날로부터 1개월 이상의 기간 안에 채권자의 이의권이 인정되며 회사가 이 이의권을 묵살하면 합병무효의 원인이 된다.

95 상법상 주식회사의 이사에 대한 설명으로 적절하지 않은 것은?

① 이사는 주주총회에서 선임하며 또한 주주총회는 언제든지 특별결의로 임기만료 전에 이사를 해임할 수 있다.

② 이사의 임기는 3년을 초과하지 못하지만 연임에 대한 제한은 없다.

③ 이사는 3인 이상이어야 한다. 다만 자본금 5억원 미만의 회사는 1인 또는 2인의 이사만 두더라도 무방하다.

④ 이사는 감사의 지위를 겸하지 못한다.

96 다음 중 우리나라 조세체계에서 국세에 해당하는 것은?

① 교육세

② 취득세

③ 재산세

④ 주민세

97 다음 중 상증세에 대한 설명으로 적절하지 않은 것은?

① 상속세의 신고·납부기한은 국내 거주 시 상속개시일이 속하는 달의 말일로부터 6월 이내이다.

② 증여세 신고·납부기한은 증여개시일이 속하는 달의 말일로부터 3월 이내이다.

③ 상속세와 증여세는 물납이 허용된다.

④ 상속세와 증여세액이 2천만원이 초과하는 경우 세무서의 허락을 얻어 연부연납할 수 있다.

★★
98 다음 〈보기〉 중 소득세법상 이자소득에 해당하는 것만으로 모두 고른 것은?

─────────────── 〈보 기〉 ───────────────

ⓐ 직장공제회 초과반환금
ⓑ 비영업대금의 이익
ⓒ 환매조건부 채권의 매매차익
ⓓ 법인으로 보는 단체로부터 받는 분배금

① ⓐ, ⓑ
② ⓐ, ⓑ, ⓒ
③ ⓐ, ⓒ, ⓓ
④ ⓐ, ⓑ, ⓒ, ⓓ

★★
99 소득세법상 거주자의 소득구분 중 종합소득에 해당하지 않는 것은?

① 배당소득
② 기타소득
③ 퇴직소득
④ 근로소득

★★
100 조세의 분류와 관련하여 빈칸에 들어갈 말로 옳은 것은?

과세표준과 관계없이 일정률의 세율이 적용되는 조세는 (   ), 과세표준의 크기에 따라 세율에 차이가 있는 조세는
(   )이다.

① 비례세, 누진세
② 국세, 지방세
③ 직접세, 간접세
④ 보통세, 목적세

What is your passcode?

증권투자권유자문인력 실제유형 모의고사

제1회

PASSCODE

증권투자권유자문인력 실제유형 모의고사

제3회

제3회
증권투자권유자문인력
실제유형 모의고사

문항 및 시험시간

평가영역	문항 수	시험시간	비 고
증권투자권유자문인력	100문항	120분	

제3회 실제유형 모의고사

문 항 수 : 100문항
응시시간 : 120분

증권분석 및 증권시장(35문항)

★★
01 다음 중 통화유통속도에 대한 설명으로 적절하지 않은 것은?

① 통화유통속도는 사전적으로 추계가 가능하므로 경기변화 및 인플레이션 압력 등을 예측하는 데에 유용하게 활용된다.
② 통화유통속도(V)는 명목GDP(P × Y)를 통화량(M)으로 나눈 값이다.
③ 일정량의 통화량이 일정 기간 동안 몇 번을 회전하여 명목GDP에 해당하는 거래를 뒷받침하였는가를 반영한다.
④ 우리나라의 경우 통화유통속도는 장기적으로 하락하는 추세에 있다.

★★★
02 다음 중 통화지표의 범위가 큰 순서대로 나열된 것은?

① M1 ⊃ M2 ⊃ L ⊃ Lf
② M1 ⊃ M2 ⊃ Lf ⊃ L
③ L ⊃ Lf ⊃ M2 ⊃ M1
④ Lf ⊃ L ⊃ M2 ⊃ M1

★★★
03 다음 중 경기변동이론에 대한 설명으로 적절하지 않은 것은?

① 은행이 균형금리에서 결정되는 적정수준의 대출 수준보다 차입자에게 과소한 대출로 인해 발생하는 신용할당(credit rationing) 현상은 금리경로의 장애요인이다.
② 경기조절을 위해서 총수요관리가 필요하다는 점에서 통화주의자들의 이론은 케인즈학파의 사고와 동일하나 통화주의자들은 경기순환의 원인을 불안정한 통화공급에서 찾았다.
③ 새고전학파의 루카스는 소비함수와 투자함수의 계수들이 변할 수 있는 가능성을 모형에 도입하여야 한다고 하면서 케인즈학파를 비판하였다.
④ 케인즈학파의 전통을 따르는 새케인즈학파는 임금·가격의 신축성을 계승하고자 했다.

04 다음 〈보기〉 중 경기선행종합지수에 속하는 것은 총 몇 개인가?

─────────────────── 〈보 기〉 ───────────────────
ⓐ 재고순환지표   ⓑ 코스피   ⓒ 장단기금리차   ⓓ 취업자수

① 1개   ② 2개
③ 3개   ④ 4개

05 다음의 괄호 안에 들어갈 말이 올바르게 연결된 것은?

통화량의 증가로 투자가 증가하여 그 결과 국민소득이 증가하지만, 이는 다시 화폐수요의 증가로 나타나 이자율이 (   )하게 된다. 이를 화폐공급의 이자율에 대한 (   )라고 한다.

① 상승 − 소득효과   ② 상승 − 피셔효과
③ 하락 − 소득효과   ④ 하락 − 유동성효과

06 다음 중 경기종합지수(CI)에 대한 설명으로 적절하지 않은 것은?

① DI가 각 개별 시계열의 변화방향만을 감안하여 작성하는 데 비하여 CI는 각 지표의 전년대비변화율을 통계적으로 종합·가공하여 산출한다.
② CI의 전월대비증가율이 (+)인 경우에는 경기상승을, (−)인 경우에는 경기하강을 나타내며 그 증감률의 크기에 의해 경기변동의 진폭도 알 수 있다.
③ CI는 경기변동의 방향, 국면 및 전환점은 물론 변동속도까지 동시에 분석할 수 있으며 경기조정정책 수립에 필요한 기초자료로 제공된다.
④ CI는 기준순환일에 대한 시차(Time Lag) 정도에 따라 선행·동행·후행종합지수의 3개군으로 구분된다.

07 다음 중 기업경기실사지수(BSI)에 대한 설명으로 적절하지 않은 것은?

① 단기 경기예측수단이다.
② 경기동향 등에 대한 기업가의 판단, 전망 및 이에 대비한 계획을 설문지를 통하여 조사·분석한다.
③ BSI가 100 이상인 경우 경기확장국면을, 100 이하는 경기수축국면을 의미한다.
④ 전체응답자 100명, 긍정적 응답자 70명, 부정적 응답자 30명일 경우 BSI 지수는 40이다.

★★★
08 다음 중 부채항목으로만 묶은 것은?

① 선수금, 미수금
② 선수수익, 미지급비용
③ 선급비용, 선수수익
④ 선급금, 미지급금

★★★
09 어느 회사의 자기자본이 2억원, 타인자본이 3억원, 매출액이익률은 10%이며, 총자산회전율은 5인 경우, 이 회사의 당기순이익은?

① 1억원
② 1억 5천만원
③ 2억 5천만원
④ 3억원

★★
10 다음 중 통상적으로 PBR 값이 1이 아닌 이유와 거리가 먼 것은?

① 분자의 주가는 미래 현금흐름을 나타내지만 분모의 순자산은 역사적 취득원가를 나타내기 때문이다.
② 계속기업(Going Concern)을 가정하기 때문이다.
③ 분자의 주가는 기업의 총체적 가치이지만 분모의 BPS는 단순히 개별자산의 합에 불과하기 때문이다.
④ 회계 관습에 의하여 자산·부채의 장부가액 평가가 제약을 받기 때문이다.

★★★
11 A기업의 현재주가는 9,000원이고 현재 주당이익은 3,000원이며 매년 10%의 성장(g)을 계속하고 60%의 유보율(f)을 유지할 것으로 예상한다. 배당평균모형을 이용한 PER에 의한 이 기업의 1년 후의 예상주가는? (단, 요구수익률(k)은 20%이다.)

① 14,250원
② 16,500원
③ 18,500원
④ 19,500원

★
12 다음 중 다우이론(Dow Theory)에서 주가가 수직으로 하락하며 거래량도 급격히 감소하는 국면은?

① 과열국면
② 분산국면
③ 공포국면
④ 침체국면

★★
13 엘리어트 파동 중 조정파동으로만 구성된 것은?

① 4번파동, c파동　　　　　　　　② 5번파동, a파동

③ 3번파동, c파동　　　　　　　　④ 2번파동, b파동

★★
14 패턴분석 중 지속형에 속하는 것은?

① 삼봉형　　　　　　　　　　　② 깃대형

③ 확대형　　　　　　　　　　　④ V자 모형

★
15 다음 중 기술적 분석에 대한 설명으로 적절하지 않은 것은?

① 일정 기준일 이후부터 전일의 종가에 비해 오른 종목수에서 내린 종목수를 차감한 것을 매일 누계하여 이은 선을 등락주선(ADL)이라고 한다.

② 삼봉천장형은 머리부분이 주가도 높고 거래량도 최대로 나타나는 반전형이다.

③ 지속형인 상승쐐기형은 완성된 후 주가의 하락 반락이 예상된다.

④ 지속형인 깃대형은 주가가 거의 수직에 가까울 정도의 기울기 추세를 따라 빠르고 급격한 상승을 보인 후 형성되는 경향으로 주가 급등 시에 잘 나타난다.

★★
16 다음 중 상장회사의 주식발행에 대한 설명으로 적절하지 않은 것은?

① 액면주식의 경우 액면가는 100원 이상이어야 한다.

② 회사는 정관으로 액면주와 무액면주를 선택할 수 있으나 양자를 모두 발행할 수는 없다.

③ 회사가 무액면주를 발행할 경우에는, 주권 발행가액의 1/2 이상의 금액 중에서 회사가 임의로 정하는 금액을 자본금으로 한다.

④ 5천원을 초과하는 주권을 발행할 경우에는 5천원의 배수로 발행하여야 한다.

★★
17 다음 중 유가증권시장 상장을 위한 분산요건으로 잘못 연결된 것은?

> • 국내공모 상장주식수는 (ⓐ)주 이상이고 자기자본 (ⓑ)원 이상이어야 한다.
> • 국내공모 (ⓒ)주주수는 (ⓓ)명 이상이어야 한다.

① ⓐ – 100만   ② ⓑ – 300억
③ ⓒ – 소액   ④ ⓓ – 500

★★★
18 거래소의 상장예비심사결과 그 효력을 인정할 수 없어서 상장할 수 없는 사유와 거리가 먼 것은?

① 신규상장 신청인이 국내 회계기준 위반으로 증권선물위원회로부터 과징금 조치를 받은 경우
② 상장예비심사 신청일 후 상장일 전일까지 제3자 배정방식으로 신주를 발행하는 경우
③ 투자설명서, 예비투자설명서, 간이투자설명서, 핵심상품설명서의 내용이 상장신청서와 다른 경우
④ 상장예비심사 결과를 통보받은 날로부터 6개월 이내에 신규상장신청서를 제출하지 않은 경우

★★
19 다음 〈보기〉는 어떤 공시를 말하는가?

> ─── 〈보 기〉 ───
>
> 상장법인이 증권시장을 통해 공시되지 아니한 중요정보를 기관투자자 등 특정인에게 선별적으로 제공하고자 하는 경우 모든 시장참가자들이 동 정보를 알 수 있도록 그 특정인에게 제공하기 전에 증권시장을 통해 공시하도록 하는 제도를 말한다.

① 자율공시   ② 조회공시
③ 공정공시   ④ 수시공시

★★★
20 다음 중 단일가매매 시 적용되는 동시호가에 대한 설명으로 적절하지 않은 것은?

① 호가의 시간상 우선순위를 배제한다.
② 위탁자주문이 회원사의 자기매매 주문에 우선한다.
③ CB 또는 VI 발동으로 거래중단 후 재개 시에는 적용되지 않는다.
④ 종가결정 시와 시간외단일가매매 시는 동시호가가 적용되지 않는다.

★★

21 다음 중 상장예비심사를 받을 필요가 없는 경우는?

① 신규상장   ② 추가상장

③ 재상장   ④ 우회상장

★★

22 다음 중 매매계약 체결방법이 아닌 것은?

① 경쟁매매   ② 상대매매

③ 경매매   ④ 보통매매

★★

23 다음 중 한국거래소의 매매거래제도에 대한 설명으로 적절하지 않은 것은?

① 접속매매 시 10단계, 단일가매매 시 3단계의 호가정보를 공개한다.

② 유가증권시장, 코스닥시장, 코넥스시장의 호가가격단위는 7단계이다.

③ 불성실공시법인으로 지정될 경우 해당법인의 주권은 1일간 매매정지된다.

④ ETF와 ELW는 가격범위와 무관하게 호가가격단위는 10원 단위로 일괄 적용한다.

★★★

24 호가와 관련하여 다음 〈보기〉의 내용에 해당하는 것은?

─── 〈 보 기 〉 ───

상대방 최우선호가로 즉시 체결이 가능하도록 하기 위해 주문접수 시점의 상대방 최우선호가 가격으로 지정되는 주문형 태이다. 즉, 매도의 경우 해당 주문의 접수시점에 가장 높은 매수주문의 가격, 매수의 경우 해당 주문의 접수시점에 가장 낮은 매도주문의 가격으로 지정한 것으로 보아 매매체결에 참여하는 주문이다.

① 지정가주문   ② 최우선지정가주문

③ 조건부지정가주문   ④ 최유리지정가주문

25 다음 〈보기〉 중 프로그램매매와 호가효력 일시정지제도(Side car)에 대한 설명으로 옳은 것만 모두 고른 것은?

─〈 보 기 〉─

ⓐ 프로그램매매는 일반적으로 시장분석·투자시점 판단·주문제출 등의 과정을 컴퓨터로 처리하는 거래기법을 통칭하는 매매방법을 말한다. 한국 증권시장에서의 프로그램매매는 모든 지수차익거래와 동일인이 일시에 KOSPI 구성종목 중 15종목 이상을 거래하는 비차익거래를 의미한다.

ⓑ Side car 제도는 프로그램매매를 규제하는 가장 대표적인 방법으로 시장상황이 급변할 경우 프로그램매매의 호가효력을 일시적으로 제한함으로써 프로그램매매가 주식시장에 미치는 충격을 완화하고자 하는 제도이다.

ⓒ 동 제도에 따르면 코스피200지수선물 가격이 기준가 대비 5% 이상 상승 또는 하락하여 1분간 지속되는 경우, 상승의 경우에는 프로그램매수의 호가효력을, 하락의 경우에는 프로그램매도의 호가효력을 5분 동안 정지하며, 프로그램매매의 호가효력이 5분 동안 정지된 후에는 접수순서에 따라 매매를 체결시킨다.

ⓓ 장 종료 40분전 이후, 그리고 프로그램매매호가의 효력정지시간 중 주식시장의 매매거래중단제도(Circuit Breaker)에 의하여 주식시장의 매매거래가 중단된 후 당해 매매거래가 재개된 때에도 Side car의 발동을 해제한다.

① ⓐ, ⓑ, ⓒ, ⓓ
② ⓐ, ⓑ, ⓒ
③ ⓐ, ⓑ
④ ⓐ, ⓑ, ⓓ

26 다음 중 거래소 시장운영 등에 대한 설명이다. 옳은 항목의 개수는?

가. 경쟁대량매매주문이란 종목 및 수량은 지정하되 체결가격은 당일의 거래량 가중평균가격(VWAP)으로 매매하고자 하는 주문 유형이다.

나. '기세'란 정규시장 종료 시까지 매매거래가 성립되지 아니한 종목 중 당일 기준가격 대비 낮은(높은) 매도(매수) 호가가 있는 경우 가장 낮은(높은) 매도(매수)호가의 가격을 그 날의 종가로 인정하는 제도이다.

다. ELW는 가격제한폭이 없으므로 시장가 주문이 불가하다.

라. '동시호가' 시 체결수량 배분방법은 순차적으로 6차 배분까지 한다.

① 1개
② 2개
③ 3개
④ 모두 옳다.

27 (   )란, 채권시장에서 형성된 만기수익률에 의해 결정된 채권매매가격을 의미하며, 일반채권의 경우에는 (   ) 10,000원을 기준으로 산정·표시하는 것을 일컫는 용어이다.

① 단가 – 액면가
② 액면가 – 단가
③ 단가 – 체결가
④ 액면가 – 지정가

***

28 어느 채권은 시장금리가 1% 상승할 경우 이 채권의 실제가격은 1.25% 하락한다. 이 채권의 수정듀레이션 = 1.35이면 볼록도(convexity)는 얼마인가?

① 10

② 20

③ 30

④ 35

**

29 액면가 10,000원인 전환사채를 12,000원에 매수하였다. 전환사채 액면가 10,000원당 전환주식수가 2주이고 주식의 주당 시가는 5,500원이면 다음 내용 중 옳은 것은?

	패리티(%)	전환프리미엄(원)	괴리율(%)
①	110	1,000	9.1
②	120	2,000	10.1
③	110	1,000	10.1
④	120	2,000	9.1

***

30 다음과 같은 네 종류의 채권이 있다. 채권의 만기수익률이 5%에서 6%로 변동했을 경우 채권가격 하락폭이 큰 순서대로 나열된 것은?

> ㉠ 수정듀레이션이 2.30인 이표채
> ㉡ 수정듀레이션이 2.84인 이표채
> ㉢ 잔존만기가 3년인 할인채
> ㉣ 잔존만기가 5년인 복리채

① ㉠ → ㉡ → ㉢ → ㉣

② ㉠ → ㉢ → ㉡ → ㉣

③ ㉣ → ㉡ → ㉢ → ㉠

④ ㉣ → ㉢ → ㉡ → ㉠

★★★
31 다음 중 금리 하락이 예상될 경우에 투자수익률을 극대화하는 적극적인 채권운용방식에 해당하는 것은?

① 현금 및 단기채의 비중을 늘린다.

② 표면이자율이 낮은 장기채 비중을 늘린다.

③ 채권포트폴리오의 듀레이션을 줄인다.

④ 복리채보다는 이표채의 비중을 늘린다.

★★
32 현 시점에서 2년 만기 현물이자율이 7%, 3년 만기 현물이자율이 8%라고 하면 향후 2년 후의 1년 만기 내재선도이자율은? (근사치)

① 7.55%

② 8.85%

③ 9.05%

④ 10.03%

★★★
33 자산유동화증권에 대한 설명으로 옳지 않은 것은?

① 유통시장CBO는 금융기관이 투기등급 채권을 SPC에 매각하고 SPC는 신용을 보강하여 투자자에게 매각하는 구조이다.

② 우리나라의 경우 일반CLO는 금융기관의 무수익채권(non-performing loan)을 기초자산으로 발행하는 NPL자산유동화증권이 대다수이다.

③ 합성CDO는 준거자산의 소유권을 SPC로 양도하면 이 SPC는 신용을 보강하여 투자자에게 매각하여 자금을 조달한다.

④ CDO의 기초자산은 Debt로서 CLO와 CBO를 포함한 개념이다.

★
34 다음 중 코넥스시장의 불성실공시 지정사유가 아닌 것은?

① 공시내용의 일부사항을 일정 범위 내에서 변경하여 공시하는 경우

② 거짓으로 또는 잘못 공시하거나 주요사항을 기재하지 아니하고 공시한 경우

③ 이미 공시한 내용을 전면 취소, 부인하는 공시를 하는 경우

④ 조회공시 부인 후 1월 이내에 기존 공시내용과 상반되는 내용을 결정하는 경우

35 다음 중 K-OTC시장의 신규등록 및 신규지정 요건에 대한 설명으로 적절하지 않은 것은?

① 최근 사업연도 말 현재 자본전액잠식 상태가 아닐 것

② 최근 사업연도의 재무제표에 대한 감사의견이 적정일 것

③ 최근 사업연도 매출액이 10억원 이상일 것

④ 명의개서대행회사와 명의개서대행계약을 체결하고 있을 것

금융상품 및 직무윤리(30문항)

36 다음 〈보기〉 중 파생결합증권의 기초자산이 될 수 있는 것을 모두 고르면?

─── 〈보 기〉 ───

ⓐ 농산물

ⓑ 외국통화를 포함한 통화

ⓒ 산출이나 평가가 가능한 자연적 현상

ⓓ 신용위험

① ⓐ, ⓑ　　　　　　　　　　　② ⓑ, ⓒ

③ ⓑ, ⓓ　　　　　　　　　　　④ ⓐ, ⓑ, ⓒ, ⓓ

37 다음 중 예금자보호법에 의한 예금자보호대상인 것은?

① 양도성예금증서

② 표지어음

③ RP

④ 주택청약종합저축

★★
38 다음 중 단기금융집합투자기구(MMF)에 편입할 수 있는 것은 몇 개인가?

---

1. 남은 만기가 6개월 이내인 양도성예금증서
2. 남은 만기의 제한을 받지 아니하는 환매조건부 매수
3. 집합투자재산의 5% 이내의 남은 만기가 1년 이상인 국채증권
4. 다른 단기금융집합투자기구의 집합투자증권

---

① 1개　　　　　　　　　　　　　　　② 2개
③ 3개　　　　　　　　　　　　　　　④ 4개

★★
39 다음 중 부동산신탁에 대한 설명으로 적절하지 않은 것은?

① 토지신탁은 부동산신탁회사만 취급가능하다.
② 임대형 토지신탁은 신탁토지에 택지조성, 건축 등의 사업을 시행한 후 이를 분양하여 발생한 분양수익을 수익자에게 교부한다.
③ 부동산담보신탁은 후순위 권리설정을 배제할 수 있다.
④ 부동산 을종 관리신탁은 단순히 소유권 보존만을 관리한다.

★
40 다음 중 ELS의 수익구조에 대한 설명으로 적절하지 않은 것은?

① Digital형은 채권 + Digital Call(또는 put) 옵션 매수로 구성된다.
② 리버스컨버터블(RC)형은 채권 + 외가격 put option 매도로 구성된다.
③ Knock-out형은 채권 + Knock-out call option 매수로 구성된다.
④ Bull spread형은 채권 + 낮은 행사가격 call option 매도 + 높은 행사가격 call option 매수로 구성된다.

★★
41 다음 중 주택연금(역모기지론) 요건에 대한 설명으로 적절하지 않은 것은?

① 자격자는 부부 중 연장자가 만 55세 이상이어야 한다.

② 주택가격이 대출잔액보다 작을 경우 부족 부분은 상속인에게 청구하지 않는다.

③ 연간 보증료 부담이 없다.

④ 지급방식은 종신방식, 확정기간방식 그리고 대출상환방식 등이 있다.

★★
42 환매금지형 집합투자기구가 해당 집합투자증권을 추가 발행할 수 있는 경우가 아닌 것은?

① 기존 투자자 전원의 동의를 받은 경우

② 기존 투자자에게 집합투자증권의 보유비율에 따라 추가로 발행되는 집합투자증권에 대해 우선매수기회를 부여하는 경우

③ 기존 투자자의 이익을 해할 우려가 없다고 신탁업자로부터 확인을 받은 경우

④ 보유 주식의 유상증자로 인해 추가자금이 필요하다고 집합투자업자가 인정하는 경우

★★
43 다음 중 전략적 자산배분의 실행에 속하는 것은?

① 시장가치접근방법　　　　　　　　② 기술적 분석

③ 포뮬러플랜　　　　　　　　　　　④ 가치평가모형

★★★
44 연초에 100만원을 투자하였는데 1년 말에 300만원이 되었으며, 2년 말에는 120만원이 되었다. 산술평균(ARR)수익률을 구하시오. (근사값)

① 9.5%　　　　　　　　　　　　　　② 70%

③ 80%　　　　　　　　　　　　　　④ 130%

★★
45 다음은 최적의 투자결정을 위한 기대수익률의 측정방법 중 하나이다. 다음 〈보기〉에 속하는 분석법은?

〈보 기〉

과거의 자료를 바탕으로 하되 미래의 발생상황에 대한 기대치를 추가하여 수익률을 예측하는 방법이다. 과거의 시계열 자료를 토대로 각 자산별 리스크 프리미엄 구조를 반영하는 기법이기도 하다.

① 시나리오 분석법　　　　　　　　　　② 추세분석법
③ 펀더멘털 분석법　　　　　　　　　　④ 시장공동예측치 사용법

★★
46 다음 중 투자전략과 자산배분에 대한 설명으로 적절하지 않은 것은?

① 자산배분이란 자산의 구성비 변동을 통해 초과수익을 얻고자 하는 적극적인 투자전략이라는 의미가 있다.
② 통합적 투자관리란 투자목표의 설정 → 자산배분의 실시 → 개별종목의 선정 → 포트폴리오의 수정 → 투자성과의 사후통제의 단계이다.
③ 투자관리의 3요소는 자산배분, 증권선택, 마켓타이밍의 선택인데 투자관리를 진행함에 있어서 하향식보다는 상향식 접근이 더 효과적이라고 평가된다.
④ 대형연기금의 장기투자실적을 분석해 본 결과 투자관리의 3요소 중 자산배분의 효과가 가장 크게 영향을 미친 것으로 나타났다.

★★
47 펀드 투자수익률 계산과 관련하여, 다음 중 금액가중수익률(dollar-weighted rate of return)에 해당하는 내용을 모두 연결한 것은?

가. 최초 및 최종의 자산규모, 자금의 유출입 시기에 의해 영향을 받는다.
나. 운용기간 도중 각 시점별로 펀드성과와 시장수익률을 비교하기가 어렵다.
다. 펀드매니저의 능력을 평가하는 지표로 적합하다.

① 가, 다　　　　　　　　　　② 나, 다
③ 가, 나　　　　　　　　　　④ 가, 나, 다

★★
48 다음 중 최적포트폴리오를 탐색하는 과정의 순서로 적절한 것은?

① 효율적 증권 → 지배원리 → 최적증권 → 무차별효용곡선과의 접점
② 효율적 증권 → 최적증권 → 지배원리 → 무차별효용곡선과의 접점
③ 지배원리 → 효율적 증권 → 최적증권 → 무차별효용곡선과의 접점
④ 최적증권 → 효율적 증권 → 지배원리 → 무차별효용곡선과의 접점

★★
49 투자권유를 희망하는 금융소비자에 대한 판매의 설명으로 옳지 않은 것은?

① 환매조건부매매(RP)를 하는 금융소비자에 대하여서는 투자목적, 재산상황, 투자경험의 투자자정보만을 간략하게 파악할 수 있도록 별도의 투자자정보확인서를 활용할 수 있다.

② 신규 일반금융소비자(개인, 법인 포함)이거나 만 65세 이상의 고령자 대상으로 공모와 사모를 불문하고 E(D)LS, E(D)LF, E(D)LT를 투자권유 시 '적합성 보고서'를 계약체결 이전에 제공하여야 한다.

③ 투자자정보 유효기간은 금융소비자가 별도의 요청이 없는 한 투자자정보를 파악한 날로부터 12~24개월 동안 투자자정보가 변경되지 않은 것으로 간주할 수 있다.

④ 미성년 자녀를 본인으로 하는 법정대리인에 대한 투자권유 시 자녀에 대한 투자자정보 작성권한 여부를 확인하여야 한다.

★
50 다음 중 방문판매에 대한 설명으로 적절하지 않은 것은?

① 영업점 이외의 장소에서 계약체결을 권유한 후 투자자가 영업점을 내방하여 계약을 체결한 경우에도 방문판매 규제가 적용된다.

② 일반금융소비자 대상 사전안내 시 사모펀드, 고난도금융투자상품, 장내 및 장외 파생상품 등은 사전 안내가 불가하며, 전문금융소비자에게는 장외파생상품을 사전 안내할 수 있다.

③ 방문판매인력은 고객에게 방문판매 등의 과정이 녹취(화상권유판매의 경우 녹화를 말함)된다는 사실을 안내하고 녹취를 진행하여야 한다.

④ 방문판매를 수행하는 금융회사 임직원 등은 연 1회 직무교육을 이수하여야 한다.

★★★
51 다음 〈보기〉 중 조건부자본증권을 투자권유하는 경우에 추가적으로 설명해야 할 사항으로 올바른 것만 모두 나열한 것은?

〈보 기〉

가. 일정한 사유가 발생하면 원리금이 전액 상각되거나 보통주로 전환되는 특약이 있다는 사실

나. (만기가 장기이거나 발행인의 임의만기연장 특약이 있는 경우) 장기간 현금화가 불가능하거나 유동성이 보장되지 않을 수 있다는 사실

다. (이자지급제한에 관한 특약이 있는 경우) 특정한 사유 발생 시 또는 발행인의 재량에 따라 이자가 지급되지 않을 수 있다는 사실

① 가, 나   ② 가, 다
③ 나, 다   ④ 가, 나, 다

52 다음 중 부당권유행위에 속하지 않는 것은?

① 투자자로부터 투자권유 요청을 받지 아니하고 장외파생상품을 실시간 대화의 방법으로 투자권유하는 행위

② 금융상품가치에 중대한 영향을 미치는 사항을 미리 알고 있으면서 금융소비자에게 알리지 않는 행위

③ A회사 채권에 대한 투자권유를 거부한 투자자에게 다음 날에 B회사 채권을 투자권유하는 행위

④ 금융소비자에게 대출을 실행하면서 대출금의 일정 부분을 적금으로 유치하는 행위

53 고객관리(CRM)에서 '고객획득'보다 '고객유지'가 중요하게 된 가장 직접적인 이유는?

① 금융기관별 업무분리가 명확하기 때문이다.

② 우량고객 위주로 수익성 확대를 목표로 하기 때문이다.

③ 금융기관이 차지하는 시장점유율이 매우 중요한 평가요소이기 때문이다.

④ 시장발전이 둔화되어 타킷 마케팅의 한계가 나타나고 있기 때문이다.

54 다음 중 금융회사의 고령투자자에 대한 투자권유에 관한 설명으로 적절하지 않은 것은?

① 임직원 등은 65세 이상인 고령투자자를 대상으로 금융투자상품을 판매하는 경우, 판매과정을 녹취하고 투자자가 요청하는 경우 녹취한 파일을 제공하여야 하며, 판매과정에서 2영업일 이상의 숙려기간을 부여하여야 한다.

② 회사는 구조가 복잡하고 가격변동성이 크거나 환금성에 제약이 있는 금융투자상품을 "투자권유 유의상품"으로 지정하여 투자권유 대상에서 제외하여야 한다.

③ 회사는 고령투자자 보호 정책을 마련하고, 판매 프로세스 개선 및 임직원에 대한 교육 등을 수행하는 본사 내 전담부서 및 전담직원을 지정하여야 한다.

④ 회사는 고령투자자 응대방법 및 강화된 판매절차 등을 담은 내규를 제정하여야 한다.

55 다음 중 금융회사의 준법감시인에 대한 설명으로 적절하지 않은 것은?

① 준법감시인의 임기는 2년 이상으로 한다.

② 금융회사가 준법감시인을 임면하려는 경우에는 주주총회의 의결을 거쳐야 한다.

③ 금융회사는 사내이사 또는 업무집행책임자 중에서 준법감시인을 선임하여야 한다.

④ 금융회사는 준법감시인에 대하여 회사의 재무적 경영성과와 연동하지 아니하는 별도의 보수지급 및 평가 기준을 마련하여 운영하여야 한다.

★★

56 금융소비자보호법상 부당권유행위금지 위반과 설명의무 위반에 모두 해당하는 것은?

① 불확실한 사항에 대하여 단정적 판단을 제공하거나 확실하다고 오인하게 할 소지가 있는 내용을 알리는 행위

② 금융상품의 내용을 사실과 다르게 알리는 행위

③ 금융상품의 가치에 중대한 영향을 미치는 사항을 미리 알고 있으면서 금융소비자에게 알리지 아니하는 행위

④ 금융상품 내용의 일부에 대하여 비교대상 및 기준을 밝히지 아니하거나 객관적인 근거 없이 다른 금융상품과 비교하여 해당 금융상품이 우수하거나 유리하다고 알리는 행위

★★

57 다음 중 금융투자회사의 재산상 이익의 제공 및 수령에 대한 설명으로 적절하지 않은 것은?

① 영업직원이 금융소비자에게 펀드판매사 변경을 조건으로 연극관람권을 제공하는 것은 부당한 재산상 이익의 제공에 해당한다.

② 금융투자회사가 거래상대방에게 재산상 이익을 제공하거나 제공받은 경우 제공목적, 제공내용, 제공일자, 거래상대방, 경제적 가치 등을 5년 이상의 기간 동안 기록·보관하여야 한다.

③ 금융투자회사는 특정 거래상대방에게 제공한 금전·물품·편의 등이 10억원(최근 5개 사업연도 합계)을 초과할 경우 공시하여야 한다.

④ 금융투자회사는 재산상 이익의 제공현황 및 적정성 점검결과를 매년 대표이사에게 보고하여야 한다.

★★

58 다음 중 금융투자업의 직무윤리상 내부제보(고발)제도에 대한 설명으로 적절하지 않은 것은?

① 회사는 내부통제의 효율적 운영을 위하여 내부고발제도(임직원이 회사 또는 다른 임직원의 위법·부당한 행위 등을 회사에 신고할 수 있는 제도를 말한다)를 운영하여야 한다.

② 내부고발자가 고발행위를 이유로 인사상 불이익을 받은 것으로 인정되는 경우 준법감시인은 회사에 대해 시정을 요구할 수 있다.

③ 내부고발제도에는 위법·부당한 행위를 인지하고도 회사에 제보하지 않는 미고발자에 대한 불이익 부과 등에 관한 사항이 포함되어야 한다.

④ 준법감시인은 내부고발 우수자를 선정하여 인사상 혜택을 부여하도록 회사에 요청할 수 있지만 금전적 보상은 요청할 수 없다.

★★★

59 금융투자회사의 내부통제위원회에 대한 설명이다. 옳은 항목의 개수는?

> 가. 금융투자회사는 대표이사를 위원장으로 하여 위험관리책임자 및 그 밖에 내부통제 관련업무 담당 임원을 위원으로 하는 내부통제위원회를 두어야 한다.
> 나. 내부통제위원회는 매 분기별 1회 이상 회의를 개최해야 한다.
> 다. 내부통제기준을 제정하고 운영하는 금융회사는 모두 내부통제위원회를 설치해야 한다.

① 0개　　　　　　　　　　② 1개

③ 2개　　　　　　　　　　④ 3개

60 다음 중 금융투자상품 관련 분쟁의 특징과 거리가 먼 것은?

① 높은 가격변동성에 따른 고투자위험의 내재적 특성

② 금융투자회사 직원의 제한된 개입으로 일반적인 위임의 법률관계와 같은 특성

③ 계좌개설부터 거래종료일까지의 예기치 못한 분쟁 발생 가능성

④ 당사자 간의 분쟁해결 가능성이 쉽지 않은 경향

61 다음 중 설명이 적절하지 않은 것은?

① 금융상품직접판매업자 및 금융상품자문업자는 금융소비자와 금융상품 또는 금융상품자문에 관한 계약을 체결하는 경우 금융상품의 유형별 계약서류를 금융소비자에게 지체 없이 제공하여야 한다.

② 금융상품판매업자등은 열람을 요구받았을 때에는 해당 자료의 유형에 따라 요구받은 날부터 8영업일 이내에 금융소비자가 해당 자료를 열람할 수 있도록 하여야 한다.

③ 금융회사는 금융소비자와 판매계약을 맺은 날로부터 7영업일 이내에 판매직원이 아닌 제3자가 해당 금융소비자와 통화하여 판매직원이 설명의무 등을 적절히 이행하였는지 여부를 확인하여야 한다.

④ 금융상품판매업자등은 청약의 철회를 접수한 날부터 3영업일 이내에 이미 받은 금전·재화등을 반환하고, 금전·재화등의 반환이 늦어진 기간에 대하여는 지연이자를 가산하여 지급하여야 한다.

62 다음 중 개인정보보호법상 개인정보가 아닌 것은?

① 주민등록번호   ② 건강상태

③ 신용카드번호   ④ 여권번호

63 다음 중 분쟁조정제도에 대한 설명으로 적절하지 않은 것은?

① 중립적인 분쟁조정안을 제시하기 위해 통상적으로 분쟁의 양 당사자와 법조계, 학계, 소비자단체, 업계전문가로 분쟁조정위원회를 구성한다.

② 금융감독원에 설치된 금융분쟁조정위원회의 조정안을 양 당사자가 수락하면 당해 조정안은 재판상의 화해와 동일한 효력을 가진다.

③ 금융투자협회의 분쟁조정위원회는 조정신청일로부터 30일 내로 위원회에 회부해야 하며, 회부일로부터 30일 내로 조정안을 심의·의결해야 한다.

④ 조정은 법원의 판결과는 달리 그 자체로서는 구속력이 없고 당사자가 이를 수락하는 경우에 한하여 효력을 갖는다.

★★
64 다음 중 고객확인제도(CDD/EDD)에 대한 설명으로 적절하지 않은 것은?

① 금융기관이 고객과 거래 시 고객의 신원, 실소유자 여부, 거래목적 등을 파악하는 등 고객에 대한 합당한 주의를 기울이는 제도이다.

② 종업원, 학생 등에 대한 일괄적인 계좌를 개설할 경우, 또는 타인을 위한 보험가입 등의 경우에는 사전에 고객확인 (CDD)을 하여야 한다.

③ 고객이 실제 소유자인지 여부가 의심되는 등 고객이 자금세탁행위나 공중협박자금 조달행위를 할 우려가 있는 경우에는 기본적인 고객확인사항에 추가하여, 금융거래 목적과 거래자금의 원천을 확인해야 하는 바, 이를 강화된 고객확인 (EDD)이라 한다.

④ 강화된 고객확인제도(EDD)를 적용할 때 법인의 실제 소유자 확인은, 25% 이상 최대주주 → 최대지분 소유자 → 대표자 순으로 확인한다.

★★
65 다음 중 고액현금거래보고(CTR) 제도에 대한 설명으로 가장 거리가 먼 것은?

① 자금세탁여부에 관계없이 FIU에 보고하여야 한다.

② 금융기관 직원의 전문성을 활용할 수 있다.

③ 자금세탁행위를 예방하는 효과가 있다.

④ 자금세탁거래를 파악함에 있어 정확도는 낮은 편이다.

법규 및 세제(35문항)

★★
66 전문투자자 중에서 일반투자자로 전환이 가능한 조직은?

① 보험회사   ② 집합투자기구

③ 지방자치단체   ④ 신용협동조합중앙회

★★
67 다음 중 금융투자업자의 순자본비율규제상 시장위험이 아닌 것은?

① 주식위험   ② 외환위험

③ 금리위험   ④ 운영위험

★★★
68 다음 설명 중 금융투자업자에 대한 건전성 기준에 대한 내용이 틀린 항목의 개수는?

> 가. 순자본비율이 50% 이상 100% 미만이면 경영개선권고조치가 발동된다.
> 나. 경영실태평가등급이 4등급 이하이면 경영개선명령조치가 발동된다.
> 다. 2년 연속 적자이면서 레버리지 비율이 1,100%를 초과할 경우 경영개선요구조치가 발동된다.
> 라. 순자본비율 0% 미만 시 긴급조치 발동사유가 된다.

① 1개
② 2개
③ 3개
④ 틀린 것 없음

★
69 다음의 괄호 안에 들어갈 말이 순서대로 올바르게 연결된 것은?

> 금융투자업자는 다른 업무를 겸영하고자 하는 경우 그 업무를 영위하기 시작한 날로부터 (   ) 이내에 보고하여야
> 하고, 금융투자업에 부수업무를 영위하고자 할 경우에는 그 업무를 영위하기 시작한 날로부터 (   ) 이내에 보고
> 하여야 하며, 금융투자업자가 제3자에게 업무위탁하는 경우에는 실제 업무수행일의 (   ) 전까지 금융위에 보고
> 하여야 한다. 그러나 본질적 업무가 아닌 업무를 제3자에게 업무위탁하는 경우에는 업무수행일로부터 (   ) 이내
> 에 금융위에 보고하여야 한다

① 1주, 1주, 3일, 7일
② 1주, 2주, 3일, 7일
③ 2주, 2주, 7일, 14일
④ 2주, 1주, 14일, 14일

★★★
70 자본시장법상 금융투자상품에 속하는 것은?

① 주식매수선택권
② 관리형신탁의 수익권
③ 원화표시 양도성 정기예금증서
④ 금전신탁의 수익권

★★
71 다음 중 증권의 모집 및 매출에 대한 설명으로 적절하지 않은 것은?

① "매출"이란 일정한 방법에 따라 산출한 50인 이상의 투자자에게 새로 발행되는 증권의 취득의 청약을 권유하는 것을 말한다.
② 증권의 모집·매출에 따라 50인을 산출하는 경우에는 청약의 권유를 하는 날 이전 6개월 이내에 해당 증권과 같은 종류의 증권에 대하여 모집이나 매출에 의하지 아니하고 청약의 권유를 받은 자를 합산한다.
③ 증권의 모집·매출에 따라 50인 산출 시 국가나 한국은행 등의 전문투자자는 제외한다.
④ 청약의 권유를 받는 자의 수가 50인 미만으로서 증권의 모집에 해당되지 아니할 경우에도 해당 증권이 발행일부터 1년 이내에 50인 이상의 자에게 양도될 수 있는 경우로서 전매기준에 해당하는 경우에는 모집으로 본다.

★★
72 다음 중 내부자의 단기매매차익반환제도에 대한 설명으로 적절하지 않은 것은?

① 단기매매차익 반환대상은 주요주주와 임원 및 회사의 모든 직원을 대상으로 한다.

② 주권상장법인의 특정증권 등을 매수한 후 6개월 이내에 매도하거나 매도한 후 6개월 이내에 매수하여 얻은 이익이어야 한다.

③ 그 법인의 재무·회계·기획·연구개발에 관련된 업무에 종사하고 있는 직원은 반환대상자에 포함된다.

④ 투자매매업자가 인수업무과정에서의 안정조작·시장조성을 통해 얻은 이익은 반환대상이 아니다.

★★
73 다음 중 법인의 주요사항보고서 제출사유가 아닌 것은?

① 해산사유가 발생한 때

② 영업의 전부 또는 중요한 일부가 정지되거나 그 정지에 관한 이사회 등의 결정이 있을 때

③ 자기주식의 취득 또는 처분할 것을 결의한 때

④ 의결권 대리행사를 권유하고자 할 때

★
74 주식의 대량보유상황 보고제도(5% rule)에 대한 설명이다. 괄호 안에 들어갈 수 없는 것은?

> 특정회사의 주식을 (   ) 이상 보유하게 되면 해당 보고기준일로부터 (   ) 이내에 보고해야 한다. 단, 경영
> 참가목적이 없는 경우로서 일반투자목적의 일반투자자는 보유상황을 (   ) 이내에 보고하여야 하고, 특례 적용
> 전문투자자는 보유상황 변동이 있었던 달의 (   )까지 보고하여야 한다.

① 5%   ② 변동이 있었던 달의 다음달 5일

③ 5일   ④ 익월 10일

★
75 「금융기관 검사 및 제재에 관한 규정」상 금융기관 검사에 대한 설명으로 적절하지 않은 것은?

① 금융기관의 재산상황에 대한 검사도 할 수 있다.

② 검사의 종류는 종합검사와 부문검사로 구분된다.

③ 종합검사는 대부분 현장검사의 방법으로 실시한다.

④ 현장검사는 예외 없이 검사사전예고통지서를 당해 금융기관에 검사착수일 1주일 전(정기검사의 경우 1개월 전)까지 통지하여야 한다.

76 금융소비자보호법상 투자자 보호에 대한 설명으로 적절하지 않은 것은?

① 위법계약해지권의 효력은 소급하지 아니한다.

② 부당권유행위의 금지 규정에 의한 보호 대상은 일반금융소비자에 한한다.

③ 일반사모펀드 판매 시에는 원칙적으로 적합성의 원칙 적용이 면제되지만 금융소비자가 요청할 경우에는 적용하여야 한다.

④ 판매업자등은 계약서류 제공 사실에 관하여 금융소비자와 다툼이 있는 경우는 그 제공사실을 판매업자등이 증명해야 한다.

77 다음 〈보기〉의 내용에 해당하는 것은?

─── 〈보 기〉 ───

금융상품판매업자는 보장성 상품, 투자성 상품 및 대출성 상품에 대하여 일반금융소비자에게 계약 체결을 권유하지 아니하고 금융상품 판매 계약을 체결하려는 경우에는 미리 면담·질문 등을 통하여 각 상품에 대한 필요한 고객정보를 파악하여야 한다.

① 적합성의 원칙
② 적정성의 원칙
③ 설명의무
④ 투자권유준칙

78 다음 〈보기〉 중 금융소비자보호법상 과징금 부과대상이 아닌 것을 모두 고르면?

─── 〈보 기〉 ───

ⓐ 적정성의 원칙 위반
ⓑ 적합성의 원칙 위반
ⓒ 설명의무 위반
ⓓ 불공정영업행위금지 위반

① ⓐ
② ⓐ, ⓑ
③ ⓐ, ⓑ, ⓒ
④ ⓐ, ⓑ, ⓒ, ⓓ

79 다음 중 일반투자자로 대우받겠다는 의사를 금융투자업자에게 통지한 경우 일반투자자로 간주될 수 있는 투자자는?

① 상호저축은행
② 집합투자기구
③ 지방자치단체
④ 신협중앙회

★
80 금융소비자보호법상 적합성의 원칙을 적용하지 않아도 되는 것은?

① 투자성 상품　　　　　　　　　　　② 증권담보대출
③ 변액보험　　　　　　　　　　　　　④ 온라인소액투자중개증권

★★
81 금융소비자보호법상 청약철회권의 내용으로 적절하지 않은 것은?

① 투자성 상품은 계약 체결일 또는 계약서류를 받은 날로부터 7일 이내에 청약을 철회할 수 있다.
② 대출성 상품은 계약 체결일 또는 계약서류를 받은 날로부터 14일 이내에 청약을 철회할 수 있다.
③ 담보로 제공한 증권이 자본시장법에 따라 처분된 경우에는 청약철회권을 행사할 수 없다.
④ 청약철회 시 금융상품판매업자등은 일반금융소비자로부터 금전등을 반환받은 날로부터 7영업일 이내에 이미 받은 수수료등을 반환하여야 한다.

★★★
82 다음 중 온라인소액투자중개업자에 대한 설명으로 적절하지 않은 것은?

① 타인의 계산으로 채무증권, 지분증권, 투자계약증권의 모집 또는 사모에 관한 중개를 영업으로 하는 투자중개업자이다.
② 자신이 온라인소액투자중개를 하는 증권을 자기의 계산으로 취득하거나, 증권의 발행 또는 그 청약을 주선 또는 대리하는 행위를 할 수 없다.
③ 온라인소액투자중개를 통하여 증권을 발행하는 자의 신용 또는 투자 여부에 대한 투자자의 판단에 영향을 미칠 수 있는 자문이나 온라인소액증권발행인의 경영에 관한 자문에 응할 수 없다.
④ 자신이 개설한 홈페이지 이외의 수단을 통하여 투자광고를 할 수 있다.

★
83 다음 중 투자매매업자 또는 투자중개업자의 '최선집행의무'에 대한 설명으로 적절하지 않은 것은?

① 채무증권의 매매거래에도 적용한다.
② 투자자가 청약 또는 주문의 처리에 관하여 별도의 지시를 하였을 경우에는 그에 따라 최선집행기준과 달리 처리할 수 있다.
③ 3개월마다 최선집행기준의 내용을 점검하여 청약 또는 주문을 집행하기에 적합하지 아니한 것으로 인정되는 때에는 이를 변경하고, 그 변경 사실을 공표하여야 한다.
④ 금융투자상품의 매매에 관한 청약 또는 주문을 받는 경우에는 미리 문서, 전자문서, 또는 팩스로 최선집행기준을 기재 또는 표시한 설명서를 투자자에게 교부하여야 한다.

★★

84 금융소비자보호법상 방문판매원의 판매 등에 대한 설명으로 적절하지 않은 것은?

① 사모펀드 대상 방문판매 목적으로 일반금융소비자에게 사전연락을 할 수 없다.

② 전문금융소비자에게는 장외파생상품을 방문판매 목적으로 사전연락을 할 수 있다.

③ 방문판매인력은 사전안내 시 고객의 개인정보에 대한 취득 경로를 안내하여야 한다.

④ 연락금지를 요구한 일반금융소비자에게 금융상품을 소개하거나 계약체결을 권유할 목적으로 연락한 자는 1천만원 이하의 과태료를 부과한다.

★★

85 금융소비자보호법상 적정성의 원칙 적용대상이 아닌 것은?

① 인덱스펀드　　　　　　　　　　② 고난도금전신탁계약

③ 인버스 ETF　　　　　　　　　　④ 장내파생상품

★★★

86 집합투자기구가 투자광고에 운용실적을 표시하고자 하는 경우에 대한 내용이다. 옳지 않은 것은?

① 기준일 현재 집합투자기구의 설정·설립일로부터 1년 이상 경과하고 순자산총액이 100억원 이상의 집합투자기구는 운용실적을 표시할 수 있다.

② 운용실적을 표시할 경우, 기준일로부터 과거 1개월 이상 수익률을 사용하되 과거 6개월 및 1년 수익률을 함께 표시하여야 하며, 3년 이상 경과된 펀드는 과거 1년 및 3년 그리고 설정·설립일로부터 기준일까지의 수익률을 함께 표시해야 한다.

③ 종류형 집합투자기구의 운용실적을 표시하는 경우 종류별 집합투자기구에 부과되는 보수나 수수료의 차이로 인해 운용실적이 달라질 수 있다는 사실을 표시해야 한다.

④ MMF의 운용실적에 대해서 타 회사의 MMF와 비교광고를 할 경우 과거 1개월 기준의 수익률을 표시해야 한다.

★★

87 다음 중 「증권의 인수업무등에 관한 규정」에 대한 설명으로 적절하지 않은 것은?

① "수요예측"이란 주식 또는 무보증사채를 공모함에 있어 공모가격을 결정하기 위하여 대표주관회사가 공모희망가격을 제시하고, 매입희망 가격, 금리 및 물량 등의 수요상황을 파악하는 것을 말한다.

② 협회는 기업공개를 위한 주식의 공모가격에 대한 구체적인 가격평가모형을 제시하지 아니한다.

③ 일반청약자도 직접적으로 수요예측에 참가할 수 있다.

④ 금융투자회사는 자신과 자신의 이해관계인이 합하여 100분의 5 이상의 주식등을 보유하고 있는 회사의 주관업무를 수행하는 경우 다른 금융투자회사와 공동으로 하여야 한다.

★★★
88 외화증권을 투자권유하는 경우 추가적인 설명의무의 내용과 거리가 먼 것은?

① 투자대상 국가 또는 지역의 경제·시장상황 등의 특징에 대한 설명

② 투자대상 해당국가 통화와 달러화의 상관관계 및 환율의 예측불가능성에 대한 설명

③ 투자에 따른 일반적 위험 외에 환율변동 위험, 해당국가의 거래제도·세제 등 제도의 차이의 설명

④ 투자자가 직접 환위험 헤지를 하는 경우 시장 상황에 따라 헤지 비율 미조정 시 손실이 발생할 수 있다는 사실의 설명

★★
89 다음 중 금융투자회사의 약관에 대한 설명으로 적절하지 않은 것은?

① 금융투자회사는 업무와 관련하여 협회가 정한 표준약관을 사용하거나, 이를 수정하여 사용할 수 있다.

② 금융투자회사는 금융투자업의 영위와 관련하여 약관을 제정 또는 변경하는 경우에는 약관의 제정 또는 변경 후 10일 이내에 협회에 보고하여야 한다.

③ 금융투자회사는 일반투자자를 대상으로 한 외국집합투자증권 매매거래에 관한 표준약관은 수정하여 사용할 수 없다.

④ 약관내용 중 고객의 권리 또는 의무에 중대한 영향을 미칠 우려가 있는 경우에는 제정 또는 변경 시행예정일 10일 이전까지 협회에 신고하여야 한다.

★★★
90 다음 중 2인 이상의 무한책임사원으로만 구성된 회사 조직은?

① 유한회사

② 유한책임회사

③ 합자회사

④ 합명회사

★★
91 다음 중 단독주주권에 해당하는 것은?

① 위법행위유지청구권
② 신주발행유지청구권
③ 주주제안권
④ 회계장부열람청구권

★★
92 다음 중 주식회사의 의결권 행사에 대한 설명으로 적절하지 않은 것은?

① 회사는 자기주식을 취득한 경우 그 주식에 대하여는 의결권을 행사하지 못한다.
② 회사는 정관으로 대리인에 의한 의결권의 행사를 금지할 수 있다.
③ 주주가 2개 이상의 의결권을 가진 경우 이를 불통일 행사할 수 있다.
④ 주주는 정관에 정하는 바에 따라 총회에 출석하지 아니하고 서면에 의한 의결권을 행사할 수 있다.

★★★
93 다음 중 주식회사의 변태설립사항에 속하는 것은?

① 발기인이 받을 특별이익
② 회사가 발행할 주식의 총수
③ 본점 소재지
④ 액면주식을 발행할 경우 1주의 금액

★★★
94 상법상 자본금 총액이 10억원 미만인 주식회사의 설명으로 옳지 않은 것은?

① 자본금 총액이 10억원 미만인 회사의 경우에는 감사를 선임하지 아니할 수 있다.
② 자본금 총액이 10억원 미만인 회사가 주주총회를 소집하는 경우에는 주주총회일의 10일 전에 각 주주에게 서면으로 통지를 발송하거나 각 주주의 동의를 받아 전자문서로 통지를 발송할 수 있다.
③ 자본금 총액이 10억원 미만인 회사의 정관은 공증인의 인증을 받음으로써 효력이 생긴다.
④ 자본금 총액이 10억원 미만인 회사는 1명 또는 2명으로 할 수 있다.

95 다음의 괄호 안에 들어갈 것은?

> 이사는 (　　　　)의 승인이 없으면 자기 또는 제삼자의 계산으로 회사의 영업부류에 속한 거래를 하거나 동종영업을 목적으로 하는 다른 회사의 무한책임사원이나 이사가 되지 못한다.

① 주주총회

② 이사회

③ 준법지원인

④ 감사 또는 감사위원회

96 다음 중 직접세에 해당하는 것은?

① 증권거래세

② 개별소비세

③ 인지세

④ 종합부동산세

97 다음 중 상속세와 증여세에 대한 설명으로 적절하지 않은 것은?

① 상속개시 전 10년 이내에 피상속인이 상속인이 아닌 자에게 증여한 재산가액은 상속세과세가액에 포함한다.

② 상속세와 증여세액이 2천만원을 초과하는 경우 세무서의 허락을 얻어 연부연납할 수 있다.

③ 상속세의 신고·납부기한은 국내 거주 시 상속개시일이 속하는 달의 말일로부터 6월 이내이다.

④ 상속세와 증여세 모두 과세표준이 50만원 미만이면 납부의무가 면제된다.

★★
98 다음 중 국세기본법상 납세의무의 소멸사유가 아닌 것은?

① 납부·충당된 때
② 제척기간이 종료한 때
③ 납세자가 사망한 때
④ 소멸시효가 완성된 때

★★
99 소득세법상 거주자가 종합소득 확정신고를 해야 하는 경우는?

① 근로소득과 퇴직소득만 있는 경우
② 사업소득과 양도소득만 있는 경우
③ 원천징수 연말정산하는 사업소득만 있는 경우
④ 공적연금소득과 퇴직소득만 있는 경우

★★
100 다음의 괄호 안에 들어갈 세율로 올바르게 연결된 것은?

> 2025년 현재, 증권거래세율 적용은 유가증권시장에서 양도되는 주권은 (　　　　)%, 코스닥시장, K-OTC에서 양도되는 주권은 (　　　　)%, 코넥스시장에서 양도되는 주권은 0.10%, 상기 외 주권은 (　　　　)%의 증권거래세율이 적용되고 추가로 유가증권시장에서는 0.15%의 농어촌특별세가 부과된다.

① 0.00 - 0.15 - 0.35
② 0.15 - 0.18 - 0.45
③ 0.18 - 0.18 - 0.35
④ 0.18 - 0.18 - 0.45

What is your passcode?

증권투자권유자문인력 실제유형 모의고사

제3회

최신 기본서 및 기출문석 반영

PASSCODE

증권투자권유자문인력 실제유형 모의고사

제4회

제4회
증권투자권유자문인력
실제유형 모의고사

www.sdedu.co.kr

문항 및 시험시간

평가영역	문항 수	시험시간	비 고
증권투자권유자문인력	100문항	120분	

제4회 실제유형 모의고사

증권분석 및 증권시장(35문항)

★★★
01 경기순환에 대한 설명이다. 가장 적절하지 않은 것은?

① 기준순환일이란 국민경제 전체의 순환변동에서 국면전환이 발생하는 경기전환점을 말한다.
② 경기변동의 요인에는 추세요인, 순환요인, 계절요인, 불규칙요인의 4가지가 있다.
③ 일반적으로 경기확장국면이 경기수축국면보다 길게 나타나는 비대칭성을 보인다.
④ 경기저점에서 경기정점까지의 기간을 순환주기라고 한다.

★★
02 대표적인 물가지수로만 묶은 것은?

① CPI, CI
② GDP디플레이터, 통화유통속도
③ DI, CPI
④ CPI, GDP디플레이터

★★★
03 통화정책의 파급경로 중 금리경로의 장애요인인 신용할당(credit rationing)에 해당하는 설명은?

① 기업의 대차대조표 경로를 통한 가계의 내구재 소비 및 주택구입과 같은 소비지출에 영향을 미치는 상황을 말한다.
② 부의 효과(wealth effect)가 발생하여 소비에 영향을 주는 상황을 말한다.
③ 신용도가 낮은 차입자가 대출을 받기가 더 힘든 상황을 말한다.
④ 금리인하가 기업의 실물대체비용(replacement cost of capital)에 영향을 미치는 상황을 말한다.

★★★
04 새고전학파가 내세우는 내용과 거리가 먼 것은?

① 거시경제모델에 사용되는 개별함수의 계수는 경직성(rigidity)을 가진다.
② 가계와 기업은 합리적 기대(rational expectation)를 한다.
③ 루카스는 '루카스 비판(Lucas critique)'을 통하여 케인즈학파의 경제이론을 비판하였다.
④ 개별경제주체는 최적화와 시장청산(market clearing)에 의해 도출된 결과로 행동한다.

★★

05 다음 설명 중 옳지 않은 것은?

① 통화유통속도(V)는 명목GDP를 통화량(M)으로 나눈 값이다.
② BSI가 80이면 경기확장국면이라고 할 수 있다.
③ GDP디플레이터는 명목GDP를 실질GDP로 나눈 값에 100을 곱한 값이다.
④ 우리나라의 기준금리는 한국은행의 7일물 RP매각에 적용되는 RP금리이다.

★★

06 통화량 정책의 효과 등에 대한 설명으로 옳지 않은 것은?

① 우리나라는 통화관리를 위한 중심지표로 M2(광의통화)를 사용한다.
② 통화량 증가에 따라 단기적으로 이자율이 하락하는 현상을 유동성 효과라고 한다.
③ 화폐공급의 증가로 인플레이션이 발생하면 피셔방정식에 의거해 명목금리가 하락하는 현상을 피셔효과(Fisher effect)라고 한다.
④ 투자의 증가가 국민소득의 증가로 이어지고 이는 다시 화폐수요의 증가로 나타나 이자율이 상승하게 되는데 이를 화폐공급의 이자율에 대한 소득효과라고 한다.

★

07 ROE가 ROA의 2배이고 총자산이 400억원이면 총부채는 얼마인가?

① 50억원
② 100억원
③ 150억원
④ 200억원

★★

08 갑 주식회사는 내년에 10원의 배당을 예상하고 있다. 이 회사의 성장률이 연 6%이고 현재의 주가가 100원이면 요구수익률은?

① 10%
② 14%
③ 16%
④ 18%

★★★
09 어떤 기업의 베타가 0.5, 시장포트폴리오 수익률은 8%, 무위험국채수익률이 3%인 경우 자본자산가격결정모형(CAPM)에 의한 할인율은?

① 5.5%

② 8.5%

③ 12.5%

④ 15.5%

★★
10 다음의 설명에 해당하는 지표의 용어는?

> 이 지표는 특정 주식의 PER이 그 기업의 성장성에 비해 높은지 낮은지를 판단하기 위해 고안된 지표이다. 이 지표는 특정주식의 PER을 당해 기업 주당순이익(EPS)의 성장률로 나누어 준 수치이다. 따라서 이 비율이 낮다면 그 기업의 이익 성장률에 비해 PER이 낮게 나온 것이므로 향후 성장성이 충분히 반영된다면 그것이 주가의 상승으로 이어질 가능성이 높다고 해석할 수 있을 것이다.

① PEGR 모형

② PBR평가 모형

③ EV/EBITDA 모형

④ Gordon의 항상성장모형

★★★
11 다음 중 재무상태표상의 유동부채만으로 구성된 것은?

① 미수수익, 선급비용

② 선급금, 선수금

③ 선급비용, 미지급금

④ 예수금, 선수수익

★★
12 다음 중 주가이동평균선의 설명으로 거리가 먼 것은?

① 강세장에서는 주가가 이동평균선 위에서 파동운동을 계속하면서 상승하는 것이 보통이다.

② 주가가 이동평균선으로부터 너무 멀리 떨어져 있을 때는 확산하는 경향이 있다.

③ 주가가 장기이동평균선을 돌파할 경우 주추세의 반전을 기대할 수 있다.

④ 이동평균의 기준기간(time span)이 길면 길수록 이동평균선은 더욱 유연해진다.

★

13 기술적 분석의 패턴분석 중 트라이던트(trident) 시스템과 거리가 먼 것은?

① 갭(GAP) 현상을 이용한 포지션 구축전략이다.

② 외환딜러들 사이에서 널리 사용되고 있다.

③ 추세의 움직임과 같은 방향으로 포지션을 구축한다.

④ 시장가격의 움직임이 예상과 다르면 적절한 수준(25%)에서 반대거래를 수행한다.

★★

14 다음 중 일정한 기준일 이후부터 전일의 종가에 비해 오른 종목 수에서 내린 종목 수를 뺀 것을 매일 누계하여 그것을 선으로 이어서 작성하는 지표는?

① OBV   ② RSI

③ ADL   ④ MACD

★

15 다음 내용은 다우이론의 장기추세 6국면 중 어디에 해당하는 것인가?

> – 전문투자자들이 투자수익을 취한 후 빠져나가는 단계이므로 분배단계라고 한다.
> – 주가가 조금만 하락해도 거래량이 늘어나지만 새로운 상승국면으로 진행되지 못한다.

① 공포국면   ② 매집국면

③ 분산국면   ④ 침체국면

★★

16 주식발행시장의 모집과 매출 등에 대한 설명으로 옳지 않은 것은?

① 모집주선방법은 발행주체가 인수위험을 지고 발행 및 모집사무는 제3자인 발행기관에게 위탁하는 방법이다.

② 간접발행 중 인수단이 발행총액을 인수하고 이에 대한 위험부담을 지는 것을 총액인수방법이라고 하며 인수수수료도 가장 높다.

③ 공모발행 시 50인 산출기준에서 전문가와 연고자는 제외하므로 발행인에게 회계·자문 등의 용역을 제공하지 않는 변호사나 공인회계사는 제외 대상이다.

④ 공모의 경우 간접발행 형태가, 사모의 경우에는 직접발행 형태가 일반적이다.

★★

17 다음 중 증권의 상장제도에 대한 설명으로 옳지 않은 것은?

① 증권의 상장은 발행인의 신청에 의한 상장과 거래소의 직권에 의한 상장이 있다.

② 상장폐지된 기업이 재상장을 하는 경우에도 상장예비심사를 거쳐야 한다.

③ 주권을 상장하고자 하는 경우 이미 발행한 주권 중 그 일부만을 상장신청할 수 없다.

④ 외국거래소에 이미 주권의 일부만을 상장한 법인은 증권시장에 잔여분 전부를 상장신청하여야 한다.

★★

18 다음 중 우회상장과 SPAC 상장에 대한 설명으로 옳지 않은 것은?

① 경영권 취약 또는 자금난에 시달리는 상장기업이 우회상장을 악용함에 따라 한계기업의 퇴출이 지연될 수도 있다.

② SPAC 상장은 주로 부실한 비상장기업을 인수합병대상으로 한다.

③ 상장적격성을 충족하지 못하는 비상장기업의 우회상장 방지를 위하여 거래소는 신규상장 수준의 질적심사제도를 적용한다.

④ 우회상장은 IPO에 비하여 자금조달효과가 미미하다.

★★★

19 다음 중 증권의 유통시장 공시로만 묶은 것은?

① 증권발행실적보고서, 투자설명서

② 사업보고서, 증권신고서

③ 주요사항보고서, 분기보고서

④ 시장조성 및 안정조작 신고서, 투자설명서

★★

20 아래의 (   ) 에 들어갈 말의 순서로 옳은 것은?

> 한국거래소의 변동성완화장치 중 (   )는 접속매매, 종가단일가매매, 시간외단일가매매에 적용되며, (   )는 접속매매, 시가(始價)·종가의 단일가매매에 적용한다. 두 개의 VI는 발동 시 (   )분간 매매거래없이 단일가매매로 전환되며 가격·시간우선의 원칙이 적용된다.

① 정적 VI, 동적 VI, 2(분)

② 동적 VI, 정적 VI, 2(분)

③ 정적 VI, 동적 VI, 5(분)

④ 동적 VI, 정적 VI, 5(분)

★★
21 주식시장의 매매중단(Circuit Breaker)에 대한 설명으로 옳지 않은 것은?

　① 1일 1회 발동하며 장 종료 40분 전 이후에는 발동하지 아니하지만, 3단계 매매거래 중단 요건 시에는 종료 40분 전 이후에도 발동한다.

　② 주가지수가 전일대비 15%(2단계) 이상 변동한 경우에는 1분간 지속되고, 동시에 1단계(8%) 서킷브레이커 발동시점 대비 1% 이상 추가 변동하여 1분간 지속되어야만 2단계가 발동된다.

　③ 증권시장의 모든 종목이 매매거래가 중단되고, 주식관련 선물·옵션의 매매도 20분간 중단한다.

　④ 매매거래 중단 후 20분이 경과한 때에는 10분간 단일가매매방법을 거친 후 접속매매로 전환된다.

★★★
22 다음은 호가의 정정 및 취소에 관한 설명이다. 다음 중 가장 옳지 않은 것은?

　① 회원은 이미 제출한 호가 중 매매거래가 체결되기 전에는 수량(잔량)의 전부 또는 일부를 취소할 수 있다.

　② 회원이 수량의 일부를 취소하는 경우 시간상의 우선순위는 변경이 없다.

　③ 회원은 이미 제출한 호가의 가격은 정정할 수 있지만 호가의 종류는 정정할 수 없다.

　④ 수량이 증가하는 방식으로 호가를 정정할 경우 원하는 수량만큼 신규의 호가를 제출하여야 한다.

★★
23 다음 중 거래소의 증권 결제방법이 아닌 것은?

　① 차금결제방식

　② 실물결제방식

　③ 집중결제방식

　④ 전량결제방식

★★
24 다음 중 코스닥시장에서 매매할 수 있도록 변경 또는 추가 상장하는 사유로 적절하지 아니한 것은?

　① 액면분할한 경우

　② 상호를 변경한 경우

　③ 유상증자에 의한 신주발행을 한 경우

　④ 코스닥상장법인의 분할합병으로 새로운 법인이 설립된 경우

★★
25 다음 중 코스닥시장의 특징으로 옳은 것은?

① 유가증권시장의 호가 가격단위와 다르다.

② 코스닥시장의 재상장은 유가증권시장의 재상장과 내용상 다르다.

③ 사이드카(side car)제도는 코스닥150지수 가격이 기준가격 대비 6% 이상 상승(또는 하락)하고 코스닥150지수선물의 수치가 직전 매매거래일의 최종수치 대비 3% 이상 상승(또는 하락)하여 동시에 1분간 지속되는 경우 해당 시점부터 5분간 접수된 프로그램매매 매수호가(또는 매도호가)의 효력을 정지하는 것이다.

④ 기술성장기업에 대해서는 주식분산요건과 경영성과요건 및 자기자본이익률 요건을 적용하지 않는 특례가 있다.

★★★
26 다음 내용의 (   )에 해당하는 시장경보제도는?

> 거래소는 일정기준에 해당하는 소수계좌 거래집중종목 등 투기적이거나 불공정거래 개연성이 있는 종목을 (   )으로 지정한다. 이는 일반투자자의 뇌동매매를 방지하고 잠재적 불공정 행위자에 대한 경각심을 고취시키기 위함으로, 지정예고 없이 1일간 지정되며 익일 자동해제된다.

① 투자유의종목

② 투자경고종목

③ 투자주의종목

④ 투자위험종목

★★★
27 비거주자가 한국에서 원화표시 채권을 발행할 경우의 채권 구분에 속하는 것은?

① 아리랑 본드 - 외국채

② 아리랑 본드 - 유로본드

③ 김치본드 - 외국채

④ 김치본드 - 유로본드

★★
28 채권의 가격움직임에 대한 설명으로 옳지 않은 것은?

① 채권가격의 변동폭은 만기가 길수록 증가하지만 그 변동폭은 체감한다.

② 만기가 일정할 때 채권수익률 하락으로 인한 채권가격의 상승폭은 채권수익률 상승으로 인한 채권 하락폭보다 크다.

③ 표면이자율이 높은 채권이 낮은 채권보다 일정한 수익률 변동에 따른 가격변동률이 크다.

④ 이표채는 만기수익률이 높을수록 듀레이션이 작아진다.

★★

29 채권액면 10,000원, 표면금리 2%, 만기 2년인 할인채의 잔존만기가 73일인 시점에서 만기수익률 4%로 매매할 경우 매매가격은? (관행적 복할인방식으로 계산, 1년은 365일, 원 미만 절사함)

① 9,600원

② 9,920원

③ 9,960원

④ 10,119원

★★★

30 다음의 채권 중에서 채권에 내재된 옵션을 채권투자자가 행사하는 것이 아닌 것은?

① 교환사채

② 신주인수권부사채

③ 전환사채

④ 수의상환채권

★★★

31 채권의 만기수익률이 1%포인트 상승할 경우 채권가격은 3.14%만큼 하락하였다. 수정듀레이션이 3.22일 경우 동 채권의 볼록성(convexity)은 얼마인가?

① 14

② 16

③ 18

④ 20

★★

32 아래 조건에 해당하는 전환사채의 parity 값을 구하시오.

> 전환사채 액면 20,000원, 전환사채액면에 대한 전환주식수는 5주이다. (액면전환비율 100%) 현재 전환사채의 시장가격은 15,000원이고 전환대상 주식의 주당 시장가격은 2,000원이다.

① 30%

② 40%

③ 50%

④ 120%

★★
33 이중상환청구권부채권(Covered Bond)의 특징이 아닌 것은?

① 발행주체는 금융회사(은행)이다.

② 회계처리상 off-balance의 특징을 가진다.

③ 가계신용대출, 중소기업대출은 기초자산이 될 수 없다.

④ 발행기관(은행)이 부실화될 경우 발행기관의 예금자에게 불리하다.

★
34 코넥스 상장법인의 공시제도의 내용으로 옳지 않은 것은?

① 조회공시 요구시점이 오전인 경우에는 당일 오후까지, 요구시점이 오후인 경우에는 다음날 오전까지 답변하여야 한다.

② 매매거래정지를 수반한 조회공시의 경우에는 요구시점과 관계없이 다음날 오전까지 답변할 수 있다.

③ 공시변경은 지정사유가 되지 않는다.

④ 공시내용 중 일부사항을 일정 범위 내에서 변경하여 공시하는 경우에는 공시변경이 아닌 공시번복으로 간주한다.

★★
35 다음 중 K-OTC 시장의 특징이 아닌 것은?

① 신규등록 및 신규지정 시에는 최근사업연도 매출액이 5억원(크라우드펀딩기업은 3억원) 이상이어야 한다.

② 등록법인의 공시에는 정기공시, 수시공시, 조회공시가 있지만 공정공시제도는 없다.

③ 예탁결제원이 매도자로부터 증권거래세를 징수하여 관할 세무서에 납부한다.

④ 최근 2년간 불성실공시법인으로 지정된 횟수가 6회 이상인 경우 등록해제, 지정해제 요건에 해당한다.

금융상품 및 직무윤리(30문항)

★★★
36 다음 중 ISA에 대한 설명으로 옳지 않은 것은?

① 전 금융기관을 통틀어 1인 1계좌만 가입이 가능하며 중개형, 신탁형, 일임형 중 하나만 선택해야 한다.

② 최소의무 가입기간은 3년이다.

③ 중개형의 경우 신탁, ELS, 리츠, 예금 등 각종 상품 및 국내상장주식까지 편입이 가능하다.

④ 당해연도에 납입한도를 채우지 못하는 경우 미불입한도는 다음 해로 이월된다.

★★★
37 다음 중 주가연계상품의 설명으로 옳지 않은 것은?

① ELS는 중도상환이 가능하며 예금자보호법은 적용되지 않는다.

② ELD의 발행주체는 은행이며 만기 시 원금손실이 발생하지 않는다.

③ ELF의 발행주체는 증권사로서 제시수익의 보장은 할 수 없다.

④ ETF의 발행주체는 운용사로서 자산총액의 30%까지 동일종목의 증권에 투자할 수 있다.

★★
38 주식워런트증권(ELW)의 설명과 거리가 먼 것은?

① 발행자인 금융투자회사가 의무이행자가 된다.

② 적정성의 원칙이 적용되는 파생결합증권이다.

③ 증권이므로 기본예탁금 제도가 없다.

④ 변동성 매수전략(Straddle과 Strangle)으로 기초자산이 일정 폭 이상의 변동을 보일 경우 수익이 발생한다.

★★
39 다음 중 ETF의 설명으로 옳지 않은 것은?

① ETF는 수익증권 또는 투자회사 주식의 형태로만 가능하며 해당 투자신탁의 설정일 또는 투자회사의 설립일로부터 30일 이내에 증권시장에 상장되어야 한다.

② 투자자는 거래소를 통한 매매 대신 ETF의 환매를 청구할 경우 판매업자에게 설정단위(CU)별로 환매를 요구할 수 있다.

③ ETF의 설정이나 설립 시 금전납입 대신 여러 증권의 현물바스켓으로 납입이 가능하다.

④ ETF의 상장이 폐지되는 경우 폐지일로부터 7일 이내에 ETF를 해지하거나 해산하여야 하며 그 해지일이나 해산일로부터 10일 이내에 금융위원회에 보고하여야 한다.

★★★
40 다음에 해당하는 특수한 형태의 집합투자기구에 속하는 것은?

> • 동일한 집합투자기구 내에서 다양한 판매수수료 판매보수를 가진 집합투자기구이다.
> • 소규모펀드 양산을 막고 합쳐서 운용하여 규모의 경제를 달성할 수 있다.

① 상장지수 집합투자기구 ② 전환형 집합투자기구

③ 종류형 집합투자기구 ④ 모자형 집합투자기구

★★
41 ELW와 (장내)주식옵션의 비교이다. 옳지 않은 표현의 개수는?

> 가) 자본시장법상 두 상품은 모두 파생상품이다.
> 나) 의무이행자는 ELW는 발행자이며 주식옵션은 포지션매수자이다.
> 다) 계약이행보증은 ELW는 발행자의 자기신용이며 (장내)주식옵션은 거래소의 결제이행보증이다.
> 라) 유동성공급 관련 ELW는 1개 이상의 유동성공급자가 있어야 하며 주식옵션은 시장의 수요와 공급에 의한다.

① 1개   ② 2개
③ 3개   ④ 4개

★★
42 자산배분을 위한 자산집단(asset class)이 가져야 할 속성 등에 대한 설명으로 옳지 않은 것은?

① 자산배분의 의사결정대상은 개별증권이 아니라 개별증권이 모여 큰 개념의 증권처럼 움직이는 자산집단이다.
② 하나의 자산집단은 다른 자산집단과 상관관계가 높아야 한다.
③ 자산집단 내에서 분산투자가 가능하도록 충분하게 많은 개별 증권이 존재하여야 한다.
④ 투자자산은 투자수익이 확정되어 있지 않고 투자성과에 따라 투자수익이 달라지는 자산을 말한다.

★★★
43 자산집단의 위험 정도를 계량적으로 측정하는 수단을 모두 고르시오.

> 가. 범위(range)
> 나. 분산(dispersion)
> 다. 표준편차(standard deviation)
> 라. 변동계수(coefficient of variation)
> 마. 최빈값(mode)

① 가, 나   ② 가, 나, 다
③ 가, 나, 다, 라   ④ 모두 해당한다.

★★
44 다음 중 (　　　　) 안에 들어갈 용어로 적절한 것은?

> (　　　　)은/는 위험이 동일한 투자대상들에서는 기대수익이 가장 높은 것을 선택하고 기대수익이 동일한 투자대상들에서는 위험이 가장 낮은 투자대상을 선택하는 방법이다.

① 무차별효용곡선   ② 분산투자
③ 지배원리   ④ 자산배분선

★★
45 다음 중 전술적 자산배분(TAA)에 대한 설명으로 옳지 않은 것은?

① 자산가격은 단기적으로는 균형가격을 벗어날 수 있지만 중장기적으로 균형가격으로 복귀한다는 가정을 이용한 전략이다.

② 자산배분 실행 시 신속한 실행과 거래비용의 절감을 위하여 주가지수선물과 같은 파생상품을 사용하기도 한다.

③ 자본시장이 새로운 정보에 대하여 지나치게 낙관적이거나 비관적으로 반응하여 내재가치로부터 상당히 벗어나는 가격착오현상인 과잉반응을 활용한다.

④ 전술적 자산배분전략은 기본적으로 역투자전략이므로 시장가격이 내재가치보다 높게 형성될 경우 매수하고, 시장가격이 내재가치보다 낮게 형성되었을 때는 매도하는 전략이다.

★★
46 운용자산의 투자수익률 산정에 대한 설명으로 옳지 않은 것은?

① 운용자산 수익률은 기초대비 기말의 가치변화를 기초가치로 나누어 계산하지만 계산기간 도중 투자자금이 증가하거나 감소하면 자산의 가치변화와 실제투자성과는 다르게 된다.

② 운용수익률 계산을 위한 금액가중 수익률(dollar-weighted rate of return)과 시간가중 수익률(time-weighted rate of return)의 두 가지 방법 중 수익률 계산은 시간가중 수익률을 사용하는 것을 원칙으로 하고 있다.

③ 금액가중 수익률은 일반적으로 자금운용자의 능력을 평가하는 지표로 적합하지 않지만 투자자가 실제로 획득한 수익을 투자기간을 고려하여 측정하는 데에는 가장 정확한 것으로 알려져 있다.

④ 금액가중 수익률은 각 세부기간별 수익률을 곱하여 연결하는 방법을 기하적 연결(geometric linking)이라고 한다.

★
47 펀드의 수익률은 시간가중수익률(time-weighted rate of return)을 사용하는 것을 원칙으로 한다. 아래 펀드의 2기간 동안의 시간가중수익률에 의한 총수익률은 얼마인가? (근사값)

시점(기간 말)	펀드자금 증감(원)	1주당 시장가격(원)	주당 배당금(원)	총 배당금(원)	펀드 내 주식 수
0	+ 50,000	50,000	0	0	1
1	+ 60,000	60,000	1,000	1,000	2
2	− 160,000	80,000	750	1,500	0

① 22.00%

② 34.58%

③ 45.55%

④ 64.19%

★★
48 다음의 내용이 설명하는 것과 가장 밀접한 것은?

> 막연하게 시장과 역으로 투자함으로써 고수익을 지향하고자 하는 전략이다. 이 방법은 주가가 하락하면 주식을 매수하고 주가가 상승하면 주식을 매도하는 역투자전략으로 정액법과 정률법이 있으며 전술적 자산배분의 실행도구이기도 하다.

① 포뮬러 플랜　　　　　　　　　　　② 다변량 회귀분석
③ 위험-수익 최적화 방법　　　　　　④ 기술적 분석

★
49 방문판매 등에 대한 설명으로 옳지 않은 것은?

① 일반금융소비자 대상으로 사전안내 시 안내가 불가능한 상품에는 장내파생상품도 포함된다.
② 전문금융소비자의 요청이 없는 경우 장외파생상품을 사전안내할 수 없다.
③ 금융소비자가 방문판매를 스스로 요청하는 경우에도 개인정보 취득경로를 안내하여야 한다.
④ 방문판매 모범규준은 전문투자자에게도 적용된다.

★
50 투자일임 및 금전신탁(투자자가 운용대상을 구체적으로 지정하는 특정금전신탁은 제외)에 대한 투자권유 유의사항 설명 중 옳지 않은 것은?

① 투자일임계약에 있어 투자자의 자산을 개별적으로 1:1로만 운영하는 경우에는 자산배분유형군이나 세부자산배분유형을 마련하여야 한다.
② 임직원등은 면담·질문 등을 통하여 투자자의 투자목적, 재산상황, 투자경험, 투자연령, 투자위험 감수능력, 소득수준 및 금융자산의 비중 등의 정보를 투자자정보확인서에 따라 조사하여 투자자를 유형화하고 투자자로부터 서명 등의 방법으로 확인을 받아 이를 유지·관리하여야 한다. 다만, 전문투자자가 투자자를 유형화하기 위한 조사를 원하지 아니할 경우에는 조사를 생략할 수 있다.
③ 임직원 등은 확인한 투자자정보의 내용 및 투자자의 유형을 투자자에게 지체없이 제공하여야 한다.
④ 성과보수를 수취하는 경우 성과보수 수취요건 및 성과보수로 인해 발생 가능한 잠재 위험에 관한 사항을 투자일임·금전신탁계약 체결 전에 투자자에게 설명하여야 한다.

★★★
51 고령투자자에 대한 설명으로 옳지 않은 것은?

① 판매과정을 녹취하고 금융소비자가 요청하는 경우에는 녹취파일을 제공하여야 한다.
② 판매과정에서 2영업일 이상의 숙려기간을 부여하여야 한다.
③ 초고령자에게는 투자권유 유의상품 판매를 자제하여야 한다.
④ 80세 이상의 초고령자에게 투자권유 유의상품의 판매가 허용되는 경우에는 반드시 가족 등의 조력을 받아야 한다.

★★
52 다음 중 금융회사의 부당권유행위에 속하지 아니한 것은?

① 대출성 상품에 관한 계약체결과 관련하여 금융소비자의 의사에 반하여 다른 금융상품의 계약체결을 강요하는 행위

② 불확실한 사항에 대하여 단정적 판단을 제공하거나 확실하다고 오인하게 할 소지가 있는 내용을 알리는 행위

③ 소속회사가 발행한 주식의 매매를 권유하는 행위

④ 금융상품의 가치에 중대한 영향을 미치는 사항을 미리 알고 있으면서 금융소비자에게 알리지 아니하는 행위

★★★
53 아래에 설명하는 고객관리(CRM) 전략의 내용에 속하는 것은?

> 각 금융기관마다 주거래은행 개념을 도입하여 회사별로 명칭은 다르지만 '마이 데이터(My Data)사업'이라고 불리는 사업을 통해 고객으로부터 관련 정보를 수집한다.

① 고객점유율 중심   ② 고객서비스 중심

③ 고객유지 중심   ④ 시장점유율 중심

★★
54 다음 중 금융투자업자의 재산상의 이익의 제공 및 수령에 대한 설명으로 옳지 않은 것은?

① 투자매매업자·투자중개업자가 금전·물품·편익 등을 10억원(최근 5개 사업연도를 합산한 금액)을 초과하여 특정 투자자 또는 거래상대방에게 제공하거나 특정 투자자 또는 거래상대방으로부터 제공받은 경우 그 내용을 인터넷 홈페이지 등을 통하여 공시하여야 한다.

② 투자매매업자·투자중개업자가 금전·물품·편익 등을 제공하거나 제공받는 경우 제공목적, 제공내용, 제공일자 및 제공받는 자 등에 대한 기록을 유지해야 한다.

③ 금융투자회사는 이사회가 정한 금액을 초과하는 재산상 이익을 제공하고자 하는 경우에는 이사회의 사전승인을 받아야 한다.

④ 금융투자회사가 거래상대방에게 재산상 이익을 제공하거나 제공받은 경우 제공목적, 제공내용, 제공일자, 거래상대방, 경제적 가치 등을 3년 이상의 기간 동안 기록·보관하여야 한다.

★★
55 금융투자회사의 표준윤리준칙 제16조(대외활동)에 대한 설명이다. 틀린 것으로만 모두 연결한 것은?

> 가. 회사의 공식적인 의견이 아닌 사견은 밝힐 수 없다.
> 나. 대외활동으로 인하여 회사의 모든 업무에 지장을 주어서는 안 된다.
> 다. 대외활동으로 인해 금전적인 보상을 받을 수 없다.

① 가, 나   ② 나, 다

③ 가, 다   ④ 가, 나, 다

★★★
56 직무윤리 및 내부통제기준을 위반한 행위에 대하여 다음과 같은 제재를 결정할 수 있는 기관은?

> • 6개월 이내의 업무의 전부 또는 일부의 정지
> • 위법행위의 시정명령 또는 중지명령
> • 위법행위로 인한 조치를 받았다는 사실의 공표명령

① 금융위원회
② 증권선물위원회
③ 금융감독원
④ 금융투자협회

★★
57 다음 중 금융투자회사의 준법감시인에 대한 설명으로 옳은 것만 묶은 것은?

> 가. 준법감시인은 감사의 지휘를 받아 금융투자회사 전반의 내부통제업무를 수행한다.
> 나. 금융투자회사가 준법감시인을 임면하려는 경우에는 이사회의 보통결의를 거쳐야 하며, 해임할 경우에는 주주총회의 특별결의를 거쳐야 한다.
> 다. 금융투자회사가 준법감시인을 임면할 경우에는 7영업일 이내에 금융위에 보고하여야 한다.
> 라. 금융투자회사는 준법감시인에 대하여 회사의 재무적 경영성과와 연동되지 않는 별도의 보수지급 및 평가기준을 마련·운영하여야 한다.

① 가, 나
② 나, 다
③ 다, 라
④ 가, 라

★★
58 다음 중 금융소비자보호 총괄책임자(CCO)의 업무가 아닌 것만 모두 묶은 것은?

> 가. 금융기관의 위험관리에 대한 규정의 제정 및 개정
> 나. 민원접수 및 처리에 관한 관리·감독 업무
> 다. 금융상품 각 단계(개발, 판매, 사후관리)별 소비자보호 체계에 관한 관리·감독 및 검토
> 라. 임직원의 위법 부당행위 등과 관련하여 이사회, 대표이사, 감사(위원회)에 대한 보고 및 시정 요구

① 가, 나
② 나, 다
③ 가, 라
④ 나, 라

★★
59 '금융투자회사 표준내부통제기준'에 따른 준법감시인에 관한 설명 중 옳지 않은 것은?

① 내부통제체제의 구축·유지·운영 및 감독책임이 있다.

② 이사회와 대표이사의 지휘를 받아 그 업무를 수행한다.

③ 내부통제기준의 적정성을 정기적으로 점검하여야 한다.

④ 관련 규정상 조건 충족 시 준법감시업무 중 일부를 준법감시업무를 담당하는 임직원에게 위임할 수 있다.

★
60 금융소비자보호법과 관련하여 (   )에 들어갈 수 없는 것은?

> (   )을/를 위반할 경우, 당해 금융회사에 대해 해당 금융상품의 계약으로부터 얻는 수입의 최대 50% 이내에서 과징금을 부과할 수 있으며, 별도의 최대 1억원 이내에서 과태료를 부과할 수 있다.

① 부당권유행위 금지   ② 적정성의 원칙

③ 불공정영업행위의 금지   ④ 광고관련 규정 위반

★
61 금융투자회사의 금융소비자에 대한 설명 중 옳지 않은 것은?

① 불완전판매는 통상 금융회사의 임직원 등이 금융상품을 판매할 때 금융소비자보호법상 규정하고 있는 완전판매절차를 준수하지 않아 발생하는 경우가 많다.

② 민원인이 금융회사의 결과를 수용하지 않는 경우, 임직원은 민원인에게 추가적인 조치로 금융감독원 등 분쟁조정기관에 분쟁조정을 신청할 수 있다는 것을 반드시 안내하여야 한다.

③ 임의매매는 일부 경우에 대해 정당한 권한을 가진 금융소비자와 계약을 맺는 경우에 한해서 허용된다.

④ 일반금융소비자는 전문성이 낮더라도 금융상품 판매 시 금융회사의 임직원이 주도하는 것이 아닌 조력하여야 한다.

★
62 금융투자상품판매업자 등에 대한 금융위원회의 행정제재 조치 중 반드시 등록이 취소되는 경우로만 묶은 것은?

> 가. 거짓이나 부정한 방법으로 등록한 경우
> 나. 업무의 정지기간 중 업무를 한 경우
> 다. 금융위원회의 시정명령 또는 중지명령을 받고 금융위원회가 정한 기간 내에 시정하거나 중지하지 아니한 경우

① 가   ② 가, 나

③ 나, 다   ④ 가, 나, 다

★★★
63 분쟁조정제도에 관한 설명으로 올바르지 않은 것은?

① 분쟁조정기관은 중립적인 조정안을 제시하기 위해 통상적으로 분쟁의 양 당사자를 제외한 법조계, 학계, 소비자단체, 업계 전문가로 구성된 분쟁조정위원회를 구성하고 운영한다.

② 금융감독원장은 분쟁조정신청을 받은 날로부터 30일 이내에 합의가 이루어지지 않은 때에는 지체없이 분쟁조정위원 회에 회부하여야 하며, 조정위원회는 조정안을 60일 이내에 작성하며, 금융감독원장은 분쟁조정 신청인과 관계당사 자에게 조정안을 제시하여야 한다.

③ 금융감독원에 설치된 금융분쟁조정위원회의 조정안에 대하여 당사자는 수락하여야 하며 당해 조정안은 재판상 화해 와 동일한 효력을 갖는다.

④ 금융감독원 이외의 기관(한국거래소 분쟁조정심의위원회, 금융투자협회 분쟁조정위원회 등)에 의한 조정은 민법상 화해계약으로 효력을 갖는다.

★★
64 다음 중 「고객확인제도」에 대한 설명으로 잘못된 것은?

① 계좌의 신규개설이나 모든 일회성 금융거래 시 금융실명법에 의해 실제 당사자 여부 등 고객의 신원을 확인해야 한다.

② 고객 신원정보의 확인이란 본인, 대리인 및 기타 거래자의 실지명의, 주소, 연락처 등 기본정보를 수집하는 것이다.

③ 금융기관은 실제당사자 여부가 의심되는 등 고객이 자금세탁행위를 할 우려가 있는 경우에는 고객별 신원확인 외에 "거래자금의 원천 및 금융거래 목적"까지 확인하여야 한다.

④ 고객이 계좌 보유여부를 불문하고 금융기관 등을 이용하여 국내외의 다른 금융기관으로 자금을 이체하는 전신송금을 이용하는 경우 100만원(미화 1천달러)을 초과하면 송금자의 정보를 확인하고 보관하여야 한다.

★★
65 다음 중 「특정금융거래보고법」에 대한 설명으로 잘못된 것은?

① 의심거래보고제도(STR : Suspicious Transaction Report)란 금융기관 종사자의 주관적 판단에 의해 어떤 금융거래 가 불법자금이라는 의심이 가거나 거래상대방이 자금세탁을 하고 있다는 의심이 갈 경우 금융정보분석원에 보고토록 하는 제도이다.

② 고액현금거래보고제도(CTR : Currency Transaction Reporting System)는 1,000만원 이상의 현금거래를 금융정 보분석원에 보고하도록 하는 제도이다.

③ 고객확인제도란, 금융기관이 고객과 거래 시 고객의 신원, 실소유자 여부, 거래목적 등을 파악하는 등 고객에 대한 합당한 주의를 기울이는 제도이다.

④ 고객확인제도에서 실제소유자란 고객을 최종적으로 지배하거나 통제하는 사람 또는 법인으로서 해당 금융거래를 통해 혜택을 보는 개인 또는 법인으로 정의한다.

법규 및 세제(35문항)

★★
66　다음 중 증권선물위원회 업무에 해당하는 것은?

① 금융에 관한 정책 및 제도에 관한 사항

② 금융관련 법령 및 규정의 제정, 개정 및 폐지에 관한 사항

③ 기업회계기준 및 회계감리에 관한 업무

④ 외국환업무취급기관의 건전성 감독에 관한 사항

★★
67　금융투자업자에 대한 건전성 규제 등에 대한 설명으로 옳지 않은 것은?

① 금융투자업자가 적기시정조치에 해당하더라도 단기간 내에 적기시정조치의 요건에 해당되지 아니하게 될 수 있다고 판단하는 경우에는 일정기간의 유예조치를 할 수 있다.

② 금융위의 금융투자업자에 대한 긴급조치로서 금융투자업자에게 채무변제행위를 금지시킬 수 있다.

③ 순자본비율 규제내용 중 레버리지 규제는 개별 재무상태표상의 자기자본 대비 총부채의 비율로 계산한다.

④ 금융투자업자가 복수의 업무단위를 영위하고자 할 경우 인가업무 또는 등록업무 단위별로 요구되는 필요유지 자기자본을 합계한 금액을 자기자본으로 하여야 한다.

★★
68　다음 중 자본시장법상 금융투자업 등록대상으로만 묶은 것은?

① 신탁업, 투자일임업

② 온라인소액투자중개업, 일반사모집합투자업

③ 집합투자업, 투자중개업

④ 투자자문업, 투자매매업

★★★
69　다음 중 금융투자업자에 대한 금융위의 긴급조치 발동사유가 아닌 것은?

① 발행한 어음 또는 수표가 부도로 되거나 은행과의 거래가 정지 또는 금지되는 경우

② 유동성이 일시적으로 급격히 악화되어 투자자예탁금 등의 지급불능사태에 이른 경우

③ 휴업 또는 영업의 중지 등으로 돌발사태가 발생하여 정상적인 영업이 불가능하거나 어려운 경우

④ 필요유지 자기자본이 70%에 미달하는 경우

★★★
70 금융투자회사의 위험관리 체제구축에 대한 설명으로 옳지 않은 것은?

① 금융투자업자는 각종 거래에서 발생하는 제반 위험을 적시에 인식·평가·감시·통제하는 등 위험관리를 위한 체제를 갖추고, 위험을 효율적으로 관리하기 위하여 부서별, 거래별 또는 상품별 위험부담한도·거래한도 등을 적절히 설정·운영하여야 한다.

② 금융투자업자는 주요 위험변동 상황을 자회사와 연결하여 종합적으로 인식하고 감시하여야 한다.

③ 금융투자회사의 위험관리 지침은 주주총회의 결의로서 제정하고 개정하여야 한다.

④ 장외파생상품에 대한 투자매매업의 인가를 받은 금융투자업자 또는 인수업을 포함한 투자매매업의 인가를 받은 금융투자업자는 경영상 발생할 수 있는 위험을 실무적으로 종합관리하고 이사회와 경영진을 보조할 수 있는 전담조직을 두어야 한다.

★★
71 다음 중 금융투자업자의 경영공시 사항이 아닌 것은?

① 적기시정조치, 인가 또는 등록의 취소 등의 조치를 받은 경우

② 회계기간 변경을 결정한 경우

③ 민사소송의 패소 등의 사유로 그 손실금액이 5억원인 경우

④ 상장법인이 아닌 금융투자업자에게 재무구조·채권채무관계·경영환경·손익구조 등에 중대한 변경을 초래하는 사실이 발생하는 경우

★★
72 투자매매·중개업자에 대한 신용규제에 대한 설명으로 옳지 않은 것은?

① 투자매매업자 또는 투자중개업자는 투자자의 신용상태 및 종목별 거래상황 등을 고려하여 신용공여금액의 100분의 140 이상에 상당하는 담보를 징구하여야 한다. 다만, 매도되었거나 환매청구된 예탁증권을 담보로 하여 매도금액 또는 환매금액 한도 내에서 융자를 하는 경우에는 그러하지 아니하다.

② 투자매매업자 또는 투자중개업자는 채무상환, 추가담보납입, 수수료 납입을 하지 않았을 때 그 다음 영업일에 투자자계좌에 예탁된 현금을 투자자의 채무변제에 우선 충당하고, 담보증권, 그 밖의 증권의 순서로 필요한 수량만큼 임의처분하여 투자자의 채무변제에 충당할 수 있다.

③ 거래소가 투자경고종목, 투자위험종목 또는 관리종목으로 지정한 증권, 거래소가 매매호가 전 예납조치 또는 결제 전 예납조치를 취한 증권에 대해서는 신규의 신용거래를 할 수 없다.

④ 투자매매업자 또는 투자중개업자의 총 신용공여 규모는 총자산의 범위 이내로 하되, 신용공여 종류별로 투자매매업자 또는 투자중개업자의 구체적인 한도는 금융위원장이 따로 결정할 수 있다.

★★★
73 자기계약의 금지로서, 투자매매업자 또는 투자중개업자는 금융투자상품에 관한 같은 매매에 있어 자신이 본인이 됨과 동시에 상대방의 투자중개업자가 되어서는 아니 된다. 이에 대하여 아래 보기 중에서 예외적으로 자기계약이 허용되는 경우의 개수는?

> 가) 투자매매업자 또는 투자중개업자가 증권시장 또는 파생상품시장을 통하여 매매가 이루어지도록 한 경우
> 나) 투자매매업자 또는 투자중개업자가 자기가 판매하는 집합투자증권을 매수하는 경우
> 다) 투자매매업자 또는 투자중개업자가 다자간매매체결회사를 통하여 매매가 이루어지도록 한 경우
> 라) 종합금융투자사업자가 금융투자상품의 장외매매가 이루어지도록 한 경우

① 1개
② 2개
③ 3개
④ 4개

★
74 증권발행 신고 시 모집 및 매출의 청약권유대상자 50인 산정에 포함되는 자는?

① 회계법인
② 신용평가업자
③ 발행인에게 용역을 제공하지 아니하는 변호사
④ 발행인의 연고자

★
75 '금융기관 검사 및 제재에 관한 규정'의 설명으로 옳지 않은 것은?

① 검사결과 조치는 금융위 심의·의결을 거쳐 조치하되 금감원장 위임사항은 금감원장이 직접 조치하며, 금융투자업자 또는 그 임직원에 대한 과태료 부과, 자본시장법에 의한 조치·명령 등은 증선위의 사전 심의를 거쳐 조치한다.
② 이의신청이 있을 경우 감독원장의 제재처분 또는 조치요구사항에 대하여는 이유가 없다고 인정하는 경우에는 이를 기각하고, 이유가 있다고 인정하는 경우에는 당해 처분을 취소 또는 변경할 수 있다.
③ 이의신청이 있을 경우 금융위의 제재사항에 대하여는 당해 처분의 취소·변경 또는 이의신청의 기각을 금감원장이 금융위에 건의하여야 하므로 감독원장이 직권으로 이의신청을 기각할 수 없다.
④ 이의신청 처리결과에 대하여는 다시 이의신청할 수 없다.

★★
76 종합금융투자사업자에 대한 설명으로 옳은 지문의 개수는 몇 개인가?

> 가) 종합금융투자사업자란 투자매매업자 또는 투자중개업자 중 금융위원회에 별도로 등록한 자를 말한다.
> 나) 종합금융투자사업자는 자기자본 5조원 이상이어야 하며 증권에 대한 인수업무를 영위하여야 한다.
> 다) 종합금융투자사업자의 기업에 대한 신용공여 업무를 영위할 수 있다.
> 라) 종합금융투자사업자는 일반 사모집합투자기구의 전담중개업무를 할 수 있다.

① 1개
② 2개
③ 3개
④ 4개

★★★
77 금융소비자보호법에서 정하고 있는 금융소비자의 청약의 철회에 대한 내용으로 옳지 않은 것은?

① 투자성 상품에 대한 일반금융소비자의 청약의 철회는 계약체결일로부터 7일 이내에 청약의 철회를 할 수 있고, 대출성 상품에 대한 일반금융소비자의 청약철회권은 계약체결일로부터 14일 이내에 할 수 있다.
② 청약철회가 가능한 금융투자상품에는 금전신탁도 포함된다.
③ 청약철회권의 배제를 미리 정한 약관 등에서 정할 경우에는 약관규제법 위반소지가 있으므로 개별적으로 약정하여야 한다.
④ 투자성 상품에 대하여 금융상품판매업자 등은 청약의 철회를 접수한 날부터 3영업일 이내에 이미 받은 금전·재화 등을 반환하고, 금전·재화 등의 반환이 늦어진 기간에 대해서는 연체이자율을 일단위로 계산하여 지급하여야 한다.

★
78 금융소비자보호법상 금융투자업자의 적정성 원칙 대상 금융상품을 고르면 모두 몇 개인가?

> 가. 장내파생상품
> 나. 인버스 ETF
> 다. 조건부 자본증권
> 라. 금적립계좌

① 1개
② 2개
③ 3개
④ 모두 해당한다.

79 투자권유를 희망하지 아니하는 투자자에 대한 금융상품 판매에 관한 설명 중 옳은 것은?

① 투자자가 임직원에게 상품의 설명을 요청하는 경우에는 투자권유를 희망하지 않으므로 설명할 수 없음을 안내하여야 한다.

② 해당 투자자가 투자자문업자로부터 투자자문을 받고 금융상품의 구매를 요청하는 경우에는 판매회사는 별도의 제한 없이 설명서 교부를 생략할 수 있다.

③ 투자자가 구체적으로 운용대상을 지정하는 특정금전신탁의 경우 투자권유를 희망하지 않는다는 확인서를 수령하고 계약을 체결하는 것은 관련 규정의 위반에 해당한다.

④ 투자자가 판매직원의 투자권유 없이 특정상품에 대한 청약을 하는 경우 투자자로부터 '투자권유희망 및 투자자정보 제공 여부 확인서'를 수령하고 판매절차를 진행할 수 있으나 확인서의 취지와 유의사항을 설명하여야 한다.

80 금융소비자보호법상 규정하는 소비자보호장치가 아닌 것은?

① 징벌적 과징금
② 손해배상금액의 추정
③ 청약철회권
④ 금융위원회의 명령권

81 다음 중 금융소비자보호법상의 자료열람권의 내용이다. 옳은 것으로만 연결한 것은?

> 가. 금융소비자는 분쟁조정 또는 소송의 수행 등 권리구제를 위한 목적으로 금융상품판매업자 등이 기록 및 유지·관리하는 자료의 열람(사본의 제공 또는 청취를 포함)을 요구할 수 있다.
> 나. 금융상품판매업자 등은 자료 열람의 요구를 받은 경우에는 그 요구받은 날부터 8영업일 이내에 금융소비자가 해당 자료를 열람할 수 있도록 해야 한다.
> 다. 금융상품판매업자 등은 열람을 제한하거나 거절할 수 없다.
> 라. 금융상품판매업자 등은 금융소비자에게 열람 승인을 한 자료의 생성 등에 추가비용 등이 발생하는 경우 해당 수수료를 우편을 통해 청구 시 우송료를 청구할 수 있다.

① 가, 라
② 가, 다
③ 나, 다
④ 다, 라

★★
82 다음 중 금융소비자의 위법계약 해지권의 대상이 아닌 금융상품의 개수는?

> 가) 온라인투자연계금융업자(P2P업자)와 체결하는 계약
> 나) 표지어음
> 다) 원화표시 양도성예금증서
> 라) 주식매수선택권

① 1개
② 2개
③ 3개
④ 4개

★★
83 금융소비자보호법상 설명의무에 대한 내용으로 옳지 않은 것은?

① 일반금융소비자만을 대상으로 하므로 전문금융소비자에 대한 의무는 아니다.
② 예금성, 투자성, 보장성 및 대출성 상품 모두에 적용된다.
③ 금융투자상품판매업자 등은 금융상품의 종류별로 설명에 필요한 설명서를 계약체결 전에 서면으로만 일반금융소비자에게 제공하여야 하며, 설명의무를 이행한 후 일반금융소비자가 이해하였음을 서명이나 녹취 등의 방법으로 확인을 받고 해당 기록을 유지·보관하여야 한다.
④ 본인이 아닌 대리인에게 설명하는 경우에 설명의무 이행 여부는 대리인을 기준으로 판단한다.

★★
84 금융소비자보호법상의 분쟁조정 관련 설명으로 옳지 않은 것은?

① 금융상품판매업자 등이 설명의무를 위반하여 금융소비자에게 손해를 발생시킨 경우에는 그 손해를 배상할 책임을 진다. 다만, 그 금융상품판매업자 등이 고의 및 과실이 없음을 입증한 경우에는 그러하지 아니하다.
② 조정이 신청된 사건에 대하여 신청 전 또는 신청 후 소가 제기되어 소송이 진행 중일 때에는 수소법원(受訴法院)은 조정이 있을 때까지 소송절차를 중지할 수 있다. 따라서 조정위원회는 소송절차가 중지되지 아니하는 경우에는 해당 사건의 조정절차를 중지하여야 한다.
③ 조정대상기관은 일반금융소비자가 신청한 사건인 "소액분쟁사건"에 대하여 조정절차가 개시된 경우에는 조정안을 제시받기 전에는 소를 제기할 수 없다.
④ 금융위원회는 금융상품으로 인하여 금융소비자의 재산상 피해가 발생할 우려가 있다고 인정되는 경우에는 그 금융상품을 판매하는 금융상품판매업자에 대하여 해당 금융상품 계약 체결의 권유 금지 또는 계약 체결의 제한·금지를 명할 수 있다.

85 다음 중 이해상충의 대표적 사례인 과당매매의 판단기준과 거리가 먼 것은?

① 일반투자자가 부담하는 수수료 총액

② 개별 매매거래 시 권유내용의 타당성 여부

③ 계좌손익의 달성여부나 손익의 규모

④ 일반투자자의 투자지식이나 경험에 비추어 당해 거래에 수반된 위험을 잘 이해하는지의 여부

86 펀드판매 투자광고 시 의무표시 사항을 모두 묶은 것은? (표시공간이 충분한 것을 가정한다.)

> 가. 환매수수료 및 환매 신청 후 환매금액의 수령이 가능한 구체적 시기
>
> 나. 증권거래비용이 발생할 수 있다는 사실과 투자자가 직·간접적으로 부담하게 되는 각종 보수 및 수수료
>
> 다. 고유한 특성 및 위험성 등이 있는 집합투자기구의 경우 해당 특성 및 위험성 등에 관한 설명

① 가, 나　　　　　　　　　　② 나, 다

③ 가, 다　　　　　　　　　　④ 가, 나, 다

87 금융투자회사의 영업 및 업무에 관한 규정상의 설명의무에 대한 설명이다. 가장 적절하지 않은 것은?

① ELS, ELW를 포함한 공모형 파생결합증권은 핵심설명서 교부대상이다.

② 금융투자회사는 일반투자자가 최초로 ELW나 ETN을 매매하고자 하는 경우에는 기존에 위탁매매거래 계좌가 있더라도 서명 등의 방법으로 매매의사를 별도로 확인해야 한다.

③ 금융투자회사는 일반투자자가 1배를 초과하는 레버리지 ETF, 레버리지 ETN을 매매하고자 하는 경우는 협회가 인정하는 교육을 사전에 이수하도록 해야 한다.

④ 선물, 옵션 등 장내파생상품을 매매하고자 하는 경우 적격 개인투자자 자격을 위해 1시간 이상의 파생상품 교육과정과 3시간 이상의 파생상품 모의거래 과정을 이수하도록 해야 한다.

88 조사분석자료에 대한 설명으로 틀린 것을 모두 고르시오.

> 가. 금융투자회사는 제3자가 작성한 조사분석자료는 외부에 공표할 수 없다.
>
> 나. 금융투자분석사는 기업금융업무관련 부서 간의 의견교환은 예외없이 금지된다.
>
> 다. 금융투자회사가 발행주식총수의 1% 이상을 보유한 법인이 발행한 금융투자상품에 대하여 조사분석자료를 작성 및 공표할 수 없다.

① 가, 나　　　　　　　　　　② 나, 다

③ 가, 다　　　　　　　　　　④ 가, 나, 다

★★
89 협회의 영업 및 업무 규정상 '재산상의 이익의 가치 산정' 방법으로 옳지 않은 것은?

① 금전의 경우 해당 금액

② 물품의 경우 구입비용

③ 금융투자회사 임직원과 거래상대방이 공동참석한 접대의 경우 해당 접대에 소요된 비용

④ 연수·기업설명회·기업탐방·세미나의 경우 거래상대방에게 직접적으로 제공되었거나 제공받은 비용

★★
90 다음 중 상법상 주식회사의 자본충실의 원칙과 거리가 먼 것은?

① 이익배당의 제한

② 주식의 액면미달발행의 제한

③ 회사설립 시 발기인의 인수가액의 전액 납입의무

④ 법정준비금 제도

★★
91 다음 중 주식회사의 정관의 변태적 설립사항에 속하는 것은 모두 몇 개인가?

> 가. 회사가 발행할 주식의 총수
> 나. 회사가 설립 시 발행하는 주식의 총수
> 다. 회사가 공고하는 방법
> 라. 액면주식을 발행하는 경우 1주의 금액

① 0개   ② 1개

③ 2개   ④ 3개

★★
92 다음 중 상법상 주식회사 주주의 의결권에 대한 설명으로 옳지 않은 것은?

① 주주의 의결권의 대리행사는 정관으로도 금지할 수 없다.

② 주주는 정관이 정한 바에 따라 총회에 출석하지 아니하고 서면에 의하여 의결권을 행사할 수 있다.

③ 주주가 2 이상의 의결권을 가지고 있는 때에는 이를 통일하지 아니하고 행사할 수 있다. 이에 대하여 회사는 주주의 의결권 불통일 행사를 거부할 수 있으나 주주가 주식의 신탁을 인수하였거나 기타 타인을 위하여 주식을 가지고 있는 경우에는 거부할 수 없다.

④ 감사의 선임 시 의결권 없는 주식을 제외한 발행주식의 총수의 100분의 3을 초과하는 수의 주식을 가진 주주는 감사의 선임에 있어서는 의결권을 행사하지 못한다.

93 상법상 주식회사의 이사에 대한 설명으로 옳지 않은 것은?

① 이사는 3명 이상이어야 하고 임기는 3년을 초과하지 못한다. 다만, 자본금 총액이 10억원 미만인 회사는 1명 또는 2명으로 할 수 있다.

② 이사의 경업금지의무로서 이사는 이사회의 승인이 없으면 자기 또는 제3자의 계산으로 회사의 영업부류에 속한 거래를 하거나 동종영업을 목적으로 하는 다른 회사의 무한책임사원이나 이사가 되지 못한다.

③ 이사가 고의 또는 중대한 과실로 그 임무를 게을리한 때에는 그 이사는 제3자에 대하여 연대하여 손해를 배상할 책임이 있다.

④ 주식회사의 이사는 원칙적으로 주주총회에서 선임하여야 하나 정관의 정함에 의하여 다른 기관에 위임할 수 있다.

94 상법상 주식회사의 자본금과 주식에 대한 설명으로 옳지 않은 것은?

① 액면주식을 무액면주식으로 전환하거나 무액면주식을 액면주식으로 전환하더라도 회사의 자본금은 변경할 수 없다.

② 회사는 정관으로 정한 경우에는 주식의 전부를 무액면주식으로 발행할 수 있다. 다만, 무액면주식을 발행하는 경우에는 액면주식을 발행할 수 없다.

③ 회사는 정관으로 정하는 바에 따라 발행된 액면주식을 무액면주식으로 전환하거나 무액면주식을 액면주식으로 전환할 수 있다.

④ 결손의 보전을 위한 자본금 감소의 경우에는 주주총회의 보통결의로 할 수 있고 채권자의 동의를 구하기 위한 채권자 보호절차가 필요하다.

95 상법상 주식회사의 준비금에 대한 설명으로 옳지 않은 것은?

① 회사는 그 자본금의 2분의 1이 될 때까지 매 결산기 이익배당액의 10분의 1 이상을 이익준비금으로 적립하여야 한다. 다만, 주식배당의 경우에는 그러하지 아니하다.

② 이익준비금과 자본준비금은 자본금의 결손 보전에 충당하는 경우 외에는 처분하지 못한다.

③ 적극 재산을 실가 이상으로 평가할 경우 비밀준비금이 발생하지만 재무상태표상에는 나타나지 않는다.

④ 회사는 적립된 자본준비금 및 이익준비금의 총액이 자본금의 1.5배를 초과하는 경우에 주주총회의 결의에 따라 그 초과한 금액 범위에서 자본준비금과 이익준비금을 감액할 수 있다.

96 다음 중 지방세가 아닌 것은?

① 취득세
② 상속세
③ 주민세
④ 담배소비세

★★★
97 다음 중 이자소득세 대상은 모두 몇 개인가?

> 가) 환매조건부 채권의 매매차익
> 나) 보장성보험의 보험차익
> 다) 비영업대금의 이익

① 1개   ② 2개
③ 3개   ④ 모두 해당없음

★★
98 납세의무에 대한 성립과 확정에 대한 설명으로 옳지 않은 것은?

① 증권거래세는 매매거래가 확정되는 때에 납세의무가 성립하고 신고확정 대상이다.
② 소득세, 법인세, 부가가치세는 과세기간이 끝나는 때에 납세의무가 성립하며 신고확정 대상이다.
③ 인지세는 과세문서를 작성하는 때에 납세의무가 성립하고 자동확정 대상이다.
④ 상속세는 상속이 개시되는 때에 납세의무가 성립하며 신고확정 대상이다.

★
99 다음 중 2차 납세의무자가 아닌 것은?

① 청산인   ② 출자자
③ 법인   ④ 사업양도인

★★
100 이자소득과 배당소득에 대한 설명으로 옳지 않은 것은?

① 금융소득은 필요경비가 인정되지 않아서 수입금액이 바로 금융소득금액이 된다.
② 직장공제회 초과반환금은 무조건 분리과세 대상이므로 종합소득세 신고를 할 필요가 없다.
③ 조건부 분리과세 금융소득은 금융소득(비과세 및 무조건 분리과세분 제외)으로 연간 개인 금융소득이 2천만원 이하일 경우 원천징수로 과세의무가 종료된다.
④ 만기가 10년 이상이고 보유기간이 3년 이상인 채권(2018년 이전 발행채권)의 경우, 별도의 분리과세 신청을 하지 않아도 무조건 분리과세로 납세의무가 종료된다.

What is your passcode?

증권투자권유자문인력 실제유형 모의고사

제4회

PASSCODE

증권투자권유자문인력 실제유형 모의고사

정답 및 해설

증권투자권유자문인력
실제유형 모의고사

정답 및 해설

시대
에듀

제1회 정답 및 해설

01	02	03	04	05	06	07	08	09	10
③	④	④	④	④	③	③	①	②	①
11	12	13	14	15	16	17	18	19	20
①	④	②	①	①	①	③	④	①	④
21	22	23	24	25	26	27	28	29	30
②	④	②	④	③	①	③	③	①	②
31	32	33	34	35	36	37	38	39	40
②	③	④	④	②	①	②	②	③	②
41	42	43	44	45	46	47	48	49	50
④	④	②	②	④	③	①	③	①	④
51	52	53	54	55	56	57	58	59	60
④	②	③	②	③	①	④	②	④	③
61	62	63	64	65	66	67	68	69	70
③	③	③	③	③	②	③	②	②	④
71	72	73	74	75	76	77	78	79	80
③	②	④	②	③	④	③	①	③	④
81	82	83	84	85	86	87	88	89	90
④	①	②	②	④	④	③	①	①	③
91	92	93	94	95	96	97	98	99	100
①	③	①	②	③	①	③	②	③	①

증권분석 및 증권시장(35문항)

01
정답 ③

경기순환은 전통적으로 회복(Recovery), 호황(Boom), 후퇴(Recession), 불황(Depression)으로 나누는 4분법이 이용되었으나 그 구분을 명확히 하기 어렵기 때문에 최근에는 경기 저점(Trough)에서 정점(Peak)까지 경제활동이 활발한 확장국면(Expansion)과 경기정점에서 저점까지 경제활동이 위축된 수축국면(Contraction)으로 나누는 2분법이 주로 이용된다.

02
정답 ④

실질GDP 증가률(YG) = 5%, GDP디플레이터 상승률(PG) = 4%, 화폐유통속도 증가율(VG) = -2%가 주어진 경우, 통화공급 증가율(MV)을 구할 수 있다.
EC(European Community)에서 각 회원국에 권고하는 방식인

$MV = PY$에서, $M = \dfrac{PY}{V}$이므로, 이를 MG(Monetary Growth : 통화증가율)로 미분하면, $MG = PG + YG - VG$이다.
즉, $MG = 4\% + 5\% - (-2\%) = 11\%$이다.
그러나 이 통화의 유통속도(V)는 **사후적으로만 추계가 가능**하므로 경기변화 및 인플레이션 압력 등을 예측하는 데에는 유용성이 높지 않다.

03
정답 ④

토빈의 q란 자산가격경로에 대한 설명이다. 주식시장에서 평가된 기업의 시장가치를 기업의 실물자본 대체비용으로 나눈 값을 말한다. 금리 인하로 주가가 상승하면(**주가 상승 = 자산가격 상승**) 기업의 시장가치가 커져 기계나 공장과 같은 실물자본을 대체하는 데 소요되는 비용을 상회함으로써 q값이 증가한다. 이는 기업들이 높은 가격으로 주식을 발행하고 상대적으로 저렴한 비용으로 투자함으로써 이윤을 늘릴 수 있기 때문이다.
신용경로는 금리 변화와 관계없이 **금융기관 고객(가계와 법인 등)의 자기신용이 취약할 경우** (가계와 기업의 대차대조표상의 재무상태가 악화되어) 금융기관이 대출을 줄여 전반적인 경제활동이 위축됨으로써 작동된다.

04
정답 ④

경기확산지수(DI)는 경기변동의 심도를 나타내는 지표가 아니다. 따라서 DI가 60에서 100으로 상승한 경우 경기확장속도가 $\dfrac{100}{60} = 1.7$배 빠르다고 볼 수 없고, 반대로 40 이하일 때에 비해 20일 때의 수축속도가 2배 강하다고도 볼 수 없다.

05
정답 ④

회복(Recovery) - 호황(Boom) - 후퇴(Recession) - 불황(Depression)의 순서이다.

06　정답 ③

경제심리지수(ESI)의 내용이다.
경제심리지수(ESI)는 기업과 소비자 모두를 포함한 민간의 경제상황에 대한 심리를 종합적으로 파악하기 위해 기업경기실사지수(BSI)와 소비자동향지수(CSI)를 합성한 지수이다. 이 지수는 장기평균 100을 중심으로 대칭적으로 분포하며 표준편차가 10이 되도록 작성하므로 100을 상회하면 기업과 소비자 모두를 포함한 민간의 경제심리가 과거 평균보다 나은 수준을 의미한다. 반대로 100을 하회하면 과거 평균보다 못한 수준인 것으로 해석할 수 있다.

07　정답 ③

차례대로 경제분석 – 산업분석 – 기업분석 – Top-down 방식 순이다.

08　정답 ①

EV = 시가총액 + 순차입금(총부채 – 현금 및 투자증권)이므로,
30,000 × 100만주 + (200억 – 100억) = 400억원
따라서, EV/EBITDA = 400억원/200억원 = 2(배)
(최근 출제가 시작되었으므로 2025 기본서 1권(p99)의 이론을 반드시 익힌다.)

09　정답 ②

당기순이익이 5,000원이므로 유보율 60%를 빼면 배당액은 2,000원이다. 항상성장모형 공식을 이용하면
$22,000 = 2,000(1 + g)/(0.2 - g)$이고, g에 대하여 정리하면,
$g = 10\%$이다.

10　정답 ①

총자본이익률(ROI)은 $\dfrac{당기순이익}{총자본}$이므로 수익성을 측정하는 비율이다.

11　정답 ①

미수수익, 선급비용, 선급금, 반제품, 미수금은 자산계정이며, 선수금, 예수금은 부채계정이다. 그리고 배당건설이자는 자본조정항목이다.

※ 배당건설이자

배당건설이자란 개업 전에 주주에게 배당한 건설이자를 말한다. 사업상 거대한 건설설비를 필요로 하는 철도·운하·전력 등과 같은 공공적 성격을 띤 사업은 개업하기 전까지는 장시일을 소요하게 되고 그 기간에는 이익배당도 할 수 없기 때문에 주주의 모집은 물론 회사설립도 곤란하게 된다. 따라서 「상법」은 회사가 목적으로 하는 사업의 성질에 따라 회사설립 후 2년 이상 그 영업의 전부를 개업할 수 없다고 인정되는 때에는 정관에 규정하고 법원의 인가를 받음으로써 일정한 주식에 대해 그 개업 전 일정기간 내에 일정한 이자를 주주에게 배당할 수 있음을 규정하고 있다. **기업회계기준에서는 대차대조표상의 자본계정 중 자본조정계정에 표시하도록 되어 있으며**, 배당건설이자의 상각액은 이익잉여금처분항목으로 처리하도록 규정하고 있다.

12　정답 ④

유성형(Shooting Star)은 한 개의 캔들차트로서 상승추세가 한계에 다다라 추세의 하락반전을 예고하는 신호이다. 유성형은 대개 갭(Gap)을 동반하여 작은 몸체와 위로 몸체보다 2배 이상되는 긴 꼬리를 갖춘 캔들차트의 모습을 보이는데 양선보다 음선의 신뢰도가 높다.
까마귀형(Up Side Gap Two Crows)은 천장권에서 나타나는 하락전환 신호이다. 우선 상승추세에서 긴 양선이 출현한 후 둘째날 갭(Gap)이 발생하면서 음선이 나오고, 연이어 셋째날 음선이 출현하면서 갭을 메우게 된다.

※ 3마리(캔들이 3개 이상)의 까마귀가 전선줄에 걸터앉아서 기분 나쁘게 내려다보는(하락형) 형상이다.

13　정답 ②

적삼병에 대한 설명이다. 적삼병은 고점을 높이는 연속된 3개의 강한 양봉이 발생하는 패턴으로, 이 패턴이 바닥권에서 발생한 경우 장기간의 하락 추세를 벗어나 상승으로 전환되는 신호로 해석한다.
반면, 흑삼병은 높은 위치에서 저점을 낮추는 3개의 음봉이 연속적으로 발생하는 패턴이다. 이러한 패턴이 나타나면, 매수세에서 매도세로 돌아섬을 의미하여 순간적인 급락세로 돌아설 가능성이 높기 때문에 주의가 필요한 구간이다.
사케다 전법은 삼산, 삼천, 삼병(적삼병, 흑삼병), 삼공, 삼법을 말한다. 이 중에서 삼산, 삼천, 삼병(적삼병, 흑삼병), 삼공은 주가 패턴의 해석에 대한 풀이에 해당하며, 삼법은 행동원리를 의미한다.

14   정답 ①

OBV(On Balance Volume) 선은 거래량 지표로서, 거래량은 주가에 선행한다는 전제하에 주가가 전일에 비하여 상승한 날의 거래량 누계에서 하락한 날의 거래량 누계를 차감하여 이를 매일 누적적으로 집계하여 도표화한 것이다.

③ **스토캐스틱**은 지표분석으로서 현재 주가가 일정기간 동안 상승과 하락 범위 내에서 어느 정도에 위치하는지를 나타내는 지표이며, 현재 주가가 일정기간 동안 상승과 하락 범위 내에서 최고가라면 100%로, 만약 최저가라면 0%로 나타낸다. 일반적으로 스토캐스틱 수치가 85% 이상일 경우에는 과매수 구간이며 15% 미만이라면 과매도 구간이라고 한다.

④ **볼린저 밴드**는 주가의 변동을 분석하기 위해, 중심이 되는 이동평균선을 기준으로 일정한 표준편차 범위만큼 설정한 그래프를 말한다. 가격의 추세를 포착할 수 있도록 설정된 중간선(중단 밴드)과 가격의 상대적 높낮음에 대한 판단기준이 되는 두 개의 밴드(상단, 하단)로 구성되어 있다.

볼린저 밴드에서 상단 밴드와 하단 밴드는 중단 밴드에서 2 표준편차만큼 더하거나 뺀 값이다. 주가가 정규분포를 따른다고 가정한다면, 상단 밴드와 하단 밴드를 벗어날 확률은 각각 2.25%에 불과하며, 밴드 내부에 머무를 확률은 대략 95%에 달한다.

따라서 주가가 상단 밴드나 하단 밴드에 근접한다면 시장이 과매수 국면이거나 과매도 국면에 달했을 가능성이 있으며, **각 밴드가 저항선 혹은 지지선으로 작용할 것으로 기대할 수 있다.**

15   정답 ①

유성형은 한 개의 캔들차트로서 상승추세가 한계에 다다라서 추세의 반전을 예고하는 신호이다. 대개 갭(Gap)을 동반하여 작은 몸체와 위로 몸체보다 2배 이상 되는 긴 꼬리를 갖춘 캔들차트의 모습을 보이는데 양선보다 음선의 신뢰도가 높다.

16   정답 ①

② 우리사주 조합원은 공모하는 주식 총수의 20% 범위 내에서 우선적으로 배정받을 권리가 있다.

③ 법원의 인가 없이 주식의 액면미달 발행이 가능하다.

④ 주식배당은 이익배당총액에 상당하는 금액까지 가능하다.

※ **자본시장법 제165조의11(조건부자본증권의 발행 등) 제1항**

① 주권상장법인은 정관으로 정하는 바에 따라 **이사회의 결의**로「상법」제469조 제2항, 제513조 및 제516조의2에 따른 사채와 다른 종류의 사채로서 해당 사채의 발행 당시 객관적이고 합리적인 기준에 따라 미리 정하는 사유가 발생하는 경우 **주식으로 전환되거나 그 사채의 상환과 이자지급 의무가 감면된다는 조건이 붙은 사채,** 그 밖에 대통령령으로 정하는 사채를 발행할 수 있다.

※ 상장기업의 특징으로서, 우리사주 조합원은 공모하는 **주식 총수의 20% 범위 내에서 우선적으로 배정받을 권리가 있다. 법원의 인가 없이 주주총회의 특별결의로 주식의 액면미달 발행**이 가능하다. 주식의 시가가 액면 이상인 경우 **이익배당총액에 상당하는 금액까지 주식배당***을 할 수 있다.

(***주식배당**이란 금전 대신 주식으로 배당한다는 의미임)

17   정답 ③

상장폐지된 기업이 재상장하는 경우에도 상장예비심사를 거쳐야 한다.

※ **상장의 종류**

(1) 신규상장 : 유가증권시장 또는 코스닥시장에 상장되지 않은 종목의 증권을 처음 상장하는 것

(2) 재상장 : 유가증권시장에서 상장이 폐지된 보통주권 또는 채무증권을 다시 상장하거나 보통주권 상장법인의 분할, 분할합병, 합병으로 설립된 법인의 보통주권을 상장하는 것 / 코스닥시장 상장법인의 분할, 분할합병 또는 합병으로 설립된 법인이 발행한 주식을 코스닥시장에 상장하는 것

(3) 우회상장 : 유가증권시장에서 합병, 주식의 포괄적 교환, 영업 또는 자산의 양수, 현물출자 등과 관련하여 주권상장법인의 경영권이 변동되고 주권비상장법인의 지분증권이 상장되는 효과가 있는 것 / 코스닥시장에서 합병, 주식의 포괄적 교환, 영업양수, 자산양수, 현물출자 등과 관련하여 코스닥시장 상장법인 또는 유가증권시장 주권상장법인이 아닌 법인의 지분증권이 코스닥시장에 상장되는 효과가 있는 것

(4) 합병상장 : 유가증권시장에서 기업인수목적회사와 주권비상장법인의 합병에 따라 주권을 상장하는 것 / 코스닥시장에서 기업인수목적회사와 코스닥시장 상장법인이 아닌 법인의 합병에 따라 주식을 상장하는 것

(5) 추가상장 : 상장법인이 자본금, 사채액, 신탁원본액 등의 증가에 따라 이미 상장되어 있는 증권과 같은 종목의 증권을 새로이 발행하여 이를 상장하는 것

(6) **변경상장 : 상장증권의 종류, 종목명, 액면금액, 수량 등을 변경하여 상장하는 것**

18   정답 ④

SPAC회사는 기업공개(IPO)를 통해 자본을 모아서 주식시장에 먼저 상장한 후, 비상장 주식회사 중에서 유망한 기업을 합병하여 주식시장에 들어올 수 있게 하는 것이다. 결국 SPAC상장을 통하여 비상장기업은 SPAC이 보유한 자금으로 공모자금조달 효과를 낼 수 있다.

※ 스팩주

Special Purpose Acquisition Company의 약자로 오로지 기업 인수만을 목적으로 하는 페이퍼 컴퍼니의 주식을 뜻한다. SPAC은 투자자로부터 조달한 자금으로 다른 기업을 인수합병(M&A)하여 **비상장 주식회사가 주식시장에 상장**되도록 만드는 것을 목표로 한다.

※ 우회상장(Back-door Listing)

비상장기업이 상장을 위한 심사나 공모주청약 등의 정식 절차를 거치지 않고 우회적인 방법을 통해 증권거래소나 코스닥시장 등 증권시장에 진입해 사실상 상장 효과를 누리는 행위를 말한다.

우회상장은 크게 **기업합병, 포괄적 주식교환, 영업양수도, 자산양수, 현물출자의 방법**으로 이뤄진다. 이 가운데 **증권시장에 상장되어 있는 기업과의 합병을 통한 우회상장이 대표적인 방법**이다.

기업합병에 의한 우회상장은 비상장기업이 상장기업의 최대주주 지분과 경영권을 넘겨받아 최대주주 지위를 확보하고, 합병을 결의한 후 상장기업이 합병의 대가로 비상장기업의 주주에게 상장주식을 발행하는 방식이다.

포괄적 주식교환은 비상장기업 주주들이 상장기업에 그들의 지분을 모두 넘겨주고, 그 대가로 상장기업의 신주를 받음으로써 상장효과를 얻게 되는 방식이다. 비상장기업이 상장기업의 완전자회사가 되는 경우이다.

영업양수도 방식은 비상장기업이 그들의 영업 및 관련 자산·부채를 모두 상장기업에 넘겨주고 영업양도 대가를 받은 후 해산했다가 이후에 상장기업의 신주발행에 참여해 상장기업의 주주가 되면서 우회상장이 이루어진다.

우회상장은 상장요건을 충족시키기에는 미흡하지만 성장성이 높고 재무적으로 우량한 비상장기업에 자본조달의 기회를 주려는 취지로 도입된 제도이다. 그러나 우회상장에 대한 심사가 허술할 경우 자격미달의 부실기업이 쉽게 자본시장에 진입하여 투자자들이 피해를 보는 사례가 발생하기도 한다.

19   정답 ①

사업보고서, 반기보고서, 분기보고서, 주요사항보고서는 유통시장 공시사항이다. 증권신고서, 투자설명서, 증권발행실적보고서는 발행시장 공시사항이다.

20   정답 ④

모든 단일가매매 시 가격결정을 위한 호가접수시간을 정규마감시간 이후 30초 이내에 임의시간을 연장하여 매매체결 시점이 임의적으로 결정되도록 하는 제도를 단일가매매 임의연장(Random End, 랜덤엔드)이라고 한다. 이는 단일가매매시간 중 허수성 호가에 의한 가격 왜곡문제를 방지하여 선의의 투자자 피해를 최소화하고 시장의 투명성 제고 및 균형가격 발견기능을 강화하기 위한 것이다.

※ 변동성완화장치(VI : Volatility Interruption)

기존의 가격제한폭만 운영하는 상황에서는 장중에 개별종목의 주가가 가격제한폭으로 변동할 때까지 순간적인 가격급변을 완화할 수 있는 장치가 미흡해 선의의 투자자 피해가 우려되었다. 따라서 종목별 변동성완화장치는 대부분의 해외거래소가 채택하고 있는 개별종목에 대한 가격안정화장치로서, 주문실수, 수급 불균형 등에 의한 일시적 주가급변 시 **단기간의 냉각기간(2분의 단일가매매)을 부여**하여 시장참가자로 하여금 주가급변 상황에 대해 **주의를 환기시킴으로써** 가격급변을 완화하도록 하기 위한 제도이다.

(1) 변동성완화장치 유형
- 동적VI : 특정 호가에 의한 순간적인 수급 불균형이나 주문착오 등으로 야기되는 일시적 변동성 완화
- 정적VI : 특정 단일호가 또는 여러 호가로 야기되는 누적적이고, 보다 장기간의 가격변동 완화

(2) 발동 시 처리 방법
동적VI·정적VI가 동일하게 발동 시 **2분간 단일가매매** 호가접수 및 체결(접속매매는 단일가매매로 전환, 단일가매매시간대는 단일가매매시간 연장)

(3) 적용 시간
- 동적VI : 접속매매, 종가단일가매매, 시간외단일가매매
- 정적VI : 접속매매, 시가·종가단일가매매

(4) 적용배제 종목
정리매매종목, 단기과열종목

(5) 유사 제도와 중복적용 배제
- 투자자 편의 제고 등을 위해 다른 가격안정화장치와 중복 시에는 원칙적으로 하나만 적용
- Circuit Breaker : CB 발동 시 기발동된 변동성완화장치는 취소
- 종목별 변동성완화장치 : 기발동된 변동성완화장치의 단일가매매시에는 새로운 변동성완화장치를 적용하지 않음

21   정답 ②

상장폐지는 거래소의 직권(상장폐지기준)은 물론 상장법인의 신청에 의한 상장폐지(신청폐지)도 가능하다. 신청폐지의 경우 거래소는 상장공시위원회의 심의를 거쳐 상장폐지 여부를 결정한다.

22 정답 ④

의결권 대리행사의 권유는 공시사항이지만 주요경영사항 공시대상은 아니다. 의결권 대리행사 권유제도는 회사의 경영진이나 주주, 기타 제3자가 주주총회에서 다수의 의결권을 확보할 목적으로 기존 주주에게 의결권 행사의 위임을 권유하는 경우 권유절차, 권유방법 등을 규정하고 그 내용을 공시하는 제도이다.

23 정답 ②

불성실공시란 상장법인이 자본시장법 및 유가증권시장 공시규정에 의한 공시의무를 성실히 이행하지 아니하여 공시불이행, 공시번복 또는 공시변경에 해당하는 위반행위를 하는 것을 말한다. 불성실공시법인 지정은 자본시장법상의 허위공시 등에 대한 제재나 금융위의 공시의무 위반에 대한 제재 외에 자율규제기관인 거래소의 제재조치로서 상장법인의 성실한 공시의무이행을 위해 시행하고 있는 제도라고 할 수 있다.

※ 불성실공시의 유형
 (1) **공시불이행**
  • 주요경영사항 등을 공시기한 이내에 신고하지 아니한 때
  • 주요경영사항 등을 거짓으로 또는 잘못 공시하거나 중요사항을 기재하지 아니하고 공시한 경우
  • 확인절차 면제 공시에 대한 거래소의 정정요구에도 불구하고 정정시한까지 공시내용을 정정하여 공시하지 아니한 경우
 (2) **공시번복**
  • 이미 신고·공시한 내용에 대한 전면취소, 부인 또는 이에 준하는 내용을 공시한 때
 (3) **공시변경**
  • 기공시한 사항 중 중요한 부분에 대해 변경이 발생한 경우

24 정답 ③

조건부지정가주문은 접속매매 방식이 적용되는 정규시장에서의 매매시간에는 지정가주문으로 매매거래에 참여하지만, 당해 주문수량 중 매매체결이 되지 않은 잔여수량은 종가결정을 위한 매매거래(장종료 전 10분간) 시 자동으로 시장가주문으로 전환되는 주문이다.

※ 호가(주문)의 종류
 (1) 지정가주문
  종목, 수량, 가격을 투자자가 지정하는 가장 일반적인 주문형태로서 투자자가 지정한 가격 또는 그 가격보다 유리한 가격으로 매매거래를 하고자 하는 주문이다. 따라서 지정된 가격은 매매거래가 가능한 가격의 한도를 의미하므로 매수주문의 경우 지정된 가격이나 그보다 낮은 가격, 매도주문의 경우 지정한 가격이나 그보다 높은 가격이면 체결이 가능하다.
 (2) 시장가주문
  종목과 수량은 지정하되 가격은 지정하지 않는 주문유형으로, 현 시점에서 가장 유리한 가격조건 또는 시장에서 형성되는 가격으로 즉시 매매거래를 하고자 하는 주문을 말한다. 따라서 일반적인 경우 시장가주문은 지정가주문에 우선하여 매매체결되고 주문수량 전량이 해소될 때까지 가장 우선하는 상대방 주문부터 순차적으로 체결이 이루어진다.
 (3) 조건부지정가주문
  매매거래시간 중에는 지정가주문으로 매매거래에 참여하지만 매매체결이 이루어지지 않은 잔여수량은 종가결정(장종료 전 10분간 단일가매매) 시에 시장가주문으로 자동 전환되는 주문이다.
 (4) 최유리지정가주문
  상대방 최우선호가로 즉시 체결이 가능하도록 하기 위해 주문접수 시점의 상대방 최우선호가 가격으로 지정되는 주문형태이다. 즉, 매도의 경우 해당 주문의 접수시점에 가장 높은 매수주문의 가격, 매수의 경우 해당 주문의 접수시점에 가장 낮은 매도주문의 가격으로 지정한 것으로 보아 매매체결에 참여하는 주문이다.
 (5) 최우선지정가주문
  최우선지정가주문은 해당 주문의 접수시점에 자기 주문 방향의 최우선호가 가격으로 지정되어 주문이 제출된다. 매도의 경우 해당 주문의 접수시점에 가장 낮은 매도주문의 가격, 매수의 경우 당해 주문의 접수시점에 가장 높은 매수주문의 가격으로 지정한 것으로 보아 매매체결에 참여하는 주문이다.
 (6) 목표가주문
  투자자가 특정 지정가격이 아닌 당일의 거래량가중평균가격(VWAP) 등 향후에 결정될 가격 또는 그와 근접한 가격으로 매매체결을 원하는 경우, 회원이 재량으로 투자자가 목표로 하는 가격에 최대한 근접하여 체결될 수 있도록 하는 주문유형이다. 다만, 목표가주문과 관련된 호가유형은 별도로 존재하지 않기 때문에 회원사가 목표가 달성을 위해 투자자 주문을 지정가호가 또는 시장가호가 등의 형태로 분할하여 제출하여야 한다.
 (7) 경쟁대량매매주문
  투자자가 종목 및 수량은 지정하되 당일의 거래량가중평균가격(VWAP)으로 매매거래를 하고자 하는 주문유형이다. 이는 시장충격을 최소화하는 대량매매제도의 한 유형으로서 최소수량요건 등이 적용되며 정규시장과는 별도의 시장에서 비공개로 매매체결이 이루어진다.

25 정답 ①

한국거래소의 회원사(증권회사 등)가 투자매매(중개)업을 겸업하는 경우 이해상충방지를 위하여 동시호가 시에는 위탁자 주문을 회원사의 자기매매 주문보다 우선하여 체결한다(위탁자 우선의 원칙).

26   정답 ①

매매거래를 위한 정규시장시간은 다른 시장과는 달리 09:00~15:00으로 30분 앞당긴다.

▶ 경쟁대량매매주문 : 투자자가 종목 및 수량은 지정하되 당일의 거래량가중평균가격(VWAP)으로 매매거래를 하고자 하는 주문유형이다. 이는 시장충격을 최소화하는 대량매매제도의 한 유형으로서 최소수량요건 등이 적용되며 정규시장과는 별도의 시장에서 비공개로 매매체결이 이루어진다.

※ **경쟁대량매매(A-Blox) 제도 개요**
익명거래를 원하는 투자자의 일정규모 이상의 대량호가를 정규시장 호가와 별도로 집중시켜 이들 호가 간에 매매거래를 체결시키는 제도이다. 이때 체결가격은 당해 종목의 거래량가중평균가격(VWAP)으로서 **장 종료 후에 산출되어 각 당사자에 통보**된다.
장중에는 경쟁대량매매 호가의 수량 및 체결정보는 미공개되지만 종목별로 경쟁대량매매를 위한 매수·매도 호가의 유·무 정보는 최소한의 거래정보로서 정규시장 중에 한하여 공개된다.

27   정답 ③

ⓒ 잔액인수방식(Standby Undertaking)은 발행기관을 통하는 간접발행방식이다.
ⓓ (우리나라의 경우) 무보증 회사채는 (직접발행방식에 속하는 매출발행이 아닌) 간접모집의 일종인 총액인수방식(Firm Commitment Underwriting)에 의해 발행된다. 다만, 수요예측제도의 도입으로 공모회사채 발행 시에 발행기관이 실질적으로 부담해야 할 인수물량은 수요예측 미달분에 국한된다.

28   정답 ③

볼록도는 20이므로 공식에 의거하여 풀이한다. (2025 기본서 1권, p397)

(공식) $-0.0135 = -D_M \times (+0.01) + \dfrac{1}{2} \times 20 \times (0.01)^2$에서 수정듀레이션 값을 구할 수 있다. $D_M = 1.45$이다.

29   정답 ①

국고채 장내매매거래수량단위는 10억원이며 장외거래는 수량단위에 제한이 없다. 국채전문딜러제도상 국고채에 대한 투자매매업을 허가받은 기관(국채딜러 : PD(Primary Dealer)) 중 자금력과 시장운영의 전문성을 갖춘 전문기관만이 국고채에 대한 시장조성 기능을 담당한다. 기획재정부장관이 지정 운영하고 있으며, 국고채 인수 등에 관하여 우선적인 권리를 부여받는 대신 국고채 전문유통시장에서 시장 조성자로 호가 제시, 거래 등의 의무를 수행한다.

30   정답 ②

듀레이션만으로는 오차가 발생하므로 정확한 채권가격의 변동을 알기 위해서는 추가로 볼록도(convexity)값이 필요하다.

※ **듀레이션(Duration)의 특징**
  (1) 듀레이션이 클수록, 금리변동에 따른 채권의 가격변동폭은 증가한다.
  (2) 표면금리가 높을수록, 듀레이션은 짧아진다.
  (3) 만기수익률이 높을수록, 듀레이션은 짧아진다.
  (4) 잔존기간이 길수록, 듀레이션은 커진다.
  (5) 무이자할인채의 듀레이션은 만기와 동일하다.

31   정답 ②

채권에 대한 과세는 매입 후부터 이자락(利子落) 혹은 매도시점까지의 보유기간 이자상당액(이자와 할인액)을 과표로 삼아 채권의 이자발생시점(약정에 의한 이자지급일) 혹은 매도 시에 세금을 원천징수한다.

32   정답 ③

소극적 투자전략인 채권의 면역전략에 대한 설명이다.
채권의 소극적 투자전략에는 만기보유전략, 인덱스전략, 현금흐름일치전략, 사다리형 만기운용전략, 바벨(아령)형 만기운용전략, **면역전략**이 있다. 그러나 **면역전략**은 이표채와 같이 투자기간 동안의 현금흐름이 여러 번 발생하는 채권에 투자해야만 하는 경우에는 채권의 잔존만기와 투자기간을 일치시키더라도 수익률 변동의 위험을 완전히 제거할 수 없다.

33   정답 ④

신용보강이란 자산유동화증권의 만기 시까지 기초자산의 가치에 부정적인 영향을 미칠 수 있는 여러 가지 상황을 분석하여 기대손실규모를 파악한 다음, 이러한 손실에도 불구하고 원리금의 가치가 보전될 수 있도록 안전망을 갖추는 것이므로, SPC에 대한 외부 신용보강을 하면 원래 기초자산의 신용등급보다 높을 수 있다.

34 　　　　　　　　　　　　　　　　　　정답 ④

코넥스시장의 기본예탁금 및 소액투자자전용계좌 제도는 폐지되었다(코넥스시장의 활성화방안 조치임).

※ **코넥스(KONEX, Korea New Exchange)시장의 개설배경**

코넥스는 자본시장을 통한 초기 중소·벤처기업의 성장지원 및 모험자본 선순환 체계 구축을 위해 개설된 초기·중소기업 전용 신시장이다.

현재 중소기업의 자금조달 현황을 살펴보면 대부분 은행대출에 편중되어 있고, 직접금융(주식발행)을 통한 자금조달은 매우 낮은 수준이다. 이로 인해 중소기업 등 비상장기업의 부채비율이 높아지고, 이자비용 부담도 상장기업에 비해 과중한 실정이며, 은행의 대출정책 변화 등에 따라 기업의 존립이 위협받을 수 있는 가능성도 있다. 중소기업 자금조달이 이처럼 은행대출 등에 편중된 배경에는 코스닥시장만을 통해 초기 중소·벤처기업을 지원하는 것이 현실적으로는 한계가 있었던 점도 작용하였다.

코스닥시장의 경우 투자자 보호를 위한 계속적인 상장요건 강화로 인해 성숙단계의 중소기업 대상 시장으로 변모하여 **초기 중소기업은 진입이 곤란한 시장**이 되었으며, 설립부터 코스닥시장 상장까지 소요되는 기간이 2004년에는 평균 9.3년이었던 것에 비해, 2011년도에는 평균 13.3년으로 크게 늘어났다.

이러한 이유로 **초기 중소기업**에 최적화된 증권시장의 필요성이 제기되었으며, 초기 중소기업 특성을 반영한 시장제도를 마련하기 위해서는 기존 증권시장을 활용하기보다는 제로베이스에서 설계하는 것이 용이하다는 판단하에 코넥스시장을 개설하게 되었다.

35 　　　　　　　　　　　　　　　　　　정답 ②

주된 영업이 6개월 이상 정지되어 잔여사업 부문만으로는 실질적인 영업을 영위하기 어렵거나 **영업의 전부가 양도**되는 경우에는 등록·지정해제 사유에 해당한다.

※ **K-OTC시장의 등록·지정해제 사유**

(1) 발행한 어음 또는 수표가 거래은행에 의하여 최종 부도로 결정되거나 거래은행과의 거래가 정지된 경우

(2) 최근 사업연도 말을 기준으로 자본전액잠식 상태인 경우. 다만, 결산기 정기공시서류의 제출기한까지 협회장이 정하는 바에 따라 자본전액잠식 상태를 해소하였음이 확인된 경우는 제외

(3) 최근 사업연도 매출액이 1억원 미만이거나 최근 2개 사업연도에 연속하여 매출액이 5억원(크라우드펀딩 특례 적용기업의 경우 3억원) 미만인 경우

(4) 최근 사업연도의 재무제표에 대한 감사인의 감사의견이 부적정, 의견거절이거나 최근 2개 사업연도에 연속하여 감사범위제한으로 인한 한정인 경우

(5) 주된 영업이 6개월 이상 정지되어 잔여사업 부문만으로는 실질적인 영업을 영위하기 어렵거나 **영업의 전부가 양도되는 경우**

(6) 「채무자 회생 및 파산에 관한 법률」에 따른 법원의 회생절차개시신청 기각, 회생절차개시결정 취소, 회생계획불인가 및 회생절차폐지 결정이 있는 경우. 다만, 「채무자 회생 및 파산에 관한 법률」 제287조에 따른 회생절차폐지의 경우에는 적용하지 않음

(7) 정기공시서류 제출과 관련하여 다음 각 목의 어느 하나에 해당하는 경우

• 결산기 정기공시서류를 제출기한까지 제출하지 아니한 후 제출기한의 다음 날부터 30일 이내에 제출하지 아니한 경우

• 반기 정기공시서류를 최근 4개 사업연도에 1회 이상 제출기한까지 제출하지 아니한 법인이 최근 반기에 반기 정기공시서류를 제출기한까지 제출하지 아니한 후 제출기한의 다음 날부터 15일 이내에 제출하지 아니한 경우

(8) **증권시장에 상장되는 경우**

금융상품 및 직무윤리(30문항)

36 　　　　　　　　　　　　　　　　　　정답 ①

기), 나)만 해당한다.

선물환(forward), 통화스왑(currency option)은 장외거래 파생상품이다. 그 외에도 금리스왑, 스왑션, 신용파산스왑(CDS), 총수익스왑(TRS), 신용연계증권(CLN)은 장외거래로만 가능한 투자상품이다.

37 　　　　　　　　　　　　　　　　　　정답 ②

고객의 입장에서 영업직원(투자상담사 등)에 대한 의존도를 탈피할 수 있다.

38 　　　　　　　　　　　　　　　　　　정답 ②

'가'와 '다'만 옳다. 종류(class) 수에는 제한이 없으며, 기존에 이미 만들어진 비종류형집합투자기구도 종류형집합투자기구로 전환할 수 있다. 종류형집합투자기구는 동일한 투자기구 내에서 **다양한 판매수수료(투자자가 부담)와 판매보수(펀드에서 부담) 구조**를 가진 클래스를 만들어 보수 또는 수수료 차이를 둘 수 있다. 그러나 **집합투자업자 및 신탁업자 보수는 클래스별로 차별화하지 못하는 것으로 하고 있다.** 이는 어차피 한 개의 집합투자기구 안에서 (가입자의) 클래스가 다르다고 해서 집합투자업자의 운용에 소요

되는 비용 또는 신탁업자의 집합투자재산 관리에 소요되는 비용이 차별화될 이유가 없기 때문이다.

39 정답 ③
풋 ELW는 주식 및 주가지수 등의 기초자산의 하락이 예상될 때 매수한 것으로 최대 (손실)은 워런트의 (매입가격)으로 제한된다.

40 정답 ②
MMF에는 리츠상품을 편입할 수 없다.

※ 자본시장법 시행령 제241조(단기금융집합투자기구 : MMF) 제1항 제1호
① "단기금융상품"이란 다음 각 호의 금융상품을 말한다.
  1. 원화로 표시된 다음 각 목의 금융상품
    가. **남은 만기가 6개월 이내**인 양도성예금증서
    나. **남은 만기가 5년 이내인 국채증권**, 남은 만기가 1년 이내인 지방채증권·특수채증권·사채권(주권 관련 사채권 및 사모의 방법으로 발행된 사채권은 제외한다)·기업어음증권. 다만, 환매조건부매수의 경우에는 남은 만기의 제한을 받지 않는다.
    다. 남은 만기가 1년 이내인 금융기관이 발행·할인·매매·중개·인수 또는 보증하는 어음의 매매에 따른 어음(기업어음증권은 제외한다)
    라. 단기대출
    마. 만기가 6개월 이내인 금융기관 또는 「우체국예금·보험에 관한 법률」에 따른 체신관서에의 예치
    바. **다른 단기금융집합투자기구의 집합투자증권**
    사. **단기사채 등**

41 정답 ④
시장이자율이 상승할수록 Put ELW의 가격은 하락한다.

가격결정요인	Call ELW	Put ELW
기초자산시장가격 ↑	↑	↓
행사가격 ↑	↓	↑
변동성 ↑	↑	↑
잔존만기기간 ↓	↓	↓
배당수익률 ↑	↓	↑
이자율 ↑	↑	↓

42 정답 ④
포트폴리오의 공통된 위험을 체계적 위험(Systematic Risk)이라고 한다. 즉, 분산투자의 종목 수를 무한대로 늘려도 줄어들지 아니하는 시장고유의 위험을 말한다.

43 정답 ②
통합적 투자관리는 하향식(top-down) 방법이다. 첫 번째 단계는 투자목표를 설정하고 투자전략수립에 필요한 사전 투자분석을 실시한다. 두 번째 단계는 투자관리의 본 단계로서 투자전략적(strategic) 관점에서 자산배분(asset allocation)을 실시하는 것이고, 세 번째 단계는 투자전술적(tactical) 관점에서 개별종목을 선택(securities selection)하는 것이다. 그리고 마지막으로 포트폴리오의 수정과 투자성과의 사후통제단계이다.

44 정답 ②
투자자의 장기전망을 자산배분에 반영하여 자산배분의 비중을 조절할 수 있어 모델의 유연성을 가진다.

45 정답 ④
시장가치접근법, 위험-수익 최적화방법, 투자자별 특수상황을 고려하는 방법, 다른 유사한 기관투자자의 자산배분을 모방하는 방법은 전략적 자산배분(SAA)의 실행방법에 해당한다.

※ 포뮬러 플랜(Formula Plan)
증권투자방법의 하나로 주가는 순환적으로 변동하기 때문에 그 변동을 예상하는 것은 불가능에 가깝다는 것을 전제로 **일정한 규칙에 따라 기계적으로 매매함**으로써 단순한 매입보유전략보다 높은 수익률을 올리고자 하는 투자전략이다. 정액법과 정률법이 있다.

46 정답 ③
순서대로 7.83%, 7.81%이다.

- 산술평균(ARR) $= \frac{1}{2}\left\{\frac{(400+600)}{10,000} + \frac{(400 \times 2 + 200 \times 2)}{10,600 \times 2}\right\}$

$= \frac{1}{2}\{10\% + 5.66\%\} \fallingdotseq 7.83\%$

- 기하평균(GRR) $= \sqrt[2]{(1+0.1)(1+0.056)} - 1 \fallingdotseq 7.81\%$

47 정답 ①

증권	X	Y	P	Q	R
기대수익률(%)	10	5	10	4	8
표준편차(%)	14.0	3.5	17	3.5	10

- X, P의 수익률(10%)은 동일하지만 P의 위험(표준편차)이 크므로 P는 제거한다.
- Y, Q는 동일한 위험(3.5%)이지만 Q의 수익률(4%)이 작으므로 제거한다.
- 남은 Y, R, X의 우상향 곡선에서 공격적 투자자(High Risk, High Return)인 X가 최적증권이 된다.

48 정답 ③

ESG는 기업의 중장기 지속가능성에 영향을 미칠 수 있는 요인들을 환경(Environmental), 사회(Social), 지배구조(Governance)로 체계적으로 세운 기준으로 자본시장에서 기업을 평가하는 새로운 프레임워크(Framework)로 발전하였다.

49 정답 ①

금융소비자가 별도의 변경요청이 없는 한 투자자 정보를 파악한 날로부터 12~24개월 동안 투자자 정보가 변경되지 않는 것으로 간주할 수 있다.

50 정답 ④

투자권유를 받은 투자자가 이를 거부하는 경우 **다른 종류**의 금융투자상품을 재권유할 경우에는 **1개월 이내**에도 재권유가 가능하다.

51 정답 ④

과거의 환율변동 추이가 미래의 환율변동을 전부 예측하지는 못하며, 통화 간 상관관계가 미래에 변동할 수 있다는 사실은 **해외자산에 투자하는 신탁계약**을 투자권유하는 경우에 추가적으로 설명하여야 하는 사항에 속한다.

※ 외화증권 등에 대한 설명의무 특칙

1) 임직원등은 투자자에게 **외화증권** 투자를 권유하는 경우에는 설명의무에 따른 설명 시 다음의 사항을 포함하여야 한다.
   (1) 투자대상 국가 또는 지역의 경제·시장상황 등의 특징
   (2) 투자에 따른 일반적 위험 외에 환율변동 위험, 해당국가의 거래제도·세제 등 제도의 차이
   (3) 투자자가 직접 환위험 헤지를 하는 경우 시장 상황에 따라 헤지 비율 미조정 시 손실이 발생할 수 있다는 사실

2) 임직원등은 투자자에게 해외자산에 투자하는 **집합투자기구의 집합투자증권**을 투자권유하는 경우에는 설명의무에 따른 설명 시 다음의 사항을 포함하여야 한다.
   (1) 투자대상 국가 또는 지역의 경제여건 및 시장현황에 따른 위험
   (2) 집합투자기구 투자에 따른 일반적 위험 외에 환율변동 위험, 해당 집합투자기구의 환위험 헤지 여부, 환헤지 비율의 최대치가 설정된 목표 환헤지 비율, 환헤지 대상 통화, 주된 환헤지 수단 및 방법
   (3) 환위험 헤지가 모든 환율 변동 위험을 제거하지는 못하며, 투자자가 직접 환위험 헤지를 하는 경우 시장 상황에 따라 헤지 비율 미조정 시 손실이 발생할 수 있다는 사실
   (4) 모자형 집합투자기구의 경우 투자자의 요청에 따라 환위험 헤지를 하는 자펀드와 환위험 헤지를 하지 않는 자펀드 간의 판매비율 조절을 통하여 환위험 헤지 비율을 달리(예 20%, 40%, 60%)하여 판매할 수 있다는 사실

3) 임직원등은 투자자에게 해외자산에 투자하는 **신탁계약**을 투자권유하는 경우에는 설명의무에 따른 설명 시 다음의 사항을 포함하여야 한다.
   (1) 투자대상 국가 또는 지역 및 투자대상 자산별 투자비율
   (2) 투자대상 국가 또는 지역의 경제·시장상황 등의 특징
   (3) 신탁계약 체결에 따른 일반적 위험 외에 환율변동 위험, 해당 신탁계약의 환위험 헤지 여부 및 헤지 정도
   (4) **과거의 환율변동추이가 미래의 환율변동을 전부 예측하지는 못하며, 통화 간 상관관계는 미래에 변동할 수 있다는 사실**

52 정답 ②

실행촉진법에 해당한다.

※ 클로징(상담종결) 화법

(1) 추정승낙법 : 고객이 확실한 대답을 하기 이전이라도 긍정적인 반응이 나올 경우
   예 "선택해 주셔서 감사합니다. 가입서류를 준비하겠습니다."
(2) 실행촉진법 : 긍정적 답변은 하지 않으나 부정적이지 않을 경우
   예 "다른 질문사항이 없으시면 계약서류를 준비하겠습니다. 여기 서명하시면 됩니다."
(3) 양자택일법 : 구매의사는 감지되나 고객이 결정을 늦추고 있을 경우 A와 B 중에서 양자택일하도록 함으로써 은연 중에 구매를 기정사실화하는 방법
(4) '기회이익상실은 손해' 화법 : 지금 가입하지 않으면 '+알파'의 메리트가 상실된다고 말하는 것
(5) 가입조건 문의법 : 결정을 미루고 있을 때 어떻게 하면 가입하겠는지 물어보는 것

정답 및 해설

53 정답 ③

'자동화(Automation)에서 정보화(Information)로'가 옳은 내용이다.

※ 성공적인 CRM전략 (∵ 빈출문항)

(1) 고객획득(Customer getting)에서 고객유지(Customer keeping)로

(2) 단기고객 유인 및 판매(Transaction)에서 장기적 관계형성(Relationship)으로

(3) 시장점유율(Market Share)에서 고객점유율(Customer Share)로

(4) 판매촉진(Promotion)에서 고객서비스(Service)로

(5) 자동화(Automation)에서 정보화(Information)로

(6) 제품차별화(Product Differentiation)에서 고객차별화(Customer Differentiation)로

54 정답 ②

법인 기타 단체의 고유재산관리업무를 수행하는 직원에게 (사용범위가 한정된) 문화상품권(연극관람권 등)을 제공하는 경우는 제외된다.

※ 금융투자회사의 영업 및 업무에 관한 규정 제2-68조(부당한 재산상 이익의 제공 및 수령금지) 제1항

① 금융투자회사는 다음 각 호의 어느 하나에 해당하는 경우 재산상 이익을 제공하거나 제공받아서는 아니 된다.

1. 경제적 가치의 크기가 일반인이 통상적으로 이해하는 수준을 초과하는 경우

2. 재산상 이익의 내용이 사회적 상규에 반하거나 거래상대방의 공정한 업무수행을 저해하는 경우

3. 재산상 이익의 제공 또는 수령이 비정상적인 조건의 금융투자상품 매매거래, 투자자문계약, 투자일임계약 또는 신탁계약의 체결 등의 방법으로 이루어지는 경우

4. 다음 각 목의 어느 하나에 해당하는 경우로서 거래상대방에게 금전, 상품권, 금융투자상품을 제공하는 경우. 다만, 사용범위가 공연·운동경기 관람, 도서·음반 구입 등 문화활동으로 한정된 상품권을 제공하는 경우는 제외한다.

가. 집합투자회사, 투자일임회사 또는 신탁회사 등 타인의 재산을 일임받아 이를 금융투자회사가 취급하는 금융투자상품 등에 운용하는 것을 업무로 영위하는 자(그 임원 및 재산의 운용에 관하여 의사결정을 하는 자를 포함)에게 제공하는 경우

나. 법인 기타 단체의 고유재산관리업무를 수행하는 자에게 제공하는 경우

다. 집합투자회사가 자신이 운용하는 집합투자기구의 집합투자증권을 판매하는 투자매매회사(투자매매업을 영위하는 금융투자회사), 투자중개회사(투자중개업을 영위하는 금융투자회사) 및 그 임직원과 투자권유대행인에게 제공하는 경우

5. 재산상 이익의 제공 또는 수령이 위법·부당행위의 은닉 또는 그 대가를 목적으로 하는 경우

6. 거래상대방만 참석한 여가 및 오락활동 등에 수반되는 비용을 제공하는 경우

7. 금융투자상품 및 경제정보 등과 관련된 전산기기의 구입이나 통신서비스 이용에 소요되는 비용을 제공하거나 제공받는 경우. 다만, 제2-63조 제2항 제1호에 해당하는 경우(→ 금융투자상품에 대한 가치분석·매매정보 또는 주문의 집행 등을 위하여 자체적으로 개발한 소프트웨어 및 해당 소프트웨어의 활용에 불가피한 컴퓨터 등 전산기기를 제공하는 경우)는 제외한다.

8. 집합투자회사가 자신이 운용하는 집합투자기구의 집합투자증권의 판매실적에 연동하여 이를 판매하는 투자매매회사·투자중개회사(그 임직원 및 투자권유대행인을 포함한다)에게 재산상 이익을 제공하는 경우

9. 투자매매회사 또는 투자중개회사가 판매회사의 변경 또는 변경에 따른 이동액을 조건으로 하여 재산상 이익을 제공하는 경우

55 정답 ③

예고 없는 언론 인터뷰 등 불가피한 경우 언론기관 접촉 후 즉시 보고하는 등 예외적으로 추인받을 수 있다.

※ 금융투자회사의 표준윤리준칙 제16조(대외활동)

임직원이 외부강연이나 기고, 언론매체 접촉, Social Network Service(SNS) 등 전자통신수단을 이용한 대외활동을 하는 경우 다음 각 호의 사항을 준수하여야 한다.

1. 회사의 공식의견이 아닌 경우 사견임을 명백히 표현하여야 한다.

2. 대외활동으로 인하여 회사의 주된 업무 수행에 지장을 주어서는 아니 된다.

3. 대외활동으로 인하여 금전적인 보상을 받게 되는 경우 회사에 신고하여야 한다.

4. 공정한 시장질서를 유지하고 건전한 투자문화 조성을 위해 최대한 노력하여야 한다.

5. 불확실한 사항을 단정적으로 표현하거나 다른 금융투자회사를 비방하여서는 아니 된다.

56
정답 ①

상장증권, 장내파생상품 및 이를 기초로 하는 파생상품의 매매 등에 중대한 영향을 줄 가능성이 있는 경우로서, 금융소비자들이 알지 못하는 사실에 관한 정보가 불특정 다수인에게 공개되기 전이어야 한다.

※ 자본시장법 제178조의2(시장질서 교란행위의 금지) 제1항
① 상장된 증권이나 장내파생상품 또는 이를 기초자산으로 하는 파생상품의 매매, 그 밖의 거래에 이용하거나 타인에게 이용하게 하는 행위를 하여서는 아니 된다.

57
정답 ④

준법감시인의 임기는 2년 이상으로 하며 임면일로부터 7일 이내에 금융위원회에 보고하여야 한다.

※ 금융회사의 지배구조에 관한 법률 제25조(준법감시인의 임면 등)
① 금융회사(자산규모 등을 고려하여 대통령령으로 정하는 투자자문업자 및 투자일임업자는 제외한다)는 내부통제기준의 준수 여부를 점검하고 내부통제기준을 위반하는 경우 이를 조사하는 등 내부통제 관련 업무를 총괄하는 사람(준법감시인)을 1명 이상 두어야 하며, 준법감시인은 필요하다고 판단하는 경우 조사결과를 감사위원회 또는 감사에게 보고할 수 있다.
② 금융회사는 사내이사 또는 업무집행책임자 중에서 준법감시인을 선임하여야 한다. 다만, 자산규모, 영위하는 금융업무 등을 고려하여 대통령령으로 정하는 금융회사 또는 외국금융회사의 국내지점은 사내이사 또는 업무집행책임자가 아닌 직원 중에서 준법감시인을 선임할 수 있다.
③ 금융회사(외국금융회사의 국내지점은 제외한다)가 **준법감시인을 임면하려는 경우에는 이사회의 의결을 거쳐야 하며, 해임할 경우에는 이사 총수의 3분의 2 이상의 찬성으로 의결한다.**
④ **준법감시인의 임기는 2년 이상**으로 한다.
⑤ 금융회사는 준법감시인을 제2항 단서에 따라 직원 중에서 선임하는 경우 「기간제 및 단시간근로자 보호 등에 관한 법률」에 따른 기간제근로자 또는 단시간근로자를 준법감시인으로 선임하여서는 아니 된다.
⑥ 금융회사는 준법감시인에 대하여 회사의 재무적 경영성과와 연동하지 아니하는 별도의 보수지급 및 평가 기준을 마련하여 운영하여야 한다.

※ 금융회사의 지배구조에 관한 법률 시행령 제25조(준법감시인 및 위험관리책임자의 임면에 따른 보고) 제1항
① 금융회사는 준법감시인 또는 위험관리책임자를 임면하였을 때에는 그 사실을 금융위원회에 임면일부터 **7영업일 이내에 보고**하여야 한다.

58
정답 ②

해당 영업관리자가 대상 영업점 중 1개의 영업점에 **상근하고 있을 경우**에는 예외적으로 1명의 영업관리자가 2개 이상의 영업점을 묶어 영업관리자의 업무를 수행할 수 있다.

59
정답 ④

일반투자자가 해당거래로 인하여 손실이 발생했는지 여부는 무관하다.

※ 금융투자회사 표준내부통제기준 제39조(투자자계좌 관리ㆍ감독) 제1항
① 임직원은 일반투자자에 대하여 그 투자목적 등에 비추어 빈번하거나 과도한 매매거래("과당매매"라 한다)의 권유행위를 하여서는 아니 되며, 과당매매의 판단기준은 다음 각 호의 사항을 감안하여 판단한다.
1. 투자자가 부담하는 수수료의 총액
2. 투자자의 재산상태 및 투자목적에 적합한지 여부
3. **투자자에게 투자권유 시 그 내용의 타당성**
4. 투자자의 투자지식이나 경험에 비추어 당해 거래에 수반되는 위험을 잘 이해하고 있는지 여부

60
정답 ③

A – 익명, B – 완전성이다.

※ 개인정보 보호 원칙
(1) 개인정보처리자는 개인정보의 처리 목적을 명확하게 하여야 하고 그 목적에 필요한 범위에서 **최소한**의 개인정보만을 적법하고 정당하게 수집하여야 한다.
(2) 개인정보처리자는 개인정보의 처리 목적에 필요한 범위에서 적합하게 개인정보를 처리하여야 하며, 그 목적 외의 용도로 활용하여서는 아니 된다.
(3) 개인정보처리자는 개인정보의 처리 목적에 필요한 범위에서 개인정보의 **정확성, 완전성 및 최신성**이 보장되도록 하여야 한다.
(4) 개인정보처리자는 개인정보의 처리 방법 및 종류 등에 따라 정보주체의 권리가 침해받을 가능성과 그 위험 정도를 고려하여 개인정보를 안전하게 관리하여야 한다.
(5) 개인정보처리자는 개인정보 처리방침 등 개인정보의 처리에 관한 사항을 공개하여야 하며, 열람청구권 등 정보주체의 권리를 보장하여야 한다.
(6) 개인정보처리자는 정보주체의 사생활 침해를 최소화하는 방법으로 개인정보를 처리하여야 한다.

(7) 개인정보처리자는 개인정보를 익명 또는 가명으로 처리하여도 개인정보 수집목적을 달성할 수 있는 경우 **익명처리가 가능한 경우에는 익명에 의하여,** 익명처리로 목적을 달성할 수 없는 경우에는 가명에 의하여 처리될 수 있도록 하여야 한다.

(8) 개인정보처리자는 이 법 및 관계 법령에서 규정하고 있는 책임과 의무를 준수하고 실천함으로써 정보주체의 신뢰를 얻기 위하여 노력하여야 한다.

61 정답 ③

면직은 직원에 대한 조치이다.

※ 금융소비자보호법 제52조(금융상품판매업자등의 임직원에 대한 조치) 제1항, 제2항

① 금융위원회는 법인인 금융상품판매업자등의 **임원이** 이 법 또는 이 법에 따른 명령을 위반하여 건전한 금융상품판매업 등을 영위하지 못할 우려가 있다고 인정되는 경우로서 대통령령으로 정하는 경우에는 다음 각 호의 어느 하나에 해당하는 조치를 할 수 있다.
1. 해임요구
2. 6개월 이내의 직무정지
3. 문책경고
4. 주의적 경고
5. 주의

② 금융위원회는 금융상품판매업자등의 **직원이** 이 법 또는 이 법에 따른 명령을 위반하여 건전한 금융상품판매업등을 영위하지 못할 우려가 있다고 인정되는 경우로서 대통령령으로 정하는 경우에는 다음 각 호의 어느 하나에 해당하는 조치를 할 것을 그 금융상품판매업자등에게 요구할 수 있다.
1. 면직
2. 6개월 이내의 정직
3. 감봉
4. 견책
5. 주의

62 정답 ③

금융투자상품 자체의 높은 변동성, 금융투자회사의 불공정거래 가능성, 금융투자회사 직원에 대한 높은 의존성 등은 금융투자상품 관련 분쟁의 특징이다.

63 정답 ③

분쟁조정의 대상이 되는 경우, 금융감독원장은 분쟁조정신청을 받은 날로부터 (30)일 이내에 합의가 이루어지지 않은 때에는 지체없이 분쟁조정위원회에 회부하여야 하며, 조정위원회는 조정안을

(60)일 이내에 작성하며, 금융감독원장은 분쟁조정 신청인과 관계 당사자에게 조정안을 제시하고 수락을 권고할 수 있다. 조정위원회의 조정안을 당사자가 수락하면 당해 조정안은 (재판상)의 화해와 동일한 효력을 갖는다.

※ 금융감독원에 신청된 금융소비자분쟁이 아닌 금융투자협회의 분쟁조정인 경우 상기 괄호 안은 30, 30, **민법상**이므로 잘 구분하여야 한다.

64 정답 ③

단체로 일괄 계좌개설 시에는 거래당사자들의 **계좌개설 후** 최초 금융거래 시 고객확인이 가능하다.

※ CDD 대상인 계좌에 의하지 않은 일회성 금융거래등의 금액
(1) 카지노 : 3백만원 또는 그에 상당하는 외화 이상
(2) 가상자산거래 : 1백만원에 상당하는 가상자산의 금액 이상
(3) 전신송금의 경우 : 1백만원 또는 그에 상당하는 외화 이상
(4) 외국통화로 표시된 외국환거래의 경우 : 미화 1만불 이상
(5) 기타의 금융거래등의 경우 : 1천만원 이상

65 정답 ③

기준이 되는 현금액 1천만원은 지급의 합계와 영수의 합계를 합산하지 아니한다. 즉, 1거래일 동안의 금융거래에 따라 지급한 금액의 합계와 영수한 금액의 합계를 각각 별도 합산한 금액이 1,000만원인 실질주의 방식을 취한다.

> ## 법규 및 세제(35문항)

66 정답 ②

비조치의견서란 금융회사등이 수행하려는 행위에 대해 금융감독원장이 법령 등에 근거하여 향후 제재 등의 조치를 취할지 여부를 회신하는 문서이며, **행정지도**란 금융위 및 금감원이 금융관련 법규 등에 의한 소관업무를 수행하기 위해 금융회사 등의 임의적 협력에 기초하여 지도·권고·지시·협조하는 내용이다. 즉 비조치의견서와 행정지도는 별개 사항이다.

67 정답 ③

투자자문업, 투자일임업, 일반사모집합투자업, 온라인소액투자중개업은 '등록' 대상 금융투자업에 속한다.

68 　정답 ②

변동성이 높은 자산의 취득 금지와는 무관하다.

• **긴급조치**

금융위는 ① 발행한 어음 또는 수표가 부도로 되거나 은행과의 거래가 정지 또는 금지되는 경우, ② 유동성이 일시적으로 급격히 악화되어 투자자예탁금 등의 지급불능 사태에 이른 경우, ③ 휴업 또는 영업의 중지 등으로 돌발사태가 발생하여 정상적인 영업이 불가능하거나 어려운 경우에는,

① 투자자예탁금 등의 일부 또는 전부의 반환명령 또는 지급정지, ② 투자자예탁금 등의 수탁금지 또는 다른 금융투자업자로의 이전, ③ 채무변제행위의 금지, ④ 경영개선명령조치, ⑤ 증권 및 파생상품의 매매 제한 등의 조치를 할 수 있다. (2025 기본서 3권 p57 인용)

69 　정답 ②

투자매매업자와 투자중개업자의 정의에 대한 차이를 이해하여야 한다.

투자매매업자는 누구의 명의로 하든지 (자기의 계산으로) 금융투자상품의 매매, 증권의 발행·인수 또는 그 청약의 권유, 청약, 청약의 승낙을 영업으로 하는 자로서, 한국은행이 공개시장조작을 하는 경우는 (포함하지 아니한다).

즉, 국가기관인 한국은행에 투자매매업자에 대한 영업규제를 적용할 수는 없기 때문이다. 그리고 투자중개업의 영업행위는 **타인의 계산**이다.

70 　정답 ④

전환권 등이 부여된 경우에는 권리행사 금지기간을 발행 후 1년 이상으로 정하는 경우에는 전매제한조치가 되어 있다.

71 　정답 ③

ⓒ 금융투자업자는 다른 금융업무를 겸영하고자 하는 경우 그 업무를 영위하기 **시작한 날로부터 2주 이내에 이를 금융위에 보고**하여야 한다.

ⓓ 이해상충이 발생할 가능성이 있다고 인정되는 경우에는 투자자에게 그 사실을 미리 알리고, 이해상충이 발생할 가능성을 내부통제기준에 따라 투자자보호에 문제가 없는 수준으로 낮춘 후에 거래를 하여야 한다. 만약 이해상충이 발생할 가능성을 낮추는 것이 곤란하다고 판단되는 경우에는 **거래를 하여서는 아니 된다.**

72 　정답 ②

가, 나, 다의 3개만 해당된다.

• **의결권대리행사 권유로 보지 않는 경우**

해당 상장주권의 발행인(그 특별관계자를 포함한다)과 그 임원(그 특별관계자를 포함한다) 외의 자가 10인 미만의 의결권 피권유자에게 그 주식의 의결권 대리행사의 권유를 하는 경우

73 　정답 ④

집합투자증권과 유동화증권을 상장한 경우는 증권유통시장 공시를 위한 사업보고서등의 제출대상이 아니다.

• **사업보고서 제출대상 법인**

다음 어느 하나에 해당하는 증권을 증권시장에 상장한 발행인은 사업보고서를 제출하여야 한다.

가. 주권 외의 지분증권 중에서 **집합투자증권과 자산유동화계획에 따른 유동화전문회사등이 발행하는 출자지분은 제외한다.**

나. 무보증사채권

다. 전환사채권·신주인수권부사채권·이익참가부사채권 또는 교환사채권

라. 신주인수권이 표시된 것

마. 증권예탁증권(주권 또는 가목부터 라목까지의 증권과 관련된 증권예탁증권만 해당한다)

바. 파생결합증권

74 　정답 ②

공개매수는 의결권이 있는 주식 등을 전제로 하므로 의결권이 없는 주식에 대해서는 의무공개매수 규정이 적용되지 않는다.

적용대상증권에는 전환사채권과 교환사채권이 포함되며, 공개매수 해당여부 판단 시 본인과 특별관계자의 지분을 합산한다. 특별관계자란 특수관계인과 공동보유자를 말한다. 원칙적으로 공개매수공고일 이후 공개매수철회는 금지된다.

※ **자본시장법 제133조(공개매수의 적용대상) 제1항, 제3항**

① "공개매수"란 불특정 다수인에 대하여 의결권 있는 주식등의 매수(다른 증권과의 교환을 포함)의 청약을 하거나 매도(다른 증권과의 교환을 포함)의 청약을 권유하고 증권시장 및 다자간매매체결회사(이와 유사한 시장으로서 해외에 있는 시장을 포함) 밖에서 그 주식등을 매수하는 것을 말한다.

③ 주식등을 6개월 동안 증권시장 밖에서 10인 이상의 자로부터 매수등을 하고자 하는 자는 그 매수등을 한 후에 본인과 그 특별관계자가 보유하게 되는 주식등의 수의 합계가 그 주식등의 총수의 100분의 5 이상이 되는 경우에는 공개매수를 하여야 한다. 다만, 매수등의 목적, 유형, 그 밖에 다른 주주의 권익침해 가능성 등을 고려하여 대통령령으로 정하는 매수등(→ 예를 들어, 소각을 목적으로 하는 주식등의 매수인 경우 등)의 경우에는 공개매수 외의 방법으로 매수등을 할 수 있다.

75
정답 ③

상장사의 횡령 및 배임은 상장적격성 심사대상 등에 해당하며 금융위의 직접적인 조사대상은 아니다.

※ 조사의 주요대상

(1) 미공개정보 이용행위
(2) 시세조종 등 불공정행위
(3) 내부자의 단기매매차익 취득
(4) 상장법인의 공시의무 위반
(5) 상장법인 임원 등의 특정증권 및 변동상황 보고의무 위반 등
(6) 주식의 대량보유등의 보고(5% Rule)

※ 자본시장조사 업무규정 제6조(조사의 실시 등) 제1항, 제2항

① 금융위는 다음 각 호의 어느 하나에 해당하는 경우에는 조사를 실시할 수 있다.
  1. 금융위 및 금융감독원의 업무와 관련하여 위법행위의 혐의사실을 발견한 경우
  2. 한국거래소로부터 위법행위의 혐의사실을 이첩받은 경우
  3. 각 급 검찰청의 장으로부터 위법행위에 대한 조사를 요청받거나 그 밖의 행정기관으로부터 위법행위의 혐의사실을 통보받은 경우
  4. 위법행위에 관한 제보를 받거나 조사를 의뢰하는 민원을 접수한 경우
  5. 기타 공익 또는 투자자보호를 위하여 조사의 필요성이 있다고 인정하는 경우
② 제1항의 규정에 불구하고 다음 각 호의 1에 해당하는 경우에는 조사를 실시하지 아니할 수 있다.
  1. 당해 위법행위에 대한 충분한 증거가 확보되어 있고 다른 위법행위의 혐의가 발견되지 않는 경우
  2. 당해 위법행위와 함께 다른 위법행위의 혐의가 있으나 그 혐의내용이 경미하여 조사의 실익이 없다고 판단되는 경우
  3. 공시자료, 언론보도 등에 의하여 널리 알려진 사실이나 풍문만을 근거로 조사를 의뢰하는 경우
  4. 민원인의 사적인 이해관계에서 당해 민원이 제기된 것으로 판단되는 등 공익 및 투자자 보호와 직접적인 관련성이 적은 경우
  5. 당해 위법행위에 대한 제보가 익명 또는 가공인 명의의 진정·탄원·투서 등에 의해 이루어지거나 그 내용이 조사단서로서의 가치가 없다고 판단되는 경우
  6. 당해 위법행위와 동일한 사안에 대하여 검찰이 수사를 개시한 사실이 확인된 경우

76
정답 ④

자본시장법상의 온라인소액투자중개대상증권,「온라인투자연계금융업 및 이용자보호에 관한 법률」상 연계투자계약 등을 **제외**한 투자성 상품이 모두 적용되는 것이 원칙이다.

※ 금융소비자보호법 제17조(적합성원칙)

① 금융상품판매업자등은 금융상품계약체결등을 하거나 자문업무를 하는 경우에는 상대방인 금융소비자가 일반금융소비자인지 전문금융소비자인지를 확인하여야 한다.
② 금융상품판매업자등은 일반금융소비자에게 다음 각 호의 금융상품 계약 체결을 권유(금융상품자문업자가 자문에 응하는 경우를 포함)하는 경우에는 면담·질문 등을 통하여 다음 각 호의 구분에 따른 정보를 파악하고, 일반금융소비자로부터 서명(전자서명을 포함), 기명날인, 녹취 등의 방법으로 확인을 받아 이를 유지·관리하여야 하며, 확인받은 내용을 일반금융소비자에게 **지체 없이 제공**하여야 한다.
  1.「보험업법」에 따른 변액보험 등의 보장성 상품
     가. 일반금융소비자의 연령
     나. 재산상황(부채를 포함한 자산 및 소득에 관한 사항)
     다. 보장성 상품 계약 체결의 목적
  2. **투자성 상품(온라인소액투자중개의 대상이 되는 증권 등의 투자성 상품은 제외) 및 운용 실적에 따라 수익률 등의 변동 가능성이 있는 금융상품으로서 예금성 상품**
     가. 일반금융소비자의 해당 금융상품 취득 또는 처분 목적
     나. **재산상황**
     다. **취득 또는 처분 경험**
  3. 대출성 상품
     가. 일반금융소비자의 재산상황
     나. 신용 및 변제계획
③ 금융상품판매업자등은 제2항 각 호의 구분에 따른 정보를 고려하여 그 일반금융소비자에게 적합하지 아니하다고 인정되는 계약 체결을 권유해서는 아니 된다.
④ 생략
⑤ 금융상품판매업자등이 **전문투자형 사모집합투자기구의 집합투자증권을 판매하는 경우에는 제1항부터 제3항까지의 규정을 적용하지 아니한다(← 적합성원칙 적용 배제). 다만, 적격투자자 중 일반금융소비자 등이 요청하는 경우에는 그러하지 아니하다(← 적합성원칙 적용하여야 함)**.

77
정답 ③

금융상품판매업자등은 금융소비자로부터 자료열람을 **요구받은 날로부터 6영업일 이내**에 금융소비자가 해당 자료를 열람하도록 해야 하며 실비를 기준으로 수수료 또는 우송료를 금융소비자에게 청구할 수 있다.

※ (일반 및 전문) 금융소비자의 위법계약해지권에 의하여 해지될 경우 금융상품판매업자등은 원상회복의무는 없다. 즉 해당계약은 소급하지 아니하고 **장래에 대하여** 계약의 효력이 상실된다. 금융소비자의 해지요구권 등에 따라 해당 계약이 종료된 경우 금융상품판매업자등은 금융소비자에게 해지관련 비용(수수료, 위약금 등)을 **요구할 수 없다.**

78 　　　　　　　　　　　　　　　　　　　정답 ①

적정성의 원칙·적합성의 원칙 위반은 3천만원 이하의 과태료 부과 대상이다. 즉, 두 개 원칙에 대한 위반은 과징금 부과 대상이 될 수 없다. 다만, 설명의무 위반, 불공정영업행위금지 위반, 부당권유행위금지 위반, 광고규제 위반 등은 사안의 경중에 따라 과징금 또는 과태료가 부과될 수 있다.

79 　　　　　　　　　　　　　　　　　　　정답 ③

대부업자는 투자성 상품, 대출성 상품, 보장성 상품과 관련하여 전문금융소비자이다.

※ **금융소비자보호법 제2조(정의) 제9호, 제10호**

9. "전문금융소비자"란 금융상품에 관한 전문성 또는 소유자산 규모 등에 비추어 금융상품 계약에 따른 위험감수능력이 있는 금융소비자로서 다음 각 목의 어느 하나에 해당하는 자를 말한다. 다만, 전문금융소비자 중 대통령령으로 정하는 자가 일반금융소비자와 같은 대우를 받겠다는 의사를 금융상품판매업자 또는 금융상품자문업자("금융상품판매업자 등"이라 한다)에게 **서면으로 통지하는 경우** 금융상품판매업자등은 정당한 사유가 있는 경우를 제외하고는 이에 동의하여야 하며, 금융상품판매업자등이 동의한 경우에는 해당 금융소비자는 일반금융소비자로 본다.

　가. 국가

　나. 「한국은행법」에 따른 한국은행

　다. 대통령령으로 정하는 금융회사

　라. **주권상장법인**(투자성 상품 중 **장외파생상품을 거래할 때에는 전문금융소비자와 같은 대우를 받겠다는 의사를 금융상품판매업자등에게 서면으로 통지하는 경우만 해당**한다)

10. "일반금융소비자"란 전문금융소비자가 아닌 금융소비자를 말한다.

80 　　　　　　　　　　　　　　　　　　　정답 ④

투자성 상품의 경우 금융상품판매대리·중개업자는 자본시장법상 투자권유대행인에 해당하는데 이들은 금융상품직접판매업자에 1사 전속으로 소속되어 활동하는 개인이므로 별다른 투자광고를 할 필요성이 없다. 따라서 금융상품판매대리·중개업자는 금융상품뿐만 아니라 금융상품판매업자등의 업무에 관한 광고행위를 수행할 수 없으므로 당연히 협회도 심사하지 아니한다.

※ **광고의 주체(금융소비자보호법 시행령 제17조 참고)**

(1) 금융상품판매업자등을 자회사 또는 손자회사로 하는 **금융지주회사**

(2) 「자본시장과 금융투자업에 관한 법률」에 따른 **증권의 발행인 또는 매출인**(해당 증권에 관한 광고를 하는 경우로 한정한다)

(3) **집합투자업자**

(4) **금융협회**

※ **광고에 포함하여야 할 사항(투자성 상품의 경우)**

(1) 금융상품의 명칭, 수수료

(2) 투자에 따른 위험(원금손실발생 가능성, 원금손실에 대한 소비자의 책임)

(3) 과거 운용실적을 포함하여 광고를 하는 경우에는 그 운용실적이 미래의 수익률을 보장하는 것이 아니라는 사항

81 　　　　　　　　　　　　　　　　　　　정답 ④

금융감독원 분쟁조정위원회 회의 시 구성위원은 소비자단체와 금융업권 추천위원이 각각 동수로 지명된다. 분쟁당사자는 구성위원이 될 수 없다. 양 당사자가 조정안을 수락한 경우 해당 조정안은 **재판상 화해**와 동일한 효력을 갖는다.

82 　　　　　　　　　　　　　　　　　　　정답 ①

㉠ 광고규제를 제외한 5대 판매원칙 위반에 적용한다.

㉡ 계약체결일로부터 5년 이내에 해지요구가 가능하되, 금융소비자가 위법사실을 안 날로부터 1년 이내의 기간이다.

㉢ 해지 시 장래에 대하여 효력을 상실한다(금융투자회사의 원상회복의무는 없음).

㉣ 금융투자회사의 해지 관련 비용(수수료, 위약금)을 요구할 수 없다.

83 　　　　　　　　　　　　　　　　　　　정답 ②

부당권유행위의 금지는 전문금융소비자와 일반금융소비자 모두에게 적용된다.

※ **금융소비자보호법 제21조(부당권유행위 금지)**

금융상품판매업자등은 계약체결을 권유(금융상품자문업자가 자문에 응하는 것을 포함)하는 경우에 다음 각 호의 어느 하나에 해당하는 행위를 해서는 아니 된다. 다만, 금융소비자보호 및 건전한 거래질서를 해칠 우려가 없는 행위로서 대통령령으로 정하는 행위는 제외한다.

1. 불확실한 사항에 대하여 단정적 판단을 제공하거나 확실하다고 오인하게 할 소지가 있는 내용을 알리는 행위

2. 금융상품의 내용을 사실과 다르게 알리는 행위

3. 금융상품의 가치에 중대한 영향을 미치는 사항을 미리 알고 있으면서 금융소비자에게 알리지 아니하는 행위

4. 금융상품 내용의 일부에 대하여 비교대상 및 기준을 밝히지 아니하거나 객관적인 근거 없이 다른 금융상품과 비교하여 해당 금융상품이 우수하거나 유리하다고 알리는 행위

5. 보장성 상품의 경우 다음 각 목의 어느 하나에 해당하는 행위
　가. 금융소비자가 보장성 상품 계약의 중요한 사항을 금융상품직접판매업자에게 알리는 것을 방해하거나 알리지 아니할 것을 권유하는 행위
　나. 금융소비자가 보장성 상품 계약의 중요한 사항에 대하여 부실하게 금융상품직접판매업자에게 알릴 것을 권유하는 행위
6. 투자성 상품의 경우 다음 각 목의 어느 하나에 해당하는 행위
　가. 금융소비자로부터 계약의 체결권유를 해줄 것을 요청받지 아니하고 방문·전화 등 실시간 대화의 방법을 이용하는 행위
　나. 계약의 체결권유를 받은 금융소비자가 이를 거부하는 취지의 의사를 표시하였는데도 계약의 체결권유를 계속하는 행위

84   정답 ②

자본시장법상 신용공여에 대한 규제로서(→ 즉, 금융투자업자가 임의로 정할 수 없음에 유의!), 투자매매업자 또는 중개업자는 투자자의 신용상태 및 종목별 거래상황 등을 고려하여 신용공여금액의 **(140%)** 이상에 상당하는 담보를 징구하여야 한다. 다만, 매도되었거나 환매 청구된 예탁증권을 담보로 하여 매도금액 또는 환매금액 한도 내에서 융자를 하는 경우는 그러하지 아니하다.

※ **금융투자업규정 제4-25조(담보비율 등) 제1항, 제3항**
① 투자매매업자 또는 투자중개업자는 투자자의 신용상태 및 종목별 거래상황 등을 고려하여 **신용공여금액의 100분의 140 이상에 상당하는 담보를 징구**하여야 한다. 다만 매도되었거나 환매청구된 예탁증권을 담보로 하여 매도금액 또는 환매금액 한도 내에서 융자를 하는 경우에는 그러하지 아니하다.
③ 투자매매업자 또는 투자중개업자는 신용공여금액에 대한 담보 평가금액의 비율이 투자매매업자 또는 투자중개업자가 정한 일정비율("담보유지비율"이라 한다)에 미달하는 때에는 지체 없이 투자자에게 추가담보의 납부를 요구하여야 한다. 다만, 투자자와 사전에 합의한 경우에는 담보의 추가납부를 요구하지 아니하고 투자자의 계좌에 담보로 제공하지 아니한 현금 또는 증권을 추가담보로 징구할 수 있다.

85   정답 ④

금융소비자는 금융상품판매업자등의 설명의무 위반사실, 손해발생 등의 요건만 입증하면 되고, 반면에 금융상품판매업자등은 자신에게 고의 또는 과실이 없음을 입증하지 못하면 손해배상책임을 면할 수 없다(금융상품판매업자등에게 입증책임의 전환).

※ 「금융소비자 보호에 관한 법률」에서의 관련 조문
(1) 제41조(소송과의 관계)
　① 조정이 신청된 사건에 대하여 신청 전 또는 신청 후 소가 제기되어 소송이 진행 중일 때에는 **수소법원(受訴法院)은 조정이 있을 때까지 소송절차를 중지**할 수 있다.
　② 조정위원회는 제1항에 따라 소송절차가 중지되지 아니하는 경우에는 **해당 사건의 조정절차를 중지**하여야 한다.
　③ 조정위원회는 조정이 신청된 사건과 동일한 원인으로 다수인이 관련되는 동종·유사 사건에 대한 소송이 진행 중인 경우에는 조정위원회의 결정으로 조정절차를 중지할 수 있다.
(2) **제42조(소액분쟁사건에 관한 특례)**
조정대상기관은 다음 각 호의 요건 모두를 충족하는 분쟁사건에 대하여 조정절차가 개시된 경우에는 조정안을 제시받기 전에는 소를 제기할 수 없다. 다만, 서면통지를 받거나 정한 기간 내에 조정안을 제시받지 못한 경우에는 그러하지 아니하다.
　1. 일반금융소비자가 신청한 사건일 것
　2. 조정을 통하여 주장하는 권리나 이익의 가액이 **2천만원 이하일 것**
(3) **제44조(금융상품판매업자등의 손해배상책임)**
　① 금융상품판매업자등이 고의 또는 과실로 이 법을 위반하여 금융소비자에게 손해를 발생시킨 경우에는 그 손해를 배상할 책임이 있다.
　② 금융상품판매업자등이 제19조(설명의무)를 위반하여 금융소비자에게 손해를 발생시킨 경우에는 그 손해를 배상할 책임을 진다. 다만, **그 금융상품판매업자등이 고의 및 과실이 없음을 입증한 경우에는 그러하지 아니하다.**

86   정답 ④

모두 금지대상이다.
㉠~㉣ 이외의 금지사항은 다음과 같다.
• 재산상 이익이 사회적 상규에 반하거나 거래상대방의 공정한 업무수행을 저해하는 경우
• 재산상 이익의 수수가 위법이나 부당행위의 은닉 또는 그 대가를 목적으로 하는 경우
• 운용을 업무로 하는 자에게 금전, 상품권, 금융투자상품을 제공하는 경우(단, 그 사용범위가 공연이나 운동경기 등 문화활동에 한정된 상품권은 허용된다)

※ **금융투자회사의 영업 및 업무에 관한 규정 제2-63조(목적 등) 제2항**

② 다음 각 호의 어느 하나에 해당하는 경우에는 **재산상 이익으로 보지 아니한다.**

1. 금융투자상품에 대한 가치분석·매매정보 또는 주문의 집행 등을 위하여 자체적으로 개발한 소프트웨어 및 해당 소프트웨어의 활용에 불가피한 컴퓨터 등 전산기기
2. 금융투자회사가 자체적으로 작성한 조사분석자료
3. 경제적 가치가 5만원 이하인 물품·식사·신유형상품권(공정거래위원회의 신유형상품권 표준약관에 따른 물품 제공형 신유형상품권을 말한다)·거래실적에 연동되어 거래상대방에게 차별 없이 지급되는 포인트·마일리지
4. **20만원 이하의 경조비 및 조화·화환**
5. 국내에서 불특정 다수를 대상으로 하여 개최되는 세미나 또는 설명회로서 1인당 재산상 이익의 제공금액을 산정하기 곤란한 경우 그 비용. 이 경우 대표이사 또는 준법감시인은 그 비용의 적정성 등을 사전에 확인하여야 한다.

87 정답 ③

배타적 사용권에 대한 침해 발생 → 침해배제 신청(to 협회) → 신청일로부터 7영업일 이내에 심의(위원장은 침해배제 신청 접수일로부터 7영업일 이내에 심의위원회를 소집하여 배타적 사용권 침해배제 신청에 대하여 심의하여야 함)

※ **신상품의 보호(금융투자회사의 영업 및 업무에 관한 규정 제2-85조 참고)**

1. "신상품"이란 금융투자상품 또는 이에 준하는 서비스로서 다음 각 목의 어느 하나에 해당하는 것을 말한다. 다만, 국내외에서 이미 공지되었거나 판매된 적이 없어야 한다.
    가. 새로운 비즈니스 모델을 적용한 상품 또는 서비스
    나. 금융공학 등 신금융기법을 이용하여 개발한 상품 또는 서비스
    다. 기존의 상품 또는 서비스와 구별되는 독창성이 있는 상품 또는 서비스
2. "배타적 사용권"이란 신상품을 개발한 금융투자회사가 일정 기간 동안 독점적으로 신상품을 판매할 수 있는 권리를 말한다.
3. "신청회사"란 협회에 배타적 사용권 부여를 위한 심의를 신청한 금융투자회사를 말한다.

88 정답 ①

ⓒ 금융투자분석사는 자신의 금융투자상품 매매내역을 **매월** 회사에 보고하면 된다.

ⓔ 금융투자분석사는 자신이 담당하는 업종이 아닐 경우 매매는 할 수 있지만 공표일로부터 **7일간 같은 방향**으로 **매매**하여야 한다.

※ **금융투자분석사의 매매거래**

(1) **금융투자분석사의 매매거래 제한**

금융투자분석사는 자격을 취득하기 전에 취득한 금융투자상품을 처분하는 등 불가피한 예외적인 경우를 제외하고는 자신이 담당하는 업종에 속하는 법인이 발행한 주식, 주권 관련사채권, 신주인수권이 표시된 것, 이러한 주식을 기초자산으로 하는 주식선물·주식옵션 및 주식워런트증권을 매매하여서는 안 된다.

또한 금융투자분석사는 소속 금융투자회사에서 조사분석자료를 공표한 금융투자상품을 매매하는 경우에는 공표 후 24시간이 경과하여야 하며, 해당 금융투자상품의 공표일부터 7일 동안은 공표한 투자의견과 같은 방향으로 매매하여야 한다.

(2) **금융투자분석사의 24시간 매매거래 제한의 예외 허용**

자본시장법은 조사분석자료 공표 후 24시간이 경과하기 전에 해당 회사가 자기계산으로 매매하는 행위를 금지하나, 조사분석자료가 새로운 내용을 담고 있지 않은 경우 등에 대해서는 예외적으로 매매를 허용하고 있으므로, 협회 규정에서도 법상 고유계정(회사의 계산)에 적용되는 24시간 매매제한의 예외사항을 금융투자분석사의 자기계산 매매에 대해서도 허용하고 있다.

89 정답 ①

금융투자전문인력이 금융투자회사를 퇴직하면 등록을 말소할 수 있다.

※ **금융투자전문인력과 자격시험에 관한 규정 제3-5조(등록의 말소)**

협회는 금융투자전문인력이 다음 각 호의 어느 하나에 해당하는 경우 해당 금융투자전문인력의 등록을 말소할 수 있다.

1. 금융투자회사 등을 퇴직한 경우
2. 소속 금융투자회사 등이 해산하거나 영업을 폐지한 경우
3. 금융투자회사 등이 등록말소를 신청하는 경우

90 정답 ③

상법 제289조(주식회사 정관의 작성, **절대적 기재사항**) 제1항

① 발기인은 정관을 작성하여 다음의 사항을 적고 각 발기인이 기명날인 또는 서명하여야 한다.

1. 목적
2. 상호
3. 회사가 발행할 주식의 총수
4. 액면주식을 발행하는 경우 1주의 금액(100원 이상이어야 함. 그러나 무액면주식일 경우에는 1주의 금액이 있을 수 없으므로 1주의 금액은 액면주식을 발행하는 경우에만 이를 절대적 기재사항으로 하고 있음) (빈출문항)

5. 회사의 설립 시에 발행하는 주식의 총수
6. 본점의 소재지
7. 회사가 공고를 하는 방법
8. 발기인의 성명·주민등록번호 및 주소

※ 상법 제290조(변태설립사항 : 상대적 기재사항)

다음의 사항은 정관에 기재함으로써 그 효력이 있다.

1. 발기인이 받을 특별이익과 이를 받을 자의 성명
2. 현물출자를 하는 자의 성명과 그 목적인 재산의 종류, 수량, 가격과 이에 대하여 부여할 주식의 종류와 수
3. 회사 성립 후에 양수할 것을 약정한 재산의 종류, 수량, 가격과 그 양도인의 성명
4. 회사가 부담할 설립비용과 발기인이 받을 보수액

'상대적 기재사항(변태설립사항)'이란 기재하지 않더라도 정관 자체의 효력에는 영향을 미치지 않지만 해당사항이 정관에 기재되어야만 비로소 회사와의 관계에서 그 효력이 발생되는 사항이며, 상법의 규정 중에 산재(散在)되어 있다.

- **변태설립사항(變態設立事項)**

회사설립과 관련된 사항들 가운데 회사의 자본적 기초를 약화시킬 우려가 있는 것을 말한다. 상법은 회사의 자본을 충실하게 하기 위해 변태설립사항의 정관 기재를 강행규정으로 하고 있으며, 이를 위반한 경우 원칙적으로 무효이다. 변태설립사항에는 발기인의 특별이익, 현물출자, 재산인수, 설립비용과 발기인의 보수 등이 있다.

91　　　정답 ①

감사의 자격에는 제한이 없으나 회사 및 자회사의 이사 또는 지배인, 기타의 사용인은 그 성질상 감사가 될 수 없다.

※ 상법 제409조(감사의 선임) 제1항, 제2항

① 감사는 주주총회에서 선임한다.
② 의결권이 없는 주식을 제외한 발행주식의 총수의 100분의 3(정관에서 더 낮은 주식 보유비율을 정할 수 있으며, 정관에서 더 낮은 주식 보유비율을 정한 경우에는 그 비율로 한다)을 초과하는 수의 주식을 가진 주주는 그 초과하는 주식에 관하여 제1항의 감사의 선임에 있어서는 의결권을 행사하지 못한다.

※ 상법 제410조(임기)

감사의 임기는 취임 후 3년 내의 최종의 결산기에 관한 정기총회의 종결 시까지로 한다.

※ 상법 제411조(겸임금지)

감사는 회사 및 자회사의 이사 또는 지배인 기타의 사용인의 직무를 겸하지 못한다.

92　　　정답 ③

주주는 대리인으로 하여금 그 의결권을 행사하게 할 수 있다. 이 경우에는 그 대리인은 대리권을 증명하는 서면을 총회에 제출하여야 한다. 즉, 주주 의결권의 대리행사는 정관으로도 금지할 수 없다.

※ 의결권의 불통일행사

주주가 2 이상의 의결권을 가지고 있는 때에는 이를 통일하지 아니하고 행사할 수 있다. 이 경우 주주총회일의 3일 전에 회사에 대하여 서면 또는 전자문서로 그 뜻과 이유를 통지하여야 한다. 또한 회사는 주주의 의결권 불통일 행사를 거부할 수 있으나 주주가 주식의 신탁을 인수하였거나 기타 타인을 위하여 주식을 가지고 있는 경우에는 거부할 수 없다.

※ 상법 제368조의2(의결권의 불통일행사)

① 주주가 2 이상의 의결권을 가지고 있는 때에는 이를 통일하지 아니하고 행사할 수 있다. 이 경우 주주총회일의 3일전에 회사에 대하여 서면 또는 전자문서로 그 뜻과 이유를 통지하여야 한다.
② 주주가 주식의 신탁을 인수하였거나 기타 타인을 위하여 주식을 가지고 있는 경우 외에는 회사는 주주의 의결권의 불통일행사를 거부할 수 있다.

93　　　정답 ①

회사는 3개월을 초과하지 않는 기간을 정하여 주주명부의 기재변경을 정지시킬 수 있다.

※ 상법 제353조(주주명부의 효력) 제1항

① 주주 또는 질권자에 대한 회사의 통지 또는 최고는 주주명부에 기재한 주소 또는 그 자로부터 회사에 통지한 주소로 하면 된다.

※ 상법 제354조(주주명부의 폐쇄, 기준일)

① 회사는 의결권을 행사하거나 배당을 받을 자 기타 주주 또는 질권자로서 권리를 행사할 자를 정하기 위하여 일정한 기간을 정하여 주주명부의 기재변경을 정지하거나 일정한 날에 주주명부에 기재된 주주 또는 질권자를 그 권리를 행사할 주주 또는 질권자로 볼 수 있다.
② 제1항의 기간은 3월을 초과하지 못한다.
③ 제1항의 날은 주주 또는 질권자로서 권리를 행사할 날에 앞선 3월 내의 날로 정하여야 한다.
④ 회사가 제1항의 기간 또는 날을 정한 때에는 그 기간 또는 날의 2주간 전에 이를 공고하여야 한다. 그러나 정관으로 그 기간 또는 날을 지정한 때에는 그러하지 아니하다.

94　　　　　　　　　　　　　　　정답 ②

합병의 효과로서 존속회사 또는 신설회사는 소멸회사의 권리의무를 포괄적으로 승계한다. 따라서 소멸회사의 사원도 당연히 포괄적으로 수용된다. 그러므로 소멸회사의 권리 의무를 승계하기 위한 별도의 행위가 필요 없고, 또 특약으로 그 일부의 승계를 제한할 수 없는 점에서 영업양도와 다르다.

※ 상법 제235조(합병의 효과)

합병 후 존속한 회사 또는 합병으로 인하여 설립된 회사는 합병으로 인하여 소멸된 회사의 권리의무를 승계한다.

95　　　　　　　　　　　　　　　정답 ③

이사는 3인 이상이어야 한다. 다만 자본금 10억원 미만의 회사는 1인 또는 2인의 이사만 두더라도 무방하다.

※ 상법 제383조(이사의 원수, 임기) 제1항, 제2항, 제3항

① 이사는 3명 이상이어야 한다. 다만, 자본금 총액이 10억원 미만인 회사는 1명 또는 2명으로 할 수 있다. (∴ 빈출문항)

② 이사의 임기는 3년을 초과하지 못한다. (그러나 연임에 대한 제한은 없음)

③ 제2항의 임기는 정관으로 그 임기 중의 최종의 결산기에 관한 정기주주총회의 종결에 이르기까지 연장할 수 있다.

※ 상법 제385조(해임) 제1항

① 이사는 언제든지 주주총회의 결의로 이를 해임할 수 있다. 그러나 이사의 임기를 정한 경우에 정당한 이유 없이 그 임기 만료 전에 이를 해임한 때에는 그 이사는 회사에 대하여 해임으로 인한 손해의 배상을 청구할 수 있다.

96　　　　　　　　　　　　　　　정답 ①

교육세는 국세로서 목적세에 해당한다. 나머지 보기는 모두 지방세로서 보통세에 해당한다.

※ 우리나라 조세체계 (∴ 빈출문항)

(1) 국세(14개)

개인이 얻은 소득에 부과하는 소득세, 법인에게 부과하는 법인세, 무상으로 이전되는 상속세, 재산이 무상으로 이전되는 증여세, 부동산에 대한 종합부동산세, 생산 · 유통과정에 대한 부가가치세, 특정한 물품에 대한 개별소비세, 주류에 대하여 부과되는 주세, 재산권리 변동 증서에 대한 인지세, 주권 및 지분 양도에 대한 증권거래세, 교육재정 확충에 필요한 교육세, 사회간접자본투자를 위한 교통에너지환경세, 농어촌특별세, 외국물품 반입 및 물품에 대한 관세

(2) 지방세(11개)

일정한 자산의 취득에 대한 취득세, 재산권 · 권리에 대한 등록면허세, 경륜 · 경정 · 경마 등에 대한 레저세, 담배에 과세되는 세금인 담배소비세, 지역경제 활성화를 위한 지방소비세, 거주하는 개인 · 법인에 대한 주민세, 납세자의 소득에 따른 지방소득세, 일정한 재산에 대하여 부과되는 재산세, 자동차 소유에 대한 자동차세, 지역균형개발 · 수질개선에 대한 지역자원시설세, 교육질적 향상에 대한 지방교육세

97　　　　　　　　　　　　　　　정답 ③

증여세는 2016년부터 물납이 허용되지 않는다.

98　　　　　　　　　　　　　　　정답 ②

법인으로 보는 단체로부터 받는 배당 또는 분배금은 배당소득에 속한다.

※ '배당소득'이란 당해연도에 발생한 다음의 소득을 말한다(소득세법 제17조 참고).

(1) 내국법인으로부터 받는 이익이나 잉여금의 배당 또는 분배금

(2) 법인으로 보는 단체로부터 받는 배당 또는 분배금 : 국세기본법에 의하여 법인으로 보는 법인격 없는 사단 · 재단 등의 단체로부터 받은 배당 또는 분배금을 말한다.

(3) 공동출자사업자의 손익분배금 : 공동사업자이더라도 공동사업의 경영에 참여하지 아니하고 출자만 하는 자('출자공동사업자')가 분배받은 금액은 배당소득에 해당된다.

(4) 의제배당 : 형식상으로는 배당이 아니라도 사실상 회사의 이익이 주주 등에게 귀속되는 경우에 이를 배당으로 간주하는 경우를 말한다.

(5) 인정배당 : 법인세법에 의하여 배당으로 처분된 금액을 말한다.

(6) 국내 또는 국외에서 받은 집합투자기구(펀드)로부터의 이익

(7) 외국법인으로부터의 배당 : 외국법인으로부터 받는 이익이나 잉여금의 배당 또는 분배금

(8) 「국제조세조정에 관한 법률」의 조세피난방지세제 규정에 따라 특정외국법인의 배당 가능한 유보소득에 대한 간주배당

그 외에도 상기 열거한 소득과 유사한 소득으로서 수익분배의 성격이 있는 것(유사 배당소득)과 배당소득상품과 결합된 파생결합상품의 이익이 있다.

99   정답 ③

종합소득 대상은 이자소득, 배당소득, 사업소득, 근로소득, 연금소득, 기타소득이다. (← '이·배·사·근·연·기'로 암기)
퇴직소득과 양도소득은 '분류과세'로서 종합소득에 합산하지 않는다.

※ 종합소득세 신고와 납부

소득 납세의무의 성립 후 다음 연도의 5월 1일부터 31일까지 주소지 관할세무서에 종합소득 신고 및 납부를 하여야 한다. **다만, 다음에 해당하는 거주자는 신고를 하지 않아도 된다(종합소득신고대상이 아님).**

❶ 근로소득만 있는 거주자 (← 이미 매 지급 시 원천징수되기 때문)

❷ 퇴직소득만 있는 거주자 (← 지급 시 분류과세로 종결되기 때문)

❸ 공적연금소득만 있는 자 (← 이미 매 지급 시 원천징수되기 때문)

❹ 원천징수 연말정산하는 사업소득만 있는 자 (← 이미 매 지급 시 원천징수되기 때문이다. 예로, 특정회사 소속의 야쿠르트를 판매하시는 분들은 사실상 자영업자로서 사업소득 대상이지만 소속회사에서 수당 지급 시 연말정산을 함)

❹의2. 원천징수되는 기타소득으로 종교인소득만 있는 자

❺ 위 ❶, ❷ 소득만 있는 자 (← 퇴직소득은 분류과세로서 종합소득에 합산되지 않음)

❻ 위 ❷, ❸ 소득만 있는 자 (← 퇴직소득은 분류과세로서 종합소득에 합산되지 않음)

❼ 위 ❷, ❹ 소득만 있는 자 (← 퇴직소득은 분류과세로서 종합소득에 합산되지 않음)

❼의 2. ❷, ❹의2 소득만 있는 자 (← 퇴직소득은 분류과세로서 종합소득에 합산되지 않음)

❽ 분리과세이자·배당·연금·기타소득만 있는 자 (← 예를 들어 타 소득이 없고, 이자와 배당소득의 합계가 2천만원 이하일 경우 15.4%의 원천징수로 종결됨. 그러나 2천만원이 초과할 경우 다음 해 5월 중 종합소득대상임)

❾ 위 ❶~❼의2에 해당하는 자로서 분리과세이자·배당·연금·기타소득이 있는 자 (← 타 소득이 있더라도 이자와 배당소득의 합계가 2천만원 이하일 경우 이를 타 소득과 합산하지 아니함)

100   정답 ①

비례세, 누진세이다.

- **과세주체**
  국세 : 과세권자가 국가인 조세
  지방세 : 과세권자가 지방자치단체인 조세
- **조세의 전가성**
  직접세 : 조세부담의 전가가 예상되지 않는 조세
  간접세 : 조세부담의 전가가 예상되는 조세
- **지출의 목적성**
  보통세 : 세수의 용도가 불특정한 조세(일반적인 지출 충당)
  목적세 : 세수의 용도가 특정된 조세(특정 목적 지출 충당)
- **과세표준단위**
  종가세 : 가격을 과세표준으로 하는 조세
  종량세 : 양(量)을 과세표준으로 하는 조세
- **세율의 구조**
  비례세 : 과세표준과 관계없이 일정률의 세율이 적용되는 조세
  누진세 : 과세표준의 크기에 따라 세율의 차이가 있는 조세

제2회 정답 및 해설

01	02	03	04	05	06	07	08	09	10
②	①	②	④	③	④	①	④	①	③
11	12	13	14	15	16	17	18	19	20
①	②	④	①	③	①	①	④	③	④
21	22	23	24	25	26	27	28	29	30
④	②	④	③	②	③	①	①	④	③
31	32	33	34	35	36	37	38	39	40
③	②	③	②	③	②	④	④	④	④
41	42	43	44	45	46	47	48	49	50
①	③	④	①	①	①	④	④	④	④
51	52	53	54	55	56	57	58	59	60
④	②	④	②	②	③	④	①	①	①
61	62	63	64	65	66	67	68	69	70
②	②	③	④	③	②	②	④	①	③
71	72	73	74	75	76	77	78	79	80
①	②	④	③	②	④	④	④	①	④
81	82	83	84	85	86	87	88	89	90
②	②	②	③	④	②	①	①	②	③
91	92	93	94	95	96	97	98	99	100
④	①	②	①	③	①	①	④	④	③

증권분석 및 증권시장(35문항)

01
정답 ②

경기순환은 전통적으로 회복(Recovery), 호황(Boom), 후퇴(Recession), 불황(Depression)으로 나누는 4분법이 이용되었으나 그 구분을 명확히 하기 어렵기 때문에 최근에는 경기저점(Trough)에서 정점(Peak)까지 경제활동이 활발한 확장국면(Expansion)과 경기정점에서 저점까지 경제활동이 위축된 수축국면(Contraction)으로 나누는 2분법이 주로 이용된다.

02
정답 ①

(금융당국 또는 통화당국인) 중앙은행이 공개시장조작 등으로 통화공급을 확대하여 단기금리를 낮추면 장기금리와 은행금리가 함께 하락하여 기업투자와 가계소비가 늘어날 수 있다.

03
정답 ②

통화주의자들은 통화정책이 단기적으로 경제에 영향을 미칠 수 있지만, 길고 가변적인 외부시차 문제가 있기 때문에 통화정책을 재량적으로 사용하는 것은 반대하였다.

※ 통화주의자의 경기변동이론
(1) 경제의 적정 성장속도를 무시한 통화당국의 자의적인 조절(불안정한 통화공급)로 인해 경기변동이 발생함
(2) 케인즈학파와 통화주의학파는 총수요변동이 경기변동을 일으킨다는 측면에서는 동일하나, 케인즈는 재량적(Discretion) 재정정책을, 통화주의자는 **준칙(Rule)에 입각한 통화정책**을 주장한 점에서 차이가 있음
   - 통화량 증가(M↑) → 이자율 하락 → 투자 증가 → 총수요(C + I + G) 변동

04
정답 ④

CI는 기준순환일에 대한 시차(Time Lag) 정도에 따라 선행·동행·후행종합지수의 3개군으로 구분되며 이 중 취업자수와 CP유통수익률은 후행지표에 해당된다.

※ 경기종합지수(CI)의 구성지표

선행종합지수	재고순환지표, 경제심리지수, 기계류내수출하지수, 건설수주액(실질), 수출입물가비율, **코스피, 장단기금리차**
동행종합지수	건설기성액, 서비스업생산지수, 소매판매액지수, 내수출하지수, 수입액, 비농림어업취업자수, 광공업생산지수
후행종합지수	생산자제품재고지수, 소비자물가지수변화율, 소비재수입액, **취업자수, CP유통수익률**

(1) 경기동향지수(DI : Diffusion Index)

경기동향지수(경기확산지수)는 경기종합지수와는 달리 경기변동의 진폭이나 속도는 측정하지 않고 **변화방향만을 파악**하는 것으로서 경기의 국면 및 전환점을 식별하기 위한 지표로서 경기확산지수(diffusion index)라고도 한다. 경기동향지수는 경기변동이 경제의 특정부문으로부터 전체 경제로 확산, 파급되는 과정을 경제부문을 대표하는 각 지표들을 통하여 파악하기 위한 지표이다. 이때 경제지표 간의 연관관계는 고려하지 않고 **변동 방향만을 종합**하여 지수로 만든다. 경기종합지수와 같이 선행·동행·후행지수로 작성되며, 계절변동과 불규칙 요인이 제거된 전체 계열

중에서 **전월에 비해** 증가한 지표수가 차지하는 비중으로 나타낸다. 예컨대 10개의 대표 계열 중 7개의 지표가 증가하는 방향으로 움직였다면 경기확산지수는 70%로 나타낸다. **만약 경기동향지수가 기준선인 50보다 크면 경기는 확장국면에, 50보다 작으면 수축국면에 있는 것으로 판단한다.**

(2) 경기종합지수(CI : Composite Index)

경기종합지수는 줄여서 CI라는 용어를 사용한다. 이 지수가 어떻게 변하는지에 따라 경기의 흐름을 읽을 수 있게 되는데, CI는 선행, 동행, 후행 3가지로 분류가 되고 여러 가지 경제지표들 중에서 경기와 가장 밀접한 관계가 있는 것들을 모아 지수로 종합한 것이다. CI는 **매월** 발표되는데, 이 지수가 전월보다 상승하면 경기가 확장되고 있는 것이고 반대로 전월보다 하락하면 경기가 축소되고 있다고 생각할 수 있다.

05　　　정답 ③

기업어음은 L에 속한다. 그리고 표지어음은 M2에 속하며, 예금자 보호대상이다.

- 기업어음(CP)이란 신용상태가 양호한 기업이 상거래와 관계없이 단기자금을 조달하기 위하여 자기신용을 바탕으로 발행하는 만기가 1년 이내인 융통어음이다. 표지어음은 무역거래 등의 기초자산을 재원으로 발행하지만 융통어음은 기초자산 없이 발행자의 신용으로만 발행한다.
- 표지어음이란 은행이 기업으로부터 상업어음이나 무역어음을 할인·매입한 뒤 이 어음들을 재원으로(← 이를 기초자산으로 하여) 은행 등 발행금융회사의 명의로 약속어음을 발행하여 고객에게 매출하는 어음상품이다.

※ 통화지표별 포괄범위

M1	현금통화 + 요구불예금 + 수시입출식 저축성예금
M2	M1 + 기간물 정기예금 + 시장형 상품(CD, RP, CMA, 표지어음 등) + 실적배당형 상품 + 금융채 + 기타(투신증권저축 및 종금금융회사 발행어음) 단, 유동성이 낮은 만기 2년 이상의 금융상품 제외
Lf	M2 + M2 포함 금융상품 중 만기 **2년 이상** 정기예적금 및 금융채 등 + 한국증권금융 예수금 + 생명보험회사의 보험계약준비금 등
L	Lf + 정부 및 기업 등이 발행한 유동성 시장금융상품(국채, 지방채, 회사채, 기업어음, 자산유동화증권 등)

06　　　정답 ④

BSI 지수는 경기진폭의 속도(에너지)를 측정할 수 없다. 즉 40이든 90이든 100 미만이므로 경기하강국면(또는 수축국면)에 있다는 의미는 동일하다.

BSI는 ($0 \leq BSI \leq 200$)이며, BSI가 100을 초과하여야만 경기상승(확장)국면으로 해석한다.

07　　　정답 ①

이자보상비율(Interest Coverage Ratio)은 안정성 측정을 위한 것으로, 그 공식은 $\frac{영업이익}{이자비용} \times 100$이다. 채권자에게 지급해야 할 이자비용의 안정성을 측정하는 비율이기 때문에 기업이 부채에 대한 이자를 지급할 수 있는 능력을 판단하는 지표로 활용된다.

08　　　정답 ④

산업평균 PER을 계산할 때 부(-)의 PER 기업도 포함시키는 것이 미래이익에 대한 시장의 기대로서 정보가치가 있다.

※ PER이 높은 두 가지 경우

(1) EPS가 평균인데 주가가 높을 경우 → 성장성이 높아서 고 PER로 평가받음

(2) 주가가 평균인데 EPS가 낮을 경우 → 내재가치가 낮으므로 바람직하지 못함

09　　　정답 ①

주가$(P) = \frac{D(1+g)}{(k-g)}$ (D : 배당액, g : 배당성장률, k : 요구수익률)

에서 g = 유보율* × ROE = 0.7 × 0.1 = 0.07

따라서 $\frac{(500 \times 1.07)}{(0.13 - 0.07)} ≒ 8,916$원

(*유보율 = 1 - 배당률)

10　　　정답 ③

PER이 높은 경우에도 PCR이 낮으면 현재 주가는 저평가되어 있다고 볼 수 있다. 왜냐하면, 재무제표의 손익계산서상 당기순이익은 발생주의 회계상 명목 순이익이기 때문에 현금흐름이 좋은 경우 실제 현금유입액은 당기순이익보다 더 클 수 있다(즉 PCR비율이 낮아진다). 이 경우 회사의 주가는 적어도 고평가라고는 볼 수 없다.

11　　　정답 ①

PBR = ROE × PER이므로, $2 = \frac{20\% \times P}{2,000}$ 에서 P값은 20,000원이다.

12
정답 ②

일반적으로 거래량이 가장 많이 나타나는 것은 3번 파동이다.

• 하나의 파동은 상승 5파와 하락 3파로 구성되어 있으며, 충격파동(1-3-5-a-c)과 조정파동(2-4-b)으로 구분된다. 충격파동(조정파동)은 다시 5개(3개)의 소파동으로 구성된다. 이 중에서 일반적으로 거래량이 가장 많이 나타나는 것은 3번 파동이다.

• 3번 파동은 5개의 파동 중에서 가장 강력하고 가장 변동도 활발하게 일어나는 파동으로 5개의 파동 중 가장 긴 것이 일반적(보통 1번 파동×1.618)이며 돌파갭이나 계속갭이 가능하다.

13
정답 ④

삼법에 대한 설명이다.

사케다 전법은 삼산, 삼천, 삼병(적삼병, 흑삼병), 삼공, 삼법을 말한다. 이 중에서 삼산, 삼천, 삼병(적삼병, 흑삼병), 삼공은 주가 패턴의 해석에 대한 풀이에 해당하며, 삼법은 행동원리를 의미한다.

② 적삼병은 고점을 높이는 연속된 3개의 강한 양봉이 발생하는 패턴으로, 이 패턴이 바닥권에서 발생한 경우 장기간의 하락 추세를 벗어나 상승으로 전환되는 신호로 해석한다. 반면, 흑삼병은 높은 위치에서 저점을 낮추는 3개의 음봉이 연속적으로 발생하는 패턴이다. 이러한 패턴이 나타나면, 매수세에서 매도세로 돌아섬을 의미하여 순간적인 급락세로 돌아설 가능성이 높기 때문에 주의가 필요한 구간이다.

③ 섬꼴반전(Island Reversal)은 주가가 장기적으로 형성하고 있던 추세 다음에 소멸갭(Exhaustion Gap)이 나타나 횡보 국면이 진행되다가 돌파갭(Break-away Gap)에 의해 상승 또는 하락할 때 나타나는 것을 말한다. 즉, 주가의 추세가 급격히 반전될 때 나타나는 형태로 소멸갭에 이어 돌파갭이 나타나면서 차트상에 섬과 같은 모습이 연출된다. 섬꼴반전이 나타날 경우 추세의 대반전은 거의 확실하다고 볼 수 있을 정도로 강력한 신호가 된다. 돌파갭이 오기 전인 횡보 국면에서 주가들이 마치 육지에서 떨어진 섬 모양 같다고 해서 섬꼴반전이라고 부른다. 이는 매우 신뢰할 수 있는 추세 전환 패턴이다.

14
정답 ①

VR(Volume Ratio)은 OBV의 결점을 보완하기 위한 것으로 거래량의 누적차수가 아닌 비율로 분석한 것이다.

④ **볼린저 밴드**는 주가의 변동을 분석하기 위해, 중심이 되는 이동평균선을 기준으로 일정한 표준편차 범위만큼 설정한 그래프를 말한다. 가격의 추세를 포착할 수 있도록 설정된 중간선(중단 밴드)과 가격의 상대적 높낮음에 대한 판단 기준이 되는 두 개의 밴드(상단, 하단)로 구성되어 있다.

볼린저 밴드에서 상단 밴드와 하단 밴드는 중단 밴드에서 2 표준편차만큼 더하거나 뺀 값이다. 주가가 정규분포를 따른다고 가정한다면, 상단 밴드와 하단 밴드를 벗어날 확률은 각각

2.25%에 불과하며, 밴드 내부에 머무를 확률은 대략 95%에 달한다.

따라서 주가가 상단 밴드나 하단 밴드에 근접한다면 시장이 과매수 국면이거나 과매도 국면에 달했을 가능성이 있으며, **각 밴드가 저항선 혹은 지지선으로 작용할 것으로 기대**할 수 있다.

※ **OBV(On Balance Volume)**

OBV선은 거래량 지표로서, 거래량은 주가에 선행한다는 전제 하에 주가가 전일에 비하여 상승한 날의 거래량 누계에서 하락한 날의 누계를 차감하여 이를 매일 누적적으로 집계하여 도표화한 것이다.

15
정답 ③

V자 모형은 반전형이며, 나머지(깃대형, 다이아몬드형, 쐐기형)는 모두 지속형에 속한다.

반전형 패턴	지속형 패턴
• 헤드 앤 쇼울더형(H&S형)	• 삼각형(대칭, 직각)
• 역 헤드 앤 쇼울더형(Reverse H&S형)	• 직사각형
• 원형천정형 / 원형바닥형	• 깃대형
• V자형(바닥 V자, 천정 V자)	• 쐐기형
• 확대형	• 다이아몬드형

16
정답 ①

상장법인은 정관이 정하는 바에 따라 이사회의 결의로서 다양한 방식으로 유상증자가 가능하다.

※ **자본시장법 제165조의6(주식의 발행 및 배정 등에 관한 특례) 제4항**

④ 신주를 배정하는 경우에는 정관으로 정하는 바에 따라(주주배정방식, 제3자배정방식, 일반공모방식 등) **이사회의 결의**로 다음 각 호의 어느 하나에 해당하는 방식으로 신주를 배정하여야 한다.

1. 신주인수의 청약을 할 기회를 부여하는 자의 유형을 분류하지 아니하고 불특정 다수의 청약자에게 신주를 배정하는 방식

2. 우리사주조합원에 대하여 신주를 배정하고(20%를 우선적으로 배정) 청약되지 아니한 주식까지 포함하여 불특정 다수인에게 신주인수의 청약을 할 기회를 부여하는 방식

3. 주주에 대하여 우선적으로 신주인수의 청약을 할 수 있는 기회를 부여하고 청약되지 아니한 주식이 있는 경우 이를 불특정 다수인에게 신주를 배정받을 기회를 부여하는 방식

4. 투자매매업자 또는 투자중개업자가 인수인 또는 주선인으로서 마련한 수요예측 등 대통령령으로 정하는 합리적인 기준에 따라 특정한 유형의 자에게 신주인수의 청약을 할 수 있는 기회를 부여하는 경우로서 금융위원회가 인정하는 방식

17   정답 ①

② 일반공모방식 : 기준주가의 70% 이상
③ 주주우선공모방식 : 자유롭게 정할 수 있음
④ 정부, 정책금융공사 등의 공모방식 : (기업구조조정 등의 목적이므로) 발행가격의 예외가 가능하여 할인율 한도를 적용하지 않음

※ 주주배정방식 및 주주우선공모방식은 증자에 의한 신주 발행에 따른 구주주의 피해가 없으므로 발행주체가 발행가격을 **자유롭게 결정할 수 있다.**

18   정답 ④

④는 변경상장에 해당한다. 주권의 기재내용이 변경(상호, 종류, 액면금액 등)되는 경우, 새로운 주권을 교체·발행하여 상장시키는 것을 말한다. 신규상장과 신주상장(추가상장)의 차이에 주의하도록 한다.

※ 상장의 종류

(1) 신규상장 : 처음으로 증권시장에 주권을 상장하는 것(IPO). 신규상장은 상장예비심사청구 후 공모(모집·매출)를 하였는지 여부에 따라, 공모상장과 직(유통)상장으로 구분되며, 직상장의 경우는 코스닥상장법인이 공모 없이 시장 이전하는 경우에만 인정된다.
 • 공모상장 : 모집(또는 매출)을 통한 주식분산 후 상장을 하는 형태
 • 직상장 : 이미 분산요건을 충족한 경우 모집(매출) 없이 상장하는 형태
(2) 추가상장 : 기상장된 기업이 유·무상증자, 주식배당 등으로 발행하여 상장하는 것
(3) 변경상장 : 상호변경, 액면분할·합병 등으로 주권을 재발행하여 상장하는 것
(4) 재상장 : 상장폐지 후 **5년 이내 재상장**, 상장법인의 분할 등으로 재상장하는 것
(5) 우회상장 : 상장법인과 비상장법인의 합병 등으로 비상장법인이 상장되는 것

19   정답 ③

일반주주(최대주주와 주요주주(10%)를 제외한 주주를 말함)는 500명 이상이어야 한다.

※ 유가증권시장 상장을 위한 분산요건

아래의 (1), (2), (3)을 모두 충족하여야 한다.
(1) **주식수**
 다음 중 하나만 충족하면 됨
  ① 일반주주소유비율 25% 이상 또는 500만주 이상
   (다만, 상장예정주식수 5천만주 이상 기업은 상장예정주식수의 10% 해당 수량)
  ② 공모주식수 25% 이상 또는 500만주 이상
   (다만, 상장예정주식수 5천만주 이상 기업은 상장예정주식수의 10% 해당 수량)
  ③ 자기자본 500억 이상 법인은 10% 이상 공모하고 자기자본에 따라 일정규모 이상 주식 발행
  ④ 국내외동시공모법인은 공모주식수 10% 이상 & 국내공모주식수 100만주 이상
(2) **주주수 : 일반주주 500명 이상**
(3) **발행주권에 대한 양도제한이 없을 것**

20   정답 ④

코스피(코스닥)지수가 직전 매매거래일의 최종수치보다 15% 이상 하락하여 1분간 지속되는 경우 주식시장과 관련 파생상품시장은 20분간 매매거래가 정지된다. 매매거래정지 해제 시에는 10분 동안 단일가매매(단일가격에 의한 개별경쟁매매)를 한 후 접속매매(복수가격에 의한 개별경쟁매매)로 정상화된다. 다만 1단계 매매거래중단(8% 이상 하락 시) 시점의 주가지수 수치보다 1% 이상 하락하지 아니하거나, 1% 이상 하락하였으나 1분간 지속되지 않은 경우는 제외한다.

※ 주식시장의 매매거래중단제도(Circuit Breaker)

주식시장의 매매거래중단제도(Circuit Breaker)는 증권시장의 내·외적인 요인에 의해 주가가 급락하는 경우 투자자들에게 냉정한 투자판단의 시간을 제공하기 위해 시장에서의 모든 매매거래를 일시적으로 중단하는 제도로서 한국종합주가지수(KOSPI)가 직전거래일의 종가보다 8%·15%·20% 이상 하락한 경우 매매거래 중단의 발동을 예고할 수 있으며, 이 상태가 1분간 지속되는 경우 주식시장의 모든 종목의 매매거래를 중단하게 된다.
최초로 한국종합주가지수가 전일종가 대비 8% 이상 하락한 경우 1단계 매매거래중단이 발동되며, 1단계 매매거래중단 발동 이후 한국종합주가지수가 전일종가 대비 15% 이상 하락하고 1단계 발동지수 대비 1% 이상 추가 하락한 경우 2단계 매매거래중단이 발동된다.
1, 2단계 매매거래중단이 발동되면 20분 동안 시장 내 호가접수와 채권시장을 제외한 현물시장과 연계된 선물·옵션시장도 호가접수 및 매매거래가 중단된다. 매매거래 중단시간 중에는 신규호가의 제출은 불가능하나 매매거래 중단 전 접수한 호가에 대해 취소주문을 제출하는 것은 가능하다. 각 단계별로 발

동은 1일 1회로 한정하고 당일종가결정시간 확보를 위해 장 종료 40분 전 이후에는 중단하지 않는다.

한편, 2단계 매매거래중단 발동 이후 한국종합주가지수가 전일 종가 대비 20% 이상 하락하고, 2단계 발동지수 대비 1% 이상 추가 하락한 경우 당일 발동 시점을 기준으로 유가증권시장의 모든 매매거래를 종료하게 된다. 20% 기준에 의한 당일 매매거래중단이 발동된 경우 취소호가를 포함한 모든 호가접수가 불가능하다. 3단계 매매거래중단은 40분 전 이후에도 발동이 가능하다.

21   정답 ④

매매거래의 종류에는 당일결제거래, 익일결제거래, 보통거래가 있다.

① 당일결제거래 : 매매계약을 체결한 당일에 결제하는 매매거래
② 익일결제거래 : 매매계약체결일(T)+1일에 결제되는 것으로 국채전문유통시장에서 사용되는 매매거래
③ 보통거래 : 매매계약을 체결한 날부터 기산하여 3일째 되는 날에 결제하는 매매거래

• 그러나 접속매매(接續賣買)는 장중 체결방식을 말한다. 주식의 가격이 처음 결정된 직후부터 가격 및 시간 우선 원칙에 따라 매도 호가(呼價)와 매수 호가의 경쟁에 의해 유리한 호가 간에 계속적으로 매매 거래를 성립하여 가는 매매로서 복수 가격에 의한 개별경쟁매매 방법이다.

22   정답 ②

시장가 매도주문과 하한가 매도지정호가는 가격측면에서 우선순위가 동일하게 취급되므로 시간우선원칙에 따라 매매체결 우선순위가 결정된다.

• **동시호가**
  시가(정규장 최초의 가격) 또는 장 중단 재개 후 첫 가격이 단일가매매 방식을 통해 상·하한가로 형성되는 때에 한하여 상한가의 경우 당해가격대의 매수호가, 하한가의 경우 당해가격대의 매도호가에 대해서만 **체결수량을 배분**한다. 이는 상·하한가로의 시가형성 시에 수량을 배분함으로써 당일 중 매매체결을 원하는 투자자의 최소한의 수요를 충족시키기 위한 것이다.

23   정답 ④

불성실공시법인으로 지정되는 경우 지정일 당일 1일간 매매거래가 정지된다.

※ 불성실공시법인 지정(불성실공시법인 조치 유형)
  거래소는 불성실공시법인으로 지정된 상장법인에 대해 다음과 같은 조치를 취한다.

(1) 매매거래정지
  불성실공시법인으로 지정되어 부과받은 벌점이 10점 이상인 경우에는 매매거래일 기준으로 불성실공시법인 지정일 당일 1일간 매매거래정지
(2) 불성실공시 사실 공표
  전자공시시스템에 명단, 지정사유 및 부과벌점 등을 공표
(3) 불성실공시법인에 대한 교육
  거래소는 불성실공시법인의 공시책임자 및 공시담당자에 대해 불성실공시 예방을 위한 교육 실시
(4) 관리종목 지정
  불성실공시법인 지정 등으로 인한 벌점부과일로부터 기산하여 과거 1년 이내의 누계벌점이 15점 이상이 되는 경우 관리종목으로 지정
(5) 상장적격성 실질심사
  관리종목 지정 후 1년 이내에 불성실공시법인 지정 등으로 인한 누계벌점이 15점 이상이 되거나 기업경영에 중대한 영향을 미칠 수 있는 사항에 대해 고의나 중과실로 공시의무를 위반하여 불성실공시법인으로 지정된 경우 상장적격성 실질심사
(6) 개선계획서 제출요구 등
  거래소는 누계벌점이 15점 이상이 되는 경우 불성실공시의 사전예방 및 재발방지를 위한 개선계획서의 제출을 요구할 수 있음

24   정답 ③

200주 체결 후 지정가 10,020원에 100주 매수 대기이다.

매도 주문수량	가격(원)	매수 주문수량
100	10,030	
200	10,020	
	10,010	
	10,000	200
	9,990	100

투자자가 최유리지정가 매수주문 300주를 신규로 호가입력 시 매도 200주를 10,020원에 체결시키고 나머지 100주는 10,020원에 주문 대기한다.

• 주의할 것은 이 문제는 주문에 조건(IOC, FOK)이 없는 경우이지만 만약 조건이 있는 경우에는 다른 답이 나온다. 예를 들어, IOC 조건인 경우에는 200주 체결 후 100주 주문 취소가 되고(정답 ①), FOK 조건인 경우에는 체결 없이 300주 전량 주문 취소된다(정답 ④).

정답 및 해설

25 정답 ②

① 랜덤엔드제도, ② 변동성완화장치(VI)제도, ③ 프로그램매매제도, ④ 단기과열종목지정제도이다.

※ 변동성완화장치(VI : Volatility Interruption)

기존의 가격제한폭만 운영하는 상황에서는 장중에 개별종목의 주가가 가격제한폭으로 변동할 때까지 순간적인 가격급변을 완화할 수 있는 장치가 미흡해 선의의 투자자 피해가 우려되었다. 따라서 종목별 변동성완화장치는 대부분의 해외거래소가 채택하고 있는 개별종목에 대한 가격안정화장치로서, 주문실수, 수급 불균형 등에 의한 일시적 주가급변 시 **단기간의 냉각기간(2분의 단일가매매)을 부여**하여 시장참가자로 하여금 주가급변 상황에 대해 **주의를 환기시킴으로써** 가격급변을 완화하도록 하기 위한 제도이다.

(1) 변동성완화장치 유형
- 동적VI : 특정 호가에 의한 순간적인 수급 불균형이나 주문착오 등으로 야기되는 일시적 변동성 완화
- 정적VI : 특정 단일호가 또는 여러 호가로 야기되는 누적적이고, 보다 장기간의 가격변동 완화

(2) 발동 시 처리 방법
동적VI · 정적VI가 동일하게 발동 시 **2분간 단일가매매** 호가접수 및 체결(접속매매는 단일가매매로 전환, 단일가매매시간대는 단일가매매시간 연장)

(3) 적용 시간
- 동적VI : 접속매매, 종가단일가매매, 시간외단일가매매
- 정적VI : 접속매매, 시가 · 종가단일가매매

(4) 적용배제 종목
정리매매종목, 단기과열종목

(5) 유사 제도와 중복적용 배제
- 투자자 편의 제고 등을 위해 다른 가격안정화장치와 중복 시에는 원칙적으로 하나만 적용
- Circuit Breaker : CB 발동 시 기발동된 변동성완화장치는 취소
- 종목별 변동성완화장치 : 기발동된 변동성완화장치의 단일가매매 시에는 새로운 변동성완화장치를 적용하지 않음

26 정답 ③

시장감시위원회는 투기적이거나 불공정거래의 개연성이 있는 종목을 투자주의종목으로 공표하여 일반투자자들의 뇌동매매 방지 및 잠재적 불공정거래 행위자에 대한 경각심을 고취시킨다.

※ 투자경고종목으로 지정될 경우

(1) 해당종목을 매수할 경우 위탁증거금을 100% 납부하여야 하며,
(2) 신용융자로 해당종목을 매수할 수 없으며,
(3) 해당종목은 대용증권으로 인정되지 않으며(단, 코넥스주권은 제외),

(4) 주가가 추가적으로 급등할 경우 매매거래정지 및 투자위험종목으로 지정될 수 있다.

※ 투자위험종목으로 지정될 경우

(1) 해당종목을 매수할 경우 위탁증거금을 100% 납부하여야 하며,
(2) 신용융자로 해당종목을 매수할 수 없으며,
(3) 해당종목은 대용증권으로 인정되지 않으며,
(4) 지정과 동시에 매매거래가 1일간 정지되며,
(5) 주가가 추가적으로 급등할 경우 1일간 매매거래가 정지될 수 있다.

27 정답 ①

ⓐ 8%로 하락한 후 수정듀레이션에 의한 채권가격은?
듀레이션에 의한 채권가격 변동금액
= $-2.528 \times 9,502.63 \times (-0.02) \approx 480.45$이므로,
$9,502.63 + 480.45 \approx 9,983.08$ (듀레이션 방식의 채권가격 산출은 정확한 가격이 아닌 근사치임)

ⓑ 볼록도에 의한 가격변동폭(원)은?
가격변동값 = $1/2 \times 9,502.63 \times 8.94 \times (0.02)^2 \approx 17$(원)
또는 표면이자(8%)와 현재 시장수익률(8%)이 동일하므로 채권가격은 액면가격인 10,000원이 되므로,
$10,000 - 9,983.08 \approx 17$원 (볼록도를 역산할 수 있음)

ⓒ 8%로 하락한 후 실제 채권가격은?
듀레이션에 의한 채권가격에 볼록도를 가산한다. (볼록도는 항상 정(+)의 값임)
즉, ⓐ 9,983.08 + ⓑ 17 ≒ ⓒ 10,000원
(∴ **기출문항 수정**)

28 정답 ①

- 실효수익률 : $\sqrt{\dfrac{12,500}{10,000}} - 1 = 11.8\%$
- 2년간 연평균수익률 : $\dfrac{1}{2}\left(\dfrac{12,500}{10,000} - 1\right) = 12.5\%$

(→ 항상 실효수익률에 비해 연평균수익률이 더 큼)

29 정답 ④

통화안정증권(통안채)은 나머지 3개와는 달리 한국은행이 통화량 조절을 위해 발행한다. 국채는 재정정책과 관련 있고, 통화안정증권은 통화정책과 관련이 있다.

30 정답 ③

차례대로 당일 – 50억 – 당일이다.

소매채권은 채권의 편리한 거래를 위해 호가 수량이 액면가액 50억원 미만의 개인 및 일반 법인이 매매할 수 있는 모든 채권을 말한다. 거래대상 채권은 증권회사가 보유 중인 상장채권 중 호가 수량 50억 미만인 채권을 거래 대상으로 하되, 소액채권, 주식 관련 사채, 투자부적격등급 회사채, 변동금리채권, 외화표시채권, 옵션부채권은 제외된다.

31 정답 ③

채권수익률곡선(Yield Curve)의 신용스프레드는 경기불황기에 더욱 확대된다(자금경색).

예 국채 4% / 회사채 8% → 회사채가 국채보다 위험하기 때문이다(신용스프레드 4%).

예 국채 1년물 3.7% / 국채 2년물 3.9% → 기간이 길수록 수익률이 높아진다(기간스프레드 0.2%).

• 기간에 따라 수익률이 다르게 나타나는 것을 연결한 곡선을 수익률곡선(Yield Curve)이라 한다.

32 정답 ②

전환프리미엄을 전환가치로 나눈 것을 전환프리미엄률 혹은 괴리율이라고 한다.

• 전환가치(패리디 가치) = 주식의 시장가격(5,300) × 2주 = 10,600

• 전환프리미엄 = 전환사채의 시장가치(11,000) – 전환가치(10,600) = 400

따라서 괴리율은 400/10,600 ≒ 3.78%이다.

(→ 이 괴리율의 의미는 전환대상의 주식을 직접 사는 것보다 전환사채를 통한 투자를 할 때 현재 주식가격에 일정한 프리미엄(400원)을 지급함을 의미한다.)

33 정답 ③

ⓑ 수익률곡선타기전략은 수익률 곡선이 **우상향**할 때 그 효과가 극대화된다.

ⓓ 현금흐름일치전략은 향후 예상되는 현금유출액 이상이 되도록 현금유입액을 발생시켜 부채상환위험을 최소화시키는 전략으로 **소극적 투자전략**에 속한다.

34 정답 ②

조회공시 요구에 대하여 요구시점이 오전인 경우 당일 오후까지 답변해야 한다.

※ **코넥스시장의 특징**

(1) 코넥스시장 상장법인의 중요한 경영사항과 관련된 풍문 또는 보도가 있을 경우 거래소는 투자자 보호를 위해 그 사실 여부를 상장법인에 확인하여 공시하도록 하고 있다.

(2) 상장법인은 거래소의 조회공시 요구에 대해서 확정·부인 또는 미확정으로 구분하여 답변해야 한다. 또한 사안의 중요도에 따라 매매거래정지가 수반될 수 있다.

(3) 코넥스시장은 거래량이 많지 않을 것으로 예상되는 시장의 특성을 감안하여 코스닥시장과 달리 **주가 및 거래량 급변에 따른 조회공시는 적용하지 않는다.**

(4) 코넥스시장 상장법인은 거래소의 조회공시 요구에 대해 **요구시점이 오전인 경우 당일 오후까지**, 요구시점이 오후인 경우 다음날 오전까지 답변해야 한다. 다만, 매매거래 정지를 수반하는 사항일 경우 요구시점과 관계없이 다음날 오후 6시까지 답변할 수 있다.

또한 코넥스시장의 불성실공시제도는 공시불이행, 공시번복에 한하므로 공시변경은 존재하지 않는다. 따라서 공시내용 중 일부 사항에 대해 일정범위를 초과하여 변경 공시하는 경우에는 공시번복으로 간주한다.

※ **코넥스시장의 매매방식인 경매매**

경매매란 증권의 매매거래 시 매도측 또는 매수측의 어느 한쪽이 단수이고 또 다른 한쪽은 복수일 때 이루어지는 매매를 말한다. 코넥스 시장에서는 매도측이 단수(1인 : 주로 대주주)이고 매수측이 복수인 경우만 도입하였는데, 이는 매수측이 단수, 매도측이 복수인 경우는 공개매수와 구조가 거의 같아 자본시장법상 공개매수 규제 회피수단으로 악용될 우려가 있기 때문이다. **경매매는 당일 시장 개시 전 시간외시장(08:00~08:30)에서 실시한다.**

35 정답 ③

K-OTC시장은 장외매매이지만 증권거래세(0.18%)는 예탁결제원이 매도자로부터 징수하여 관할 세무서에 납부한다.

• K-OTC 매매체결방식은 **상대매매방식**으로 매도호가와 매수호가의 가격이 일치하는 경우에 일치하는 수량 범위 내에서 자동으로 매매가 체결된다. 동일가격 호가의 경우 먼저 접수된 호가가 뒤에 접수된 호가에 우선한다. 가격이 일치하지 않는 경우 체결을 원하는 투자자는 상대 호가를 탐색하여 자신의 호가를 정정하여야 한다.

금융상품 및 직무윤리(30문항)

36　　정답 ②

양도성예금증서(Certificate of Deposit, CD)는 제3자에게 양도가 가능한 30일 이상 제한 없이 발행되는 정기예금증서를 말한다(주로 91일이 일반적임). 양도성예금증서는 일반적인 예금과 다르게 예금자의 이름이 적혀 있지 않다. 무기명의 예금증서로 발행되어 자유롭게 양도 및 양수를 할 수 있다. 즉, 정기예금에 양도성을 부여하여 무기명·할인식으로 발행되는 예금증서로서, **예금이자가 미리 계산되어 할인식으로 발행**되며 증서의 교부만으로 제3자에게 자유로운 양도가 가능하다. 단, CD는 정기예금과 달리 **예금자보호법에 따른 예금자보호를 받을 수 없다.**

37　　정답 ④

모두 옳다.

※ 모자형 집합투자기구의 요건

(1) 하위 투자기구가 상위 투자기구의 집합투자증권 외의 다른 집합투자증권을 취득할 수 없다.

(2) 하위 투자기구 외의 자가 상위 집합투자기구의 집합투자증권을 취득할 수 없다.

(3) 자산운용사는 실제 증권에 대한 투자를 상위 집합투자기구에서 실행한다.

(4) 하위 투자기구와 상위 투자기구의 집합투자재산을 운용하는 자산운용사가 같아야 한다.

(5) 둘 이상의 집합투자기구의 자산을 합하여 하나의 모집합투자기구에 이전하거나, 하나의 집합투자기구의 자산을 분리하여 둘 이상의 모집합투자기구로 이전이 불가하다(**단, 사모 집합투자기구가 아닌 집합투자기구로서 원본액이 50억원 미만일 경우에는 금융위가 고시하는 기준에 따라 이전 가능하다**).

38　　정답 ④

연금수령 시 (과거의 불입기간 중 세액공제의 혜택을 받은) 소득공제분과 적립금 운용기간 중 발생한 소득에 대하여 연금소득세(3.3%~5.5%)가 부과된다.

• 연금저축은 연 1,800만원 + ISA계좌 만기금액 + 1가구 고령가구 주택 다운사이징 차액(1억원 한도)이 납입한도이다. 연금저축을 중도해지할 경우 기타소득세(16.5%)가 부과된다. 연금소득세는 연령(만)에 따라 차등 부담(55~69세 5.5%, 70~79세 4.4%, 80세 이상 3.3%)한다.
다만, 한 해 연금소득 수령이 1,500만원을 초과하는 경우에는 분리과세(16.5%) 또는 종합과세를 수령자가 선택하여야 한다. 연금소득을 중도해지하면 기타소득세(16.5%)를 부과하며, 이 기타소득은 다른 소득과 합산하지 않고 분리과세된다.

39　　정답 ④

풋옵션 매도를 통해 기대수익률을 올릴 수 있으나 주가가 일정수준 이하로 하락 시 큰 폭의 손실이 발생할 수 있는 유형은 Reverse Convertible형이다.

※ ELS의 유형

(1) Knock-out형 : 채권 + Knock-out 콜옵션 매수

(2) Bull Spread형 : 채권 + 낮은 행사가격 콜옵션 매수 & 높은 행사가격 콜옵션 매도

(3) Reverse Convertible형 : 채권 + 외가격 풋옵션 매도

(4) Digital형 : 채권 + Digital 콜(풋)옵션 매수(만기 시 주가가 일정 수준을 상회하는지 여부에 따라(→ 즉, 상승률과는 무관함) 사전에 정한 두 가지 수익 중 한 가지를 지급하는 구조임

40　　정답 ④

랩어카운트 서비스에 대한 수수료는 잔고평가금액에 근거한 일정 비율의 수수료를 부과한다(거래 건별 부과가 아님). 잔고평가금액에 근거하여 수수료를 부과함으로써 회사와 고객 간의 이익상충문제가 해결되는 장점이 있다.

• CMA(Cash Management Account : 현금관리계좌)

(1) 입출금이 자유로운 종합자산관리계좌로서, 입금한 자금을 회사가 단기금융상품에 투자하고 그 수익금을 고객에게 지급(배당)하는 계좌이다.

(2) 자동투자 대상에 따라 'MMF형 CMA, RP형 CMA, MMW형 CMA'로 구분된다.

(3) 종금사 CMA는 예금자보호대상이지만 증권사 CMA는 예금자비보호대상이다. (주의 : '종합금융회사(종금사)'와 '종합금융투자사업자(자본금 3조원 이상)'는 업무영역이 전혀 다른 회사이다.)

41　　정답 ①

신용카드에 대한 설명이다.

※ 신용카드 VS 직불카드 VS 선불카드

구 분	신용카드 (Credit Card)	직불카드 (Debit Card)	선불카드 (Prepaid Card)
성 격	여신상품	수신상품	수신상품
발급대상	자격기준 해당자	예금계좌 소지자	제한 없음
주요 사용처	중·고액 업종	소액 다거래 업종	소액 다거래 업종
가맹점 이용여부	공동 가맹점 O		
이용한도	신용도에 따라 차등	예금잔액 범위 내	–
연회비	O	X	X

42 　　정답 ③

적극적 투자관리방법을 (전술적) 자산배분전략이라고 하며, 증시가 비효율적인 것을 전제로 하여 과소 또는 과대평가된 증권에 투자하여 일정한 위험 수준에 상응하는 투자수익 이상의 초과수익을 추구하는 (단기)적인 투자관리를 말한다. 반면에 소극적 투자관리방법을 (전략적) 자산배분전략이라고 하며, 증시가 효율적인 것을 전제로 하여 시장평균수준의 투자수익을 얻거나 투자위험을 최소화하려는 (중장기) 투자관리방법이다.

43 　　정답 ④

1기의 수익률 : $(1,000 + 60,000)/50,000 - 1 = 22.00\%$
2기의 수익률 : $(1,500 + 160,000)/120,000 - 1 = 34.58\%$

따라서 산술평균수익률은 $\frac{1}{2}(22.00\% + 34.58\%) = 28.29\%$

기하평균수익률은 $\sqrt{(1 + 0.22)(1 + 0.3458)} - 1 = 28.14\%$

44 　　정답 ①

리밸런싱(Rebalancing)은 자산집단의 투자비중을 최초 상태로 유지하는 것을 말하며, 업그레이딩(Upgrading)은 현재의 자산을 지배하는 새로운 자산으로 교체하는 것이다. 업그레이딩은 투자환경이 크게 변화하였을 경우 나타날 수 있다(큰 손실을 준 자산을 식별하여 제거함).
[리밸런싱의 예] 최초 투자비율이 '주식 : 채권 : 부동산 = 3 : 4 : 3'인데 1년 후 비율이 '5 : 2 : 3'으로 변화하였다면 이를 다시 '3 : 4 : 3'으로 환원하는 기법을 말한다.

45 　　정답 ①

무위험 이자율이다.
펀더멘털 분석법은 과거의 시계열 자료를 토대로 각 자산별 리스크 프리미엄 구조를 반영하는 기법이다. '주식의 기대수익률 = 무위험 이자율 + 주식시장 위험 프리미엄'으로 표시될 수 있다. 예를 들어, 무위험 이자율이 5%이고, 주식시장 위험 프리미엄이 3%라면 주식의 기대수익률은 8%이다. 과거 시계열자료를 이용한다는 점은 추세분석법과 펀더멘털 분석법이 동일하지만, 추세분석법은 기대수익률 자체를 추정하며, 펀더멘털 분석법은 '위험 프리미엄만'을 구한다는 점에서 차이가 있다.

46 　　정답 ①

벤치마크의 구체적인 내용은 운용하기 이전에 명확히 해야 한다. 또한 벤치마크는 자산집단별로 각각 설정되어야 하므로 벤치마크를 동일하게 설정할 수 없다.

※ 벤치마크의 3가지 조건
(1) 벤치마크의 구체적인 내용(자산집단과 가중치)은 운용하기 이전에 명확히 해야 한다.
(2) 벤치마크의 운용성과를 운용자가 추적하는 것이 가능해야 한다.
(3) 적용되는 자산의 바람직한 운용상을 표현하고 있어야 한다. 또한 추가하여, 자산집단의 성과와 위험을 가장 잘 표현할 수 있는 다른 지수를 별도로 만들어 벤치마크로 사용할 수 있다.

47 　　정답 ④

최적증권은 효율적 투자기회선과 무차별효용곡선의 접점에서 결정된다.

※ 최적증권(Optimal Portfolio)의 선택과정
기대수익률과 위험의 측정 → 지배원리*에 의한 효율적 투자기회선의 도출 → 효용함수를 통한 무차별효용곡선의 도출 → 효율적 투자기회선과 무차별효용곡선의 접점에서 최적증권 선택
(*지배원리란 위험이 같다면 기대수익이 높은 증권을 선택하고, 기대수익이 같다면 위험이 낮은 증권을 선택하는 것을 말한다.)

48 　　정답 ④

콜론은 채권이 아니다. 정크본드(junk bond)도 수익률이 높으므로 투자자의 성향(high risk, high return)에 따라서 장기적으로 전략적 자산배분에서 일정부분 포함할 수 있다.

49 　　정답 ④

해당 금융소비자에게 사전안내 불가 상품임을 안내하고 '방문판매 확인요청서' 수령 등 회사가 정한 절차에 따라 확인받은 후 방문판매를 할 수 있다.
방문판매인력은 고객의 투자성향보다 위험도가 높은 상품에 대한 계약체결의 권유를 할 수 없으며, 그럼에도 불구하고 고객이 스스로 자신의 투자성향보다 위험도가 높은 상품을 청약하는 경우에는 고객이 "투자성향에 적합하지 않은 투자성 상품 거래 확인" 등의 확인서를 작성하게 하여야 한다. 이때, 방문판매인력은 해당 상품이 고객에게 적합하지 않다는 사실 등 그 확인서의 취지와 유의사항을 충분히 이해할 수 있도록 알려 주어야 한다.

50 　　정답 ③

투자권유를 받은 투자자가 이를 거부하는 경우 다른 종류의 금융투자상품을 재권유할 경우에는 1개월 이내에도 재권유가 가능하다.

51
정답 ④
① 투자권유는 계약의 체결은 포함하지 않는다.
② 주권상장법인이 장외파생상품 거래를 하는 경우 별도로 신청하지 않는 한 일반금융소비자이다.
③ 금융소비자가 투자권유 없이 스스로 특정상품에 대한 투자를 하는 경우에도 원금손실 가능성을 설명해야 한다.

52
정답 ②
옳은 것은 4개(가, 나, 다, 바) 이다.
※ 조건부자본증권에 대한 설명의무 특칙
임직원등은 투자자에게 조건부자본증권 투자를 권유하는 경우에는 설명 시 다음의 사항을 포함하여야 한다.
가) 일정한 사유가 발생하면 원리금이 전액 상각되거나 보통주로 전환되는 특약이 있다는 사실
나) 상각·전환의 사유 및 효과
다) (이자지급제한에 관한 특약이 있는 경우) 특정한 사유 발생 시 또는 발행인의 재량에 따라 이자가 지급되지 않을 수 있다는 사실
라) (만기가 장기이거나 발행인의 임의만기연장 특약이 있는 경우) 장기간 현금화가 불가능하거나 유동성이 보장되지 않을 수 있다는 사실
마) (중도상환 조건이 있는 경우) 만기가 짧아질 수 있다는 사실
바) 사채의 순위

53
정답 ④
• 고객 : "저는 노후준비가 다 되어 있습니다."
• 영업직원 : "물론 고객님 같은 분이야 노후준비를 철저히 하셨겠지요. 그런데 요즘처럼 변화가 극심할 때에 자금관리를 **어떻게 하실 건가요?** (← 질문법에 해당함) 그리고 고객님은 누구보다 바쁘신 분인데…."

54
정답 ②
직무윤리의 2대 원칙(고객우선의 원칙, 신의성실의 원칙)은 '이해상충방지의무', '금융소비자보호의무'의 2가지 법률상 의무로 구체화된다. 참고로 '신임의무(Fiduciary Duty)'는 법률상의 의무가 아닌 추상적인 의무이다(위임자로부터 신임을 받은 자의 추상적이고 포괄적인 의무임).

55
정답 ②
준법감시인(또는 감사)은 내부고발 우수자를 선정하여 인사상 또는 금전적 혜택을 부여하도록 회사에 요청할 수 있다. 다만, 내부고발자가 원하지 아니하는 경우에는 그러하지 아니한다.
※ 금융투자회사 표준내부통제기준 제26조(내부고발제도)
① 회사는 내부통제의 효율적 운영을 위하여 내부고발제도(임직원이 회사 또는 다른 임직원의 위법·부당한 행위 등을 회사에 신고할 수 있는 제도를 말한다)를 운영하여야 하며, 이에 필요한 세부운영지침을 정할 수 있다.
② 내부고발제도에는 내부고발자에 대한 비밀보장, 불이익 금지 등 내부고발자 보호와 회사에 중대한 영향을 미칠 수 있는 위법·부당한 행위를 인지하고도 회사에 제보하지 않는 미고발자에 대한 불이익 부과 등에 관한 사항이 포함되어야 한다.
③ 내부고발자가 고발행위를 이유로 인사상 불이익을 받은 것으로 인정되는 경우 준법감시인은 회사에 대해 시정을 요구할 수 있으며, 회사는 정당한 사유가 없는 한 이에 응하여야 한다.
④ 준법감시인(또는 감사)은 내부고발 우수자를 선정하여 인사상 또는 **금전적 혜택**을 부여하도록 회사에 요청할 수 있다. 다만, 내부고발자가 원하지 아니하는 경우에는 그러하지 아니한다.

56
정답 ③
• 해피콜 서비스는 금융소비자와 판매계약을 맺은 날로부터 (7)영업일 이내에 판매직원이 아닌 제3자가 금융소비자와 통화하여 불완전판매가 없었는지에 대해 확인하는 제도이다.
• 금융상품판매업자등은 금융소비자의 서면에 의한 위법계약해지 요구에 대하여 요구받은 날로부터 (10)일 이내에 수락여부를 통지하여야 한다.
• 금융상품판매업자등은 매매가 체결된 후 지체 없이 매매의 유형, 종목·수량·가격·수수료 등 모든 비용, 그 밖의 거래내용을 통지하고, 매매가 체결된 날의 다음 달 (20)일까지 월간매매내역·손익내역, 월말 현재 잔액현황·미결제약정현황 등을 통지하여야 한다.

57
정답 ④
틀린 내용은 '나, 라'이다.
나 : 업무 목적으로는 사용이 가능하다.
▶ 임직원은 회사가 요구하는 업무를 수행하는 목적 이외에 어떠한 경우에도 자신 또는 제3자를 위하여 비밀정보를 이용해서는 아니 된다.
라 : 사후보고가 아니라 사전승인 절차를 거치고 제공되어야 한다.
▶ 비밀정보의 제공은 그 필요성이 인정되는 경우에 한하여 회사가 정하는 사전승인절차에 따라 이루어져야 한다.

※ **금융투자회사 표준윤리준칙 제6조(정보보호)**

(1) 금융투자회사 표준윤리준칙 제6조(정보보호)의 정의 : 회사와 임직원은 회사의 업무 정보와 고객정보를 안전하게 보호하고 관리해야 한다.

(2) 비밀정보의 범위 : '회사의 재무건전성이나 경영에 중대한 영향을 미칠 수 있는 정보, 고객 또는 거래상대방의 신상정보나 매매거래내역 등'은 기록형태나 기록유무와 관계없이 비밀정보로 본다.

(3) 비밀정보의 관리 : 비밀정보에 대한 관계법령 등의 준수가 요구된다(아래 사항).

- 비밀정보는 회사에서 정한 기준에 따라 정당한 권한을 보유하고 있거나 권한을 위임받은 자만이 열람할 수 있다.

- 임직원은 비밀정보 열람권이 없는 자에게 비밀정보를 제공하거나 보안유지가 곤란한 장소에서 이를 공개하여서는 아니 된다.

- 임직원은 회사가 요구하는 **업무를 수행하는 목적 이외에** 어떠한 경우라도 자신 또는 제3자를 위하여 비밀정보를 이용해서는 아니 된다.

- 특정정보가 비밀정보인지 불명확할 경우에는 **준법감시인의 사전확인을 받기 전까지는** 비밀정보로 분류하고 관리해야 한다.

(4) 비밀정보의 제공절차 : 비밀정보의 제공은 그 필요성이 인정되는 경우에 한하여 회사가 정하는 **사전승인 절차에 따라** 이루어져야 한다(사후보고가 아님).

58 정답 ①

영업점에 1년 이상 근무한 경력이 있거나 준법감시·감사업무를 1년 이상 수행한 경력이 있는 자로서 해당 영업점에 상근하고 있어야 한다.

- 1명의 영업관리자가 2개 이상의 영업점을 묶어서 영업관리자 업무를 수행할 수 있지만 이 때는 해당 영업관리자가 대상 영업점 중 **1개의 영업점에 상근하고 있을 경우에** 예외적으로 1명의 영업관리자가 2개 이상의 영업점을 묶어 영업관리자의 업무를 수행할 수 있다.

59 정답 ①

이사회는 내부통제체제의 구축 및 운영에 관한 기준을 정하여야 한다.

※ **금융투자회사 표준내부통제기준**

(1) 제6조(이사회)

이사회는 내부통제체제의 구축 및 운영에 관한 기준을 정하여야 한다.

(2) 제7조(대표이사)

① 대표이사(집행임원 설치회사의 경우 대표집행임원을 말한다)는 내부통제체제의 구축 및 운영에 필요한 제반사항을 수행·지원하고 적절한 내부통제정책을 수립하여야 한다.

② 대표이사는 다음 각 호의 사항에 대한 책임 및 의무가 있다.

1. 위법·부당행위의 사전예방에 필요한 내부통제체제의 구축·유지·운영 및 감독

2. 내부통제체제의 구축·유지·운영에 필요한 인적·물적 자원을 지원

3. 조직 내 각 업무분야에서 내부통제와 관련된 제반 정책 및 절차가 지켜질 수 있도록 각 부서 등 조직단위별로 적절한 임무와 책임 부여

4. 매년 1회 이상 내부통제 체제·운영 실태의 정기점검 및 점검 결과의 이사회 보고. 이 경우 대표이사는 내부통제 체계·운영에 대한 실태 점검 및 이사회 보고 업무를 준법감시인에게 위임할 수 있다.

(3) 제8조(준법감시인)

① 준법감시인은 이사회 및 대표이사의 지휘를 받아 그 업무를 수행하며, 대표이사와 감사(위원회)에 아무런 제한 없이 보고할 수 있다.

② 준법감시인은 회사의 내부통제체제 및 이 기준의 적정성을 정기적으로 점검하고 점검결과 문제점 또는 미비사항이 발견된 경우 이의 개선 또는 개정을 요구할 수 있다.

(4) 제9조(지점장)

지점장(회사가 정하는 영업부문의 장을 포함)은 소관 영업에 대한 내부통제업무의 적정성을 정기적으로 점검하여 그 결과를 대표이사에 보고하고, 관계법령 등의 위반 행위가 발생한 경우 재발방지 대책을 마련·시행하여야 한다. 이 경우 대표이사는 지점장의 점검결과를 보고받는 업무를 준법감시인에게 위임할 수 있다.

60 정답 ①

'ㄹ'의 경우 법률상 의무이므로 개인정보 제공을 거부할 권리가 없다.

※ **개인정보보호법(정보주체의 권리)**

정보주체는 자신의 개인정보처리와 관련하여 다음 각 호의 권리를 가진다.

1. 개인정보의 처리에 관한 정보를 제공받을 권리

2. 개인정보의 처리에 관한 동의 여부, 동의 범위 등을 선택하고 결정할 권리

3. 개인정보의 처리 여부를 확인하고 개인정보에 대한 열람(사본의 발급을 포함) 및 전송을 요구할 권리

4. 개인정보의 처리 정지, 정정·삭제 및 파기를 요구할 권리

5. 개인정보의 처리로 인하여 발생한 피해를 신속하고 공정한 절차에 따라 구제받을 권리

6. **완전히 자동화된 개인정보 처리에 따른 결정을 거부하거나 그에 대한 설명 등을 요구할 권리(예 AI시대에 면접관 대신 AI를 이용한 면접에 피면접자가 동의하거나 거부할 권리를 예로 들 수 있다. AI가 피면접자의 과거 행적을 추적하여 평소 생활태도 등을 조사할 수도 있으므로 피면접자는 이를 기피할 권리가 있다.)**

61　　　　　　　　　　　　　　　　　　　정답 ②

회사의 경영전략이나 신상품 및 비즈니스 등에 대한 정보는 기록 여부, 매체 여부와 무관하게 비밀정보로 간주한다.

임직원은 특정한 정보가 비밀정보인지 불명확한 경우 그 정보를 이용하기 전에 준법감시인의 사전 확인을 받아야 한다. 이 경우 준법감시인의 사전 확인을 받기 전까지 당해 정보는 이 기준에서 정하는 바에 따라 비밀정보로 분류·관리되어야 한다.

62　　　　　　　　　　　　　　　　　　　정답 ②

적합성 원칙, 적정성 원칙의 위반은 3천만원 이하의 과태료 부과 대상이다. 나머지는 모두 1억원 이하의 과태료 부과대상이다.

63　　　　　　　　　　　　　　　　　　　정답 ③

당사자가 조정결정수락서에 기명 날인한 후 이를 조정결정의 통지를 받은 날로부터 20일 이내에 협회에 제출함으로써 성립하며 민법상 화해계약의 효력을 갖게 된다.

※ 금융투자협회의 분쟁조정절차

　분쟁조정신청 접수/통지 → 사실조사 → 합의 권고 → 분쟁조정위원회 회부 전 처리 → 분쟁조정위원회 회부 → 조정의 성립 → 재조정 신청

64　　　　　　　　　　　　　　　　　　　정답 ④

CTR과 STR 관련 자료 및 정보는 금융거래 등의 관계가 종료한 때부터 5년간 보존하여야 한다.

※ 특정금융정보법 시행령 제8조의2(고액현금거래 보고의 기준 금액) 제1항, 제2항, 제4항

① "대통령령으로 정하는 금액"이란 1천만원을 말한다.

② 제1항의 금액을 산정할 때에는 금융회사등이 동일인 명의로 이루어지는 1거래일 동안의 금융거래등에 따라 **지급한 금액을 합산하거나 영수한 금액을 합산**한다.

④ 제2항의 규정에 따라 금액을 합산함에 있어서 다음 각 호의 금액을 제외한다.

1. 100만원 이하의 원화 송금(무통장입금을 포함한다) 금액

2. 100만원 이하에 상당하는 외국통화의 매입·매각 금액

3. 금융정보분석원장이 정하는 공과금 등을 수납하거나 지출한 금액

65　　　　　　　　　　　　　　　　　　　정답 ③

외화 1만 US달러 이상의 일회성 금융거래 시 간소화된 고객확인(CDD) 대상이다.

※ 고객확인제도(CDD/EDD)의 파악대상

　[특정금융정보법 시행령 제10조의3(일회성 금융거래등의 금액) 참고]

　(1) 계좌의 신규개설 : 신원파악 + 실제거래당사자 여부

　(2) 1,000만원 이상의 일회성 거래(미화 1만불 이상) : 신원파악 + 실제거래당사자 여부

　(3) 자금세탁 우려 시 : 신원파악 + 실제거래당사자 여부 + 금융거래 목적 + 자금거래 원천

※ 특정 금융거래정보 보고 및 감독규정 제23조(거래 후 고객확인을 할 수 있는 경우)

1. 종업원·학생 등에 대한 일괄적인 계좌개설의 경우 : 거래당사자가 계좌개설 후 최초로 금융거래등을 하는 때

2. 상법 제639조에서 정하는 타인을 위한 보험(제3자 수익자)의 경우 : 보험금, 만기환급금, 그 밖의 지급금액을 그에 관한 청구권자에게 지급하는 때 또는 보험금, 환급금, 그 밖의 지급금액에 관한 청구권이 행사되는 때

법규 및 세제(35문항)

66　　　　　　　　　　　　　　　　　　　정답 ②

세무조사는 국세청 소관이다.

(판매제한명령) 금융위원회는 금융상품으로 인하여 금융소비자의 재산상 **현저한** 피해가 발생할 우려가 있다고 **명백히** 인정되는 경우로서 그 금융상품을 판매하는 금융상품판매업자에 대하여 해당 금융상품 계약 체결의 권유 금지 또는 계약 체결의 제한·금지를 명할 수 있다.

정답 및 해설

67 정답 ②

금융투자업자는 다른 금융업무를 겸영하고자 하는 때에는 **그 업무를 영위하기 시작한 날부터 2주 이내**에 이를 금융위원회에 보고하여야 한다.

금융투자업자가 제3자에게 업무를 위탁하는 경우 위탁계약을 체결하여야 하며, 실제 업무 수행일의 7일 전(단, 본질적 업무가 아닌 업무는 업무수행일로부터 14일 이내)까지 금융위에 보고하여야 한다.

68 정답 ④

매 분기 말 현재 '고정' 이하로 분류된 채권에 대해 적정한 회수예상가액을 산정해야 한다.

• 매 분기마다 보유자산에 대해 '정상–요주의–고정–회수의문–추정손실'의 5단계로 분류해야 하며, 매 분기 말 '고정 이하'로 분류된 채권에 대해 적정한 회수예상가액을 산정해야 한다. 그리고 '회수의문'과 '추정손실'로 분류된 자산은 조기에 상각하여 자산의 건전성을 확보해야 한다.

69 정답 ①

모두 틀린 내용이다.

가 : 그 투자자예탁금이 '투자자의 재산'임을 명시해야 한다.

나 : 겸영금융투자업자가 투자자예탁금을 신탁할 때, 겸영금융투자업자 신탁업자일 경우 자신에게 신탁할 수 있다(즉 자기계약이 가능).

　▶ '투자자예탁금을 신탁업자에 신탁할 수 있는 금융투자업자(겸영금융투자업자)'는 은행, 한국산업은행, 중소기업은행, 보험회사이며, 신탁법 제2조에도 불구하고 자기계약을 할 수 있다. 즉, 겸영금융투자업자는 자신이 신탁업자로서 투자자예탁금을 보관할 수 있다.

다 : 예치금융투자업자가 다른 회사에 흡수합병되거나 다른 회사와 신설합병됨에 따라 그 합병에 의하여 존속되거나 신설되는 회사에 예치기관에 예치 또는 신탁한 투자자예탁금을 양도하는 경우에는 **존속 또는 신설회사에 양도할 수 있다(고객에게 우선 지급하는 것이 아니다).**

70 정답 ③

청약의 권유를 받는 자의 수가 50인 미만으로서 모집에 해당되지 않아도 해당 증권이 발행일로부터 1년 이내에 50인 이상에게 양도될 가능성이 있는 경우라면 전매 가능성이 인정되어 모집으로 간주된다(간주모집).

※ 간주모집

발행일로부터 1년 이내에 전매 가능성이 있으면 간주모집에 해당되어 청약권유대상자 합산 대상이 된다. 이 간주모집에 해당되지 않으려면 아래와 같이 전매제한조치를 취해야 한다.

(1) 지분증권을 발행한 후 지체 없이 예탁결제원에 예탁하고 그 예탁일로부터 1년간 보호예수하는 경우 또는 전매를 금지하는 조치를 취하는 경우

(2) 50매 미만으로 발행되는 경우에는 증권의 권면에 발행 후 1년 이내 분할금지특약을 기재하는 경우

(3) 전환권 등이 부여된 경우 권리행사금지기간을 발행 후 1년 이상으로 정하는 경우

(4) 국내 환류 가능성이 있는 해외발행증권의 경우 발행일로부터 1년 이내에 해당증권 등을 거주자에게 양도할 수 없다는 뜻을 해당 계약서 등에 기재한 경우

(5) 채무증권(ABS, CP 포함)의 경우 적격기관투자자 사이에서만 양도·양수될 경우

71 정답 ①

공개매수는 의결권이 있는 주식 등을 전제로 하므로 의결권이 없는 주식에 대해서는 의무공개매수 규정이 적용되지 않는다.

※ 공개매수(Tender Offer or Take-over Bid)

(1) 공개매수기간 : 공개매수신고서 제출일로부터 20일 이상 60일 이내이어야 한다.

(2) 공개매수 해당 여부 판단 시 본인과 특수관계인과 공동보유자 지분을 합산한다(해당 주식총수의 5% 이상).

(3) 공개매수설명서 작성 : 공개매수공고일에 금융위와 거래소에 제출하고 공개매수사무 취급자의 본점과 지점 등, 금융위 및 거래소에 비치하며 일반인의 열람이 가능하게 해야 한다.

(4) 공개매수설명서 교부 : 공개매수설명서의 교부 없이는 그 주식 등을 매수할 수 없다.

(5) 공개매수기간 중 공개매수가 아닌 별도매수는 금지된다.

(6) 전부매수의무 : 응모한 주식 등의 전부를 공개매수기간이 종료한 다음 날 이후 지체 없이 매수해야 한다(무조건적인 전부매수의 의미는 아님).

• 응모한 주식 등의 총수가 공개매수 예정주식에 미달될 경우 응모주식 전부를 매수하지 않는다는 조건

• 응모한 주식 등의 총수가 공개매수 예정주식을 초과할 경우 예정주식의 범위 내에서 안분비례하여 매수한다는 조건

(7) 균일가격 매수의무 : 공개매수하는 경우 그 매수가격은 균일해야 한다.

72
정답 ②

(증권분석기관 등) "금융위원회가 정하여 고시하는 요건을 갖춘 분석기관"이란 모집가액 또는 매출가액의 적정성 등 증권의 가치를 평가하는 기관으로서 다음 각 호의 어느 하나에 해당하는 자를 말한다.
1. 인수업무, 모집·사모·매출의 주선업무를 수행하는 자
2. 신용평가회사
3. 「**공인회계사법**」에 따른 회계법인
4. 채권평가회사
(실제기출에서는 (교대로) 평가기관이 아닌 것으로 '일반사무관리회사' 대신 '감정평가사'로도 나오니 유의한다.)

73
정답 ④

5% 보고제도는 장내시장에서의 주식 대량취득에 관한 정보를 신속하게 공시하도록 하여, 기업지배권 시장의 공정경쟁을 유도하는 데 그 목적이 있다. 이 때 보고의무자는 본인과 특별관계자를 합하여 주권상장법인의 주식 등을 5% 이상 보유하게 된 자 또는 보유하고 있는 자를 말한다. 따라서 주식등의 보유 목적을 **발행인의 경영권에 영향을 주기 위한 것으로 보고하는 자**는 그 보고하여야 할 사유가 발생한 날부터 보고한 날 이후 5일까지 그 발행인의 주식 등을 추가로 취득하거나 보유 주식등에 대하여 그 의결권을 행사할 수 없다(냉각기간, Cooling off Period). 이를 위반하여 주식등을 추가로 취득한 자는 그 추가 취득분에 대하여 그 의결권을 행사할 수 없으며, 금융위원회는 6개월 이내의 기간을 정하여 그 추가 취득분의 처분을 명할 수 있다.

74
정답 ③

시세관여교란행위는 **비록 매매유인이나 부당이득을 얻을 목적이 없다고 하여도** 허수성주문도 그 대상이 되므로 종전의 시세조종행위 규제보다 그 규제범위가 넓어졌다.

※ **자본시장법 제178조의2(시장질서 교란행위의 금지)**

① 다음의 자가 상장된 증권이나 장내파생상품 또는 이를 기초자산으로 하는 파생상품의 매매, 그 밖의 거래에 이용하거나 타인에게 이용하게 하는 행위를 하여서는 아니 된다.
　1. 다음 각 목의 어느 하나에 해당하는 자
　　가. 내부자 등으로부터 나온 미공개중요정보 또는 미공개정보인 점을 알면서 이를 받거나 전득(轉得)한 자
　　나. 자신의 직무와 관련하여 미공개정보를 생산하거나 알게 된 자
　　다. 해킹, 절취(竊取), 기망(欺罔), 협박, 그 밖의 부정한 방법으로 정보를 알게 된 자
　　라. 나목 또는 다목의 어느 하나에 해당하는 자로부터 나온 정보인 점을 알면서 이를 받거나 전득한 자

② 누구든지 상장증권 또는 장내파생상품에 관한 매매등과 관련하여 다음 각 호의 어느 하나에 해당하는 행위를 하여서는 아니 된다.
　1. 거래 성립 가능성이 희박한 호가를 대량으로 제출하거나 호가를 제출한 후 해당 호가를 반복적으로 정정·취소하여 시세에 부당한 영향을 주거나 줄 우려가 있는 행위
　2. 권리의 이전을 목적으로 하지 아니함에도 불구하고 거짓으로 꾸민 매매를 하여 시세에 부당한 영향을 주거나 줄 우려가 있는 행위
　3. 손익이전 또는 조세회피 목적으로 자기가 매매하는 것과 같은 시기에 그와 같은 가격 또는 약정수치로 타인이 그 상장증권 또는 장내파생상품을 매수할 것을 사전에 그 자와 서로 짠 후 매매를 하여 시세에 부당한 영향을 주거나 영향을 줄 우려가 있는 행위
　4. 풍문을 유포하거나 거짓으로 계책을 꾸미는 등으로 상장증권 또는 장내파생상품의 수요·공급 상황이나 그 가격에 대하여 타인에게 잘못된 판단이나 오해를 유발하거나 상장증권 또는 장내파생상품의 가격을 왜곡할 우려가 있는 행위

75
정답 ②

그 법인의 **주요주주로서** 그 권리를 행사하는 과정에서 미공개중요정보를 알게 된 자가 해당한다. 단순히 주주(주식매매거래를 하는 개인 등)라는 이유로 내부자가 될 수는 없다.

※ **자본시장법 제174조(미공개중요정보 이용행위 금지) 제1항**

① 다음 각 호에 해당하는 자(제1호부터 제5호까지의 어느 하나의 자에 해당하지 아니하게 된 날부터 1년이 경과하지 아니한 자를 포함한다)는 상장법인(6개월 이내에 상장하는 법인 또는 6개월 이내에 상장법인과의 합병, 주식의 포괄적 교환, 그 밖에 기업결합 방법에 따라 상장되는 효과가 있는 비상장법인)을 포함한다. 미공개중요정보(투자자의 투자판단에 중대한 영향을 미칠 수 있는 정보로서 불특정 다수인이 알 수 있도록 공개되기 전의 것을 말한다)를 특정증권등의 매매, 그 밖의 거래에 이용하거나 타인에게 이용하게 하여서는 아니 된다.
　1. 그 법인(그 계열회사를 포함) 및 그 법인의 임직원·대리인으로서 그 직무와 관련하여 미공개중요정보를 알게 된 자
　2. 그 법인의 **주요주주로서** 그 권리를 행사하는 과정에서 미공개중요정보를 알게 된 자
　3. 그 법인에 대하여 법령에 따른 허가·인가·지도·감독, 그 밖의 권한을 가지는 자로서 그 권한을 행사하는 과정에서 미공개중요정보를 알게 된 자
　4. 그 법인과 계약을 체결하고 있거나 체결을 교섭하고 있는 자로서 그 계약을 체결·교섭 또는 이행하는 과정에서 미공개중요정보를 알게 된 자

5. 제2호부터 제4호까지의 어느 하나에 해당하는 자의 대리인(이에 해당하는 자가 법인인 경우에는 그 임직원 및 대리인을 포함한다)·사용인, 그 밖의 종업원(제2호부터 제4호까지의 어느 하나에 해당하는 자가 법인인 경우에는 그 임직원 및 대리인)으로서 그 직무와 관련하여 미공개중요정보를 알게 된 자

6. 제1호부터 제5호까지의 어느 하나에 해당하는 자(제1호부터 제5호까지의 어느 하나의 자에 해당하지 아니하게 된 날부터 1년이 경과하지 아니한 자를 포함한다)로부터 미공개중요정보를 받은 자

76　　　　　　　　　　　　　　　　　　　　정답 ④

일괄신고서의 정정신고서는 수리된 날부터 3일이 경과한 날에 그 효력이 발생한다. 다만, 일괄신고서의 정정신고서가 수리된 날부터 3일이 경과한 날이 당초의 일괄신고서의 효력이 발생하는 날보다 먼저 도래하는 경우에는 당초의 일괄신고서의 효력이 발생하는 날에 그 효력이 발생한다. 또한 증권신고의 효력발생은 정부가 그 증권의 가치를 보증하는 효력을 가지지 아니한다.

77　　　　　　　　　　　　　　　　　　　　정답 ④

'5년, 1년, 10일'이다.
(1) 동시 충족 요건 : '안 날로부터 1년 & 체결일로부터 5년'의 두 가지 요건을 동시에 충족해야 한다. 즉 해당 계약이 금융상품판매업자의 위법으로 인해 체결된 것을 안 날이 계약체결일로부터 5년이 지난 경우라면 위법계약에 대한 해지권이 인정되지 않는다.
(2) 금융소비자의 해지를 요구받은 날부터 **10일 이내**에 수락여부를 통지하여야 하며, 일정한 경우에는 금융소비자의 요구를 거절할 수 있고 거절의 통지를 한 경우에는 거절사유를 함께 통지하여야 한다.
 • (일반 및 전문)금융소비자의 위법계약해지권에 의해 해지될 경우 금융상품판매업자 등은 **원상회복의무는 없다. 즉 해당 계약은 소급하지 아니하고 장래에 대해 계약의 효력이 상실된다.** 금융소비자의 해지요구권 등에 따라 해당 계약이 종료된 경우 금융상품판매업자 등은 금융소비자에게 **해지 관련 비용(수수료, 위약금 등)을 요구할 수 없다.**

78　　　　　　　　　　　　　　　　　　　　정답 ④

일반금융소비자에 비해 범위가 좁기는 하지만 전문금융소비자에 대해서도 법적으로 일부 보호하고 있으며, 금융투자업자의 윤리적 책임을 면할 수 없다. 예를 들어 부당권유행위금지는 일반금융소비자는 물론 전문금융소비자를 보호하기 위한 제도이다.

79　　　　　　　　　　　　　　　　　　　　정답 ①

대출, 신용카드·시설대여·연불판매·할부금융 및 이와 유사한 금융상품은 대출성 상품에 속한다.

※ **금융소비자보호법 제3조(금융상품의 유형)**
　금융상품은 다음 각 호와 같이 구분한다. 다만, 개별 금융상품이 다음 각 호의 상품유형 중 둘 이상에 해당하는 속성이 있는 경우에는 해당 상품유형에 각각 속하는 것으로 본다.
　1. 예금성 상품 : 예금 및 이와 유사한 금융상품
　2. 대출성 상품 : 대출, 신용카드·시설대여·연불판매·할부금융 및 이와 유사한 금융상품
　3. 투자성 상품 : 금융투자상품 및 이와 유사한 금융상품
　4. 보장성 상품 : 보험상품 및 이와 유사한 금융상품

80　　　　　　　　　　　　　　　　　　　　정답 ④

옳은 것은 3개이다. 금융상품판매업자 등은 열람을 요구받았을 때에는 해당 자료의 유형에 따라 요구받은 날부터 **6영업일 이내**에 금융소비자가 해당 자료를 열람할 수 있도록 하여야 한다. 이 경우 해당 기간 내에 열람할 수 없는 정당한 사유가 있을 때에는 금융소비자에게 그 사유를 알리고 열람을 연기할 수 있으며, 그 사유가 소멸하면 지체 없이 열람하게 하여야 한다.

81　　　　　　　　　　　　　　　　　　　　정답 ②

투자성 상품과 관련된 금융상품판매대리·중개업자(투자권유대행인)는 광고의 주체가 될 수 없다. 이들은 금융상품직접판매업자에게 1사 전속으로 활동하는 개인이기 때문이다.

82　　　　　　　　　　　　　　　　　　　　정답 ②

일반금융소비자로부터 계약의 체결권유를 해줄 것을 요청받지 아니하고 방문판매 시 고난도금융투자상품, 고난도투자일임계약, 고난도금전신탁계약, 사모펀드, 장내파생상품, 장외파생상품은 (방문 전) 사전 안내할 수 없다. 그러나 전문금융소비자일 경우에는 '장외파생상품'만 (방문 전) 사전 안내할 수 없다.

83　　　　　　　　　　　　　　　　　　　　정답 ②

위법계약의 해지 효력은 소급하지 아니한다.

※ **금융소비자보호법 제47조(위법계약의 해지)**
　① 금융소비자는 금융상품판매업자등이 5대 판매규제를 위반하여 금융상품에 관한 계약을 체결한 경우 5년 이내의 기간 내(금융소비자가 계약 체결에 대한 위반사항을 안 날부터 1년 이내의 기간)에 서면등으로 해당 계약의 해지를 요구할 수 있다. 이 경우 금융상품판매업자등은 해지를 요구받은

날부터 10일 이내에 금융소비자에게 수락여부를 통지하여야 하며, 거절할 때에는 거절사유를 함께 통지하여야 한다.
② 금융소비자는 금융상품판매업자등이 정당한 사유 없이 제1항의 요구를 따르지 않는 경우 해당 계약을 해지할 수 있다.
③ 제1항 및 제2항에 따라 계약이 해지된 경우 **금융상품판매업자등은 수수료, 위약금 등 계약의 해지와 관련된 비용을 요구할 수 없다.**

84 정답 ③
금융소비자보호법상 '금융상품 판매업자등'에는 금융상품직접판매업자, 금융상품판매대리 · 중개업자, 금융상품자문업자로 구분한다.

※ 금융소비자보호법 제2조(정의) 제2호, 제3호, 제4호
2. "금융상품판매"란 이익을 얻을 목적으로 계속적 또는 반복적인 방법으로 하는 행위로서 다음 각 목의 어느 하나에 해당하는 업(業)을 말한다.
　가. 금융상품직접판매 : 자신이 직접 계약의 상대방으로서 금융상품에 관한 계약의 체결을 영업으로 하는 것 또는 「자본시장과 금융투자업에 관한 법률」에 따른 투자중개업
　나. 금융상품판매대리 · 중개업 : 금융상품에 관한 계약의 체결을 대리하거나 중개하는 것을 영업으로 하는 것
3. "금융상품판매업자"란 금융상품판매업을 영위하는 자로서 금융상품판매업에 해당하는 업무에 대하여 인허가 또는 등록을 하도록 규정한 경우에 해당 법률에 따른 인허가를 받거나 등록을 한 자를 말한다.
　가. **금융상품직접판매업자 : 금융상품판매업자 중 금융상품직접판매업을 영위하는 자**
　나. **금융상품판매대리 · 중개업자 : 금융상품판매업자 중 금융상품판매대리 · 중개업을 영위하는 자**
4. "금융상품자문업"이란 이익을 얻을 목적으로 계속적 또는 반복적인 방법으로 금융상품의 가치 또는 취득과 처분결정에 관한 **자문에 응하는 것을** 말한다.

85 정답 ④
금융기관 검사 및 제재에 관한 규정(제37조) : 이의신청 처리결과에 대하여는 다시 이의신청할 수 없다.

86 정답 ②
판매회사의 명칭은 집합투자기구의 명칭으로 사용할 수 없다.

※ 자본시장법 제183조(집합투자기구의 명칭) 제1항
① 집합투자기구는 그 상호 또는 명칭 중에 제229조 각호의 집합투자기구의 종류를 표시하는 문자(증권 · 부동산 · 특별자산 · 혼합자산 및 단기금융을 말한다)를 사용하여야 한다.

• 금융감독원은 '펀드명칭표기기준'을 통해 자산운용회사명, 펀드종류, 특수형태, 주된 투자대상자산, 법령상 운용규제 순으로 펀드명칭을 기재하도록 하여, 펀드 중요정보를 알기 쉽게 이해하도록 돕고 있다.

> 예 한국투자 ○○○ 증권 모 투자신탁 (주식 – 재간접형)
> ① ② ③ ④ ⑤ ⑥

※ 금융투자회사의 영업 및 업무에 관한 규정 제4-2조(집합투자기구 명칭의 사용) 제1항
① 집합투자회사는 집합투자기구의 명칭사용에 있어 다음 각 호의 사항을 준수하여야 한다.
1. 집합투자기구의 명칭에 법 제229조 각 호의 집합투자기구의 종류를 표시하는 문자(증권 · 부동산 · 특별자산 · 혼합자산 및 단기금융을 말한다)를 사용할 것
2. **집합투자회사의 회사명을 집합투자기구의 명칭에 포함할 경우 명칭의 앞부분에 표기할 것. 다만, 회사명칭이** 긴 경우 회사명칭과 크게 다르지 아니한 범위 내에서 생략 · 조정하여 표기할 수 있다.
3. **판매회사의 명칭을 사용하지 아니할 것 (∵ 기출문항)**
4. 집합투자기구의 투자대상 · 운용전략 등 상품내용과 다르거나 투자자를 오인케 할 우려가 있는 명칭을 사용하지 아니할 것
5. 다른 금융투자회사가 사용하고 있는 명칭과 동일하거나 유사한 명칭을 사용하지 아니할 것. 다만, 업계가 공동으로 취급하는 특성의 집합투자기구로 그 주된 내용이 동일한 경우에는 그러하지 아니하다.
6. 실적배당형 상품의 특성과 다르게 수식어를 부가함으로써 투자자의 오해를 야기할 우려가 있는 집합투자기구의 명칭을 사용하지 아니할 것
7. 사모집합투자기구의 경우 집합투자기구명칭에 "사모"를 포함할 것
8. **운용전문인력의 이름을 사용하지 아니할 것**

87 정답 ①
(금융투자분석사의 재산적 이해관계 고지) 금융투자상품 및 주식매수선택권의 보유가액의 합계가 3백만원 이하인 경우에는 고지대상에서 제외할 수 있다. 다만, 주식선물 · 주식옵션 및 주식워런트증권은 보유가액의 크기와 관계없이 고지하여야 한다(→ 이는 레버리지 효과가 크기 때문에 금액과 무관하게 보고하여야 함).
② 금융투자분석사는 소속 금융투자회사에서 조사분석자료를 공표한 금융투자상품을 매매하는 경우에는 공표 후 24시간이 경과하여야 하며, 해당 금융투자상품의 공표일부터 7일이 경과하지 아니한 때에는 공표내용과 **같은 방향으로** 매매하여야 한다.
③ 금융투자분석사의 매매거래내역은 일반 임직원과 달리 **월별로** 회사에 보고하여야 한다.

④ 금융투자회사는 자신이 발행주식총수의 100분의 1 이상의 주식등을 보유하고 있는 법인에 대한 조사분석자료를 공표하거나 특정인에게 제공하는 경우 **자신과의 이해관계를 조사분석자료에 명시하여야 한다**(100분의 5 이상인 경우는 조사분석자료를 공표하거나 특정인에게 제공할 수 없음).

88　　　　　　　　　　　　　　　　정답 ①

ELW는 핵심설명서 교부대상에 해당하지 않는다.

※ 핵심설명서 교부대상

(1) 일반투자자가 공모의 방법으로 발행된 파생결합증권(단, 주식워런트증권, 상장지수증권, 금적립금 계좌는 제외)을 매매하는 경우

(2) 일반투자자 또는 개인전문투자자가 공모 및 사모의 방법으로 발행된 고난도금융투자상품을 매매하거나 고난도금전신탁계약, 고난도투자일임계약을 체결하는 경우

(3) 일반투자자가 신용융자거래 또는 유사해외통화선물거래(마진 FX거래)를 하는 경우

89　　　　　　　　　　　　　　　　정답 ②

기관투자자가 아닌 일반청약자는 수요예측에 참여할 수 없다.

※ 증권 인수업무 등에 관한 규정 제5조(주식의 공모가격 결정 등) 제1항

① 기업공개를 위한 주식의 공모가격은 다음 각 호의 어느 하나에 해당하는 방법으로 결정한다.

1. 인수회사와 발행회사가 협의하여 단일가격으로 정하는 방법
2. 기관투자자를 대상으로 수요예측을 실시하고 그 결과를 감안하여 인수회사와 발행회사가 협의하여 정하는 방법
3. 대표주관회사가 사전에 정한 방법에 따라 기관투자자로부터 경매의 방식으로 입찰가격과 수량을 제출받은 후 일정가격(이하 "최저공모가격"이라 한다) 이상의 입찰에 대해 해당 입찰자가 제출한 가격으로 정하는 방법
4. 대표주관회사가 사전에 정한 방법에 따라 기관투자자로부터 경매의 방식으로 입찰가격과 수량을 제출받은 후 산정한 단일가격으로 정하는 방법

※ 증권 인수업무 등에 관한 규정 제9조(주식의 배정) 제1항

① 기업공개를 위한 대표주관회사는 공모주식을 다음 각 호에서 정하는 바에 따라 해당 청약자 유형군에 배정하여야 한다.

1. 유가증권시장 상장을 위한 기업공개(외국법인등의 기업공개는 제외한다)의 경우 우리사주 조합원에게 「근로복지기본법」 제38조 제1항에 따라 **공모주식의 20%를 배정**한다.
2. 코스닥시장 또는 코넥스시장 상장을 위한 기업공개의 경우 우리사주 조합원에게 「근로복지기본법」 제38조 제2

항에 따라 **공모주식의 20%를 배정**할 수 있다(← 강행규정이 아님).

3. 일반청약자에게 공모주식의 25% 이상을 배정한다.

90　　　　　　　　　　　　　　　　정답 ③

특수결의란 **의결권이 없는 주주를 포함**한 총 주주의 동의를 요하는 결의를 말한다.

※ 상법 제400조(회사에 대한 책임의 감면) 제1항

① 제399조에 따른 이사의 책임은 주주 전원의 동의로 면제할 수 있다(← 특수결의에 대한 설명임).

※ 상법 제399조(회사에 대한 책임) 제1항

① 이사가 고의 또는 과실로 법령 또는 정관에 위반한 행위를 하거나 그 임무를 게을리 한 경우에는 그 이사는 회사에 대하여 연대하여 손해를 배상할 책임이 있다.

91　　　　　　　　　　　　　　　　정답 ④

사외이사가 위원의 3분의 2 이상이어야 한다(이는 외부에서 회사 내부 견제를 위한 것임).

※ 상법 제415조의2(감사위원회)

① 회사는 정관이 정한 바에 따라 감사에 갈음하여 위원회로서 감사위원회를 설치할 수 있다. 감사위원회를 설치한 경우에는 감사를 둘 수 없다.

② 감사위원회는 3명 이상의 이사로 구성한다. 다만, **사외이사가 위원의 3분의 2 이상**이어야 한다.

③ 감사위원회 위원의 해임에 관한 이사회의 결의는 이사총수의 3분의 2 이상의 결의로 하여야 한다.

④ 감사위원회는 그 결의로 위원회를 대표할 자를 선정하여야 한다. 이 경우 수인의 위원이 공동으로 위원회를 대표할 것을 정할 수 있다.

⑤ 감사위원회는 회사의 비용으로 전문가의 조력을 구할 수 있다.

92　　　　　　　　　　　　　　　　정답 ①

신주발행유지청구권은 단독주주권이며, 나머지(회계장부열람청구권, 위법행위유지청구권, 주주제안권)는 소수주주권이다.

※ 상법 제424조(신주발행유지청구권)

회사가 법령 또는 정관에 위반하거나 현저하게 불공정한 방법에 의하여 주식을 발행함으로써 주주가 불이익을 받을 염려가 있는 경우에는 **그 주주는** 회사에 대하여 그 발행을 유지(留止 ← 중단의 의미)할 것을 청구할 수 있다. (∵ **빈출문항**)

• 단독주주권에는 의결권, 설립무효판결청구권, 총회결의취소판결청구권, 감자무효판결청구권, 신주발행유지청구권, 정관, 재무제표 등의 열람권 등이 있다.

※ 소수주주권

소수주주권은 회사가 발행한 주식총수의 일정비율 이상의 주식을 가진 주주만이 행사할 수 있는 권리로서 일정한 요건과 구체적 사안에 따라 발행주식총수의 1/100, 3/100, 또는 10/100 이상의 주식수가 필요하다. 그러나 **상법은 상장회사에 대해서는 그 행사요건을 완화하였으며(상법 제542조의6), 정관으로 더욱 완화할 수도 있도록 하였다.**

상법상으로는 발행주식총수의 10분의 1 이상을 요건으로 하는 소수주주권으로는 회사의 해산판결청구권이 있으며, 100분의 3 이상을 요건으로 하는 것에는 이사의 해임청구권, 총회소집청구권, 회계장부열람권, 회사의 업무와 재산상태의 검사청구권 등이 있으며, 100분의 1 이상을 요건으로 하는 것에는 대표소송제기권 등이 있다.

1인 또는 수인의 보유주식수를 합산하여 법에서 정하는 일정의 주식수가 되어야 그 행사를 할 수 있다는 점에서 1주의 주주에게도 부여되는 단독주주권과 구별된다.

93 정답 ②

주주(정확하게는 주식인수인)의 유한책임이란 주주는 회사에 대하여 그가 가지는 주식의 인수가액을 한도로 하여 출자의무만 질 뿐, 그 이상의 출연할 책임은 없다. 그러므로 회사가 채무초과의 상태에 빠지더라도 주주는 회사채권자에 대하여 변제할 책임을 지지 않으므로 이를 주주유한책임의 원칙이라고 한다. 이는 자본확정의 원칙에 가깝다.

94 정답 ①

이사의 선임은 주주총회 전속사항이다. 따라서 이사의 선임을 다른 기관에 위임할 수 없다.

※ 상법 제383조(이사의 원수, 임기) 제1항, 제2항, 제3항

① 이사는 3명 이상이어야 한다. 다만, 자본금 총액이 10억원 미만인 회사는 1명 또는 2명으로 할 수 있다.

② 이사의 임기는 3년을 초과하지 못한다(← 그러나 연임에 대한 제한은 없음).

③ 제2항의 임기는 정관으로 그 임기 중의 최종의 결산기에 관한 정기주주총회의 종결에 이르기까지 연장할 수 있다.

95 정답 ③

감사는 주주총회에서 선임한다. 회사는 정관이 정한 바에 따라 감사에 갈음하여 위원회로서 **이사회 내에 감사위원회를 설치할 수 있다.** 감사위원회는 감사의 법정대체기관이므로 감사위원회를 설치한 경우에는 **감사를 둘 수 없다.** 감사위원회는 3명 이상의 이사로 구성한다. 다만, 사외이사가 위원의 3분의 2 이상이어야 한다. 상장회사의 경우 감사위원회 위원을 선임하거나 해임하는 권한은 주주총회에 있으며 감사위원회 설치 의무가 있는 상장회사의 경우 주주총회에서 이사를 선임한 후 선임된 이사 중에서 감사위원회 임원을 선임하여야 한다.

96 정답 ①

증권거래세는 국세로서 간접세에 해당한다. 증권거래세 납세의무의 성립시기는 '해당 매매거래가 확정되는 때(주식매매의 경우 매도 시)'이다.

※ 국세기본법 제21조(납세의무의 성립시기 : 기본서를 반영하여 일부만 발췌 게재함) (∴ 빈출문항)

① 국세를 납부할 의무는 이 법 및 세법에서 정하는 과세요건이 충족되면 성립한다.

② 제1항에 따른 국세를 납부할 의무의 **성립시기**는 다음 각 호의 구분에 따른다.

  1. 소득세·법인세 : **과세기간이 끝나는 때**

  2. 상속세 : 상속이 개시되는 때

  3. 증여세 : 증여에 의하여 재산을 취득하는 때

  4. 부가가치세 : 과세기간이 끝나는 때

  6. 인지세 : 과세문서를 작성한 때

  7. 증권거래세 : **해당 매매거래가 확정되는 때**

  10. 종합부동산세 : 과세기준일

※ 우리나라 조세체계 (∴ 빈출문항)

(1) 국세(14개)

개인이 얻은 소득에 부과하는 소득세, 법인에게 부과하는 법인세, 무상으로 이전되는 상속세, 재산이 무상으로 이전되는 증여세, 부동산에 대한 종합부동산세, 생산·유통과정에 대한 부가가치세, 특정한 물품에 대한 개별소비세, 주류에 대하여 부과되는 주세, 재산 권리 변동 증서에 대한 인지세, 주권·지분 양도에 대한 증권거래세, 교육재정 확충에 필요한 교육세, 사회간접자본투자를 위한 교통에너지환경세, 농어촌특별세, 외국물품 반입 및 물품에 대한 관세

(2) 지방세(11개)

일정한 자산의 취득에 대한 취득세, 재산권·권리에 대한 등록면허세, 경륜·경정·경마 등에 대한 레저세, 담배에 과세되는 세금인 담배소비세, 지역경제 활성화를 위한 지방소비세, 거주하는 개인·법인에 대한 주민세, 납세자의 소득에 따른 지방소득세, 일정한 재산에 대하여 부과되는 재산세, 자동차 소유에 대한 자동차세, 지역균형개발·수질개선에 대한 지역자원시설세, 교육의 질적 향상에 대한 지방교육세

97   정답 ①

무기명 주식의 이익이나 배당은 그 지급을 받은 날이다.

※ 이자소득과 배당소득의 수입시기

  (1) 이자소득의 수입시기 : 보통·정기예금 이자는 '실제로 이자를 지급받는 날' 또는 '원본전입일', 통지예금은 '인출일'임

  (2) 배당소득의 수입시기 : 집합투자기구(펀드)로부터의 이익이나 무기명주의 배당은 '지급받는 날', 합병 시는 '합병등기일', 해산 시는 '잔여재산가액이 확정된 날', 잉여금처분에 의한 배당은 '잉여금처분결의일'임

98   정답 ④

ⓐ~ⓓ 모두 무조건 분리과세 대상으로 원천징수로서 종합소득세의 납세의무가 없다.

그러나 '조건부' 분리과세소득은 연간 개인 금융소득(이자소득 + 배당소득)이 2,000만원 이하인 경우로 원천징수로 과세의무가 종료한다.

※ 무조건 분리과세되는 금융소득의 종류

  (1) 법원보관금의 이자소득

  (2) 직장공제회 초과반환금

  (3) 종합과세 기준금액 이하 이자소득

  (4) 비실명 이자·배당소득

  (5) 분리과세 신청한 장기채권의 이자와 할인액(원천징수세율 30%)

99   정답 ④

① 지출의 목적성(보통세 - 목적세), ② 조세의 전가성(직접세 - 간접세), ③ 과세표준 단위(종가세 - 종량세), ④ 세율의 구조(비례세 - 누진세)에 따른 분류이다.

100   정답 ③

납부할 금액이 1천만원을 초과하는 경우에는 아래에서 정하는 바에 따라 그 납부할 금액의 일부를 **납부기한이 지난 후** 2개월 이내에 분할납부할 수 있다. 다만, 연부연납을 허가받은 경우에는 그러하지 아니하다.

1. 납부할 세액이 2천만원 이하인 때에는 1천만원을 초과하는 금액
2. 납부할 세액이 2천만원을 초과하는 때에는 그 세액의 100분의 50 이하의 금액

따라서 납부세액이 1,400만원의 초과금액인 400만원은 납부기한 경과 후(즉 1,000만원은 정상적으로 납부 후) 2개월 이내에 분납 가능하다.

제3회 정답 및 해설

01	02	03	04	05	06	07	08	09	10
①	③	④	③	①	①	④	②	③	②
11	12	13	14	15	16	17	18	19	20
①	③	④	②	②	④	③	③	③	③
21	22	23	24	25	26	27	28	29	30
②	④	④	④	①	③	①	②	①	④
31	32	33	34	35	36	37	38	39	40
②	④	③	①	③	④	②	④	②	④
41	42	43	44	45	46	47	48	49	50
③	④	①	②	③	④	③	③	④	④
51	52	53	54	55	56	57	58	59	60
④	④	④	②	②	③	④	④	②	②
61	62	63	64	65	66	67	68	69	70
②	③	①	②	②	③	④	②	③	④
71	72	73	74	75	76	77	78	79	80
①	①	④	②	④	②	②	②	②	④
81	82	83	84	85	86	87	88	89	90
④	④	①	②	①	④	③	②	②	④
91	92	93	94	95	96	97	98	99	100
②	②	①	③	②	④	①	③	②	①

※ 통화지표별 포괄범위

M1	현금통화 + 요구불예금 + 수시입출식 저축성예금
M2	M1 + 기간물 정기예적금 + 시장형 상품(CD, RP, CMA, 표지어음 등) + 실적배당형 상품 + 금융채 + 기타(투신증권저축 및 종금금융회사 발행어음) 단, 유동성이 낮은 만기 2년 이상의 금융상품 제외
Lf	M2 + M2 포함 금융상품 중 만기 2년 이상 정기예적금 및 금융채 등 + 한국증권금융 예수금 + 생명보험회사의 보험계약 준비금 등
L	Lf + 정부 및 기업 등이 발행한 유동성 시장금융상품(국채, 지방채, 회사채, 기업어음, 자산유동화증권 등)

증권분석 및 증권시장(35문항)

01
정답 ①

EC(European Community)에서 각 회원국에 권고하는 방식인 MV = PY에서 V(유통속도)를 구할 수 있다. 통화의 유통속도(V)는 **사후적으로만 추계가 가능**하므로 경기변화 및 인플레이션 압력 등을 예측하는 데에는 유용성이 높지 않다.

02
정답 ③

L(광의유동성) ⊃ Lf(금융기관유동성) ⊃ M2(광의통화) ⊃ M1(협의통화) 순이다.

03
정답 ④

케인즈학파의 전통을 따르는 새케인즈학파는 새고전학파의 방법론은 받아들이되, 임금·가격의 경직성과 승수효과의 아이디어를 계승하고자 했다.
새케인즈학파의 경기변동논리는 케인즈학파와 동일하다. 케인즈는 '가격과 임금의 경직성을 전제'하였지만, 새케인즈학파인 맨큐는 메뉴비용(Menu Cost)을 통해 **실제로도 가격과 임금이 경직적이다는 것을 증명**하였다(새고전학파의 '루카스 비판'을 극복함).

04
정답 ③

취업자수는 후행종합지수에 포함된다.

※ 경기종합지수(CI)의 구성지표

선행종합지수	**재고순환지표**, 경제심리지수, 기계류내수출하지수, 건설수주액(실질), 수출입물가비율, **코스피**, **장단기금리차**
동행종합지수	건설기성액, 서비스업생산지수, 소매판매액지수, 내수출하지수, 수입액, 비농림어업취업자수, 광공업생산지수
후행종합지수	생산자제품재고지수, 소비자물가지수변화율, 소비재수입액, **취업자수**, CP유통수익률

05 정답 ①

차례대로 상승 – 소득효과이다. 그리고 화폐공급의 증가로 인플레이션이 발생하면 피셔 방정식에 의해 명목금리가 상승하는 효과를 피셔효과(Fisher Effect)라고 한다.

06 정답 ①

전년대비변화율이 아니라 전월대비변화율이다.

07 정답 ④

$$BSI = \frac{(\text{긍정응답수} - \text{부정응답수})}{\text{전체응답수}} \times 100 + 100$$

$$= \frac{(70 - 30)}{100} \times 100 + 100 = 140 \ (0 \leq BSI \leq 200),$$ BSI가 100

을 초과하므로 경기상승(확장)국면으로 해석한다.

08 정답 ②

선수수익, 미지급비용은 부채항목이다.

09 정답 ③

총자산은 5억원(자기자본 + 타인자본 → 2 + 3)이다. 따라서 총자산회전율은 매출액/5억 = 5이므로 매출액은 25억원이다. 매출액이익률은 당기순이익/25억원 = 10%이므로, 당기순이익은 2억 5천만원이다.

10 정답 ②

②의 내용은 해당하지 않는다.
① (시간성의 차이) 분자의 주가는 미래 현금흐름을 나타내지만 분모의 순자산은 역사적 취득원가를 나타내기 때문이다.
③ (집합성의 차이) 분자의 주가는 기업의 총체적 가치이지만 분모의 BPS는 단순히 개별자산의 합에 불과하기 때문이다.
④ (자산・부채의 인식기준의 차이) 회계 관습에 의하여 자산・부채의 장부가액의 평가가 제약을 받기 때문이다.

11 정답 ①

이 기업의 배당률은 (1 – 유보율(f))에서 40%이다.

배당평균모형에 의한 $$PER = \frac{(1 - f)(1 + g)}{(k - g)} = \frac{0.4(1 + 0.1)}{(0.2 - 0.1)} = 4.4배$$

이 기업의 1년 후 주당이익은 3,000 × (1 + 0.1) = 3,300원이므로 주가(P) = 3,300 × 4.4 = 14,520원이다.

12 정답 ③

공포국면에 대한 설명이다.

※ 다우이론의 장기추세 진행과정(6단계)

(1) 매집국면 : 장래전망은 여전히 어두움, 초보자는 매도 – 전문가는 매수한다.
(2) 상승국면 : 경제여건의 호조, 상승추세의 강화가 나타나며 기술적 분석으로 가장 많은 수익을 올릴 수 있는 국면이다.
(3) 과열국면 : 장래전망은 최고조, 초보자들이 적극 매수하여 과열기미를 보인다.
(4) 분산국면 : 주가가 조금만 하락해도 거래량이 급증한다(전문투자자는 매도 – 일반투자자는 조정 후 상승기대로 매수)
(5) **공포국면 : 경제여건 악화, 주가의 수직 하락, 거래량도 급감한다.**
(6) 침체국면 : 투매양상(지친 실망매물), 시간이 지날수록 낙폭은 완화된다.

13 정답 ④

조정파동은 제2파동, 제4파동, 그리고 b파동이다.

※ 엘리어트 파동의 특징

(1) [1번 파동 : 충격파동] 새로운 추세의 시작점, 일반적으로 상승파동 중에서 가장 짧다.
(2) [2번 파동 : 조정파동] 1번 파동의 38.2% 혹은 61.8%만큼 조정, 반드시 3개의 소파동으로 구성되어 있다.
(3) [3번 파동 : 충격파동] **가장 강력한 상승파동**, 일반적으로 5개 파동 중 가장 길다(보통 1번 파동×1.618). **돌파갭이나 계속갭이 가능**하다.
(4) [4번 파동 : 조정파동] 3번 파동의 38.2%만큼 되돌리는(조정파동) 경우가 많다. 3번 파동 내의 4번 파동만큼 되돌아가는 경향이 높다.
(5) [5번 파동 : 충격파동] 추세의 막바지 국면, 일반적으로 3번 파동에 비해 거래량도 적게 형성된다.
(6) [a파동 : 충격파동] 이제까지와 다른 새로운 하락추세가 시작, 반드시 5개의 소파동으로 구성된다.
(7) [b파동 : 조정파동] 일시적인 조정파동, **매입포지션을 정리할 마지막 기회**이다.
(8) [c파동 : 충격파동] 3번 파동과 유사할 정도의 강한 하락파동, 투매로 급락하는 경향이 있다.

14   정답 ②

깃대형은 지속형이다.

※ 패턴분석의 종류

반전형 패턴	지속형 패턴
• 헤드 앤 쇼울더형(H&S형)	• 삼각형(대칭, 직각)
• 역 헤드 앤 쇼울더형(Reverse H&S)	• 직사각형
• 원형천정형 / 원형바닥형	• 깃대형
• V자형(바닥 V자, 천정 V자)	• 쐐기형
• 확대형	• 다이아몬드형

15   정답 ②

삼봉천장형은 왼쪽 어깨부분의 거래량이 머리부분보다 많다.

※ ADL(Advance Decline Line)

(Σ상승종목 − Σ하락종목 누적치)로 표시되며, 일정기준일 이후부터 상승종목수에서 하락종목수를 뺀 값을 매일 누적한 수치를 선으로 이어서 표시한다. 만약 ADL이 상승한다는 것은 상승종목이 늘어난다는 것으로서 시장의 에너지가 유입되는 것으로 해석한다. 그러나 소수의 주도주가 시장을 이끄는 상승추세도 가능하므로 이런 경우 ADL이 하락하고 있다면 ADL만으로 장세를 판단하기에는 무리가 있다.

16   정답 ④

5천원을 초과하는 주권을 발행할 경우에는 1만원의 배수로 발행하여야 한다.

※ 상법 제329조(자본금의 구성)

① 회사는 정관으로 정한 경우에는 주식의 전부를 무액면주식으로 발행할 수 있다. 다만, 무액면주식을 발행하는 경우에는 액면주식을 발행할 수 없다.

② 액면주식의 금액은 균일하여야 한다.

③ 액면주식 1주의 금액은 100원 이상으로 하여야 한다.

④ 회사는 정관으로 정하는 바에 따라 발행된 액면주식을 무액면주식으로 전환하거나 무액면주식을 액면주식으로 전환할 수 있다.

※ 상법 제451조(자본금)

① 회사의 자본금은 이 법에서 달리 규정한 경우 외에는 발행주식의 액면총액으로 한다.

② 회사가 무액면주식을 발행하는 경우 회사의 자본금은 주식발행가액의 2분의 1 이상의 금액으로서 이사회(제416조 단서에서 정한 주식발행의 경우에는 주주총회를 말한다)에서 자본금으로 계상하기로 한 금액의 총액으로 한다. 이 경우 주식의 발행가액 중 자본금으로 계상하지 아니하는 금액은 자본준비금으로 계상하여야 한다.

③ 회사의 자본금은 액면주식을 무액면주식으로 전환하거나 무액면주식을 액면주식으로 전환함으로써 변경할 수 없다.

17   정답 ③

ⓒ – 일반주주이다.

일반주주란 최대주주와 주요주주(10% 이상 보유)를 제외한 주주를 말한다. 소액주주요건(500명)은 코스닥시장 상장 시 분산요건이다. '소액주주'란 발행주식총수의 100분의 1 미만의 주식을 소유하는 자, 전문투자자 또는 우리사주조합을 말한다. 다만, 최대주주등은 소액주주에서 제외하고, 우리사주조합은 소액주주 1명으로 본다.

18   정답 ③

핵심상품설명서는 (상장과 무관한) 일반사모펀드에 제공하는 것이므로 상장예비심사의 제출자료가 아니다. 제출할 설명서는 투자설명서, 예비투자설명서, 간이투자설명서이므로 이들의 내용이 상장신청서와 다른 경우이다. (신유형 출제이므로 2025년 기본서 1권 p226를 참고하면 좋다.)

• (자본시장법 249의4) 일반 사모집합투자기구의 투자권유 등

③ **일반 사모집합투자기구**의 집합투자증권을 투자권유 또는 판매하는 자는 **핵심상품설명서**가 그 일반 사모집합투자기구의 집합투자규약과 부합하는지 여부 등 **대통령령**으로 정하는 사항을 미리 검증하여야 한다.

④ 일반 사모집합투자기구의 집합투자증권을 투자권유 또는 판매하는 자는 그 일반 사모집합투자기구의 집합투자증권을 발행하는 자가 작성하여 제공한 **핵심상품설명서**를 투자자(전문투자자와 그 밖에 **대통령령**으로 정하는 자는 제외한다)에게 **대통령령**으로 정하는 방법에 따라 교부하고, 그 **핵심상품설명서**를 사용하여 투자권유 또는 판매하여야 한다. 다만, 일반 사모집합투자기구의 집합투자증권을 투자권유 또는 판매하는 자가 투자자가 이해하기 쉽도록 핵심상품설명서의 내용 중 **대통령령**으로 정하는 중요한 사항을 발췌하여 기재 또는 표시한 경우로서 그 일반 사모집합투자기구의 집합투자증권을 발행한 집합투자업자와 미리 합의한 경우에는 해당 자료를 사용하여 투자권유 또는 판매할 수 있다.

19   정답 ③

공정공시의 내용이다. 공정공시란 상장법인이 증권시장을 통해 공시되지 아니한 중요정보를 기관투자자 등 특정인에게 선별적으로 제공하고자 하는 경우 모든 시장참가자들이 동 정보를 알 수 있도록 그 특정인에게 제공하기 전에 증권시장을 통해 공시하도록 하는 제도이다. 즉, 공정공시는 불공정거래의 예방, 수시공시제도의 보완, 합리적 기업분석을 유도하는 증시환경 조성 등의 기능을 담당한다.

※ 공정공시

(1) 공정공시 의무의 발생 요건
공정공시 대상정보를(장래계획 또는 경영계획, 매출액 등 영업실적에 대한 전망, 잠정 영업실적, 주요경영사항 등 관련 내용), **공정공시 정보제공자가**(공정공시대상 정보에 접근할 수 있는 포괄적인 지위를 가진 상장법인 임원 등과 업무상 동 정보에 대한 접근이 가능한 직원 등), **공정공시 정보제공대상자에게**(국내외 투자매매업자, 투자중개업자, 전문투자자, 언론사 등 다른 자들에 비해 공정공시 대상정보에 보다 용이하게 접근할 수 있는 자 등) **선별적으로 제공하는 경우**

(2) 공시시한
원칙적으로는 정보를 선별 제공하기 전까지이나, 경미한 과실·착오로 제공하는 경우에는 제공 당일까지 공시하도록 하며, 정보의 선별적 제공 사실을 임원이 알 수 없었음을 소명하는 경우에는 임원이 이를 알게 된 당일에 신고하면 된다.

(3) 공정공시 의무 위반에 대한 제재
공정공시 의무를 위반한 경우에는 불성실공시법인 지정, 매매거래정지, 불성실공시 사실의 공표, 불성실공시법인에 대한 의무 교육, 매매심리 착수 등 현행 수시공시의무 위반과 동일한 제재조치를 취하고 있다.

(4) 공정공시사항 중 예측정보에 면책조항(Safe Harbor) 적용
공정공시 대상정보 중에서 전망·예측정보에 대해서는 면책조항을 적용한다. 따라서 예측정보의 공시방법으로 공시하는 경우에는 사후에 실제지가 공시한 내용과 다른 경우에도 공시번복 및 공시변경에 따른 불성실공시법인으로 지정하지 않는다. 이러한 면책조항의 적용은 상장기업의 주요 경영상의 예측·전망정보의 공시를 활성화하여 투자자들에게 보다 폭넓은 투자판단정보를 제공하기 위한 것이다.

20 　　　　　　　　　정답 ③

CB 또는 VI 발동으로 거래중단 후 재개 시에 최초의 가격이 상·하한가로 결정되는 경우에도 동시호가가 적용된다.

21 　　　　　　　　　정답 ②

기업차원에서 새롭게 상장하는 경우(신규상장/우회상장/재상장)는 상장예비심사를 받아야 한다. 반면, 기업차원의 상장이 아닌 추가상장, 변경상장은 상장예비심사를 받지 않는다(← 신규상장과 신주상장을 혼동하면 안 됨).

※ 상장의 종류

(1) 신규상장
기업이 발행한 주권을 증권시장에 처음으로 상장시키는 것을 말한다. 신규상장은 상장예비심사청구 후 공모(모집·매출)를 하였는지 여부에 따라, 공모상장과 직(유통)상장으로 구분되며, 직상장의 경우는 코스닥상장법인이 공모 없이 시장 이전하는 경우에만 인정된다.

(2) 재상장
상장법인의 분할 또는 분할합병에 의하여 설립된 법인이나, 상장법인 간의 합병에 의하여 설립된 법인 또는 상장이 폐지된 후 5년이 경과되지 않은 법인이 발행한 주권을 상장시키는 것을 말한다.

(3) 추가상장
법인이 증자, 합병, 전환사채 또는 신주인수권부사채를 소유한 자의 권리행사 등으로 인하여 새로이 발행한 주권을 상장시키는 것을 말한다.

(4) 변경상장
기재내용이 변경(상호, 종류, 액면금액 등)되는 경우, 새로운 주권을 교체·발행하여 상장시키는 것을 말한다.

22 　　　　　　　　　정답 ④

보통매매란 매매거래의 종류(보통거래는 T+2, 채권의 익일거래, 당일결제거래)의 하나이다.

23 　　　　　　　　　정답 ④

- 호가가격단위(Tick Size)란 가격대별로 호가할 수 있는 최소단위를 말하며, 거래소는 거래를 표준화하고 매매체결을 원활히 하기 위하여 적정 호가가격단위를 설정하고 있다. 그러나 ETF와 ELW는 가격범위와 무관하게 호가가격단위는 **5원 단위로** 일괄 적용한다.
- 호가정보공개의 범위는 접속매매의 경우 매도/매수별 최우선호가의 가격을 포함한 10단계 우선 호가가격, 그 가격대별 호가수량 및 당해 호가수량의 합계수량을 공개하고, 단일가매매의 경우 예상체결가격·수량 및 매도/매수별 3단계 우선 호가가격·수량을 공개한다.

24 　　　　　　　　　정답 ④

최유리지정가주문에 대한 설명이다. 최유리지정가주문이란 상대방 최우선호가로 **즉시 체결이 가능하도록 하기 위해** 주문접수 시점의 상대방 최우선호가 가격으로 지정되는 주문형태이다. 즉, 매도의 경우 해당 주문의 접수시점에 가장 높은 매수주문의 가격, 매수의 경우 해당 주문의 접수시점에 가장 낮은 매도주문의 가격으로 지정한 것으로 보아 매매체결에 참여하는 주문이다.

※ 호가(주문)의 종류

(1) 지정가주문
종목, 수량, 가격을 투자자가 지정하는 가장 일반적인 주문형태로서 투자자가 지정한 가격 또는 그 가격보다 유리

한 가격으로 매매거래를 하고자 하는 주문이다. 따라서 지정된 가격은 매매거래가 가능한 가격의 한도를 의미하므로 매수주문의 경우 지정된 가격이나 그보다 낮은 가격, 매도주문의 경우 지정한 가격이나 그보다 높은 가격이면 체결이 가능하다.

(2) 시장가주문

종목과 수량은 지정하되 가격은 지정하지 않는 주문유형으로, 현 시점에서 가장 유리한 가격조건 또는 시장에서 형성되는 가격으로 즉시 매매거래를 하고자 하는 주문을 말한다. 따라서 일반적인 경우 시장가주문은 지정가주문에 우선하여 매매체결되고 주문수량 전량이 해소될 때까지 가장 우선하는 상대방 주문부터 순차적으로 체결이 이루어진다.

(3) 조건부지정가주문

매매거래시간 중에는 지정가주문으로 매매거래에 참여하지만 매매체결이 이루어지지 않은 잔여수량은 종가결정(장종료 전 10분간 단일가매매) 시에 시장가주문으로 자동 전환되는 주문이다.

(4) **최유리지정가주문**

상대방 최우선호가로 **즉시 체결이 가능하도록 하기 위해** 주문접수 시점의 상대방 최우선호가 가격으로 지정되는 주문형태이다. 즉, 매도의 경우 해당 주문의 접수시점에 가장 높은 매수주문의 가격, 매수의 경우 해당 주문의 접수시점에 가장 낮은 매도주문의 가격으로 지정한 것으로 보아 매매체결에 참여하는 주문이다.

(5) **최우선지정가주문**

최우선지정가주문은 해당 주문의 접수시점에 자기 주문 방향의 최우선호가 가격으로 지정되어 주문이 제출된다. 매도의 경우 해당 주문의 접수시점에 가장 낮은 매도주문의 가격, 매수의 경우 당해 주문의 접수시점에 가장 높은 매수주문의 가격으로 지정한 것으로 보아 매매체결에 참여하는 주문이다.

(6) 목표가주문

투자자가 특정 지정가격이 아닌 당일의 거래량가중평균가격(VWAP) 등 향후에 결정될 가격 또는 그와 근접한 가격으로 매매체결을 원하는 경우, 회원이 재량으로 투자자가 목표로 하는 가격에 최대한 근접하여 체결될 수 있도록 하는 주문유형이다. 다만, 목표가주문과 관련된 호가유형은 별도로 존재하지 않기 때문에 회원사가 목표가 달성을 위해 투자자 주문을 지정가호가 또는 시장가호가 등의 형태로 분할하여 제출하여야 한다.

(7) 경쟁대량매매주문

투자자가 종목 및 수량은 지정하되 당일의 거래량가중평균가격(VWAP)으로 매매거래를 하고자 하는 주문유형이다. 이는 시장충격을 최소화하는 대량매매제도의 한 유형으로서 최소수량요건 등이 적용되며 정규시장과는 별도의 시장에서 비공개로 매매체결이 이루어진다.

25　　　　정답 ①

모두 옳은 표현이다.

※ **프로그램매매**

프로그램매매는 일반적으로 시장분석·투자시점 판단·주문제출 등의 과정을 컴퓨터로 처리하는 거래기법을 통칭하는데, 시장상황별로 실행할 투자전략을 사전에 미리 수립하여 그 내용을 컴퓨터에 프로그래밍하고, 시장상황의 분석과 분석내용에 따른 주문 등을 프로그램에 따라 컴퓨터로 처리하는 매매방법이다.

한국증권시장에서의 프로그램매매는 모든 **지수차익거래***와 동일인이 일시에 **KOSPI 구성종목 중 15종목 이상을 거래하는 비차익거래**를 의미한다.

(*지수차익거래란 KOSPI200 구성종목의 **주식집단과 KOSPI200 선물 또는 옵션의 가격 차이**를 이용하여 이익을 얻을 목적으로 주식집단과 선물 또는 옵션을 연계하여 거래하는 것이다.)

26　　　　정답 ③

옳은 것은 '가', '나', '다'의 3개이다. (시가(始價) 등이 상·하한가로 결정되는 상황인) 동시호가 시 체결수량 배분방법은 순차적으로 3차 배분까지 한다. 그 체결방식은 수량우선의 원칙에 따라 수량이 가장 많은 호가부터 수량이 적은 호가순으로 ① 매매수량단위의 100배(사실상 100주를 말함), ② 잔량의 2분의 1, 그리고 ③ 잔량의 순서로서 즉, **3차 배분까지** 체결한다. 동시호가가 적용된 주문수량이 전량 체결될 때까지 장이 시작하는 정규시장에서도 동 배분방식을 계속 적용한다.

27　　　　정답 ①

채권시장에서 형성된 만기수익률에 의해 결정된 채권매매가격을 의미하며, 일반채권의 경우에는 액면가 10,000원을 기준으로 산정·표시하는 것을 단가라고 한다.

28　　　　정답 ②

공식에 의거

$$-0.0125 = -1.35 \times 0.01 + \frac{1}{2} \times \text{convexity} \times (0.01)^2$$에서

convexity에 대하여 정리하면, 볼록도 = 20이다.

29   정답 ①

- 패리티(%) = $\dfrac{주식의\ 시장가격}{전환가격}$ = $\dfrac{5,500}{5,000}$ × 100 = 110%
- 전환가치 = 패리티 가치 = 주식의 시장가격 × 전환주수
  = 5,500 × 2 = 11,000(원)
- 전환프리미엄 = 전환사채의 시장가격 − 전환가치
  = 12,000 − 5,500 × 2 = 1,000원
  (전환사채의 전환권 가치로서 옵션 프리미엄의 성격을 지님)
- 괴리율 = $\dfrac{전환프리미엄}{전환가치}$ = $\dfrac{1,000}{11,000}$ ≒ 9.1%
  (∴ **최근 출제경향은 상기 질문 중 1개를 물음**)

30   정답 ④

채권가격변동률은 (수정)듀레이션 순서대로이다. 만기일시상환채인 복리채의 듀레이션은 잔존만기와 일치한다.

※ 듀레이션(Duration)의 특징

(1) 듀레이션이 클수록, 금리변동에 따른 채권의 가격 변동폭은 증가한다.
(2) 표면금리가 높을수록, 듀레이션은 짧아진다.
(3) 만기수익율이 높을수록, 듀레이션은 짧아진다.
(4) 잔존기간이 길수록, 듀레이션은 커진다.
(5) 무이자할인채의 듀레이션은 만기와 동일하다.

※ 듀레이션(Duration)의 개념

채권의 특징으로서 만기, 수익률, 이표의 세 가지를 들 수 있다. 이 세 가지 요소는 채권을 서로 비교할 때 이용되는데, 이중 한 가지 기준만으로 각 채권을 비교하는 데는 한계가 있다.

(1) 만기(Maturity)는 최종 현금흐름이 발생하는 시점이라는 의미는 있으나 **그 이전에 발생하는 이표지급의 빈도와 시간가치를 고려하지 못한다.**
(2) 만기수익률(YTM)의 경우 향후 지급되는 이표도 **만기수익률로 재투자(과거 채권 매입시점에 정해진 YTM으로 매입시점 이후에 유입된 이자수입도 동일한 YTM으로 재투자할 수 있다)된다는 비현실적인 가정**을 하고 있어 시장금리가 채권만기 이전에 변동하는 경우 그 의미가 축소된다.
(3) 이표(Coupon)의 경우 채권의 발행시점마다 당시의 시장금리를 반영하여 각 채권에 따라 상이하게 결정되므로 이를 비교기준으로 이용하는 것도 적절치 않다.

따라서 현실적으로는 이표와 만기가 상이한 채권들의 금리 리스크를 비교할 필요가 있으며, 이 경우 사용되는 대표적인 측정치가 바로 듀레이션(Duration)이다. 결론적으로 **듀레이션은 표면금리, 채권수익률, 만기의 함수로 표현**할 수 있다.
즉, 듀레이션 = f(표면금리, 채권수익률, 만기)

31   정답 ②

표면이자율이 낮은 장기채 비중을 늘리면 듀레이션이 증가한다.

32   정답 ④

- 불편기대이론하에서의 내재선도이자율 구하기
  (1) 불편기대이론하에서는 장·단기 채권의 완전대체관계가 성립하므로 장기채수익률은 단기채수익률과 내재선도이자율이 기하평균과 같다.
  (2) $\dfrac{(1 + 0.08)^3}{(1 + 0.07)^2}$ − 1 = 10.03%
  (3) 약식으로 구하면 (3 × 8 − 2 × 7)/(3 − 2) = 10%로 10.03%에 가깝다.

33   정답 ③

합성CDO는 CDO의 특수한 형태로서 준거자산을 **양도하는 것이 아니라 자산보유자(originator : 금융기관)의 장부에 그대로 남아 있고 신용위험만 제3자(SPC)에게 이전하는 것이다.** 따라서 자산보유자는 신용위험 이외에 대출과 관련된 금리위험, 통화위험 등 여타 위험에 대해서는 효과적으로 헤징이 가능하다는 장점이 있다. SPC는 계약담보자산(채권)에서 발생하는 원리금과 신용파생계약에 따라 수취하는 수수료를 투자자에게 원리금으로 지급하지만, 만약 신용사건이 발생할 경우에는 합성CDO의 원리금지급보다 우선하여 금융회사에 손실금을 지급한다(즉 투자자의 손실이 발생한다).

34   정답 ①

코넥스시장에서는 제도의 간소화를 위해 공시불이행 및 공시번복만 적용하고 있다. 따라서 공시변경은 적용하지 아니한다.
② 거짓으로 또는 잘못 공시하거나 주요사항을 기재하지 아니하고 공시한 경우는 공시불이행에 속한다.
③ 이미 공시한 내용을 전면 취소, 부인하는 공시를 하는 경우는 공시번복에 속한다.
④ 조회공시 부인 후 1월 이내에 기존 공시내용과 상반되는 내용을 결정하는 경우는 공시번복에 속한다.

※ 코넥스시장의 불성실공시 제도

거래소는 상장법인이 공시의무를 이행하지 않는 경우, 불성실공시법인으로 지정하여 투자자에게 주의를 환기시키고 상장법인에게는 성실공시를 유도하고 있다. 현재 코스피 및 코스닥시장에서 적용하는 불성실공시 지정사유는 공시불이행, 공시번복, 공시변경으로 나눌 수 있는데, **코넥스시장에서는 제도의 간소화를 위해 공시불이행 및 공시번복만 적용하고 있다.**

구 분	내 용	코넥스시장 적용여부
공시 불이행	공시의무사항 및 조회공시사항을 신고기한 까지 공시하지 않거나 허위로 공시하는 경우	O
공시 번복	기 공시한 내용의 전면취소, 부인 또는 이에 준하는 내용을 공시하는 경우	O
공시 변경	기 공시한 내용의 수량 및 금액, 비율 등을 일정기준 이상 변경하여 공시하는 경우	X

※ **코넥스시장 공시제도 개요**

코넥스시장은 초기 중소벤처기업에 특화된 시장으로서 유가·코스닥상장법인과는 달리 상대적으로 규모가 작은 기업들이 상장되기 때문에, 기업 입장에서는 상장유지비용이 큰 부담이 될 수 있다. 이에 코넥스시장에서는 코스닥시장에 적용하던 의무공시사항을 대폭 축소하여 **최소한의 공시규제만을 하도록 하였다.** 공시규제 완화는 상장법인 부담을 경감시킬 수 있지만, 반면에 투자자 보호에는 미흡할 수 있다. 하지만 기업의 내용에 중대한 변화를 가져올 수 있는 사항들에 대해서는 여전히 공시할 의무가 있기 때문에 상장법인들이 상장유지비용을 절감하면서도 투자자보호의 큰 틀을 유지할 수 있을 것으로 보인다.

35 정답 ③

최근 사업연도 매출액이 5억원 이상일 것(크라우딩펀딩기업은 3억원 이상)의 요건이 있어야 한다.

※ **K-OTC 신규등록 요건**

K-OTC시장에 신규등록을 신청하고자 하는 법인은 아래의 요건을 **모두 갖추어야 한다.**
(1) **자본전액잠식 상태가 아닐 것**
 최근 사업연도말 현재 자본전액잠식 상태[자기자본이 영이거나 (−)인 경우]가 아니어야 한다. 이 경우 최근 사업연도말 이후부터 등록신청일까지의 유상증자금액 및 자산재평가에 의하여 자본에 전입할 금액을 반영하여 산정한다.
(2) **매출액이 5억원(크라우드펀딩 특례 적용 기업의 경우 3억원) 이상일 것**
(3) **감사인의 감사의견이 적정일 것**
 최근 사업연도의 재무제표에 대한 감사인의 감사의견이 적정이어야 한다.
(4) **한국예탁결제원의 증권 등 취급규정에 따른 주권이거나, 전자등록된 주식일 것**
(5) **명의개서대행회사와 명의개서대행계약을 체결**하고 있을 것
 현재 명의개서대행회사로는 한국예탁결제원, 국민은행, 하나은행이 있다.
(6) 정관 등에 주식양도에 대한 제한이 없을 것
(7) 신규등록으로 인해서 매매거래정지 중인 상장법인 주식의 우회거래 효과가 발생하지 않을 것
(8) 투자자보호상 부적합한 사유에 해당되지 않을 것

금융상품 및 직무윤리(30문항)

36 정답 ④

열거된 것 모두 다 기초자산이 가능하다.

※ **자본시장법 제4조(증권) 제10항**
⑩ "기초자산"이란 다음 각 호의 어느 하나에 해당하는 것을 말한다.
 1. 금융투자상품
 2. 통화(외국의 통화를 포함한다)
 3. 일반상품(농산물·축산물·수산물·임산물·광산물·에너지에 속하는 물품 및 이 물품을 원료로 하여 제조하거나 가공한 물품, 그 밖에 이와 유사한 것을 말한다)
 4. 신용위험(당사자 또는 제삼자의 신용등급의 변동, 파산 또는 채무재조정 등으로 인한 신용의 변동을 말한다)
 5. 그 밖에 자연적·환경적·경제적 현상 등에 속하는 위험으로서 합리적이고 적정한 방법에 의하여 가격·이자율·지표·단위의 산출이나 평가가 가능한 것

37 정답 ②

표지어음이란 은행이 기업으로부터 상업어음이나 무역어음을 할인하여 매입한 뒤 이 어음들을 재원으로 은행 명의의 약속어음을 발행하여 고객에게 매출하는 은행발행 어음으로서 이 표지어음은 예금자보호대상이다.

38 정답 ④

모두 다 편입할 수 있다.
(1) **단기금융집합투자기구(MMF) 편입 자산의 요건**
 • 잔존만기 6개월 이내인 양도성 예금증서
 • 잔존만기 5년 이내인 국채증권, 잔존만기 1년 이내인 지방채증권, 특수채증권, 사채권(주권관련사채권, 사모사채권 제외) 및 기업어음증권. 다만, 환매조건부매수의 경우에는 잔존만기에 대한 제한 적용 배제
 • 만기 1년 이내의 기업어음증권을 제외한 금융기관이 발행·할인·매매·중개·인수 또는 보증하는 어음
 • 단기대출, 금융기관 또는 체신관서에의 예치, 다른 단기금융집합투자기구의 집합투자증권, 전자단기사채 등
(2) **운용 제한**
 • 증권을 대여하거나 차입하지 아니할 것
 • **남은 만기가 1년 이상인 국채증권을 집합투자재산의 5% 이내에서 운용할 것**
 • 환매조건부매도는 해당 집합투자기구가 보유하는 증권총액의 5% 이내일 것

- 자산의 원리금 또는 거래금액이 환율·증권의 가치 또는 증권지수의 변동에 따라 변동하거나 계약시점에 미리 정한 특정한 신용사건의 발생에 따라 확대 또는 축소되도록 설계된 것에 투자운용하지 말 것
- 집합투자재산의 40% 이상을 채무증권(국채증권, 지방채증권, 특수채증권, 사채권, 기업어음증권에 한하며, 환매조건부채권 매매 제외)에 운용할 것
- **취득시점을 기준으로 채무증권의 신용평가등급이 상위 2개 등급 이내일 것**

39 　　　　　　　　　　　　　　　　　 정답 ②

분양형 토지신탁에 대한 내용이다. 분양형 토지신탁은 신탁토지에 택지조성, 건축 등의 사업을 시행한 후 이를 분양하여 발생한 분양수익을 수익자에게 교부하는 것을 목적으로 하는 신탁으로 우리나라 토지신탁의 주종을 이루고 있다. 임대형 토지신탁은 신탁토지에 택지조성, 건축 등의 사업을 시행한 후 일정기간 임대하여 발생한 임대수익 및 원본을 수익자에게 교부하는 것을 목적으로 하는 신탁으로서 신탁기간 종료 시에는 처분하여 현금으로 교부하거나 잔존형태 그대로 교부한다.

지문 ③의 담보신탁은 저당권보다 비용이 저렴하고 편리한 담보제도로 부동산 자산을 담보로 간편하게 대출받을 수 있는 신탁상품이다. 부동산 소유자(전세의 세입자의 집주인)가 소유부동산을 신탁회사 앞으로 신탁등기를 한 수익권증서를 발급받아 금융기관에 담보로 제공하고 대출을 받는 신탁제도이다(※ 최근 담보신탁의 개념을 이해하지 못해 소위 '전세사기'가 발생하여 사회문제가 되고 있다. 집주인이 담보신탁을 하면 사실상 집주인이 아니므로 전세계약 시 주의해야 한다).

- 부동산 관리신탁 : 신탁회사가 부동산의 소유권 관리·임대차 관리·시설유지 관리·법무 및 세무 관리, 수익금의 운용 등을 담당하고, 그 수익을 소유자에게 돌려주는 신탁상품이다. 신탁회사의 관리범위에 따라 갑종 및 을종 관리신탁으로 구분된다.
  - 갑종 관리신탁(종합적 관리운영) : 신탁부동산에 대해 소유권, 임대차, 시설 유지, 법무 및 세무 관리 수행
  - 을종 관리신탁(소유권 관리) : 신탁재산의 소유권만 관리
- 부동산 처분신탁 : 소유 부동산의 처분 방법이나 절차에 어려움이 있는 부동산, 또는 대형·고가의 부동산을 적정 수요자를 찾아 안전하게 처분한 후 수익자에게 처분 대금을 교부하는 신탁상품이다. 일반 중개와 달리, 신탁회사가 부동산을 신탁받아 매도자의 권리 및 지위를 가지므로 매수자가 안심하고 부동산을 매수할 수 있다.
- 부동산 토지신탁 : 토지신탁은 **부동산 신탁회사만 취급이 가능**하며, 분양형 토지신탁과 임대형 토지신탁으로 구분한다.

40 　　　　　　　　　　　　　　　　　 정답 ④

Bull spread형은 채권 + 낮은 행사가격 call option 매수 + 높은 행사가격 call option 매도로 구성된다.

41 　　　　　　　　　　　　　　　　　 정답 ③

연간 보증료 부담이 발생한다.

※ 주택연금의 상환

상환시점	상환할 금액	비 고
주택금액 > 대출잔액	대출잔액	남는 부분은 채무자(상속인)에게 돌아감
주택금액 < 대출잔액	주택가격	부족분에 대해 채무자(상속인)에게 별도 청구 없음

42 　　　　　　　　　　　　　　　　　 정답 ④

보유 주식 유상증자로 인한 자금 필요의 경우에도 투자자 전원의 동의 및 신탁업자의 확인 후에 추가적으로 증권 발행이 가능하다. 또한 이익분배금 범위에서 집합투자증권을 추가로 발행하는 경우도 가능하다.

환매금지형 집합투자기구는 투자자가 집합투자기구에 투자한 이후 집합투자증권의 환매청구에 의하여 그 투자자금을 회수하는 것이 불가능하도록 만들어진 집합투자기구를 말한다. 환매금지형 집합투자기구는 **존속기간을 정한 집합투자기구에 대해서만 가능**하며, 이 경우 해당 집합투자기구의 집합투자증권을 최초로 발행한 날부터 **90일 이내**에 그 **집합투자증권을 증권시장에 상장하여야 한다.**

43 　　　　　　　　　　　　　　　　　 정답 ①

시장가치접근방법은 시장에서의 시가총액비율과 동일하게 포트폴리오를 구성하는 방법이다(시장을 효율적으로 본다는 전제). 소규모 자금의 경우 포트폴리오 구성이 어려우므로 부적절하다. 이는 전략적 자산배분 실행방법에 속한다.

③ 포뮬러플랜 : 전술적 실행도구이다. 단순히 시장과 반대로 투자하여 고수익을 올리고자 하는 기법(역투자전략과 유사)으로 이에는 정액법과 정률법이 있다.

④ 가치평가모형 : 전술적 실행도구로서 배당평가모형, CAPM, APT모형 등 기본적 분석을 통칭하는 개념이다.

※ 시장가치접근방법은 **전략적**, **가치평가모형**은 **전술적**임에 주의할 것 (∴ **빈출문항**)

44　　　　　　　　　　　　　　　　　정답 ②

1년 말 수익률은, $\dfrac{200}{100} \times 100 = 200\%$,

2년 말 수익률은, $\dfrac{-180}{300} \times 100 = -60\%$

따라서 산술평균은 $\dfrac{1}{2} \times (200\% - 60\%) = 70\%$

45　　　　　　　　　　　　　　　　　정답 ③

펀더멘털 분석법이다. 과거의 시계열 자료를 토대로 각 자산별 리스크 프리미엄 구조를 반영하는 기법이다. '자산의 기대수익률 = 무위험수익률 + 자산의 위험프리미엄'으로 표시될 수 있다. 예를 들어, 무위험수익률이 5%이고, 회사채의 위험프리미엄이 3%라면 회사채 기대수익률은 8%이다. 과거 시계열자료를 이용한다는 점은 추세분석법과 펀더멘털 분석법이 동일하지만, 추세분석법은 기대수익률 자체를 추정하며, 펀더멘털 분석법에서는 '위험프리미엄만을' 구한다는 점에서 차이가 있다.
① 시나리오분석법 : 거시경제변수의 예상변화과정을 시나리오로 구성하고 각각의 시나리오별로 발생확률을 부여하여 자산별 기대수익률을 추정하는 방법(← 주어진 확률로 기대수익률을 계산하는 문제가 종종 출제됨)
② 추세분석법 : 과거 장기간의 수익률을 분석(주로 회귀분석)하여 미래수익률로 사용함. 자본시장의 역사가 짧은 경우에는 부적절함
④ 시장공동예측치 사용법 : 시장 참여자들 간에 공통적으로 가지고 있는 미래수익률에 대한 추정치를 사용하는 방법임(주식의 배당할인모형이나 현금흐름방법(FCF) 등)

46　　　　　　　　　　　　　　　　　정답 ③

자산배분은 투자관리의 핵심솔루션으로서 상향식(Bottom-up)보다는 하향식(Top-down)이 더 체계적・과학적이고 성과도 좋은 것으로 평가된다. 왜냐하면, 상향식은 개별종목선택을 먼저 하므로 자산배분은 수동적으로 이루어질 수밖에 없기 때문이다.

47　　　　　　　　　　　　　　　　　정답 ③

'가, 나'가 옳은 내용이다. '다'는 시간가중수익률에 해당한다.
다 : 금액가중수익률은 운용자와 투자자의 공동의 성과를 반영하므로 펀드매니저의 능력만을 별도로 평가할 수 없다.

※ 금액가중수익률 vs 시간가중수익률

금액가중수익률	시간가중수익률
자금의 유출입에 영향을 받는다	자금의 유출입에 영향을 받지 않는다
내부수익률(IRR)	기하수익률
펀드매니저와 투자자의 공동의 성과 (투자기간을 고려한 투자자의 실제수익률)	펀드매니저만의 운용능력 측정
펀드 간 비교불가	펀드 간 비교가능

48　　　　　　　　　　　　　　　　　정답 ③

지배원리 → 효율적 증권 → 최적증권 → 무차별효용곡선과의 접점이다.

49　　　　　　　　　　　　　　　　　정답 ④

미성년 자녀에 대한 친권이 존재한다는 사실을 증명할 수 있는 서류를 제출하여 법정대리권이 있음이 확인되면 자녀에 대한 별도의 투자자정보 작성권한 여부를 확인할 필요가 없다.

50　　　　　　　　　　　　　　　　　정답 ②

일반금융소비자 대상 사전안내 시 사모펀드, 고난도금융투자상품, 장내 및 장외 파생상품 등은 사전 안내가 불가하며, 전문금융소비자에게는 장외파생상품을 사전 안내할 수 없다.

※ 방문판매의 정의

(1) "방문판매"란 방문판매인력이 고객을 방문하는 방법으로 회사의 영업소, 지점, 출장소 등(이하 "사업장"이라 한다) 외의 장소에서 고객에게 계약 체결의 권유를 하거나, 계약의 청약을 받아 계약을 체결(사업장 외의 장소에서 계약 체결을 권유하는 방법으로 고객을 유인하여 사업장에서 또는 온라인 매체를 이용하여 계약의 청약을 받아 계약을 체결하는 경우를 포함한다)하여 투자성 상품 및 대출성 상품(이하 "상품"이라 한다)을 판매하는 것을 말한다.

(2) "전화권유판매"란 전화를 이용하여 고객에게 계약 체결의 권유를 하거나, 계약의 청약을 받아 계약을 체결(전화로 권유하는 방법으로 고객을 유인하여 사업장에서 또는 온라인 매체를 이용하여 계약의 청약을 받아 계약을 체결하는 경우를 포함한다)하여 상품을 판매하는 것을 말한다.

(3) "화상권유판매"란 영상통화, 컴퓨터시스템 등의 매체를 활용하여 고객과 회사 방문판매인력이 얼굴을 상호 간에 보면서 실시간 대화를 통해 계약 체결의 권유를 하거나, 계약의 청약을 받아 계약을 체결(화상을 통해 권유하는 방법으로 고객을 유인하여 사업장에서 또는 온라인 매체를 이용하여 계약의 청약을 받아 계약을 체결하는 경우를 포함한다)하여 상품을 판매하는 것을 말한다.

(4) "방문판매등"이란 상기 방식으로 상품에 대한 계약 체결의 권유를 하거나 계약의 청약을 받아 계약의 체결을 하는 판매방식을 통틀어 말한다.

(5) "방문판매인력"이란 요건을 갖춘 자로서 방문판매등의 업무를 수행하는 회사의 임직원 또는 투자권유대행인을 말한다.

51　　　　　　　　　　　　　　　　　정답 ④

모두 다 설명해야 할 사항이다.

※ **표준투자권유준칙 15의2(조건부자본증권에 대한 설명의무 특칙)**

임직원등은 투자자에게 조건부자본증권 투자를 권유하는 경우에는 14. 1)에 따른 설명 시 다음의 사항을 포함하여야 한다.

가. 일정한 사유가 발생하면 원리금이 전액 상각되거나 보통주로 전환되는 특약이 있다는 사실

나. 상각·전환의 사유 및 효과

다. (이자지급제한에 관한 특약이 있는 경우) 특정한 사유 발생 시 또는 **발행인의 재량에 따라** 이자가 지급되지 않을 수 있다는 사실

라. (만기가 장기이거나 발행인의 임의만기연장 특약이 있는 경우) 장기간 현금화가 불가능하거나 유동성이 보장되지 않을 수 있다는 사실

마. (중도상환 조건이 있는 경우) 만기가 짧아질 수 있다는 사실

바. 사채의 순위

52　　　　　　　　　　　　　　　　　정답 ④

금융소비자에게 대출을 실행하면서 대출금의 일정 부분을 적금으로 유치하는 행위는 불공정영업행위에 해당한다.

※ **금융소비자보호법 제20조(불공정영업행위의 금지) 제1항**

① 금융상품판매업자등은 우월적 지위를 이용하여 금융소비자의 권익을 침해하는 다음 각 호의 어느 하나에 해당하는 행위("불공정영업행위"라 한다)를 해서는 아니 된다.

1. **대출성 상품, 그 밖에 대통령령으로 정하는 금융상품에 관한 계약체결과 관련하여 금융소비자의 의사에 반하여 다른 금융상품의 계약체결을 강요하는 행위**

2. 대출성 상품, 그 밖에 대통령령으로 정하는 금융상품에 관한 계약체결과 관련하여 부당하게 담보를 요구하거나 보증을 요구하는 행위

3. 금융상품판매업자등 또는 그 임직원이 업무와 관련하여 편익을 요구하거나 제공받는 행위

※ **금융소비자보호법 제21조(부당권유행위 금지)**

금융상품판매업자등은 계약 체결을 권유하는 경우에 다음의 행위를 해서는 아니 된다.

1. 불확실한 사항에 대하여 단정적 판단을 제공하거나 확실하다고 오인하게 할 소지가 있는 내용을 알리는 행위

2. 금융상품의 내용을 사실과 다르게 알리는 행위

3. 금융상품의 가치에 중대한 영향을 미치는 사항을 미리 알고 있으면서 금융소비자에게 알리지 아니하는 행위

4. 금융상품 내용의 일부에 대하여 비교대상 및 기준을 밝히지 아니하거나 객관적인 근거 없이 다른 금융상품과 비교하여 해당 금융상품이 우수하거나 유리하다고 알리는 행위

5. (생략)

6. 투자성 상품의 경우 다음에 해당하는 행위

　가. 금융소비자로부터 계약의 체결권유를 해줄 것을 요청받지 아니하고 방문·전화 등 실시간 대화의 방법을 이용하는 행위

　나. 계약의 체결권유를 받은 금융소비자가 이를 거부하는 취지의 의사를 표시하였는데도 계약의 체결권유를 계속하는 행위

※ **표준투자권유준칙 13(투자권유 시 유의사항)**

1) 임직원등은 투자권유를 함에 있어서 다음의 어느 하나에 해당하는 행위를 하여서는 아니 된다. → 금소법 제21조, 금소법 시행령 제16조

가. 금융투자상품의 내용을 사실과 다르게 알리는 행위

나. 불확실한 사항에 대하여 단정적 판단을 제공하거나 확실하다고 오인하게 할 소지가 있는 내용을 알리는 행위

다. **투자자로부터 투자권유의 요청을 받지 아니하고 방문·전화 등 실시간 대화의 방법을 이용하는 행위.** 다만, (1), (2)의 경우를 제외하고 투자권유를 하기 전에 금융소비자의 개인정보 취득경로, 권유하려는 금융상품의 종류·내용 등을 금융소비자에게 미리 안내하고 해당 금융소비자가 투자권유를 받을 의사를 표시한 경우는 제외한다.

　(1) 일반금융소비자의 경우 : 고난도금융투자상품, 고난도투자일임계약, 고난도금전신탁계약, 사모펀드, 장내파생상품, 장외파생상품

　(2) 전문금융소비자의 경우 : 장외파생상품

라. **투자권유를 받은 투자자가 이를 거부하는 취지의 의사를 표시하였음에도 불구하고 투자권유를 계속하는 행위.** 다만, 다음의 각 행위는 제외한다.

　(1) **투자권유를 받은 투자자가 이를 거부하는 취지의 의사표시를 한 후 1개월이 지난 후에 다시 투자권유를 하는 행위**

　(2) **다른 종류의 금융투자상품에 대하여 투자권유를 하는 행위.** 이 경우 다음의 각 금융투자상품 및 계약의 종류별로 서로 다른 종류의 금융투자상품에 해당하는 것으로 본다.

(가) 금융투자상품 : 채무증권, 지분증권, 수익증권, 투자계약증권, 파생결합증권, 증권예탁증권, 장내파생상품, 장외파생상품

(나) 투자자문계약 또는 투자일임계약
① 증권에 대한 투자자문계약 또는 투자일임계약
② 장내파생상품에 대한 투자자문계약 또는 투자일임계약
③ 장외파생상품에 대한 투자자문계약 또는 투자일임계약

(다) 신탁계약
① 법 제103조 제1항 제1호의 신탁재산에 대한 신탁계약
② 법 제103조 제1항 제2호부터 제7호까지의 신탁재산에 대한 신탁계약

(3) (2)에도 불구하고 다음 각 호에 해당하는 금융투자상품은 다른 유형의 금융투자상품으로 본다.

(가) 기초자산의 종류가 다른 장외파생상품

(나) 선도, 스왑, 옵션 등 금융투자상품의 구조가 다른 장외파생상품

53
정답 ④

정체된 시장(인구감소 등 시장규모의 축소 등)으로 인한 매스마케팅이나 타깃마케팅의 한계가 나타나고 있기 때문이다.

※ 성공적인 CRM전략 (∵ 빈출문항)

(1) 고객획득(Customer getting)에서 고객유지(Customer keeping)로

(2) 단기고객 유인 및 판매(Transaction)에서 장기적 관계형성(Relationship)으로

(3) 시장점유율(Market Share)에서 고객점유율(Customer Share)로

(4) 판매촉진(Promotion)에서 고객서비스(Service)로

(5) 자동화(Automation)에서 정보화(Information)로

(6) 제품차별화(Product Differentiation)에서 고객차별화(Customer Differentiation)로

54
정답 ②

회사는 구조가 복잡하고 가격변동성이 크거나 환금성에 제약이 있는 금융투자상품을 "투자권유 유의상품"으로 지정하고, 지정 금융투자상품을 권유하는 경우 강화된 판매절차를 적용하여야 한다.

※ 투자권유 유의상품

고난도금융투자상품, 고난도금전신탁계약, 고난도투자일임계약 등 장외에서 거래되는 금융투자상품을 들 수 있음

[투자권유 유의상품 예시] 파생결합증권, 장외파생상품, 구조화증권, 조건부자본증권, 후순위증권 및 이들 상품에 주로 투자하는 금융투자상품 등

55
정답 ②

금융회사가 준법감시인을 임면하려는 경우에는 이사회의 의결을 거쳐야 하며, 해임할 경우에는 이사 총수의 3분의 2 이상의 찬성으로 의결한다.

금융회사는 준법감시인을 직원 중에서 선임하는 경우 「기간제 및 단시간근로자 보호 등에 관한 법률」에 따른 기간제근로자 또는 단시간근로자를 준법감시인으로 선임하여서는 아니 된다. 또한, 준법감시인의 임면일로부터 **7영업일 이내에 금융위원회에 보고**하여야 한다.

56
정답 ③

금융상품의 가치에 중대한 영향을 미치는 사항을 금융상품판매업자등이 미리 알고 있으면서 금융소비자에게 알리지 아니하는 행위는 설명의무 위반인 동시에 부당권유행위금지 위반이다.

57
정답 ④

금융투자회사는 재산상 이익의 제공현황 및 적정성 점검결과를 매년 이사회에 보고하여야 한다.

※ 금융투자회사의 재산상 이익 수령한도

(1) 금융투자회사는 거래상대방으로부터 1회당 및 연간 또는 동일 회계연도 기간 중 제공받을 수 있는 재산상 이익의 한도를 정하여야 한다. 이 경우 해당 재산상 이익의 한도는 일반적으로 용인되는 **사회적 상규를 초과하여서는 아니 된다.**

(2) 제1항에 불구하고 연수·기업설명회·기업탐방·세미나 참석과 관련하여 거래상대방으로부터 제공받은 교통비 및 숙박비는 **대표이사 또는 준법감시인의 확인을 받아 재산상 이익의 한도 산정 시 이를 제외**할 수 있다.

※ 재산상 이익 제공 및 수령에 대한 내부통제

(1) 금융투자회사가 거래상대방에게 재산상 이익을 제공하거나 제공받은 경우 제공목적, 제공내용, 제공일자, 거래상대방, 경제적 가치 등을 **5년 이상의 기간** 동안 기록·보관하여야 한다.

(2) 금융투자회사는 재산상 이익의 제공에 대한 적정성 점검 및 평가절차 등이 포함된 내부통제기준을 제정·운영하여야 한다.

(3) 금융투자회사는 재산상 이익의 제공현황, 적정성 점검결과 등을 **매년 이사회에 보고**하여야 한다.

58 　　　　　　　　　정답 ④

준법감시인(또는 감사)은 내부고발 우수자를 선정하여 **인사상 또는 금전적 혜택을 부여하도록 회사에 요청**할 수 있다. 다만, 내부고발자가 원하지 아니하는 경우에는 그러하지 아니한다.

※ **금융투자회사 표준내부통제기준 제26조(내부고발제도)**
　① 회사는 내부통제의 효율적 운영을 위하여 내부고발제도(임직원이 회사 또는 다른 임직원의 위법·부당한 행위 등을 회사에 신고할 수 있는 제도를 말한다)를 운영하여야 하며, 이에 필요한 세부운영지침을 정할 수 있다.
　② 내부고발제도에는 내부고발자에 대한 비밀보장, 불이익 금지 등 내부고발자 보호와 회사에 중대한 영향을 미칠 수 있는 위법·부당한 행위를 인지하고도 회사에 제보하지 않는 미고발자에 대한 불이익 부과 등에 관한 사항이 포함되어야 한다.
　③ 내부고발자가 고발행위를 이유로 인사상 불이익을 받은 것으로 인정되는 경우 준법감시인은 회사에 대해 시정을 요구할 수 있으며, 회사는 정당한 사유가 없는 한 이에 응하여야 한다.
　④ 준법감시인(또는 감사)은 내부고발 우수자를 선정하여 **인사상 또는 금전적 혜택을 부여하도록 회사에 요청**할 수 있다. 다만, 내부고발자가 원하지 아니하는 경우에는 그러하지 아니한다.

59 　　　　　　　　　정답 ②

옳은 항목의 개수는 1개('가')이다.
나 : 매 반기별 1회 이상 회의를 개최해야 한다.
다 : 내부통제기준을 제정하고 운영하는 금융회사는 내부통제위원회를 두어야 하는 것이 원칙이지만, 소규모 금융회사의 경우 예외를 인정한다.

※ **금융소비자보호 내부통제기준 제9조(금융소비자보호 내부통제위원회의 설치 및 운영)**
　① 회사는 금융소비자보호에 관한 내부통제를 수행하기 위하여 필요한 의사결정기구로서 "내부통제위원회"를 설치한다. 다만, 금융소비자보호법령에 따라 내부통제위원회 설치에 대한 예외가 인정되는 경우에는 설치하지 아니할 수 있다.
　② 내부통제위원회는 대표이사, 금융소비자보호 총괄기관의 업무를 수행하는 임원, 사내임원, 준법감시인 및 위험관리책임자로 구성한다.
　③ 의장인 **대표이사가 주재하는 회의를 매 반기마다 1회 이상** 개최한다.
　④ 내부통제위원회는 회의결과를 이사회에 보고하고, 논의사항은 서면·녹취 등의 방식으로 **최소 5년간 기록·유지**하여야 한다.

60 　　　　　　　　　정답 ②

고객과 금융투자회사 간 법률관계에서도 위임과정 중 금융투자회사 직원의 폭넓은 개입 가능성 등 일반적인 위임의 법률관계와는 다른 특성이 있다.

61 　　　　　　　　　정답 ②

금융상품판매업자등은 열람을 요구받았을 때에는 해당 자료의 유형에 따라 요구받은 날부터 6영업일 이내에 금융소비자가 해당 자료를 열람할 수 있도록 하여야 한다.

62 　　　　　　　　　정답 ③

신용카드번호는 개인정보가 아닌 금융식별정보이다. 법률상 '개인정보'란 **살아있는** 개인에 관한 정보로서, 고유식별정보(주민등록번호, 여권번호 등), 민감정보(건강상태, 진료기록, 병력, 정당의 가입 등) 등으로 구분한다.

63 　　　　　　　　　정답 ①

중립적인 분쟁조정안을 제시하기 위해 **분쟁의 양 당사자를 제외**한 통상적으로 법조계, 학계, 소비자단체, 업계전문가로 분쟁조정위원회를 구성한다.
분쟁조정은 법원의 판결과는 달리 그 자체로서는 구속력이 없고 당사자가 이를 수락하는 경우에 한하여 효력을 갖는다. 금융감독원에 설치된 금융분쟁조정위원회의 조정안을 당사자가 수락하면 당해 조정안은 **재판상 화해**와 동일한 효력을 갖는다. 그러나 그 밖의 기관(한국거래소 분쟁조정심의위원회, 금융투자협회의 분쟁조정위원회 등)에 의한 조정은 **민법상 화해계약**으로서의 효력을 갖는다.

64 　　　　　　　　　정답 ②

다음의 경우는 '사후'에 확인할 수 있다.
※ **거래 후 고객확인을 할 수 있는 경우**
　(1) 종업원·학생 등에 대한 일괄적인 계좌개설의 경우 : 거래당사자가 계좌개설 후 최초로 금융거래 등을 하는 때
　(2) 상법 제639조에서 정하는 타인을 위한 보험의 경우 : 보험금, 만기환급금, 그 밖의 지급금액을 그에 관한 청구권자에게 지급하는 때 또는 보험금, 환급금, 그 밖의 지급금액에 관한 청구권이 행사되는 때

65 　　　　　　　　　정답 ②

금융기관 직원의 전문성을 활용할 수 있는 것은 STR이다.

66   정답 ③

전문투자자는 투자에 따른 위험감수 능력이 있는 투자자를 말하며, 절대적 전문투자자와 상대적 전문투자자로 구분한다. 지방자치단체는 상대적 전문투자자에 해당한다.

※ 전문투자자

(1) 절대적 전문투자자 : 국가, 한국은행, 금융기관, 기타 기관(예금보험공사, 한국자산관리공사, 한국주택금융공사, 한국투자공사, 금융투자협회, 한국예탁결제원, 한국거래소, 금융감독원, **집합투자기구**, 신용보증기금, 기술신용보증기금 및 외국인), 외국정부, 외국중앙은행, 국제기구 등

(2) 상대적 전문투자자 : 일반투자자 대우를 받겠다는 의사를 금융투자업자에게 서면으로 통지한 경우 일반투자자로 간주한다.

- 주권상장법인, **지방자치단체**, 해외주권상장 국내법인, 자발적 전문투자자가 상대적 전문투자자에 해당한다.

- **주권상장법인 등이 장외파생상품 거래를 하는 경우에는 별도 의사를 표시하지 아니하면 일반투자자 대우로, 전문투자자 대우를 받기 위해서는 그 내용을 서면으로 금융투자업자에게 통지**하여야 한다.

- **상대적 전문투자자는 일반투자자로 대우받기를 원할 경우 또는 장외파생상품 거래를 위해 전문투자자로 대우받기를 원할 경우 그 내용을 서면으로 금융투자업자에게 통지**하여야 한다.

→ **지방자치단체, 해외증권시장 주권상장법인은 장외파생상품 거래의 경우에는 일반투자자로 취급한다.** (∵ 빈출문항)

(3) 자발적 전문투자자 : 일정 요건을 갖춘 법인 및 개인이 전문투자자로 대우받고자 할 경우 금융위에 신고하여야 하며, 금융위 확인 후 **2년간 전문투자자 대우를 받을 수 있다.**

- 100억원(외부감사 대상법인은 50억원) 이상의 금융투자상품 잔고를 보유한 법인

- **개인 전문투자자 등록요건**

필수요건	최근 5년 중 1년 이상 금융투자상품 잔고 5천만원 이상
선택요건 (1~3 중 택일)	• 순재산 5억원 이상(부부합산 필수, 거주 부동산 관련 금액 제외) • 소득 1억원 이상(부부합산 선택 가능, 합산 시 1.5억원 이상) • 전문가 자격증 보유자

67   정답 ④

총위험액은 금융투자업자가 영업을 영위함에 있어 직면하게 되는 손실을 미리 예측하여 계량화한 것으로, 총위험 = 시장위험 + 신용위험 + 운영위험이다. 따라서 운영위험은 시장위험과 별개 사항이다.

68   정답 ②

틀린 항목의 개수는 2개이다('나, 라').

나 : 경영실태평가등급이 4등급 이하면 경영개선요구조치가 발동된다.

라 : 순자본비율이 0% 미만이면 경영개선명령조치가 발동된다(긴급조치 발동 사유는 아님).

69   정답 ③

순서대로 2주, 2주, 7일, 14일이다.

위탁받는 업무가 본질적 업무(해당 금융투자업자가 인가를 받거나 등록을 한 업무와 직접적으로 관련된 필수업무)인 경우 그 본질적 업무를 위탁받는 자는 그 업무 수행에 필요한 인가를 받거나 등록을 한 자이어야 한다. 또한 금융투자업자의 업무를 위탁받은 자는 위탁한 자의 동의를 받은 경우에 한정하여 위탁받은 업무를 제삼자에게 재위탁할 수 있다.

70   정답 ④

금전신탁의 수익권은 증권의 종류에서 수익증권에 속하는 금융투자상품이다.

그러나 원화로 표시된 양도성예금증서(CD), 수탁자에게 신탁재산의 처분권한이 부여되지 아니한 관리형신탁의 수익권, 주식매수선택권은 금융투자상품에서 제외한다.

그 이유로는 **(1) 원화표시 CD의 경우**, 유통과정에서 손실이 발생할 위험(투자성)이 존재하지만, 만기가 짧아 금리변동에 따른 가치변동이 크지 않으며, 사실상 예금에 준하여 취급되기 때문이다. **(2) 관리형신탁의 수익권의 경우**, 자산의 신탁시점과 해지시점의 가격 변동에 따른 투자성을 갖게 되나, 실질적으로는 신탁업자가 처분권한을 갖지 않는 점을 고려한 것이다. **(3) 주식매수선택권(스톡옵션)의 경우**, 주식매수선택권은 임직원의 성과에 대한 보상으로 자기회사 주식을 매수할 수 있는 선택권을 부여하는 것으로 그 취득 시 금전 등의 지급이 없고 유통가능성도 없다는 점을 고려한 것이다.

71   정답 ①

"매출"이란 대통령령으로 정하는 방법에 따라 산출한 50인 이상의 투자자에게 이미 발행된 증권의 매도의 청약을 하거나 매수의 청약을 권유하는 것을 말한다.

자본시장법상 "모집"이란 대통령령으로 정하는 방법에 따라 산출한 50인 이상의 투자자에게 새로 발행되는 증권의 취득의 청약을 권유하는 것을 말한다. 또한 "사모"란 새로 발행되는 증권의 취득의 청약을 권유하는 것으로서 모집에 해당하지 아니하는 것을 말한다.

72　　　　　　　　　　　　　　　정답 ①

단기매매차익 반환대상은 **주요주주**와 임원 그리고 **모든 직원이 아닌** 직무상 미공개중요정보를 알 수 있는 직원에 한한다.

- 주권상장법인의 임원, 직원(직무상 미공개중요정보를 알 수 있는 자) 또는 **주요주주**가 "특정증권등"을 매수한 후 **6개월 이내에 매도**하거나 특정증권등을 매도한 후 6개월 이내에 매수하여 이익을 얻은 경우에는 그 법인은 그 임직원 또는 주요주주에게 그 이익("단기매매차익")을 그 법인에게 반환할 것을 청구할 수 있다.
- 미공개중요정보 이용금지규정은 **주요주주**, 즉 **해당법인의 10% 이상 보유주주** 및 법인의 주요 경영사항에 대하여 사실상 영향력을 행사하고 있는 주주를 규제대상으로 하고 있다.

73　　　　　　　　　　　　　　　정답 ④

의결권 대리행사의 권유는 주요사항 보고사항이 아니다.

※ 자본시장법 제161조(주요사항보고서의 제출) 제1항

① 사업보고서 제출대상법인은 다음 각 호의 어느 하나에 해당하는 사실이 발생한 경우에는 그 사실이 발생한 날의 다음 날까지(제6호의 경우에는 그 사실이 발생한 날부터 3일 이내에) 그 내용을 기재한 보고서("주요사항보고서")를 금융위원회에 제출하여야 한다.
1. 발행한 어음 또는 수표가 부도로 되거나 은행과의 당좌거래가 정지 또는 금지된 때
2. 영업활동의 전부 또는 중요한 일부가 정지되거나 그 정지에 관한 이사회 등의 결정이 있은 때
3. 「채무자 회생 및 파산에 관한 법률」에 따른 회생절차개시 또는 간이회생절차개시의 신청이 있은 때
4. 이 법, 「상법」, 그 밖의 법률에 따른 해산사유가 발생한 때
5. 대통령령으로 정하는 경우에 해당하는 자본 또는 부채의 변동에 관한 이사회 등의 결정이 있은 때
6. 「상법」 제360조의2(주식의 포괄적 교환), 제360조의15(주식의 포괄적 이전), 제522조(합병) 및 제530조의2(분할, 분할합병)에 규정된 사실이 발생한 때
7. 다음에 해당하는 중요한 영업 또는 자산을 양수하거나 양도할 것을 결의한 때
   - 양수·양도하려는 영업부문의 자산액이 최근 사업연도말 현재 자산총액의 100분의 10 이상인 양수·양도
   - 양수·양도하려는 영업부문의 매출액이 최근 사업연도말 현재 매출액의 100분의 10 이상인 양수·양도
   - 영업의 양수로 인하여 인수할 부채액이 최근 사업연도말 현재 부채총액의 100분의 10 이상인 양수
   - 양수·양도하려는 자산액이 최근 사업연도말 현재 자산총액의 100분의 10 이상인 양수·양도. 다만, 일상적인 영업활동으로서 상품·제품·원재료를 매매하는 행위 등 금융위원회가 정하여 고시하는 자산의 양수·양도는 제외한다.

8. 자기주식을 취득(자기주식의 취득을 목적으로 하는 신탁계약의 체결을 포함한다) 또는 처분(자기주식의 취득을 목적으로 하는 신탁계약의 해지를 포함한다)할 것을 결의한 때

74　　　　　　　　　　　　　　　정답 ②

차례대로 '5%, 5일, 변동일로부터 10일, 익월(다음달) 10일이다.

※ 자본시장법 제147조(주식등의 대량보유 등의 보고) 제1항

① 주권상장법인의 주식등을 대량보유(본인과 그 특별관계자가 보유하게 되는 주식등의 수의 합계가 그 주식등의 총수의 100분의 5 이상인 경우를 말한다)하게 된 자는 그 날부터 **5일 이내**에 그 보유상황, 보유 목적(발행인의 경영권에 영향을 주기 위한 목적 여부를 말한다), 그 보유 주식등에 관한 주요계약내용 등을 금융위원회와 거래소에 보고하여야 하며, 그 보유 주식등의 수의 합계가 그 주식등의 총수의 100분의 1 이상 변동된 경우에는 그 변동된 날부터 5일 이내에 그 변동내용을 금융위원회와 거래소에 보고하여야 한다. 이 경우 그 보유 목적이 발행인의 **경영권에 영향을 주기 위한 것**(임원의 선임·해임 또는 직무의 정지, 이사회 등 회사의 기관과 관련된 정관의 변경 등)이 아닌 경우와 특례적용 전문투자자는 그 보고내용 및 보고시기 등을 대통령령으로 달리 정할 수 있다(← 즉, 여유를 두어서 보유상황 변동이 있었던 달의 다음달 10일까지 보고함).

75　　　　　　　　　　　　　　　정답 ④

검사의 사전통지에 따라 검사목적 달성이 어려워질 우려가 있는 경우에는 사전통지를 아니할 수 있다.

※ 금융기관 검사 및 제재에 관한 규정 제8조의2(검사의 사전통지)

감독원장은 현장검사를 실시하는 경우에는 검사목적 및 검사기간 등이 포함된 검사사전예고통지서를 당해 금융기관에 검사착수일 1주일 전(정기검사의 경우 1개월 전)까지 통지하여야 한다. 다만, 검사의 사전통지에 따라 검사목적 달성이 어려워질 우려가 있는 다음 각 호의 하나에 해당하는 경우에는 그러하지 아니하다.
1. 사전에 통지할 경우 자료·장부·서류 등의 조작·인멸, 대주주의 자산은닉 우려 등으로 검사목적 달성에 중요한 영향을 미칠 것으로 예상되는 경우
2. 검사 실시 사실이 알려질 경우 투자자 및 예금자 등의 심각한 불안 초래 등 금융시장에 미치는 악영향이 클 것으로 예상되는 경우
3. 긴급한 현안사항 점검 등 사전통지를 위한 시간적 여유가 없는 불가피한 경우
4. 기타 검사목적 달성이 어려워질 우려가 있는 경우로서 감독원장이 정하는 경우

76　　정답 ②

부당권유행위의 금지 규정에 의한 보호 대상은 일반 및 전문 금융소비자 모두에게 해당한다.

77　　정답 ②

적정성의 원칙이다.

※ **금융소비자보호법 제18조(적정성원칙)**

① 금융상품판매업자는 대통령령으로 각각 정하는 보장성 상품, 투자성 상품 및 대출성 상품에 대하여 일반금융소비자에게 **계약 체결을 권유하지 아니하고 금융상품 판매 계약을 체결하려는 경우에는 미리 면담·질문 등을 통하여 다음 각 호의 구분에 따른 정보를 파악하여야 한다.**

1. 보장성 상품 : 제17조 제2항 제1호 각 목의 정보
2. 투자성 상품 : 제17조 제2항 제2호 각 목의 정보
3. 대출성 상품 : 제17조 제2항 제3호 각 목의 정보
4. 금융상품판매업자가 금융상품 판매 계약이 일반금융소비자에게 적정한지를 판단하는 데 필요하다고 인정되는 정보로서 대통령령으로 정하는 사항

② 금융상품판매업자는 제1항 각 호의 구분에 따라 확인한 사항을 고려하여 해당 금융상품이 그 일반금융소비자에게 **적정하지 아니하다고 판단되는 경우에는 대통령령으로 정하는 바에 따라 그 사실을 알리고, 그 일반금융소비자로부터 서명, 기명날인, 녹취, 그 밖에 대통령령으로 정하는 방법으로 확인을 받아야 한다.** 이 경우 적정성 판단 기준은 제1항 각 호의 구분에 따라 대통령령으로 정한다.

③ 제1항에 따라 금융상품판매업자가 금융상품의 유형별로 파악하여야 하는 정보의 세부적인 내용은 대통령령으로 정한다.

④ 금융상품판매업자가 「자본시장과 금융투자업에 관한 법률」 제249조의2에 따른 **전문투자형 사모집합투자기구의 집합투자증권을 판매하는 경우에는 제1항과 제2항을 적용하지 아니한다. 다만, 같은 법 제249조의2에 따른 적격투자자 중 일반금융소비자 등 대통령령으로 정하는 자가 대통령령으로 정하는 바에 따라 요청하는 경우에는 그러하지 아니하다.**

⑤ 제4항에 따른 금융상품판매업자는 같은 항 단서에 따라 대통령령으로 정하는 자에게 제1항과 제2항의 적용을 별도로 **요청할 수 있음을 대통령령으로 정하는 바에 따라 미리 알려야** 한다.

78　　정답 ②

적정성의 원칙·적합성의 원칙 위반은 3천만원 이하의 과태료 부과 대상이다. 즉, 두 개 원칙에 대한 위반은 과징금 부과 대상이 될 수 없다. 다만, 설명의무 위반, 불공정영업행위금지 위반, 부당권유행위금지 위반, 광고규제 위반 등은 사안의 경중에 따라 과징금 또는 과태료가 부과될 수 있다.

79　　정답 ③

지방자치단체는 상대적 전문투자자이므로 전환이 가능하다. 그러나 절대적 전문투자자는 일반투자자로 전환이 불가하다.

• **상대적 전문투자자**

일반투자자 대우를 받겠다는 의사를 금융투자업자에게 서면으로 통지한 경우 일반투자자로 간주

(1) 주권상장법인 및 기타 기관(기금 관리·운용법인, 공제사업 영위법인, **지방자치단체**, 해외주권상장 국내법인 및 이에 준하는 외국인), **자발적 전문투자자**(이에 준하는 외국인) 등이 상대적 전문투자자에 해당

(2) **주권상장법인 등이 장외파생상품 거래를 하는 경우에는 별도 의사를 표시하지 아니하면 일반투자자로 대우하며, 전문투자자 대우를 받기 위해서는 그 내용을 서면으로 금융투자업자에게 통지하여야 함**

(3) 상대적 전문투자자는 일반투자자로 대우받기를 원할 경우 그 내용을 서면으로 금융투자업자에게 통지하여야 함

(4) 금융투자업자는 정당한 사유 없이 상대적 전문투자자에 해당하는 주권상장 법인 및 기타 기관 등의 서면 요청을 거부할 수 없음

• **절대적 전문투자자**

국가, 한국은행, 금융기관(은행, 보험, 금융투자업자, 증권금융, 종합금융, 자금중개, 금융지주, 여신전문금융, 상호저축은행 및 동 중앙회, 산림조합중앙회, 새마을금고중앙회, 신협중앙회 및 이에 준하는 외국금융기관), 기타 기관(예금보험공사, 한국자산관리공사, 한국주택금융공사, 한국투자공사, 금융투자협회, 한국예탁결제원, 한국거래소, 금융감독원, **집합투자기구**, 신용보증기금, 기술신용보증기금 및 이에 준하는 외국인), 외국정부, 외국중앙은행, 국제기구 등

80　　정답 ④

온라인투자연계금융업은 온라인으로 대출과 투자를 연결하는 핀테크 서비스로 P2P 금융 혹은 P2P 투자라고도 부른다. 취급하는 온라인소액투자중개증권, 연계투자상품(P2P투자)은 적합성의 원칙을 적용하지 않는다.

81　　정답 ④

청약철회 시 금융상품판매업자등은 일반금융소비자로부터 금전등을 반환받은 날로부터 3영업일 이내에 이미 받은 수수료등을 반환하여야 한다.

82 정답 ④

(투자광고의 특례) 온라인소액투자중개업자 또는 온라인소액증권 발행인은 온라인소액투자중개업자가 개설한 **인터넷 홈페이지 이외의 수단을 통해서 투자광고를 하여서는 아니 된다**(자본시장법 제117조의9).

※ **온라인소액투자중개업자의 인가 요건(자본시장법 제117조의4 참고)**

    (1) 온라인소액투자중개업자가 되고자 하는 자는 금융위원회에 '등록'하는 경우 '인가'를 받은 것으로 본다.

    (2) '등록'을 하려는 자는 다음 각 호의 요건을 모두 갖추어야 한다.

      • 「상법」에 따른 주식회사 또는 영업소를 설치한 외국 온라인소액투자중개업자

      • 5억원 이상의 자기자본을 갖출 것

      • 사업계획이 타당하고 건전할 것(← 금융위의 판단에 의하는 주관적 요소임)

      • 투자자의 보호가 가능하고 그 영위하고자 하는 업을 수행하기에 충분한 인력과 전산설비, 그 밖의 물적 설비를 갖출 것

83 정답 ①

최선집행기준이 적용되는 금융투자상품은 **'상장주권'**에 한해서 적용한다(※ **상장주권**은 기출문항이므로 유의). 투자매매업자 또는 투자중개업자는 3개월마다 최선집행기준의 내용을 점검하여야 하는데, 이 경우 최선집행기준의 내용이 청약 또는 주문을 집행하기에 적합하지 아니 한 것으로 인정되는 때에는 이를 변경하고, 변경의 이유를 포함하여 그 변경 사실을 공표하여야 한다.

• **최선집행기준**

  최선집행기준이 적용되지 않는 금융투자상품 : (i) 채무증권, (ii) 지분증권(**주권은 제외**), (iii) 수익증권, (iv) 투자계약증권, (v) 파생결합증권, (vi) 증권예탁증권(**주권과 관련된 증권예탁증권은 제외**), (vii) 장내파생상품

  최선집행기준에는 (i) 금융투자상품의 가격, (ii) 투자자가 매매체결과 관련하여 부담하는 수수료 및 그 밖의 비용, (iii) 그 밖에 청약 또는 주문의 규모 및 매매체결의 가능성 등을 고려하여 최선의 거래조건으로 집행하기 위한 방법 및 그 이유 등이 포함되어야 한다. 다만, 투자자가 청약 또는 주문의 처리에 관하여 별도의 지시를 하였을 때에는 그에 따라 최선집행기준과 달리 처리할 수 있다.

84 정답 ②

장외파생상품은 일반 및 전문금융소비자에게 방문판매 목적으로 사전연락을 할 수 없다.

상대방이 일반금융소비자인 경우에는 고난도금융투자상품(고난도투자일임계약, 고난도금전신탁계약 포함), 사모펀드, 장내 및 장외파생상품은 사전안내할 수 없다. 이들 투자상품 중에서 전문금융소비자에게는 '장외파생상품'을 사전안내할 수 없다. 따라서 장외파생상품은 일반금융소비자는 물론 전문금융소비자에게도 방문판매를 위한 사전안내를 할 수 없다.

※ **방문판매등 사전안내**

    ① 방문판매인력은 고객에게 방문판매등을 하기 전에 사전에 전화, 문자메시지 등을 통해 고객에게 방문판매등을 실시할 예정이라는 계획을 안내하여야 한다.

    ② 방문판매인력은 제1항에 따라 고객에게 안내할 때 다음 각 호의 사항을 포함하여 안내하여야 한다.

      1. **고객의 개인정보에 대한 취득 경로**

      2. 방문판매인력의 소속과 성명, 판매하고자 하는 상품의 종류

      3. 방문판매등을 실시할 예정시간·장소

      4. 투자권유대행인인 경우 계약 체결의 권유만 가능하다는 사실

    ③ 회사는 제2항 제2호에 따라 방문판매인력의 신원을 고객에게 안내하는 경우 회사 홈페이지 등을 통해 고객이 이를 확인할 수 있도록 하여야 한다.

    ④ 제1항에 따라 사전안내를 받은 고객이 방문판매등을 거절하거나, 방문판매등을 실시할 시간·장소 등을 변경하고자 하는 경우 회사는 이를 따라야 한다.

85 정답 ①

인덱스펀드, 금적립계좌는 적정성의 원칙 적용대상이 아니다.

※ **금융상품판매업자가 일반금융소비자의 정보를 파악해야 하는 (적정성원칙) 투자성 금융상품의 범위**

    (1) 장내 및 장외 파생상품 및 파생결합증권(단, 금적립계좌 제외)

    (2) 사채(社債) 중 일정한 사유가 발생하는 경우 주식으로 전환되거나 원리금을 상환해야 할 의무가 감면될 수 있는 사채(조건부자본증권)

    (3) 고난도금융투자상품, 고난도투자일임계약 및 고난도금전신탁계약

    (4) 파생형 집합투자증권(레버리지·인버스 ETF 포함). 다만, 인덱스펀드는 제외

    (5) 집합투자재산의 50%를 초과하여 파생결합증권에 운용하는 집합투자기구의 집합투자증권

86

정답 ④

MMF의 운용실적은 '과거 1개월 기준의 수익률'로 표시하는 것이 옳지만, MMF는 다른 MMF와 운용실적을 비교하는 투자광고를 할 수 없다(※ 동 문제는 펀드투자권유자문인력, 증권투자권유자문인력, 투자자산운용사의 시험에 공통출제 되고 있다. 2025 기본서 3권 p282 참조).

① 금융투자회사가 투자광고에 집합투자기구의 운용실적을 표시하고자 하는 경우 다음 각 호의 사항을 준수하여야 한다. 다만, 단기금융집합투자기구에 대하여는 제3호를 적용하지 아니한다.
   1. "투자광고계획신고서" 제출일이 속한 월의 직전월 마지막 영업일("기준일"이라 한다) 현재 해당 집합투자기구가 설정일 또는 설립일부터 **1년 이상 경과하고, 순자산총액이 100억원(세제펀드는 50억원) 이상일 것**
   2. 집합투자증권의 가격으로 평가한 운용실적을 사용할 것. 다만, 종류형 집합투자기구의 경우에는 보수가 차감되지 않은 운용실적을 병기할 수 있다.
   3. 기준일로부터 **과거 1개월 이상의 수익률을 사용하되, 기준일로부터 과거 6개월 및 1년 수익률을 함께 표시할 것.** 다만, 해당 집합투자기구가 설정일 또는 설립일로부터 3년 이상 경과한 경우에는 기준일로부터 과거 1년 및 3년 수익률과 설정일 또는 설립일로부터 기준일까지의 수익률을 함께 표시하여야 한다.

② 종류형 집합투자기구의 운용실적을 표시하는 경우에는 종류별 집합투자증권에 부과되는 **보수 · 수수료의 차이로 운용실적이 달라질 수 있다는 사실을 표시하여야 한다.**

③ 금융투자회사가 투자광고에 단기금융집합투자기구의 운용실적을 표시하고자 하는 경우 다음 각 호의 사항을 준수하여야 한다.
   1. **기준일로부터 과거 1개월 수익률을 표시할 것.** 이 경우 연으로 환산하여 표시할 수 있다.
   2. 다른 금융투자회사가 판매 또는 운용하는 단기금융집합투자기구와 운용실적 등에 관한 **비교광고를 하지 아니할 것**

87

정답 ③

수요예측에는 기관투자자만 참여할 수 있으므로 일반청약자는 기관투자자(투자일임회사 등)를 통하여 간접적으로 참여할 수 있다.

88

정답 ②

해당국가 통화와 달러화의 상관관계 및 환율의 예측불가능성에 대한 설명은 해당사항이 아니다. (주의사항은 제시문이 외화증권인지 외화집합투자기구(펀드)인지 구분하여 답을 하여야 한다. 2025년 기본서 2권 p192~193 참조, 출제가 빈번하다. 아래 내용으로 차이점을 익혀야 한다. 우리나라 투자자들의 해외증권이나 해외펀드(레버리지 ETF 등) 투자가 크게 늘어나므로 불완전판매 방지차원에서 자주 출제될 듯 하다.)

1) 임직원 등은 투자자에게 **외화증권** 투자를 권유하는 경우에는 투자설명사항에 따른 설명 시 다음의 사항을 포함하여야 한다.
   가. 투자대상 국가 또는 지역의 경제 · 시장상황 등의 특징
   나. 투자에 따른 일반적 위험 외에 환율변동 위험, 해당국가의 거래제도 · 세제 등 제도의 차이
   다. 투자자가 직접 환위험 헤지를 하는 경우 시장 상황에 따라 헤지 비율 미조정 시 손실이 발생할 수 있다는 사실

2) 임직원 등은 투자자에게 해외자산에 투자하는 집합투자기구의 **집합투자증권**을 투자권유하는 경우에는 투자설명사항에 따른 설명 시 다음의 사항을 포함하여야 한다.
   가. 투자대상 국가 또는 지역의 경제여건 및 시장현황에 따른 위험
   나. 집합투자기구 투자에 따른 일반적 위험 외에 환율변동 위험, 해당 집합투자기구의 환위험 헤지 여부, 환헤지 비율의 최대치가 설정된 목표 환헤지 비율, 환헤지 대상 통화, 주된 환헤지 수단 및 방법
   다. 환위험 헤지가 모든 환율 변동 위험을 제거하지는 못하며, 투자자가 직접 환위험 헤지를 하는 경우 시장 상황에 따라 헤지 비율 미조정 시 손실이 발생할 수 있다는 사실

89

정답 ②

금융투자업자는 금융투자업의 영위와 관련하여 약관을 제정 또는 변경하는 경우에는 **약관의 제정 또는 변경 후 7일 이내에 협회에 보고하여야** 한다. 다만, 투자자의 권리나 의무에 중대한 영향을 미칠 우려가 있는 경우에는 **사전신고를 해야 하므로 이에 해당되는 경우에는 약관의 제정 또는 변경 시행 예정일 10영업일 전까지 협회에 신고하여야 한다.**

"외국 집합투자증권 매매거래에 관한 표준약관"은 수정하여 사용할 수 없다. 다만, 외국환거래규정 제1-2조 제4호의 투자자(기관투자자를 말함)만을 대상으로 외국집합투자증권을 판매하는 경우에는 그러하지 아니하다.

90

정답 ④

합명회사는 인적결합이 강한 소수인의 공동기업이다. 사원이 직접 연대 무한책임을 진다. 지분의 양도는 무한책임사원 전원의 동의가 있어야 하며 주권은 발행할 수 없다. 회사대표는 '업무집행사원'이 한다.

91　　　　　정답 ②

신주발행유지청구권은 단독주주권이다.

※ 상법 제424조(유지청구권)

회사가 법령 또는 정관에 위반하거나 현저하게 불공정한 방법에 의하여 주식을 발행함으로써 주주가 불이익을 받을 염려가 있는 경우에는 **그 주주는** 회사에 대하여 그 발행을 유지할 것을 청구할 수 있다(그 주주란 단독 주주를 말한다).

92　　　　　정답 ②

정관으로도 대리인에 의한 의결권의 행사를 금지하지 못한다. 주주는 대리인으로 하여금 그 의결권을 행사하게 할 수 있다. 이 경우에는 그 대리인은 대리권을 증명하는 서면을 총회에 제출하여야 한다.

※ 의결권의 불통일행사

주주가 2 이상의 의결권을 가지고 있는 때에는 이를 통일하지 아니하고 행사할 수 있다. 이 경우 주주총회일의 3일 전에 회사에 대하여 서면 또는 전자문서로 그 뜻과 이유를 통지하여야 한다. 또한 회사는 주주의 의결권 불통일 행사를 거부할 수 있으나 주주가 주식의 신탁을 인수하였거나 기타 타인을 위하여 주식을 가지고 있는 경우에는 거부할 수 없다.

※ 상법 제368조의2(의결권의 불통일행사)

① 주주가 2 이상의 의결권을 가지고 있는 때에는 이를 통일하지 아니하고 행사할 수 있다. 이 경우 주주총회일의 3일 전에 회사에 대하여 서면 또는 전자문서로 그 뜻과 이유를 통지하여야 한다.

② 주주가 주식의 신탁을 인수하였거나 기타 타인을 위하여 주식을 가지고 있는 경우 외에는 회사는 주주의 의결권의 불통일행사를 거부할 수 있다.

93　　　　　정답 ①

발기인이 받을 특별이익은 정관에 기재하여야만 효력이 발생한다(변태설립사항 = 상대적 기재사항).

※ 상법 제290조(변태설립사항)

다음의 사항은 정관에 기재함으로써 그 효력이 있다.

1. **발기인이 받을 특별이익**과 이를 받을 자의 성명
2. **현물출자**를 하는 자의 성명과 그 목적인 재산의 종류, 수량, 가격과 이에 대하여 부여할 주식의 종류와 수
3. 회사성립 후에 양수할 것을 약정한 재산의 종류, 수량, 가격과 그 양도인의 성명
4. 회사가 부담할 설립비용과 **발기인이 받을 보수액**

94　　　　　정답 ③

③ 정관은 공증인의 인증을 받음으로써 효력이 생긴다. 다만, 자본금 총액이 10억원 미만인 회사를 발기설립(發起設立)하는 경우에는 **각 발기인이 정관에 기명날인 또는 서명함으로써 효력이 생긴다.**

① **자본금의 총액이 10억원 미만인 회사의 경우에는 감사를 선임하지 아니할 수 있다.**

② **자본금 총액이 10억원 미만인 회사가 주주총회를 소집하는 경우에는 주주총회일의 10일 전에 각 주주에게 서면으로 통지를 발송하거나 각 주주의 동의를 받아 전자문서로 통지를 발송할 수 있다.**

④ 이사는 3명 이상이어야 한다. **다만, 자본금 총액이 10억원 미만인 회사는 1명 또는 2명으로 할 수 있다.**

(저자 주 : 자본금 10억원 미만의 내용은 빈출문항으로, 관련내용이 기본서에 흩어져 있지만 위의 4개 사항만 암기하면 된다.)

95　　　　　정답 ②

이사는 (이사회)의 승인이 없으면 자기 또는 제삼자의 계산으로 회사의 영업부류에 속한 거래를 하거나 동종영업을 목적으로 하는 다른 회사의 무한책임사원이나 이사가 되지 못한다.

※ 상법 제397조(이사의 경업금지)

① 이사는 **이사회의 승인이 없으면** 자기 또는 제삼자의 계산으로 회사의 영업부류에 속한 거래를 하거나 동종영업을 목적으로 하는 다른 회사의 무한책임사원이나 이사가 되지 못한다.

② 이사가 제1항의 규정에 위반하여 거래를 한 경우에 회사는 이사회의 결의로 그 이사의 거래가 자기의 계산으로 한 것인 때에는 이를 회사의 계산으로 한 것으로 볼 수 있고 제삼자의 계산으로 한 것인 때에는 그 이사에 대하여 이로 인한 이득의 양도를 청구할 수 있다.

③ 제2항의 권리는 거래가 있은 날로부터 1년을 경과하면 소멸한다.

96　　　　　정답 ④

종합부동산세는 국세로서 직접세이다.

내국세 중 직접세는 소득세·법인세·상속세·증여세·종합부동산세가 있으며, 간접세는 부가가치세·개별소비세·주세·인지세·증권거래세 등이 있다.

97　　　　　정답 ①

• 상속개시일 전 **5년 이내**에 피상속인이 상속인이 아닌 자에게 증여한 재산가액은 상속세과세가액에 포함한다.

• 상속개시일 전 **10년 이내**에 피상속인이 상속인에게 증여한 재산가액은 상속세과세가액에 포함한다.

98   정답 ③

납세의무의 소멸 : 국세, 가산세 또는 체납처분비를 납부할 의무는 다음의 경우에 소멸한다.
- 납부・충당(국세환급금을 납부할 국세 등과 상계시키는 것)되거나 부과가 취소된 때
- 국세부과의 제척기간(除斥期間)이 만료된 때
- 국세징수권의 소멸시효(消滅時效)가 완성한 때

99   정답 ②

- 사업소득이 있는 경우 원칙적으로 종합소득세 과세표준 확정신고를 하여야 한다. 다만, 간편장부대상자가 받는 일부 원천징수대상 사업소득(예를 들어, 야쿠르트 판매원 등)에 대하여 이를 지급하는 원천징수의무자(판매 본사)가 해당 소득에 대한 연말정산을 함으로써 납세의무를 종결한다.
- 종합소득 대상은 **이자소득, 배당소득, 사업소득, 근로소득, 연금소득, 기타소득**이다. (← '**이・배・사・근・연・기**'로 암기)
- 퇴직소득과 양도소득은 '분류과세'로서 종합소득에 합산하지 않는다.

※ **종합소득세 신고와 납부**

   소득 납세의무의 성립 후 다음 연도의 5월 1일부터 31일까지 주소지 관할세무서에 종합소득 신고 및 납부하여야 한다. **다만, 다음에 해당하는 거주자는 신고를 하지 않아도 된다(종합소득신고대상이 아님).**

❶ 근로소득만 있는 거주자 (← 이미 매 지급 시 원천징수되기 때문)

❷ 퇴직소득만 있는 거주자 (← 지급 시 분류과세로 종결되기 때문)

❸ 공적연금소득만 있는 자 (← 이미 매 지급 시 원천징수되기 때문)

❹ 원천징수 연말정산하는 사업소득만 있는 자 (← 이미 매 지급 시 원천징수되기 때문이다. 예로, 특정회사 소속의 야쿠르트를 판매하시는 분들은 사실상 자영업자로서 사업소득 대상이지만 소속회사에서 수당 지급 시 연말정산을 함)

❹의2. 원천징수되는 기타소득으로 종교인소득만 있는 자

❺ 위 ❶, ❷ 소득만 있는 자 (← 퇴직소득은 분류과세로서 종합소득에 합산되지 않음)

❻ 위 ❷, ❸ 소득만 있는 자 (← 퇴직소득은 분류과세로서 종합소득에 합산되지 않음)

❼ 위 ❷, ❹ 소득만 있는 자 (← 퇴직소득은 분류과세로서 종합소득에 합산되지 않음)

❼의 2. ❷, ❹의 2 소득만 있는 자 (← 퇴직소득은 분류과세로서 종합소득에 합산되지 않음)

❽ 분리과세이자・배당・연금・기타소득만 있는 자 (← 예를 들어 타 소득이 없고, 이자와 배당소득의 합계가 2천만원 이하일 경우 15.4%의 원천징수로 종결됨. 그러나 2천만원이 초과할 경우 다음 해 5월 중 종합소득대상임)

❾ 위 ❶~❼의 2에 해당하는 자로서 분리과세이자・배당・연금・기타소득이 있는 자 (← 타 소득이 있더라도 이자와 배당소득의 합계가 2천만원 이하일 경우 이를 타 소득과 합산하지 아니함)

100   정답 ①

0.00% − 0.15% − 0.35%이다. 그러나 유가증권시장에는 농어촌특별세가 추가되므로 결국 유가증권시장도 투자자의 실지 세금부담은 코스닥시장, K-OTC시장과 동일하게 된다.

제4회 정답 및 해설

01	02	03	04	05	06	07	08	09	10
④	④	③	①	②	③	④	③	①	①
11	12	13	14	15	16	17	18	19	20
④	②	①	③	③	③	①	③	③	②
21	22	23	24	25	26	27	28	29	30
②	③	①	④	②	③	①	③	②	④
31	32	33	34	35	36	37	38	39	40
②	③	②	②	④	③	③	②	④	③
41	42	43	44	45	46	47	48	49	50
②	②	③	③	④	④	④	①	③	①
51	52	53	54	55	56	57	58	59	60
④	①	①	④	④	①	③	③	①	②
61	62	63	64	65	66	67	68	69	70
③	①	③	①	④	②	③	②	④	③
71	72	73	74	75	76	77	78	79	80
③	④	④	③	③	②	②	③	④	②
81	82	83	84	85	86	87	88	89	90
①	④	③	④	③	④	①	④	③	③
91	92	93	94	95	96	97	98	99	100
①	④	④	④	③	②	②	④	④	④

증권분석 및 증권시장(35문항)

01
정답 ④

경기저점에서 다음 경기저점까지의 기간을 순환주기(cycle)라고
한다. 경기저점과 경기정점의 차이를 순환진폭(amplitude)이라고
한다.
경기순환은 전통적으로 회복(recovery), 호황(boom), 후퇴(recession),
불황(depression)으로 나누는 4분법이 이용되었으나 그 구분을
명확히 하기 어렵기 때문에 최근에는 경기저점(trough)에서 정점
(peak)까지 경제활동이 활발한 확장국면(expansion)과 경기정점
에서 저점까지 경제활동이 위축된 수축국면(contraction)으로 나
누는 2분법이 주로 이용된다.

02
정답 ④

대표적인 물가지수로는 소비자물가지수(CPI), 생산자물가지수
(PPI), GDP디플레이터의 3가지가 있다.

$$※\ GDP디플레이터 = \frac{명목GDP}{실질GDP} \times 100$$

(계산문제 대비 이 공식을 반드시 외울 것)

03
정답 ③

중앙은행이 공개시장조작을 통하여 통화공급을 확대하여 단기금
리를 낮추면 장기금리와 은행의 대출금리도 하락하여 기업투자와
가계소비가 늘어나고 이는 총생산의 증대로 이어진다. 그러나 이
러한 정책은 정작 은행에서는 차입자에 대한 정보의 비대칭성
(information asymmetry)하에서 균형금리에서 결정되는 적정 수
준의 대출보다 과소한 수준의 대출이 발생하는 차입자에 대한 신
용할당(credit rationing) 현상이 일어난다. 이는 곧 통화정책상
금리경로의 장애요인이 된다.

※ (추가 설명)
 (1) 신용경로의 '대차대조표 효과'
  신용경로는 은행의 대출에 영향을 미쳐서 실물경제에 파급
  되는 과정을 말한다. 이를 가계와 기업의 '대차대조표 효
  과'라고 한다. 신용경로는 금리변화와 관계없이 **금융기관
  고객(가계와 법인 등)의 자기신용이 취약할 경우(가계와
  기업의 대차대조표상의 재무상태 악화 : 대차대조표 효과)
  금융기관은 대출을 줄이게 되어** 전반적인 경제활동이 위축
  됨으로써 신용경로가 작동하는 것이다(기출).
 (2) 자산가격경로의 replacement cost of capital
  토빈의 q란 자산가격경로의 설명이다. 주식시장에서 평가
  된 기업의 시장가치를 기업의 실물자본대체비용으로 나눈
  값을 말한다. 금리인하로 주가가 상승하면(**주가상승이라
  는 자산가격의 상승인 '자산가격경로'를 통하여**) 기업의 시
  장가치가 커져서 기계나 공장과 같은 실물자본을 대체하는
  데 소요되는 비용(replacement cost of capital)을 상회함
  으로써 q값이 증가한다. 이는 기업들이 높은 가격으로 주
  식을 발행하여 상대적으로 저렴한 비용으로 투자함으로써
  이윤을 늘릴 수 있음을 의미한다.

04   정답 ①

새고전학파는 거시경제모델에 사용되는 개별함수의 계수는 **시간이 지남에 따라 경직성(rigidity)이 아닌 가변성(time variant)**을 가진다고 하여 **경직성(rigidity)을 주장한** 케인즈 이론을 비판하였다(예를 들어, 케인즈의 소비함수(C) = aY + b 에서 계수 a는 변하지 아니한다(**경직성(rigidity)**)고 주장했으나, 새고전학파는 계수 a도 시간이 흐름에 따라 가변적이라고 주장한다). 케인즈는 투자지출(Y = C + I + G + (X − M)에서 I를 말함)은 **투자자(기업가)의 동물적 감각(animal spirits)** 등과 관련이 있다고 주장한다. 따라서 투자지출을 **독립적**으로 생각하여, 독립투자지출로 두었다. 1980년대 초 삼성전자의 이건희 회장의 갑작스런 반도체투자를 기업가(투자자)의 '동물적 감각'의 예로 들 수 있다.

슘페터(Schumpeter)는 기술이나 생산성 변화와 같은 공급충격(supply shock)을 경기변동의 주원인으로 보면서, 경제순환과 경제발전의 원인을 생산요소의 새로운 결합 또는 **기술혁신**에 있다고 보았다.

05   정답 ②

BSI는 0~200의 값을 가지며 동 지수가 100을 초과한 경우 경기확장국면, 100 미만인 경우에는 경기수축국면으로, 그리고 100을 경기 전환점(정점 또는 저점)으로 본다.

06   정답 ③

화폐공급의 증가로 인플레이션이 발생하면 피셔방정식에 의거해 명목금리가 상승하는 현상을 피셔효과라고 한다. 1920년대 미국의 경제학자 피셔(I. Fisher)가 제시한 이론으로, 명목이자율은 실질이자율과 기대 인플레이션율의 합과 같다는 피셔방정식을 경제 전체로 확대시킨 것이다. 이에 따르면 **인플레이션이 예상되면 명목이자율이 그만큼 상승하기 때문에** 실질이자율은 변하지 않는다.

07   정답 ④

$ROE = \dfrac{순이익}{자기자본} = \dfrac{순이익}{총자산} \times \dfrac{총자산}{자기자본}$ 이므로,

$ROE = ROA \times \dfrac{총자산}{자기자본}$

ROE가 ROA의 2배이므로, $2 = \dfrac{총자산}{자기자본}$ 이다.

$2 = \dfrac{400}{자기자본}$, 따라서 자기자본은 200이다.

총자산에서 자기자본을 차감하면 타인자본(총부채)은 200억원이다.

08   정답 ③

내년에 10원의 배당(D_1)을 예상하고 있고 이 회사의 성장률이 연 6%이며 현재의 주가(P)가 100원이므로,

요구수익률(기대수익률) = 배당수익률 + 성장률 = $\dfrac{D_1}{P}$ + g

$= 10/100 + 6\% = 10\% + 6\% = 16\%$

> **[암기요망]**   g = 사내유보율 × 자기자본이익률
> 사내유보율 = 1 − 배당성향

09   정답 ①

기업의 베타가 0.5, 시장포트폴리오 수익률은 8%, 무위험국채수익률이 3%이므로
할인율 = 요구수익률 =
무위험수익률 + 베타 × (시장포트폴리오 수익률 − 무위험수익률)
따라서 3% + 0.5 × (8% − 3%) = 5.5%

10   정답 ①

PEGR(Price Earnings to Growth Ratio)에 대한 설명이다(PEGR 공식 : PER/연평균EPS성장률). 흔히 'PER이 낮을수록 저평가되어 있으니 투자하기 좋다'고 하지만 반대로 PER이 낮다고 해서 무조건 저평가로 단정지을 수도 없다. 공식을 보면 PEGR값이 작은 기업이 더 저평가되어 있다고 하는 것이 맞다. PER이 높은 기업이라도 고평가되었다고 피할 것이 아니라 이익성장률(이 이익성장률은 과거의 수치보다는 미래의 성장률을 추정하는 것이 좋다)이 그만큼 높으면 매수할 가치가 있고, 아무리 PER이 낮은 기업이라도 저평가되었다고 생각할 것이 아니라 이익성장률이 너무 지체된다면(slow) 매수할 가치가 없으니 투자 시 PEGR을 참조하여야 한다. 즉, 투자의 관점에서 저PER주가 아닌 저PEGR주를 찾아야 한다.

11   정답 ④

예수금, 선수수익, 선수금은 유동부채이다. **미수수익, 선급비용, 선급금, 미수금은 자산계정이다.** 참고로 배당건설이자는 자본조정항목이다.
(자주 출제되므로 자산·부채를 확실히 구분할 수 있어야 한다.)

※ 배당건설이자

배당건설이자란 개업 전에 주주에게 배당한 건설이자를 말한다. 사업상 거대한 건설설비를 필요로 하는 철도·운하·전력 등과 같은 공공적 성격을 띤 사업은 개업하기 전까지는 장기간의 시간을 소요하게 되고 그 기간 동안은 이익배당도 할 수 없기 때문에 주주의 모집은 물론 회사의 설립도 곤란하게 된다. 따라서 상법은 회사가 목적으로 하는 사업의 성질에 따라 회사 성립 후 2년 이상 그 영업의 전부를 개업할 수 없다고 인정되는

때에는 정관에 규정하고 법원의 인가를 받음으로써 일정한 주식에 대하여 그 개업 전의 일정기간 내에 일정한 이자를 주주에게 배당할 수 있음을 규정하고 있다. **기업회계기준에서는 대차대조표상의 자본계정 중 자본조정계정에 표시하도록 되어 있으며** 배당건설이자의 상각액은 이익잉여금처분항목으로 처리하도록 규정하고 있다.

12　　　　　　　　　　　　　　　 정답 ②

주가가 이동평균선으로부터 너무 멀리 떨어져 있을 때는 회귀(convergence) 변화가 일어난다.

13　　　　　　　　　　　　　　　 정답 ①

되돌림(retracement) 현상을 이용한 포지션 구축전략이다. 포지션 매수시점은 **새로운 추세의 25% 지점에서 결정**되며, 매도시점은 예상되는 새로운 추세의 **75% 지점**이다. 즉 천정과 바닥을 잡으려는 노력보다는 전체 추세움직임의 **1/2만의 수익**을 취하고자 하는 전략이다.

14　　　　　　　　　　　　　　　 정답 ③

ADL과 ADR은 상승종목수와 하락종목수로 구한다. ADL(Advance Decline Line)은 등락주선이라고 하며 시장의 자금이 어느 정도 주식시장으로 유입되고 있는지 아니면 유출되고 있는지를 판단하는 지표이다. **상승종목수에서 하락종목수를 빼서** 매일 누적할 경우 상승종목수가 상대적으로 많으면 시장 내부의 자금유입이 활발함을 의미하고, 하락종목수가 상대적으로 많으면 자금유출이 있다고 분석한다. ADR(Advance Decline Ratio)은 이를 비율로 전환한 것이다.

OBV(On Balance Volume)선은 **거래량 지표**로서, 거래량은 주가에 선행한다는 전제하에 주가가 전일에 비하여 상승한 날의 거래량 누계에서 하락한 날의 누계를 차감하여 이를 매일 누적적으로 집계하여 도표화한 것이다.

(OBV는 자주 출제되고 수험생이 ADL과 혼동하기 쉽다.)

15　　　　　　　　　　　　　　　 정답 ③

매집국면(강세1국면) – 상승국면(강세2국면) – 과열국면(강세3국면) – **분산국면(약세1국면)** – 공포국면(약세2국면) – 침체국면(약세3국면) 중에서 이 내용은 분산국면(약세1국면)을 설명한 것이다.

16　　　　　　　　　　　　　　　 정답 ③

공모발행 시 50인 산출기준에서 전문가와 연고자는 제외하므로 **발행인에게 회계 자문 등의 용역을 제공하는** 변호사나 공인회계사, 세무사, 변리사, 감정인 등은 제외된다. (기출문항)

※ 자본시장법 시행령

제11조(증권의 모집·매출) ① 법 제9조 제7항 및 제9항에 따라 50인을 산출하는 경우에는 청약의 권유를 하는 날 **이전 6개월 이내에 해당 증권과 같은 종류의 증권에 대하여 모집이나 매출에 의하지 아니하고 청약의 권유를 받은 자를 합산한다.** 다만, 다음 각 호의 어느 하나에 해당하는 자는 **합산 대상자에서 제외한다.**

1. 다음 각 목의 어느 하나에 해당하는 **전문가**
   가. 전문투자자
   나. (삭제)
   다. 「공인회계사법」에 따른 회계법인
   라. 신용평가회사
   마. **발행인에게 회계, 자문 등의 용역을 제공하고 있는** 공인회계사·감정인·변호사·변리사·세무사 등 공인된 자격증을 가지고 있는 자
   바. 그 밖에 발행인의 재무상황이나 사업내용 등을 잘 알 수 있는 전문가로서 금융위원회가 정하여 고시하는 자
2. 다음 각 목의 어느 하나에 해당하는 **연고자**
   가. 발행인의 최대주주와 발행주식 **총수의 100분의 5 이상을 소유한 주주**
   나. 발행인의 임원 및 「근로복지기본법」에 따른 **우리사주조합원**
   다. 발행인의 계열회사와 그 임원
   라. 발행인이 주권비상장법인(주권을 모집하거나 매출한 실적이 있는 법인은 제외한다)인 경우에는 그 주주
   마. 외국 법령에 따라 설립된 외국 기업인 발행인이 종업원의 복지증진을 위한 주식매수제도 등에 따라 국내 계열회사의 임직원에게 해당 외국 기업의 주식을 매각하는 경우에는 그 국내 계열회사의 임직원
   바. 발행인이 설립 중인 회사인 경우에는 그 **발기인**
   사. 그 밖에 발행인의 재무상황이나 사업내용 등을 잘 알 수 있는 연고자로서 금융위원회가 정하여 고시하는 자

17　　　　　　　　　　　　　　　 정답 ①

증권의 상장은 발행인의 신청에 의한 상장만 가능하다. 하지만 **상장폐지는 발행인의 신청에 의한 상장폐지와 거래소의 직권에 의한 상장폐지가 있다.**

※ 상장의 종류

1) **신규상장** : 유가증권시장 또는 코스닥시장에 상장되지 않은 종목의 증권을 처음 상장하는 것(※ **신주상장**과 구별할 것)
2) **재상장** : 유가증권시장에서 상장이 폐지된 보통주권 또는 채무증권을 다시 상장하거나 보통주권 상장법인의 분할, 분할합병, 합병으로 설립된 법인의 보통주권을 상장하는 것 / 코스닥시장 상장법인의 분할, 분할합병 또는 합병으로 설립된 법인이 발행한 주식을 코스닥시장에 상장하는 것
3) **우회상장** : 유가증권시장에서 합병, 주식의 포괄적 교환, 영업 또는 자산의 양수, 현물출자 등과 관련하여 주권상장법인의 경영권이 변동되고 주권비상장법인의 지분증권이 상장되는 효과가 있는 것 / 코스닥시장에서 합병, 주식의 포괄적 교환, 영업양수, 자산양수, 현물출자 등과 관련하여 코스닥시장 상장법인 또는 유가증권시장 주권상장법인이 아닌 법인의 지분증권이 코스닥시장에 상장되는 효과가 있는 것
4) **합병상장** : 유가증권시장에서 기업인수목적회사와 주권비상장법인의 합병에 따라 주권을 상장하는 것 / 코스닥시장에서 기업인수목적회사와 코스닥시장 상장법인이 아닌 법인의 합병에 따라 주식을 상장하는 것
5) **추가상장** : 상장법인이 자본금, 사채액, 신탁원본액 등의 증가에 따라 이미 상장되어 있는 증권과 같은 종목의 증권을 새로 발행하여 이를 상장하는 것
6) **변경상장** : 상장증권의 종류, 종목명, 액면금액, 수량 등을 변경하여 상장하는 것

18 　　　　정답 ②

SPAC 상장은 주로 **우량한 비상장기업을 인수합병대상으로** 한다. SPAC 회사는 기업공개(IPO)를 통해 자본을 모아서 주식시장에 먼저 상장한 후, 비상장 주식회사 중에서 유망한 기업을 합병하여 주식시장에 들어올 수 있게 하는 것이다. 결국 SPAC 상장을 통하여 비상장기업은 SPAC이 보유한 자금으로 공모자금조달효과를 낼 수 있다.

※ 스팩주

SPAC은 Special Purpose Acquisition Company의 약자로 스팩주는 오로지 기업 인수만을 목적으로 하는 페이퍼컴퍼니의 주식을 뜻한다. SPAC은 투자자로부터 조달한 자금으로 다른 기업을 인수합병(M&A)하여 **비상장 주식회사가 주식시장에 상장되도록** 만드는 것을 목표로 한다.

※ 우회상장(back-door listing)

증권시장에 상장되어 있지 않은 기업이 정식 상장절차를 거치지 않고 증권시장에 바로 상장되는 것을 뜻하며 영어로는 '백도어 리스팅(back-door listing)'이라고 한다. 비상장기업이 상장을 위한 심사나 공모주청약 등의 정식 절차를 거치지 않고 우회적인 방법을 통해 증권거래소나 코스닥시장 등 증권시장

에 진입해 사실상의 상장 효과를 누리는 행위를 말한다.

우회상장은 크게 기업합병, 포괄적 주식교환, 영업양수도, 자산양수, 현물출자의 방법으로 이뤄진다. 이 가운데 증권시장에 상장되어 있는 기업과의 합병을 통한 우회상장이 대표적인 방법이다.

기업합병에 의한 우회상장은 비상장기업이 상장기업의 최대주주 지분과 경영권을 넘겨받아 최대주주 지위를 확보하고, 합병을 결의한 후 상장기업이 합병의 대가로 비상장기업의 주주에게 상장주식을 발행하는 방식이다.

포괄적 주식교환은 비상장기업 주주들이 상장기업에 그들의 지분을 모두 넘겨주고, 그 대가로 상장기업의 신주를 받음으로써 상장효과를 얻게 되는 방식이다. 비상장기업이 상장기업의 완전자회사가 되는 경우이다.

영업양수도 방식은 비상장기업이 그들의 영업 및 관련 자산·부채를 모두 상장기업에 넘겨주고 영업양도 대가를 받은 후 해산했다가 이후에 상장기업의 신주발행에 참여해 상장기업의 주주가 되면서 우회상장이 이루어진다.

우회상장은 상장요건을 충족시키기에는 미흡하지만 성장성이 높고 재무적으로 우량한 비상장기업에 자본조달의 기회를 주려는 취지로 도입된 제도이다. 그러나 우회상장에 대한 심사가 허술할 경우 자격미달의 부실기업이 쉽게 자본시장에 진입하여 투자자들이 피해를 보는 사례가 발생하기도 한다.

19 　　　　정답 ③

주요사항보고서, 분기보고서는 유통시장공시이다.

증권신고서, 투자설명서, 증권발행실적보고서는 **발행시장 공시사항**이다. 사업보고서, 반기보고서, 분기보고서와 주요사항보고서, 자기주식취득·처분보고서 등은 유통시장 공시사항이다.

20 　　　　정답 ②

순서대로 동적 VI, 정적 VI, 2(분)이다. 동적VI에는 **장중에** 순간적인 수급불균형이나 주문착오 등에 대한 일시적 변동성 완화를 목적으로 하므로 **시가(장 시작 시)가** 적용되지 않는다.

※ 종목별 변동성완화장치(VI : Volatility Interruption)

• 기존의 가격제한폭만 운영하는 상황에서는 장중에 개별종목의 주가가 가격제한폭으로 변동할 때까지 순간적인 가격급변을 완화할 수 있는 장치가 미흡해 선의의 투자자 피해가 우려되었다. 따라서 종목별 변동성완화장치는 대부분의 해외거래소가 채택하고 있는 개별종목에 대한 가격안정화 장치로서, 주문실수, 수급 불균형 등에 의한 일시적 주가급변 시 **단기간의 냉각기간(2분의 단일가매매)을 부여**하여 시장참가자로 하여금 주가급변 상황에 대해 **주의를 환기시킴으로써** 가격급변을 완화하도록 하기 위한 제도이다.

- 변동성완화장치 유형
  - 동적 VI : 특정 호가에 의한 순간적인 **수급 불균형이나 주문착오** 등으로 야기되는 일시적 변동성 완화
  - 정적 VI : 특정 단일호가 또는 여러 호가로 야기되는 누적적이고, 보다 장기간의 가격변동 완화
- 발동 시 처리 방법
  동적 VI·정적 VI 모두 동일하게 발동 시 **2분간 단일가매매** 호가접수 및 체결(접속매매는 단일가매매로 전환, 단일가매매 시간대는 단일가매매 시간 연장)
- 적용 시간
  - 동적VI : **접속매매, 종가단일가매매, 시간외단일가매매**
  - 정적VI : **접속매매, 시가·종가단일가매매(참조가격 대비 10% 이상 변동 시 발동)**
- 적용배제 종목
  - 정리매매종목, 단기과열종목

21 　　　　　　　　　　　　정답 ②

주가지수가 전일대비 15% 이상 **하락하여** 1분간 지속되고, 동시에 1단계(8%) 서킷브레이커 발동 시점 대비 1% 이상 **추가 하락하여** 1분간 지속되어야만 2단계가 발동된다. (유가증권시장과 코스닥시장) 주가지수가 전일종 대비 각각 8%, 15%, 20% 이상 **하락**하여 1분간 지속되는 경우 발동한다. 단, 20% 이상 하락하여 발동된 경우에는 당일 장을 종료한다.

※ **주식시장의 매매거래중단제도(Circuit Breaker)** (한국거래소의 용어해설 인용)

주식시장의 매매거래중단제도(Circuit Breaker)는 증권시장의 내·외적인 요인에 의하여 주가가 **급락하는 경우** 투자자들에게 냉정한 투자판단의 시간을 제공하기 위해 시장에서의 모든 매매거래를 일시적으로 중단하는 제도로서 한국종합주가지수(KOSPI)가 직전거래일의 종가보다 **8%·15%·20% 이상 하락한 경우** 매매거래 중단의 발동을 예고할 수 있으며, **이 상태가 1분간 지속되는 경우 주식시장의 모든 종목의 매매거래를 중단하게 된다.**

한국종합주가지수가 최초로 전일종가 대비 8% 이상 하락한 경우 1단계 매매거래중단이 발동되며, 1단계 매매거래중단 발동 이후 한국종합주가지수가 전일종가 대비 15% 이상 하락하고 1단계 발동지수 대비 1% 이상 추가 하락한 경우 2단계 매매거래중단이 발동된다. 1·2단계 매매거래중단이 발동되면 **20분 동안** 시장 내 호가접수와 채권시장을 제외한 현물시장과 **연계된 선물·옵션시장도** 호가접수 및 매매거래를 중단한다. 매매거래 중단시간 중에는 신규호가의 제출은 불가능하나 매매거래 중단 전 접수한 호가에 대해 취소주문을 제출하는 것은 가능하다. **각 단계별로 발동은 1일 1회로 한정하고** 당일종가결정시간 확보를 위해 **장 종료 40분 전 이후에는 중단하지 않는다.**

한편, 2단계 매매거래중단 발동 이후 한국종합주가지수가 전일종 대비 20% 이상 하락하고, 2단계 발동지수 대비 1% 이상

추가 하락한 경우 당일 발동 시점을 기준으로 유가증권시장의 모든 매매거래를 종료하게 된다. 20% 기준에 의한 당일 매매거래중단이 발동된 경우 취소호가를 포함한 모든 호가접수가 불가능하다. **3단계 매매거래중단은 40분 전 이후에도 발동이 가능하다.**

22 　　　　　　　　　　　　정답 ③

회원은 이미 제출한 호가의 가격 또는 호가의 종류(지정가, 시장가 등)를 정정할 수 있다.

23 　　　　　　　　　　　　정답 ①

증권의 결제는 '차금결제' 방식이 아닌 '차감결제' 방식이다. '차금결제' 방식은 파생상품시장의 결제방식으로서 매일 장이 종료되고 일일정산(Mark to Market)을 하는 경우 당일차금과 갱신차금이라는 제도가 있다.

※ 우리나라의 주식결제방식은 원칙적으로 증권과 대금을 실질적으로 수수하는 '**실물결제방식**', 회원별·종목별로 매수·매도를 차감하여 잔액이나 잔량만 수수하는 '**차감결제방식**' 및 매매 당사자 간 직접 결제하지 않고 결제기구에서 집중적으로 결제하는 '**집중결제방식**'을 택하고 있다. 다만, 거래소가 정하는 종목의 경우에는 차감하지 않고 매도증권과 매수대금을 납부하게 하는 '**전량결제방식**'도 예외적으로 운용할 수 있다.

24 　　　　　　　　　　　　정답 ④

코스닥상장법인의 분할합병으로 새로운 법인이 설립된 경우는 재상장 사유이다(분할재상장, 합병재상장). 코스닥시장에서는 분할재상장 및 합병재상장만 인정하고 **일반재상장에 대한 규정은 없다.**

25 　　　　　　　　　　　　정답 ②

코스닥시장에는 일반재상장의 경우를 재상장으로 분류하지 않고 합병재상장 및 분할재상장만을 재상장으로 인정하고 있다.
① 거래소(유가증권시장/코스닥시장/코넥스시장)의 호가제도는 모두 동일하다. **참고로 주가가 2천원 미만인 경우 호가 가격단위(tick)는 1원이다(기출).**
③ 사이드카(side car)제도는 **코스닥150지수선물** 가격이 기준가격 대비 6% 이상 상승(또는 하락)하고 **코스닥150지수의 수치**가 직전 매매거래일의 최종수치 대비 3% 이상 상승(또는 하락)하여 동시에 1분간 지속되는 경우 해당 시점부터 5분간 접수된 프로그램매매 매수호가(또는 매도호가)의 효력을 정지하는 것이다.
④ 기술성장기업에 대해서는 '**주식분산요건**'은 있지만 경영성과요건 및 자기자본이익률 요건을 적용하지 않는 특례가 있다.

정답 및 해설

• 프로그램매매호가의 효력정지(SIDE CAR제도)
(1) **코스닥150선물** 가격이 기준가격 대비 6% 이상 상승(또는 하락)하고 **코스닥150지수**의 수치가 직전 매매거래일의 최종수치 대비 3% 이상 상승(또는 하락)하여 동시에 1분간 지속되는 경우 해당 시점부터 5분간 접수된 프로그램매매 매수호가(또는 매도호가)의 효력을 정지한다(※ **코스닥150선물**과 **코스닥150지수**는 다르다. 유가증권의 SIDE CAR 요건보다 강화되어 있으므로 차이점을 비교하여야 한다).
(2) 호가의 효력이 정지된 프로그램매매호가의 경우 그 효력정지시간 동안에는 당해 호가에 대한 취소 및 정정호가의 효력도 정지된다.
(3) 프로그램매매호가의 효력정지 개시 후 5분 동안 접수된 프로그램매매호가는 효력정지 개시 후 5분이 경과한 때에 접수순에 따라 가격결정에 참여한다.

26
정답 ③

거래소는 일정기준에 해당하는 **소수계좌 거래집중종목** 등 투기적이거나 불공정거래 개연성이 있는 종목을 투자주의종목으로 지정한다. 이는 일반투자자의 뇌동매매를 방지하고 잠재적 불공정 행위자에 대한 경각심을 고취시키기 위함으로, **지정예고 없이 1일간 지정되며 익일 자동해제된다**(기출내용이므로 주요 키워드를 잘 파악하여야 한다).

27
정답 ①

(우리나라 입장에서 자국표시통화의 의미인) 아리랑 본드이며 (우리나라 입장에서 외화표시인) 외국채에 해당한다.
※ 아래 구분표는 기본서(1권 p346) 내용을 재정리한 것이므로 잘 파악하여야 한다.

발행국가	비거주자가 발행	채권 명칭	국제채의 구분
한 국	원화표시	아리랑본드	외국채
	외화표시	김치본드	유로본드
미 국	미화표시	양키본드	외국채
	미화 제외 외국통화표시		유로본드
중국(본토)	위안화	판다본드	외국채
홍 콩	**위안화**	**딤섬본드**	**유로본드**
일 본	엔화표시	사무라이본드	외국채
	엔화제외 외화표시	쇼군본드 (게이샤본드)	유로본드
영 국	파운드 표시	불독본드	외국채

28
정답 ③

표면이자율이 낮을수록 (듀레이션이 길어지면서) 동일한 수익률 변동에 대한 채권가격 변동폭은 커진다. 이자를 포함한 현금흐름분포 중에서 장기 비중이 클수록, 이표이자가 낮을수록 할인의 승수효과 때문에 가격변동폭이 커진다. 이는 여타조건이 동일할 경우 **표면이자율이 낮은 채권이 보다 높은 매매차익을 얻기에 유리함을 의미한다.**
예를 들어 표면이자율이 8%인 채권의 수익률이 12%에서 8%로 변할 때와, 표면이자율이 12%인 채권의 수익률이 역시 동일하게 12%에서 8%로 변할 때는, 낮은 이표채인 8% 이표채 채권의 가격변동(이 경우 채권가격의 상승)의 비율이 12% 이표채보다 약간 더 높게(비싸게) 나온다.

29
정답 ②

$$채권매매가격 = \frac{10,000}{1+0.04 \times \dfrac{73}{365}} = 9,920원$$

30
정답 ④

'수의상환채권(callable bond)'의 상환권(옵션)이 채권발행자에게 부여된 것이다. 수의상환청구채권(putable bond)은 투자자에게 상환청구권(옵션)이 있다.
수의상환청구채권의 수의상환청구권은 시중금리가 상승할수록 (옵션)행사 가능성이 커진다. 다른 조건이 같다면 수의상환청구채권의 가치는 일반 채권의 가치보다 크다. 금리가 하락할수록 수의상환권의 가치는 커진다.

31
정답 ②

채권의 만기수익률이 1%포인트 상승할 경우 채권가격은 3.14%로 하락하고 수정듀레이션이 3.22일 경우
$$채권가격변동률 = -D \times (이자의\ 변동률) + (\frac{1}{2} \times 볼록성 \times 이자의\ 변동률의\ 제곱)이므로,$$
$$-0.0314 = -3.22 \times (+0.01) + \frac{1}{2} \times 볼록성 \times (0.01 \times 0.01)$$
위 식에서 볼록성을 구하면 16이 나온다.

32 정답 ③

패리티 $= \dfrac{\text{주식의 시장가격}}{\text{전환가격}} \times 100$ 이므로,

현재 주식의 시장가격 = 2,000원

전환가격은 전환비율이 100%이고 채권의 액면가격 = 20,000에 대한 전환주수가 5주이므로

한 주당 $\dfrac{20,000}{5} = 4,000$원이다.

(이 상태에서는 CB를 가진 투자자는 전환할 이유가 없다.)

따라서 패리티 $= \dfrac{\text{주식의 시장가격}}{\text{전환가격}} \times 100$ 에서 $\dfrac{2,000}{4,000} \times 100 = 50\%$

이 문제에서 액면전환(20,000원)이므로 CB의 유통가격 15,000원은 관련성이 없다.

33 정답 ②

담보자산이 발행기관의 회계장부상 그대로 남아있으므로 on-balance의 특징을 가진다. 즉 spc가 개입하지 아니한다.

Covered Bond는 주로 금융기관(국내은행, 주택금융공사 등)이 가지고 있는 자산 중 주택담보대출, 국채, 선박, 항공기 등 **안정적인 담보자산을 기초**로 발행하는 채권을 말한다. 투자자는 '이중상환청구권(Dual Recourse)'을 보유하는데 일차적으로 발행기관에 대해 청구권을 가지며, 추가적으로 제공된 담보자산(Covered Pool)에 대한 우선적 청구권까지도 보장받는다. 이중적 담보이므로 매우 저금리로 자금조달이 가능하다.

커버드본드의 이중상환청구권으로 인해 커버드본드의 신용등급은 일반적으로 발행은행의 자체 신용도보다 높게 부여된다. 국내에서는 이미 대부분 은행의 신용등급이 AAA이므로 커버드본드가 국내 발행되는 경우 신용등급 상향보다는 발행금리를 낮추는 형태가 될 것이다.

> **(언론보도 내용 2025. 2. 24)**
> **커버드본드는 은행 등 금융회사가 주담대, 국·공채 등 우량 자산을 담보로 발행하는 채권이다.** 이 채권을 통해 조달한 자금은 장기 고정금리 주담대(주택담보대출) 공급에 주로 활용된다. 금융 당국은 주금공의 지급 보증을 강화해 **은행의 커버드본드 발행을 독려하기로 했다.** 금융위에 따르면 주금공의 지급 보증을 받은 신용등급 AAA인 은행이 발행한 커버드본드의 금리는 동일 만기 은행채에 비해 0.05~0.21%포인트 가량 낮다. 조달 금리가 낮아지면 해당 상품의 금리도 떨어지게 되는데, 이를 통해 은행 장기 고정금리 주담대 공급을 늘리는 것이 목표다.
> 금융 당국이 장기 고정금리 주담대를 늘리려는 것은 금리 상승에 따른 **대출자의 이자 부담을 줄이기 위해서다.** 그러나 시중 은행의 고정금리 주담대 비중은 낮은 상태다. KB국민·신한·하나·우리 등 4대 은행의 지난해 말 기준 고정금리 주담대 비중은 평균 21.45%로, 금융 당국의 권고치인 30%를 밑돌고 있다. 금융 당국은 지난해 4월 은행 자체 주담대 중 만기 5년

이상의 순수 고정 또는 주기형(금리 변동 주기가 5년 이상) 비중을 30% 이상으로 높일 것을 주문했다.

34 정답 ②

매매거래정지를 수반한 조회공시의 경우에는 요구시점과 관계없이 다음날 오후 6시까지 답변할 수 있다(코넥스상장기업의 조회공시는 유가증권시장과 코스닥시장의 조회공시의 요건과 동일하다). 코넥스 시장의 불성실공시 지정사유에는 '공시불이행', '공시번복' 만 적용한다. **'공시변경'은 적용하지 아니한다.** 그러나 유가증권시장과 코스닥시장에서는 불공정공시의 유형에 '공시변경(기 공시한 내용의 중요한 사항을 변경하여 공시하는 경우)'을 따로 두고 있다.

35 정답 ④

최근 2년간 불성실공시법인으로 지정된 횟수가 6회 이상인 경우 **등록해제** 요건에만 해당한다. 왜냐하면 **지정법인은 K-OTC시장에서 공시의무가 없으므로** 불성실공시법인 지정대상이 아니다. 다만, 지정법인이 사업보고서, 반기보고서를 법정제출기한까지 금융위원회에 제출하지 않은 경우 매매거래정지, 투자유의사항안내, 지정해제(일정한 요건 해당 시) 등의 조치를 하고 있다. 또한 지정법인은 기업의 신청절차 없이 협회가 그 발행주권을 K-OTC시장 거래종목으로 지정하므로 **지정법인의 신청을 통한 해제절차는 없다.**

※ 참고로 K-OTC 관련 등록 및 지정해제 사유가 자주 출제되므로 아래 사항을 익힌다.

• K-OTC 등록 또는 지정해제 사유
  1. 발행한 어음 또는 수표가 거래은행에 의하여 최종부도로 결정되거나 거래은행과의 거래가 정지된 경우
  2. 최근 사업연도말을 기준으로 자본전액잠식 상태인 경우. 다만, 결산기 정기공시서류의 제출기한까지 협회장이 정하는 바에 따라 자본전액잠식 상태를 해소하였음이 확인된 경우는 제외
  3. **최근 사업연도 매출액이 1억원 미만이거나 최근 2개 사업연도에 연속하여 매출액이 5억원(크라우드펀딩 특례 적용 기업의 경우 3억원) 미만인 경우**
  4. 최근 사업연도의 재무제표에 대한 감사인의 감사의견이 부적정, 의견거절이거나 최근 2개 사업연도에 연속하여 감사범위제한으로 인한 한정인 경우
  5. 주된 영업이 6개월 이상 정지되어 잔여사업 부문만으로는 실질적인 영업을 영위하기 어렵거나 **영업의 전부가 양도되는 경우**
  6. 「채무자 회생 및 파산에 관한 법률」에 따른 법원의 회생 절차개시신청 기각, 회생절차개시결정 취소, 회생계획불인가 및 회생절차폐지 결정이 있는 경우. 다만, 「채무자

「회생 및 파산에 관한 법률」 제287조에 따른 회생절차폐지
의 경우에는 적용하지 않음
7. 정기공시서류 제출과 관련하여 다음 각 목의 어느 하나에
해당하는 경우
　가. 결산기 정기공시서류를 제출기한까지 제출하지 아니
　　　한 후 제출기한의 다음 날부터 30일 이내에 제출하지
　　　아니한 경우
　나. 반기 정기공시서류를 최근 4개 사업연도에 1회 이상 제
　　　출기한까지 제출하지 아니한 법인이 최근 반기에 반기
　　　정기공시서류를 제출기한까지 제출하지 아니한 후 제출
　　　기한의 다음 날부터 15일 이내에 제출하지 아니한 경우
8. **증권시장에 상장되는 경우**

금융상품 및 직무윤리(30문항)

36　　　　　　　　　　　　　　　　　　　정답 ③
중개형의 경우 증권회사가 취급하므로 (은행이 아니므로) 예금상
품은 불가능하다. 예금도 포함하려면 신탁형을 선택해야 한다.

37　　　　　　　　　　　　　　　　　　　정답 ③
ELF는 펀드이고 발행주체는 운용사이기 때문에 제시수익의 보장
은 할 수 없다.

38　　　　　　　　　　　　　　　　　　　정답 ③
ELW(주식워런트증권)거래의 위험성으로 인하여 주식거래와 달리
개인투자자에 대한 **기본예탁금제도가** 있다.
ELW의 결제는 2일결제(T+2)로서 통상의 주식의 결제방법과 동일
하므로 거래성립일로부터 기산하여 2일째 되는 날에 ELW와 매매
대금의 수수를 하게 된다. ELW는 예탁기관에 전부 예탁되어 있으
므로 증권회사 간 계좌 대체를 통하여 ELW의 수도가 이루어지게
된다.
또한, ELW는 **사실상 옵션의 성격을 가지므로** 높은 가격변동성에
따른 담보가치 급락 가능성으로 **대용증권 지정에서 제외되며 신용
거래를 허용하지 아니한다.** (ELW는 매우 낮은 수준으로 가격이
형성되는 당해 증권의 성격을 감안하여 **10주 단위로 거래**되며, 또
한 가격범위와 무관하게 호가가격은 **5원 단위**로 일괄 적용된다.)

39　　　　　　　　　　　　　　　　　　　정답 ④
ETF의 상장이 폐지되는 경우, 폐지일로부터 10일 이내에 ETF를
해지하거나 해산하여야 하며 그 해지일이나 해산일로부터 7일 이
내에 금융위원회에 보고하여야 한다.

40　　　　　　　　　　　　　　　　　　　정답 ③
종류형집합투자기구란 집합투자기구에 부과되는 보수나 수수료의
차이로 인하여 기준가격이 다른 수종의 집합투자증권을 발행하는
집합투자기구를 말한다. 통상 멀티클래스펀드(Multiple-Class Fund)
라고 한다.
※ 종류형펀드의 비용부담 등
판매보수, 판매수수료를 제외하고는 각 종류의 집합투자증권
별로 비용은 같도록 해야 한다. 판매회사가 종류형집합투자증
권을 판매하는 경우 판매보수나 판매수수료가 다른 여러 종류
의 집합투자증권이 있다는 사실과 각 종류별 집합투자증권 간
의 차이를 설명해야 한다.

41　　　　　　　　　　　　　　　　　　　정답 ②
가), 나) 두 개는 옳지 않다.
가) 자본시장법상 ELW(주식워런트증권)는 증권이며 주식옵션은
　　파생상품이다.
나) 의무이행자는 ELW는 발행자이며 주식옵션은 **포지션매도자이다.**

42　　　　　　　　　　　　　　　　　　　정답 ②
하나의 자산집단은 다른 자산집단과 **상관관계가 낮아서** 분산투자
시 위험의 감소효과가 충분하게 발휘될 수 있는 통계적인 속성을
지녀야 한다. 자산집단은 (1) 분산 가능성(diversification), (2) 독
립성(degree of independence)을 갖추어야 한다.
자산 포트폴리오에 공통된 위험을 체계적 위험(systematic risk)
이라고 한다. 즉, 분산투자의 종목수를 무한대로 늘려도 줄어들지
아니하는 시장고유의 위험을 말한다.

43　　　　　　　　　　　　　　　　　　　정답 ③
최빈값(mode)은 위험의 크기를 측정하는 수단이 아니다.

44　　　　　　　　　　　　　　　　　　　정답 ③
지배원리(dominance principle)이다. 이 지배원리에 의하여 **효율
적 증권들을 선정**하며, 최종적으로 이들 효율적 증권 중에서 투자
자의 위험성향(보수적/공격적)을 나타내는 효용함수와 접하는 증
권을 최적증권으로 선정한다.

45　　　　　　　　　　　　　　　　　　　정답 ④
전술적 자산배분전략은 기본적으로 **역투자전략**이므로 시장가격이
내재가치 대비 고평가되면 매도하고, 시장가격이 지나치게 하락하
여 내재가치보다 낮게 형성되었을 때는 매수하는 전략이다.

46   정답 ④

시간가중 수익률(time-weighted rate of return)은 각 세부기간별 수익률을 곱하여 연결하는 방법으로 기하적 연결(geometric linking)이라고 한다. (47번 문제 참고)
(2025 기본서 2권이 개정되면서 추가된 내용이다. 내용이 어려울 수 있으므로 기본서(p135~138)도 참고하면 좋다.)

47   정답 ④

1기의 수익률 : $\frac{(1,000 + 60,000)}{50,000} - 1 = 22.00\%$

2기의 수익률 : $\frac{(1,500 + 160,000)}{120,000} - 1 = 34.58\%$

따라서 시간가중수익률로 총수익률은
$(1 + 0.22)(1 + 0.3458) - 1 = 0.6419$ (64.19%)
이렇게 각 세부기간별 수익률을 곱하여 연결하는 방법을 기하적 연결(geometric linking)이라고 한다. (개정내용이므로 기본서 (p135~138)를 참고하면 좋다.)

48   정답 ①

전술적 자산배분에 있어서 실행도구의 하나인 포뮬러 플랜(formula plan)에 대한 내용이다. 포뮬러 플랜의 기본원리는 그 유형에 따라 다소의 차이가 있지만 기본적으로 주가가 하락하면 일정한 기준에 따라 주식을 매입하고 반대로 주가가 상승하면 일정한 기준에 따라 주식을 매각함으로써 주가변동에서 차익의 일부를 얻는 것이다.
첫째, 투자자금을 공격적 부분과 방어적 부분으로 나누고 공격적 부분의 투자자금은 주로 주식을 투자대상으로 삼아 투자하고 방어적 부분의 투자자금을 주로 채권을 투자대상으로 삼아 투자하는 것이다. 둘째, 증권의 자동적이고 기계적인 매매를 하기 위하여 **일정한 규칙을 채택해야 한다.** 즉 주가의 상승과 하락을 판단하는 일정한 기준치를 미리 결정하고 주가의 변동시세가 이 기준치에 이르면 매매행동을 결정한다. 셋째, 투자자금의 운용자는 어떠한 경우에도 **미리 정하여진 매매행동 계획**에 기준을 두고 투자행동을 한다.

49   정답 ③

금융소비자가 방문판매를 **스스로 요청하는 경우**에는 개인정보 취득경로를 안내하지 않아도 된다. 방문판매(전화판매 포함) 시 요청하지 아니한 상품에 대한 투자권유금지로서 장외파생상품은 일반 금융소비자는 물론 전문금융소비자에게도 장외파생상품은 투자권유할 수 없다.

※ **금융소비자에게 전화 또는 자택이나 직장 등 방문판매 시 부당권유행위 금지**
투자성 상품에 대하여 금융상품판매업자등이 계약의 체결권유를 하기 전에 금융소비자의 연락처 등 개인정보의 취득경로, 권유하려는 금융상품의 종류·내용 등 금융소비자에게 미리 안내하고 해당 금융소비자가 계약의 체결권유를 받을 의사를 표시한 경우에는 방문판매 등이 가능하다. 그러나 아래의 금융상품은 고객이 요청하지 않은 경우 사전안내할 수 없다.
가. 전문금융소비자의 경우 : 장외파생상품을 투자권유(사전안내)할 수 없다.
나. 일반금융소비자의 경우 : 장외파생상품, 장내파생상품, 일반 사모집합투자기구의 집합투자증권, 고난도금융투자상품, 고난도투자일임계약 및 고난도금전신탁계약을 투자권유(사전안내)할 수 없다.
다만, 고객이 금지상품을 원하는 경우에는 권유를 요청하였음을 '방문판매 요청확인서'에 표시하여 수령하는 방식 등으로 확인서를 받은 후 방문판매 등의 절차를 진행할 수 있다.

※ **금융소비자보호법 제21조의2(방문판매 및 전화권유판매 관련 준수사항)**
① 금융상품판매업자등은 서면, 전자문서 또는 구두에 의한 방법으로 다음 각 호의 사항을 일반금융소비자에게 알려야 한다.
　1. 일반금융소비자가 금융상품판매업자등에 대하여 금융상품을 소개하거나 계약 체결을 권유할 목적으로 **본인에게 연락하는 것을 금지하도록 요구할 수 있다는 사항**
　2. 제1호에 따른 권리의 행사방법 및 절차
② 금융상품판매업자등은 일반금융소비자가 제1항 제1호의 요구를 하면 즉시 이에 따라야 한다.
③ 금융상품판매업자등은 금융상품을 소개하거나 계약 체결을 권유할 목적으로 **야간(오후 9시 이후부터 다음 날 오전 8시까지를 말한다)**에 금융소비자를 방문하거나 연락하여서는 아니 된다. **다만, 금융소비자가 요청하는 경우에는 제외한다.**

50   정답 ①

회사는 **하나 이상의 자산배분유형군을 마련하여야 하며, 하나의 자산배분유형군은 둘 이상의 세부자산배분유형으로 구분하여야 한다.** 다만, 투자일임계약에 있어 투자자의 자산을 개별적으로 1:1로만 운영하는 경우는 자산배분유형군이나 세부자산배분유형을 마련하지 않아도 된다.
▶ 자산배분유형군은 "동일자산 간(예 주식)" 또는 "이종자산 간(예 주식·채권)"으로 구성할 수 있음
▶ 주식으로만 구성된 자산배분유형군도 가능하지만, 둘 이상의 세부자산배분유형이 있어야 하며, 세부자산배분유형 간 변동성이나 종목의 특성, 분산투자 효과 등에서 유의미한 차이가 있어야 함

► 다만, 투자자의 자산을 개별적으로 1:1로만 운영하는 경우(특정증권 등의 취득과 처분을 각 계좌재산의 일정 비율로 정한 후 여러 계좌의 주문을 집합하지 않는 경우)는 자산배분유형군이나 세부자산배분유형을 마련하지 않아도 됨. 다만, 이 경우에도 분류된 투자자 유형에 적합하게 운용해야 함

51 정답 ④

80세 이상의 초고령자에게 투자권유 유의상품의 판매가 허용되는 경우에는 가족 등의 조력을 **받을 수 있도록 안내하여야 하고** 해피콜을 통하여 사후 모니터링을 실시하여야 한다. 회사는 초고령투자자가 가족 등의 조력을 받을 수 없거나 **가족 등에게 투자사실을 밝히는 것을 원하지 않는 경우에는 가족 등을 대신하여 '관리직' 직원이 동석하여 초고령투자자를 조력할 수 있고, 초고령투자자의 상품에 대한 이해여부 등을 확인할 수 있다.**

※ 자본시장법 시행령 제68조 제5항 제2-2호

임직원 등은 65세 이상인 고령투자자를 대상으로 금융투자상품(투자자 보호 및 건전한 거래질서를 해칠 우려가 없는 것으로서 금융위원회가 정하여 고시하는 금융상품은 제외)을 판매하는 경우, 판매과정을 녹취하고 투자자가 요청하는 경우 녹취한 파일을 제공하여야 하며, 판매과정에서 2영업일 이상의 숙려기간을 부여하여야 한다.

> ### "투자권유 유의상품" 지정
> • 회사는 구조가 복잡하고 가격변동성이 크거나 환금성에 제약이 있는 금융투자상품을 "투자권유 유의상품"으로 지정하고, 지정 금융투자상품을 권유하는 경우 강화된 판매절차를 적용하여야 한다.
> ► "투자권유 유의상품"으로 영 제3조의3에 따른 **고난도금융투자상품, 고난도금전신탁계약, 고난도투자일임계약 등 장외에서 거래되는 금융투자상품**을 들 수 있음
>   - 예 파생결합증권, 장외파생상품, 구조화증권, 조건부자본증권, 후순위증권 및 이들 상품에 주로 투자하는 금융투자상품 등
> ► 일반적으로 거래소시장 또는 이와 유사한 외국의 시장에 상장되어 빈번히 거래되는 금융투자상품은 구조가 복잡하고, 가격변동성이 크더라도 상품이 널리 주지되어 있고 시시각각 가격변동에 따른 거래의 필요성도 존재하는 점을 고려하여 "투자권유 유의상품"으로 지정하지 아니할 수 있음
>   - 상장된 상품도 빈번히 거래되지 않는 상품(예 상장된 깊은 외가격 옵션, 구조화증권 등)은 "투자권유 유의상품"으로 지정하는 것이 바람직할 것임

52 정답 ①

대출성 상품에 관한 계약체결과 관련하여 금융소비자의 의사에 반하여 다른 금융상품의 계약체결을 강요하는 행위는 불공정영업행위에 속한다.

※ 금융소비자보호법 제20조(불공정영업행위의 금지)
① 금융상품판매업자등은 우월적 지위를 이용하여 금융소비자의 권익을 침해하는 다음 각 호의 어느 하나에 해당하는 행위(이하 "불공정영업행위"라 한다)를 해서는 아니 된다.
1. 대출성 상품, 그 밖에 대통령령으로 정하는 금융상품에 관한 계약체결과 관련하여 금융소비자의 의사에 반하여 다른 금융상품의 계약체결을 강요하는 행위
2. 대출성 상품, 그 밖에 대통령령으로 정하는 금융상품에 관한 계약체결과 관련하여 부당하게 담보를 요구하거나 보증을 요구하는 행위
3. 금융상품판매업자등 또는 그 임직원이 업무와 관련하여 편익을 요구하거나 제공받는 행위
4. 대출성 상품의 경우 다음 각 목의 어느 하나에 해당하는 행위
   가. 자기 또는 제3자의 이익을 위하여 금융소비자에게 특정 대출 상환방식을 강요하는 행위
   나. 1)부터 3)까지의 경우를 제외하고 수수료, 위약금 또는 그 밖에 어떤 명목이든 중도상환수수료를 부과하는 행위
      1) 대출계약이 성립한 날부터 3년 이내에 상환하는 경우
      2) 다른 법령에 따라 중도상환수수료 부과가 허용되는 경우
      3) 금융소비자 보호 및 건전한 거래질서를 해칠 우려가 없는 행위로서 대통령령으로 정하는 경우
   다. 개인에 대한 대출 등 대통령령으로 정하는 대출상품의 계약과 관련하여 제3자의 연대보증을 요구하는 경우
5. 연계·제휴서비스등이 있는 경우 연계·제휴서비스등을 부당하게 축소하거나 변경하는 행위로서 대통령령으로 정하는 행위. 다만, 연계·제휴서비스등을 불가피하게 축소하거나 변경하더라도 금융소비자에게 그에 상응하는 다른 연계·제휴서비스등을 제공하는 경우와 금융상품판매업자등의 휴업·파산·경영상의 위기 등에 따른 불가피한 경우는 제외한다.
6. 그 밖에 금융상품판매업자등이 우월적 지위를 이용하여 금융소비자의 권익을 침해하는 행위

※ 금융소비자보호법 제21조(부당권유행위 금지)
금융상품판매업자등은 계약 체결을 권유(금융상품자문업자가 자문에 응하는 것을 포함)하는 경우에 다음 각 호의 어느 하나에 해당하는 행위를 해서는 아니 된다. 다만, 금융소비자 보호 및 건전한 거래질서를 해칠 우려가 없는 행위로서 대통령령으로 정하는 행위는 제외한다.

1. 불확실한 사항에 대하여 **단정적 판단을 제공하거나** 확실하다고 오인하게 할 소지가 있는 내용을 알리는 행위
2. 금융상품의 내용을 **사실과 다르게 알리는 행위**
3. 금융상품의 가치에 중대한 영향을 미치는 사항을 **미리 알고 있으면서 금융소비자에게 알리지 아니하는 행위** (← 이는 설명의무 위반에 해당하기도 한다.)
4. 금융상품 내용의 일부에 대하여 **비교대상 및 기준을 밝히지 아니하거나 객관적인 근거 없이 다른 금융상품과 비교하여 해당 금융상품이 우수하거나 유리하다고 알리는 행위**
6. **투자성 상품**의 경우 다음 각 목의 어느 하나에 해당하는 행위
   가. 금융소비자로부터 계약의 체결권유를 해줄 것을 **요청받지 아니하고 방문·전화 등 실시간 대화의 방법을 이용하는 행위**(다만, 금융소비자 보호 및 건전한 거래질서를 해칠 우려가 없는 행위로서 대통령령으로 정하는 행위는 제외)
   나. 계약의 체결권유를 받은 금융소비자가 이를 거부하는 취지의 의사를 표시하였는데도 계약의 체결권유를 계속하는 행위

53 정답 ①

시장점유율(Market share)에서 **고객점유율(Customer share)로 이행하고자** 'My Data 사업'이라고 불리는 과정을 통해 고객으로부터 관련정보를 수집하여 **고객의 모든 금융거래**를 집중하기 위한 노력을 하고 있다.

• **성공적인 CRM전략**
1) 고객획득(Customer getting)에서 고객유지(Customer keeping)로
2) 단기 고객유인, 판매(Transaction)에서 장기적 관계형성(Relationship)으로
3) 시장점유율(Market share)에서 고객점유율(Customer share)로
4) 판매촉진(Promotion)중심에서 고객서비스(Service)로
5) 자동화(Automation)에서 정보화(Information)로
6) 제품차별화(Product differentiation)에서 고객차별화(Customer differentiation)로
   ※ 이 문항은 거의 매회 출제되므로 잘 외워두어야 한다.

54 정답 ④

금융투자회사가 거래상대방에게 재산상 이익을 제공하거나 제공받은 경우 제공목적, 제공내용, 제공일자, 거래상대방, 경제적 가치 등을 5년 이상의 기간 동안 기록·보관하여야 한다.

※ **협회·영업 및 업무에 관한 규정 제2-67조(내부통제 등)**
① 금융투자회사가 거래상대방에게 재산상 이익을 제공하거나 제공받은 경우 제공목적, 제공내용, 제공일자, 거래상대방, 경제적 가치 등을 **5년 이상의 기간 동안 기록·보관**하여야 한다.

② 금융투자회사는 **이사회**가 정한 금액을 초과하는 재산상 이익을 제공하고자 하는 경우에는 **미리 이사회의 의결을 거쳐야 한다.** (기출지문)
③ 금융투자회사는 재산상 이익의 제공에 대한 적정성 점검 및 평가절차 등이 포함된 **내부통제기준을 제정·운영하여야 한다.**
④ 금융투자회사는 재산상 이익의 제공 현황, 적정성 점검 결과 등을 **매년 이사회에 보고하여야 한다.** (기출지문)
⑤ 금융투자회사는 거래상대방 소속 기관의 장이 서면에 의하여 소속 임직원 및 투자권유대행인에 대한 재산상 이익의 제공 내역을 요청하는 경우 이에 응하여야 한다. **다만, 해당 임직원 및 투자권유대행인이 동의하지 아니하는 경우에는 그러하지 아니하다.**

※ **협회·영업 및 업무에 관한 규정 제2-68조(부당한 재산상 이익의 제공 및 수령금지)**
① 금융투자회사는 다음 각 호의 어느 하나에 해당하는 경우 재산상 이익을 제공하거나 제공받아서는 아니 된다.
   1. 경제적 가치의 크기가 일반인이 통상적으로 이해하는 수준을 초과하는 경우
   2. 재산상 이익의 내용이 사회적 상규에 반하거나 거래상대방의 공정한 업무수행을 저해하는 경우
   3. 재산상 이익의 제공 또는 수령이 비정상적인 조건의 금융투자상품 매매거래, 투자자문계약, 투자일임계약 또는 신탁계약의 체결 등의 방법으로 이루어지는 경우
   4. 다음 각 목의 어느 하나에 해당하는 경우로서 거래상대방에게 금전, 상품권, 금융투자상품을 제공하는 경우. **다만, 사용범위가 공연·운동경기 관람, 도서·음반 구입 등 문화활동으로 한정된 상품권을 제공하는 경우는 제외한다.** (영화관람권 제공 가능, 기출지문)
      가. 집합투자회사, 투자일임회사 또는 신탁회사 등 타인의 재산을 일임받아 이를 금융투자회사가 취급하는 금융투자상품 등에 운용하는 것을 업무로 영위하는 자(그 임원 및 재산의 운용에 관하여 의사결정을 하는 자를 포함)에게 제공하는 경우
      나. 법인 기타 단체의 고유재산관리업무를 수행하는 자에게 제공하는 경우
      다. 집합투자회사가 자신이 운용하는 집합투자기구의 집합투자증권을 판매하는 투자매매회사(투자매매업을 영위하는 금융투자회사), 투자중개회사(투자중개업을 영위하는 금융투자회사) 및 그 임직원과 투자권유대행인에게 제공하는 경우
   5. 재산상 이익의 제공 또는 수령이 위법·부당행위의 은닉 또는 그 대가를 목적으로 하는 경우
   6. **거래상대방'만'** 참석한 여가 및 오락활동 등에 수반되는 비용을 제공하는 경우
   7. 금융투자상품 및 경제정보 등과 관련된 전산기기의 구입이나 통신서비스 이용에 소요되는 비용을 제공하거나

제공받는 경우. 다만, 제2-63조 제2항 제1호에 해당하는 경우(→ 금융투자상품에 대한 가치분석·매매정보 또는 주문의 집행 등을 위하여 자체적으로 개발한 소프트웨어 및 해당 소프트웨어의 활용에 **불가피한** 컴퓨터 등 전산기기를 제공하는 경우)는 제외한다.

8. 집합투자회사가 자신이 운용하는 집합투자기구의 집합투자증권의 **판매실적**에 '연동'하여 이를 판매하는 투자매매회사·투자중개회사(그 임직원 및 투자권유대행인을 포함한다)에게 **재산상 이익**을 제공하는 경우

9. 투자매매회사 또는 투자중개회사가 **판매회사의 변경** 또는 변경에 따른 이동액을 조건으로 하여 **재산상 이익**을 제공하는 경우

55　　정답 ④

모두 틀린 설명이다.

※ 금융투자회사의 표준윤리준칙 제16조(대외활동)

1. 회사의 공식의견이 아닌 경우 **사견임을 명백히 표현하여야 한다.**

2. 대외활동으로 인하여 회사의 **주된** 업무 수행에 지장을 주어서는 아니 된다.

3. 대외활동으로 인하여 금전적인 보상을 받게 되는 경우 **회사에 신고하여야 한다.**

4. 공정한 시장질서를 유지하고 건전한 투자문화 조성을 위해 최대한 노력하여야 한다.

5. 불확실한 사항을 단정적으로 표현하거나 다른 금융투자회사를 비방하여서는 아니 된다.

56　　정답 ①

직무윤리를 위반하는 행위에 대해서는 단순히 윤리적 지탄을 받는 것에서 그치는 경우도 있지만, 그것이 동시에 법 위반행위가 되어 법적 책임이 따르기도 한다. 이에는 **(금융투자협회의) 자율규제, (감독기구의) 행정명령, 민사책임, 형사책임, 시장의 통제(소비자의 금융회사에 대한 평판을 말함)** 등이 있다. '행정제재'는 금융감독기구인 금융위원회, 증권선물위원회, 금융감독원 등에 의한 제재가 중심이 된다.

금융위원회는 **6개월 이내의 업무의 전부 또는 일부의 정지 명령권**, 신탁계약, 그 밖의 계약의 인계명령권, **위법행위의 시정명령 또는 중지명령권, 위법행위로 인한 조치를 받았다는 사실의 공표 명령 또는 게시명령권, 기관경고, 기관주의,** 그밖에 위법행위를 시정하거나 방지하기 위하여 필요한 조치로서 대통령령으로 정하는 조치 등을 취할 수 있다.

57　　정답 ③

- 준법감시인은 **이사회 및 대표이사의 지휘를 받아** 금융투자회사 전반의 내부통제업무를 수행한다.

- 금융투자회사가 준법감시인을 임면하려는 경우에는 **이사회의 결의를 거쳐야 하며**, 해임할 경우에는 이사총수의 2/3 이상의 찬성으로 의결하여야 한다.

- 준법감시인의 임기는 2년 이상으로 하며 **임면일로부터 7영업일 이내**에 금융위원회에 보고하여야 한다.

※ 금융사지배구조법 제25조(준법감시인의 임면 등)

① 금융회사(자산규모 등을 고려하여 대통령령으로 정하는 투자자문업자 및 투자일임업자는 제외한다)는 내부통제기준의 준수 여부를 점검하고 내부통제기준을 위반하는 경우 이를 조사하는 등 내부통제 관련 업무를 총괄하는 사람(준법감시인)을 1명 이상 두어야 하며, 준법감시인은 필요하다고 판단하는 경우 조사결과를 감사위원회 또는 감사에게 보고할 수 있다.

② 금융회사는 사내이사 또는 업무집행책임자 중에서 준법감시인을 선임하여야 한다. 다만, 자산규모, 영위하는 금융업무 등을 고려하여 대통령령으로 정하는 금융회사 또는 외국금융회사의 국내지점은 사내이사 또는 업무집행책임자가 아닌 직원 중에서 준법감시인을 선임할 수 있다.

③ 금융회사(외국금융회사의 국내지점은 제외한다)가 준법감시인을 임면하려는 경우에는 이사회의 의결을 거쳐야 하며, 해임할 경우에는 이사 총수의 3분의 2 이상의 찬성으로 의결한다.

④ 준법감시인의 임기는 2년 이상으로 한다.

⑤ 금융회사는 준법감시인을 제2항 단서에 따라 직원 중에서 선임하는 경우 「기간제 및 단시간근로자 보호 등에 관한 법률」에 따른 기간제근로자 또는 단시간근로자를 준법감시인으로 선임하여서는 아니 된다.

⑥ 금융회사는 준법감시인에 대하여 회사의 재무적 경영성과와 연동하지 아니하는 별도의 보수지급 및 평가 기준을 마련하여 운영하여야 한다.

※ 금융사지배구조법 시행령 제25조(준법감시인 및 위험관리책임자의 임면에 따른 보고)

① 금융회사는 준법감시인 또는 위험관리책임자를 임면하였을 때에는 그 사실을 금융위원회에 임면일부터 7영업일 이내에 보고하여야 한다.

58　　정답 ③

가, 라는 CCO의 업무가 아니다. 가.는 위험관리책임자 또는 이사회 업무이다. 라.는 준법감시인의 업무이다.

금융회사는 관련 규정 등에 따라 금융소비자 보호업무를 총괄하는 '금융소비자보호 총괄책임자(CCO : Chief Consumer Officer)'를 지정하여야 하며, CCO는 **대표이사** 직속의 독립적 지위를 갖는다.

금융소비자보호 총괄책임자가 **수행하는 직무**는 다음과 같다.
- 상품설명서, 금융상품계약서류 등 사전 심의(단, 준법감시인 수행 시 제외)
- 금융상품 각 단계(개발, 판매, 사후관리)별 소비자보호 체계에 관한 관리 · 감독 및 검토
- 민원접수 및 처리에 관한 관리 · 감독 업무
- 금융소비자보호 관련 관계부서 간 업무협조 및 업무 총괄
- 대 · 내외 금융소비자보호 관련 교육 프로그램 개발 및 운영 업무 총괄
- 민원발생과 연계한 관련 부서 · 직원 평가 기준의 수립 및 평가 총괄
- 그 외 금융소비자의 권익증진을 위하여 필요하다고 판단되는 사항

59 정답 ①

내부통제체제의 구축 · 유지 · 운영 및 감독책임은 대표이사의 의무이다.

※ 내부통제의 주체별 역할
(1) 이사회
회사의 내부통제의 근간이 되는 내부통제체제 구축 및 운영에 관한 **기준을 정한다.**
(2) 대표이사
내부통제체제의 **구축 및 운영에 필요한 제반사항을 수행 · 지원하고 적절한 내부통제 정책을 수립하여야 하며, 다음 각 사항에 대한 책임 및 의무가 있다.**
❶ 위법 · 부당행위의 사전예방에 필요한 내부통제체제의 구축 · 유지 · 운영 및 감독
❷ 내부통제체제의 구축 · 유지 · 운영에 필요한 인적 · 물적 자원을 지원
❸ 조직 내 각 업무분야에서 내부통제와 관련된 제반 정책 및 절차가 지켜질 수 있도록 각 부서 등 조직 단위별로 적절한 임무와 책임 부여
❹ 매년 1회 이상 내부통제 체제 · 운영실태의 정기점검 및 점검 결과의 이사회 보고. 이 경우 대표이사는 내부통제 체계 · 운영에 대한 실태점검 및 이사회 보고업무를 **준법감시인에게 위임할 수 있다.**

60 정답 ②

적정성의 원칙, 적합성의 원칙 위반은 3천만원 이하의 과태료 부과대상이다.

※ 금융소비자보호법 제57조(과징금)
금융위원회는 금융상품직접판매업자 또는 금융상품자문업자가 다음 각 호의 어느 하나에 해당하는 경우 그 위반행위와 관련된 계약으로 얻은 수입 또는 이에 준하는 금액의 100분의 50 이내에서 **과징금을 부과할 수 있다.**

1. 제19조 제1항(**설명의무**)을 위반하여 중요한 사항을 설명하지 아니하거나 같은 조 제2항을 위반하여 설명서를 제공하지 아니하거나 확인을 받지 아니한 경우
2. 제20조 제1항(**불공정영업행위의 금지**) 각 호의 어느 하나에 해당하는 행위를 한 경우
3. 제21조(**부당권유행위 금지**) 각 호의 어느 하나에 해당하는 행위를 한 경우
4. 제22조 제3항 또는 제4항(금융상품등에 관한 **광고 관련 준수사항**)을 위반하여 금융상품등에 관한 광고를 한 경우

61 정답 ③

일임매매는 일부 경우에 대해 정당한 권한을 가진 금융소비자와 계약을 맺는 경우 허용된다. **임의매매는 예외없이 금지된다.**

62 정답 ①

※ 금융소비자보호법 제51조(금융상품판매업자등에 대한 처분 등)
① 금융위원회는 금융상품판매업자등 중 제12조에 따른 등록을 한 금융상품판매업자등이 다음 각 호의 어느 하나에 해당하는 경우에는 제12조에 따른 금융상품판매업등의 등록을 취소할 수 있다. **다만, 제1호에 해당하는 경우에는 그 등록을 취소하여야 한다.**
1. 거짓이나 그 밖의 부정한 방법으로 등록을 한 경우 (← 반드시 취소됨)
2. 등록 요건을 유지하지 아니하는 경우. 다만, 일시적으로 등록요건을 유지하지 못한 경우로서 대통령령으로 정하는 경우는 제외한다.
3. 업무의 정지기간 중에 업무를 한 경우
4. 금융위원회의 시정명령 또는 중지명령을 받고 금융위원회가 정한 기간 내에 시정하거나 중지하지 아니한 경우
5. 그 밖에 금융소비자의 이익을 현저히 해칠 우려가 있거나 해당 금융상품판매업등을 영위하기 곤란하다고 인정되는 경우로서 대통령령으로 정하는 경우

63 정답 ③

금융감독원에 설치된 금융분쟁조정위원회의 조정안을 **당사자가 수락하면** 당해 조정안은 재판상 화해와 동일한 효력을 갖는다(당사자 중 일방 또는 쌍방이 수락하지 않을 수도 있다).
※ 아래는 금융감독원이 아닌 금융투자협회의 분쟁조정제도이므로 그 차이점을 파악하여야 한다.
(1) 협회의 분쟁조정위원회 회부
– 당사자 간에 합의가 성립하지 않은 경우 협회는 조정신청서 접수일로부터 **30일 이내**에 분쟁조정위원회에 사건을 회부하며, 위원회는 **회부된 날로부터 30일 이내**에 심

의하여 조정 또는 각하 결정을 원칙으로 하나 부득이한 경우 15일 이내에서 기한을 연장할 수 있음
- 분쟁조정위원회에 회부되면 회의안건과 각종 제출자료 등이 분쟁조정위원에게 송부되고, 검토와 토론을 통해 최종적인 분쟁조정위원회의 조정안이 제시됨
- 위원이 당사자의 대리인이거나 친족관계 등 이해관계가 있는 경우 위원회에서 제척되며 신청인은 위원명단을 통지받은 후 7일 이내에 특정위원에 대한 기피신청서를 협회에 제출할 수 있음

(2) 조정의 성립
- 당사자가 조정결정수락서에 기명 날인한 후 이를 조정 결정의 통지를 받은 날로부터 20일 이내에 협회에 제출함으로써 성립하며 **민법상 화해계약**의 효력을 갖게 됨
- 회원인 당사자는 조정이 성립한 날로부터 20일 이내에 조정에 따른 후속조치를 취하고 그 처리결과를 지체없이 협회에 제출하여야 함

(3) 재조정 신청
- 분쟁조정신청의 당사자는 조정의 결과에 중대한 영향을 미치는 새로운 사실이 나타난 경우(결정의 기초가 되는 자료나 증언이 위조 또는 변조되거나, 법령 또는 판결이 변경되는 등 조정의 결과에 중대한 영향을 미치는 새로운 사실이 나타나는 경우 등) 조정결정 또는 각하 결정을 통지받은 날로부터 30일 이내에 재조정 신청이 가능

64　　정답 ①

일회성 금융거래 중 **일정액 이상의 거래만**이 특정금융거래보고법의 대상에 해당된다.

※ 특정금융정보법 제10조의3(일회성 금융거래등의 금액)

① 법 제5조의2 제1항 제1호 각 목 외의 부분에서 "대통령령으로 정하는 금액"이란 다음 각 호의 구분에 따른 금액을 말한다.
1. 법 제2조 제2호 다목에 따른 거래의 경우 : 3백만원 또는 그에 상당하는 다른 통화로 표시된 금액(※ 카지노를 말함)
1의2. 법 제2조 제2호 라목에 따른 가상자산거래의 경우 : **1백만원에 상당하는** 가상자산의 금액. 이 경우 가상자산의 현금 환산 기준은 금융정보분석원장이 정하여 고시한다.
2. 법 제5조의3에 따른 **전신송금**의 경우 : 1백만원 또는 그에 상당하는 다른 통화로 표시된 금액
3. 그 밖의 일회성 금융거래등의 경우 : 다음 각 목의 구분에 따른 금액
　가. **외국통화로 표시된 외국환거래의 경우** : 1만 미합중국달러 또는 그에 상당하는 다른 통화로 표시된 금액
　나. 가목 외의 금융거래등의 경우 : 1천만원

② 제1항에 따른 금융거래등의 금액을 산정할 때에 금융거래등의 대상이 되는 재산의 액면금액과 실지거래금액이 다른 경우에는 **실지거래금액**에 의한다.

상기 내용을 정리하면 다음과 같다.
- 전신송금 및 가상자산 : 100만원 또는 그에 상당하는 외화
- 카지노 : 300만원 또는 그에 상당하는 외화
- 외화표시 외국환거래 : 미화 1만달러 상당
- 기타 : 1,000만원

65　　정답 ④

실제소유자는 궁극적으로 법인이 아닌 자연인(개인)이다.

※ 특정금융정보법 시행령 제10조의5(실제 소유자에 대한 확인)

① 금융회사등은 법 제5조의2 제1항 제1호 나목 본문에 따라 개인인 고객의 실지명의로 금융거래등을 하기로 하는 약정 또는 합의를 한 다른 **개인 등 고객을 최종적으로 지배하거나 통제하는 사람**("실제 소유자"라 한다)이 있으면 그 실제 소유자의 실지명의 및 국적(그 실제 소유자가 외국인인 경우로 한정한다)을 확인해야 한다.

② 금융회사등은 법 제5조의2 제1항 제1호 나목 단서에 따라 법인 또는 단체인 고객의 실제 소유자로서 다음 각 호의 어느 하나에 해당하는 사람이 있으면 그 실제 소유자의 성명, 생년월일 및 국적을 확인해야 한다. 이 경우 제1호에 해당하는 사람을 확인할 수 없는 때에는 제2호에 해당하는 사람을, 제2호에 해당하는 사람을 확인할 수 없는 때에는 제3호에 해당하는 사람을 각각 확인해야 한다.
1. 해당 법인 또는 단체의 의결권 있는 발행주식총수(출자총액을 포함)의 100분의 25 이상의 주식, 그 밖의 출자지분(그 주식, 그 밖의 출자지분과 관련된 증권예탁증권을 포함한다)을 소유하는 자
2. 다음 각 목의 어느 하나에 해당하는 사람
　가. 해당 법인 또는 단체의 의결권 있는 발행주식총수를 기준으로 소유하는 주식, 그 밖의 **출자지분의 수가 가장 많은 주주등**
　나. 단독으로 또는 다른 주주등과의 합의·계약 등에 따라 대표자·업무집행사원 또는 임원 등의 과반수를 선임한 주주등
　다. 해당 법인 또는 단체를 사실상 지배하는 자가 가목 및 나목에 해당하는 주주등과 명백히 다른 경우에는 그 사실상 지배하는 자
3. 해당 법인 또는 단체의 **대표자**
(※ 정리 : 법인인 경우 **25% 이상 최대주주 > 최대지분 소유자 > 대표자 순으로** 최소 2단계 이상 확인하여야 하며, 확인하여야 할 정보는 실제 소유자의 성명, 생년월일, 국적 정보이다.)

법규 및 세제(35문항)

66   정답 ③

자본시장의 불공정거래조사, 기업회계기준 및 회계감리에 관한 업무 등은 **증권선물위원회**의 업무이다. 나머지는 금융위원회의 업무이다.

※ **증권선물위원회(Securities & Futures Commission : SFC)**
  ❶ 개요 : 증권선물위원회는 금융위설치법에 의해 자본시장 및 기업회계와 관련한 주요 업무를 수행하기 위하여 설치된 의결기구
  ❷ 소관업무
  　ㄱ. **자본시장의 불공정거래 조사**
  　ㄴ. **기업회계**의 기준 및 회계감리에 관한 업무
  　ㄷ. 금융위 소관사무 중 자본시장의 관리·감독 및 감시 등과 관련된 주요사항에 대한 사전심의
  　ㄹ. 자본시장의 관리·감독 및 감시 등을 위하여 금융위로부터 위임받은 업무 등
  ❸ 금융감독원에 대한 지도·감독 : 증권선물위원회는 소관의 업무에 관하여 금융감독원을 지도·감독

67   정답 ③

레버리지 규제는 당기순손실 등 경영실적이 저조하면서 외부차입 비중이 높아 부실우려가 있는 경영부진 회사에 대한 선제적 경영개선을 유도하기 위해, 증권사 및 선물사에 대해 레버리지 비율을 일정수준 **이하로** 유지하도록 요구하는 것이다. 순자본비율 규제 내용 중 레버리지 규제는 개별 재무상태표상의 **자기자본 대비 총자산의 비율**로 계산한다.

• (금융위의 금융투자업자에 대한) 긴급조치 : 금융위는 ① 발행한 어음 또는 수표가 부도로 되거나 은행과의 거래가 정지 또는 금지되는 경우, ② 유동성이 일시적으로 급격히 악화되어 투자자예탁금 등의 지급불능 사태에 이른 경우, ③ 휴업 또는 영업의 중지 등으로 돌발사태가 발생하여 정상적인 영업이 불가능하거나 어려운 경우에는
  ① 투자자예탁금 등의 일부 또는 전부의 반환명령 또는 지급정지,
  ② 투자자예탁금 등의 수탁금지 또는 다른 금융투자업자로의 이전,
  ③ 채무변제행위의 금지,
  ④ 경영개선명령조치,
  ⑤ 증권 및 파생상품의 매매 제한 등의 조치를 할 수 있음

68   정답 ②

투자일임업, 투자자문업, 온라인소액투자중개업, 일반사모집합투자업은 등록대상이다.

69   정답 ④

긴급조치와 '적기시정조치'는 다른 내용이다.
긴급조치 : 금융위는 ① 발행한 어음 또는 수표가 부도로 되거나 은행과의 거래가 정지 또는 금지되는 경우, ② 유동성이 일시적으로 급격히 악화되어 투자자예탁금 등의 지급불능사태에 이른 경우, ③ 휴업 또는 영업의 중지 등으로 돌발사태가 발생하여 정상적인 영업이 불가능하거나 어려운 경우에는,
  ① 투자자예탁금 등의 일부 또는 전부의 반환명령 또는 지급정지,
  ② 투자자예탁금 등의 수탁금지 또는 다른 금융투자업자로의 이전,
  ③ 채무변제행위의 금지,
  ④ 경영개선명령조치,
  ⑤ 증권 및 파생상품의 매매 제한 등의 조치를 할 수 있음

※ **적기시정조치제도**
  적기시정조치제도란 금융회사의 자본충실도 및 경영실태평가 결과가 미리 정해진 일정기준에 미달하여 경영상태가 심각하게 악화되고 있는 경우 금융감독당국이 기준 미달정도에 따라 **경영개선권고, 경영개선요구 및 경영개선명령의 3단계**로 구분하여 단계적으로 시정조치를 부과하는 제도이다.

※ **금융투자업규정에서 정하는 경영의 권고·개선·요구의 주요 내용**
  제3-26조(경영개선권고)
  1. 인력 및 조직운용의 개선, 2. **경비절감**, 3. 점포관리의 효율화, 4. **부실자산의 처분**, 5. 영업용순자본감소행위의 제한, 6. **신규업무 진출의 제한**, 7. 자본금의 증액 또는 감액, 8. 대손충당금 등의 설정
  제3-27조(경영개선요구)
  1. 고위험자산보유제한 및 자산처분, 2. **점포의 폐쇄, 통합 또는 신설제한**, 3. 조직의 축소, 4. 자회사의 정리, 5. 임원진교체 요구, 6. 영업의 일부정지, 7. 합병·제3자 인수·영업의 전부 또는 일부의 양도·「금융지주회사법」에 따른 금융지주회사의 자회사로의 편입에 관한 계획수립
  제3-28조(경영개선명령)
  1. 주식의 일부 또는 전부소각, 2. **임원의 직무집행 정지 및 관리인 선임**, 3. 합병, 금융지주회사의 자회사로의 편입, 4. **영업의 전부 또는 일부의 양도**, 5. 제3자의 당해 금융투자업 인수, 6. **6개월 이내의 영업정지**, 7. 계약의 전부 또는 일부의 이전

70   정답 ③

금융투자회사의 위험관리 지침은 **이사회의 결의**로서 제정하고 개정하여야 한다.
금융투자업자의 **이사회는** ① 경영전략에 부합하는 위험관리 기본방침 수립, ② 금융투자업자가 부담 가능한 위험 수준의 결정, ③ 적정투자한도 또는 손실허용한도 승인, ④ 위험관리지침의 제정 및 개정에 관한 사항을 심의·의결한다.

다만 효율적인 위험관리를 위하여 필요하다고 인정되는 경우 **이사회 내에 위험관리를 위한 위원회를 두고** 그 업무를 담당하게 할 수 있다. 특히 장외파생상품에 대한 투자매매업의 인가를 받은 금융투자업자 또는 인수업을 포함한 투자매매업의 인가를 받은 금융투자업자는 경영상 발생할 수 있는 위험을 실무적으로 종합관리하고 **이사회와 경영진을 보조할 수 있는 전담조직을 두어야 한다.**

71 정답 ③

10억원 이하는 경영공시 대상이 아니다.

• **금융투자업자의 경영공시**

금융투자업자는 상장법인의 공시의무 사항의 발생, 부실채권 또는 특별손실의 발생, 임직원이 형사처벌을 받은 경우, 그 밖에 다음의 경우에는 금융위에 보고하고, 인터넷 홈페이지 등을 이용하여 공시하여야 한다.

❶ 독점규제 및 공정거래에 관한 법률에 의거 동일 기업집단별(동일 기업집단이 아닌 경우 개별기업별)로 금융투자업자의 직전 분기 말 자기자본의 100분의 10에 상당하는 금액을 초과하는 부실채권의 발생

❷ 금융사고 등으로 금융투자업자의 직전 분기 말 자기자본의 100분의 2에 상당하는 금액을 초과하는 손실이 발생하였거나 손실이 예상되는 경우(단 10억원 이하는 제외)

❸ 민사소송의 패소 등의 사유로 금융투자업자의 직전 분기 말 자기자본의 100분의 1에 상당하는 금액을 초과하는 손실이 발생한 경우(단 10억원 이하는 제외)

❹ 적기시정조치, 인가 또는 등록의 취소 등의 조치를 받은 경우

❺ 회계기간 변경을 결정한 경우

❻ 상장법인이 아닌 금융투자업자에게 재무구조·채권채무관계·경영환경·손익구조 등에 중대한 변경을 초래하는 사실이 발생하는 경우

72 정답 ④

투자매매업자 또는 투자중개업자의 총 신용공여 규모는 **자기자본의 범위 이내로** 하되, 신용공여 종류별로 투자매매업자 또는 투자중개업자의 구체적인 한도는 금융위원장이 따로 결정할 수 있다.

※ 참고로 담보비율과 관련하여 담보로 제공된 증권의 평가 방식이 자주 출제되므로 아래 내용을 숙지한다.

※ 담보로 제공된 증권의 평가

신용공여와 관련하여 담보 및 보증금으로 제공되는 증권의 평가는,

① 청약 주식 : 취득가액으로 함. 다만, 당해 주식이 증권시장에 상장된 후에는 당일 종가

② 상장주권 또는 상장지수집합투자기구의 집합투자증권 : 당일 종가

③ 상장채권 및 공모 파생결합증권(주가연계증권에 한함) : 2 이상의 채권평가회사가 제공하는 가격정보를 기초로 **투자매매업자 또는 투자중개업자가 산정한 가격**

④ 집합투자증권 : 당일에 고시된 **기준가격으로 함**

73 정답 ④

모두 예외적으로 자기계약이 인정된다. (자본시장법 제67조 참조, 2025 기본서 3권 p77 참조)

투자매매업자 또는 투자중개업자는 금융투자상품에 관한 같은 매매에 있어 **자신이 본인이 됨과 동시에 상대방의 투자중개업자가 되어서는 아니 된다.** 다만, 다음 각 호의 어느 하나에 해당하는 경우에는 **그러하지 아니하다.**

1. 투자매매업자 또는 투자중개업자가 증권시장 또는 파생상품시장을 통하여 매매가 이루어지도록 한 경우

2. 그 밖에 투자자 보호 및 건전한 거래질서를 해할 우려가 없는 경우로서

1) 투자매매업자 또는 투자중개업자가 **자기가 판매하는 집합투자증권을 매수하는 경우**

2) 투자매매업자 또는 투자중개업자가 **다자간매매체결회사를 통하여** 매매가 이루어지도록 한 경우

3) 종합금융투자사업자가 금융투자상품의 **장외매매가 이루어지도록 한 경우**

4) 그 밖에 공정한 가격 형성과 매매, 거래의 안정성과 효율성 도모 및 투자자의 보호에 우려가 없는 경우로서 금융위원회가 정하여 고시하는 경우

74 정답 ③

발행인에게 회계, 자문 등의 용역을 제공하고 있는 공인회계사·감정인·변호사·변리사·세무사 등 공인된 자격증을 가지고 있는 자는 50인 산정에서 제외된다.

• 50인을 산출하는 경우에는 청약의 권유를 하는 날 이전 6개월 이내에 해당 증권과 같은 종류의 증권에 대하여 모집이나 매출에 의하지 아니하고 청약의 권유를 받은 자를 합산한다. 다만, 다음 각 호의 어느 하나에 해당하는 자는 합산 대상자에서 제외한다.

1. **다음 각 목의 어느 하나에 해당하는 전문가**

가. 전문투자자

나. 「**공인회계사법**」에 따른 회계법인

다. 신용평가회사법에 따라 신용평가업인가를 받은 자

라. 발행인에게 회계, 자문 등의 **용역을 제공하고 있는** 공인회계사·감정인·변호사·변리사·세무사 등 공인된 자격증을 가지고 있는 자

마. 그 밖에 발행인의 재무상황이나 사업내용 등을 잘 알 수 있는 전문가로서 **금융위원회가 정하여 고시하는 자**

2. 다음 각 목의 어느 하나에 해당하는 연고자
　가. 발행인의 최대주주와 발행주식 총수의 100분의 5 이상을 소유한 주주
　나. 발행인의 임원 및 우리사주조합원
　다. 발행인의 계열회사와 그 임원
　라. 발행인이 주권비상장법인(주권을 모집하거나 매출한 실적이 있는 법인은 제외한다)인 경우에는 그 주주
　마. 외국 법령에 따라 설립된 외국 기업인 발행인이 종업원의 복지증진을 위한 주식매수제도 등에 따라 국내 계열회사의 임직원에게 해당 외국 기업의 주식을 매각하는 경우에는 그 국내 계열회사의 임직원
　바. 발행인이 설립 중인 회사인 경우에는 그 발기인
　사. 그 밖에 발행인의 재무상황이나 사업내용 등을 잘 알 수 있는 연고자로서 **금융위원회가 정하여 고시하는 자**

75 　　　　　　　　　　　　　　　　 정답 ③

감독원장은 금융기관 또는 그 임직원의 이의신청에 대하여 다음과 같이 처리한다.
ㄱ. 금융위의 제재사항에 대하여는 당해 처분의 취소·변경 또는 이의신청의 기각을 금융위에 건의. 다만, 이의신청이 이유가 없다고 인정할 **명백한 사유가 있는 경우에는 감독원장이 이의신청을 기각할 수 있음**
ㄴ. 감독원장의 제재처분 또는 조치요구사항에 대하여는 이유가 없다고 인정하는 경우에는 이를 기각하고, 이유가 있다고 인정하는 경우에는 당해 처분을 취소 또는 변경할 수 있음
금융기관의 장은 제재조치를 받은 경우 감독원장이 정하는 바에 따라 **이사회 앞 보고** 또는 **주주총회** 부의등 필요한 절차를 취하여야 함

76 　　　　　　　　　　　　　　　　 정답 ②

옳은 것은 (다, 라) 2개이다.
금융위원회는 투자매매업자 또는 투자중개업자로서 다음 각 호의 기준을 모두 충족하는 자를 종합금융투자사업자로 **지정**할 수 있다. ('등록'이 아닌 '지정'임에 유의)
1. 「상법」에 따른 주식회사일 것
2. 증권에 관한 인수업을 영위할 것
3. 3조원 이상으로서 대통령령으로 정하는 금액 이상의 자기자본을 갖출 것

77 　　　　　　　　　　　　　　　　 정답 ②

청약철회가 가능한 금융투자상품에는 금전신탁이 아닌 '비금전신탁'(재산신탁 등을 말함)이 포함된다. (아래 내용 중 '다'에 해당하는 사항이다.)

※ **금융소비자보호법 시행령 제37조(청약의 철회가 가능한 금융투자상품)**
투자성 상품 : 다음 각 목의 금융상품. 다만, 일반금융소비자가 법 제46조 제1항 제2호에 따른 청약 철회의 기간 이내에 예탁한 금전등을 운용하는 데 동의한 경우는 제외한다.
　가. **고난도금융투자상품**(일정 기간에만 금융소비자를 모집하고 그 기간이 종료된 후에 금융소비자가 지급한 금전등으로 집합투자를 실시하는 것만 해당한다)
　나. 「자본시장과 금융투자업에 관한 법률 시행령」에 따른 **고난도투자일임계약**
　다. **신탁계약**(「자본시장과 금융투자업에 관한 법률」에 따른 금전신탁은 제외한다)
　라. 「자본시장과 금융투자업에 관한 법률 시행령」에 따른 **고난도금전신탁계약**

78 　　　　　　　　　　　　　　　　 정답 ③

3개(장내파생상품, 인버스 ETF, 조건부 자본증권)는 적정성 원칙 적용대상이다.

※ **금융소비자보호법 시행령 제12조(적정성 원칙)**
① 법 제18조 제1항에 따라 금융상품판매업자가 일반금융소비자의 정보를 파악해야 하는 금융상품의 범위는 다음 각 호와 같다.
　2. 다음 각 목의 **투자성 상품**
　　가. 「자본시장과 금융투자업에 관한 법률」에 따른 **파생상품 및 파생결합증권(금 적립계좌는 제외한다)**
　　나. 사채(社債) 중 일정한 사유가 발생하는 경우 주식으로 전환되거나 원리금을 상환해야 할 의무가 감면될 수 있는 사채 (※ 조건부자본증권을 말함)
　　다. 「자본시장과 금융투자업에 관한 법률 시행령」에 따른 **고난도금융투자상품, 고난도투자일임계약 및 고난도금전신탁계약**
　　라. 파생형 집합투자증권(레버리지 ETF, 인버스 ETF 포함)
　　마. 집합투자재산의 50%를 초과하여 파생결합증권에 운용하는 펀드의 집합투자증권
　　바. 위 적정성의 원칙이 적용되는 상품을 취득 및 처분하는 금전신탁계약의 수익증권
　3. 다음 각 목의 **대출성 상품**
　　가. 「주택법」 제2조 제1호에 따른 주택을 담보로 하는 대출
　　나. 증권(증권시장에서 **매도계약이 체결된 증권은 제외**한다), 지식재산권 또는 금융위원회가 정하여 고시하는 재산을 담보로 계약을 체결하는 대출성 상품
적정성의 원칙·적합성 원칙의 위반은 3천만원 이하의 과태료 부과 대상이다.

※ 자본시장법 제72조(신용공여)

① 투자매매업자 또는 투자중개업자는 증권과 관련하여 금전의 융자 또는 증권의 대여의 방법으로 투자자에게 신용을 공여할 수 있다. 다만, 투자매매업자는 증권의 인수일부터 3개월 이내에 투자자에게 그 증권을 매수하게 하기 위하여 그 투자자에게 금전의 융자, 그 밖의 신용공여를 하여서는 아니 된다.

(상기 신용공여 중 신용거래융자, 신용거래대주, 증권담보융자 등 대출성 상품은 **적정성의 원칙이 적용된다**. 다만 증권시장에서 매도계약이 체결된 증권을 담보로 계약을 체결하는 대출성 상품은 제외한다.)

79   정답 ④

① 투자자가 임직원에게 상품의 설명을 요청하는 경우에는 투자권유를 희망하지 않더라도 설명하여야 한다.

② 해당 투자자가 투자자문업자로부터 투자자문을 받고 금융상품의 구매를 요청하는 경우에는 판매회사는 투자자문업자로부터 관련서류등을 사전 교부받았다는 증빙을 제출하는 등의 별도의 제한조건이 존재한다.

③ **투자자가 구체적으로 운용대상을 지정하는** 특정금전신탁의 경우 투자권유를 희망하지 않는다는 확인서를 수령하고 계약을 체결하는 것은 관련 규정의 위반이 아니다(지정 특정금전신탁은 투자자가 **상품을 지정한다**).

※ 투자권유를 받지 않는 투자자에 대한 보호의무

1) 임직원등은 투자자가 투자권유를 희망하지 않아 투자자정보를 제공하지 않는 경우에는 투자권유를 할 수 없음을 알려야 한다. 만일, 적정성 원칙 대상상품의 거래를 희망하는 투자자가 투자자정보를 제공하지 않는 경우에는 관련법령에 따라 거래가 제한된다는 사실을 알려야 한다.

2) 투자자가 금융투자상품을 특정하여 청약하는 경우에는 "투자권유 희망 및 투자자정보 제공 여부 확인" 내용이 포함된 **확인서를 받아 판매절차를 진행할 수 있으나** 이 경우 투자자가 그 확인서의 취지와 유의사항을 충분히 이해할 수 있도록 설명하여야 한다.

가. 확인서의 취지 : 투자자가 판매직원의 투자권유 없이 특정 상품에 대한 투자를 희망하는 경우 판매자는 금소법상 **적합성 원칙이 적용되지 않는다는** 사실을 고지하기 위해 사용

나. 유의사항 : 투자권유를 희망하지 않는다는 확인서를 투자자가 작성하는 경우 판매자는 금소법상 **적합성 원칙과 설명의무 적용대상에서 제외되며**, 판매자의 관련 법위반에 대해 소비자의 권리를 주장할 수 없음. 다만, 설명의무의 경우 소비자가 요청할 경우에는 판매자에게 설명의무가 적용됨

따라서 이 경우 향후 판매회사와 체결한 계약내용 등에 대한 피해 발생으로 분쟁 또는 소송이 발생하는 경우 **투자자가 작성한 확인서로 인해 불리하게 작용될 수 있으므로** 그 확인서의 법적 의미와 그 위험 내용을 충분히 이해한 후 서명여부 등 확인서 작성을 신중하게 결정해야 한다.

80   정답 ②

손해배상금액의 **추정 조항**은 '자본시장법'에 있고, 금융소비자보호법에는 '설명의무 위반'에 대하여 고의 또는 과실이 없음을 금융상품판매업자등에게 부담시키는 입증책임전환 조항이 신설되어 있다.

※ 자본시장법 제48조(손해배상책임)

① 금융투자업자는 「금융소비자 보호에 관한 법률」 제19조제1항 또는 제3항을 위반한 경우 이로 인하여 발생한 일반투자자의 손해를 배상할 책임이 있다.

② 금융투자상품의 취득으로 인하여 일반투자자가 지급하였거나 지급하여야 할 금전등의 총액에서 그 금융투자상품의 처분, 그 밖의 방법으로 그 일반투자자가 회수하였거나 회수할 수 있는 금전등의 총액을 뺀 금액은 제1항에 따른 **손해액으로 추정한다**.

※ 금융소비자보호법 제19조(설명의무)

① 금융상품판매업자등은 일반금융소비자에게 계약 체결을 권유(금융상품자문업자가 자문에 응하는 것을 포함한다)하는 경우 및 일반금융소비자가 설명을 요청하는 경우에는 다음 각 호의 금융상품에 관한 중요한 사항(일반금융소비자가 특정 사항에 대한 설명만을 원하는 경우 해당 사항으로 한정한다)을 일반금융소비자가 이해할 수 있도록 설명하여야 한다.

③ 금융상품판매업자등은 제1항에 따른 설명을 할 때 일반금융소비자의 합리적인 판단 또는 금융상품의 가치에 중대한 영향을 미칠 수 있는 사항으로서 대통령령으로 정하는 사항을 거짓으로 또는 왜곡(불확실한 사항에 대하여 단정적 판단을 제공하거나 확실하다고 오인하게 할 소지가 있는 내용을 알리는 행위를 말한다)하여 설명하거나 대통령령으로 정하는 중요한 사항을 빠뜨려서는 아니 된다.

81   정답 ①

가, 라만 옳다.

1) 금융상품판매업자등은 자료 열람의 요구를 받은 경우에는 그 요구받은 날부터 **6영업일** 이내에 금융소비자가 해당 자료를 열람할 수 있도록 해야 한다.

2) 금융상품판매업자등은 다음 각 호의 어느 하나에 해당하는 경우에는 금융소비자에게 그 사유를 알리고 **열람을 제한하거나 거절할 수 있다**.

(1) 법령에 따라 열람을 제한하거나 거절할 수 있는 경우
(2) 다른 사람의 생명·신체를 해칠 우려가 있거나 다른 사람의 재산과 그 밖의 이익을 부당하게 침해할 우려가 있는 경우
3) 금융상품판매업자등은 금융소비자에게 열람에 대한 수수료 또는 우송료를 청구하는 경우에는 **실비를 기준으로** 한 금액을 청구해야 한다. 이 경우 열람업무의 효율적인 운영을 위해 필요한 경우에는 **미리 수수료 또는 우송료를 청구할 수 있다.**

82
정답 ④

모두 다 위법계약해지권의 '**적용제외**' 상품이다. (투자성이 없다고 보는 금융상품들이다.)

※ 위법계약해지권의 주요 내용
(1) 계약체결일로부터 5년 이내에 해지요구가 가능하되, 금융소비자가 위법사실을 안 날로부터 1년 이내의 기간이다.
(2) 해지 시 장래에 대하여 효력을 상실한다(금융투자회사의 원상회복의무는 없음).
(3) 금융투자회사는 해지관련비용(수수료, 위약금)을 요구할 수 없다.

※ 금융소비자보호법(금소법) 시행령 제38조(위법계약의 해지)
① 법 제47조 제1항 전단에서 "대통령령으로 정하는 금융상품"이란 금융소비자와 금융상품직접판매업자 또는 금융상품자문업자 간 계속적 거래가 이루어지는 금융상품 중 금융위원회가 **정하여 고시하는 금융상품**을 말한다. (본 문항에 나온 상품 전부를 말한다.)
② 법 제47조 제1항 전단에서 "대통령령으로 정하는 기간"이란 금융소비자가 계약 체결에 대한 위반사항을 **안 날부터 1년 이내의 기간을 말한다. 이 경우 해당 기간은 계약체결일부터 5년 이내의 범위에 있어야 한다.**

※ 금소법 제47조(위법계약의 해지)
① 금융소비자는 금융상품판매업자등이 제17조 제3항, 제18조 제2항, 제19조 제1항·제3항, 제20조 제1항 또는 제21조를 위반하여 대통령령으로 정하는 금융상품에 관한 계약을 체결한 경우 **5년 이내의 대통령령으로 정하는 기간 내에 서면등으로 해당 계약의 해지를 요구할 수 있다.** 이 경우 금융상품판매업자등은 해지를 요구받은 날부터 10일 이내에 금융소비자에게 수락여부를 통지하여야 하며, 거절할 때에는 거절사유를 함께 통지하여야 한다.**
② 금융소비자는 금융상품판매업자등이 정당한 사유 없이 제1항의 요구를 따르지 않는 경우 해당 계약을 해지할 수 있다.
③ 제1항 및 제2항에 따라 계약이 해지된 경우 금융상품판매업자등은 **수수료, 위약금 등 계약의 해지와 관련된 비용을 요구할 수 없다.**
④ 제1항부터 제3항까지의 규정에 따른 계약의 해지요구권의 행사요건, 행사범위 및 정당한 사유 등과 관련하여 필요한 사항은 대통령령으로 정한다.

83
정답 ③

설명서 교부방법은 서면, 우편 또는 전자우편 외 휴대폰 문자메시지 또는 이에 준하는 전자적 의사표시를 추가하여 온라인매체를 많이 사용하는 최근 시대현상을 반영하였다(표현이 '서면 등'이어야 한다).
(금소법 19조) 금융상품판매업자등은 법 제19조 제1항에 따른 **설명을 하기 전에 다음 각 호의 방법으로 일반금융소비자에게 설명서를 제공해야 한다.**
1. 서면교부
2. 우편 또는 전자우편
3. 휴대전화 문자메시지 또는 이에 준하는 전자적 의사표시

※ 금소법 제19조(설명의무)
① 금융상품판매업자등은 일반금융소비자에게 계약 체결을 권유(금융상품자문업자가 자문에 응하는 것을 포함한다)하는 경우 및 일반금융소비자가 설명을 요청하는 경우에는 다음 각 호의 금융상품에 관한 중요한 사항(일반금융소비자가 특정 사항에 대한 설명만을 원하는 경우 해당 사항으로 한정한다)을 일반금융소비자가 이해할 수 있도록 설명하여야 한다.
나. 투자성 상품
  1) 투자성 상품의 내용
  2) 투자에 따른 위험
  3) 대통령령으로 정하는 투자성 상품의 경우 대통령령으로 정하는 기준에 따라 금융상품직접판매업자가 정하는 위험등급
  4) 그 밖에 금융소비자가 부담해야 하는 수수료 등 투자성 상품에 관한 중요한 사항으로서 대통령령으로 정하는 사항
다. 예금성 상품
  1) 예금성 상품의 내용
  2) 그 밖에 이자율, 수익률 등 예금성 상품에 관한 중요한 사항으로서 대통령령으로 정하는 사항
라. 대출성 상품
  1) 금리 및 변동 여부, 중도상환수수료(금융소비자가 대출만기일이 도래하기 전 대출금의 전부 또는 일부를 상환하는 경우에 부과하는 수수료를 의미한다) 부과 여부·기간 및 수수료율 등 대출성 상품의 내용
  2) 상환방법에 따른 상환금액·이자율·시기
  3) 저당권 등 담보권 설정에 관한 사항, 담보권 실행사유 및 담보권 실행에 따른 담보목적물의 소유권 상실 등 권리변동에 관한 사항
  4) 대출원리금, 수수료 등 금융소비자가 대출계약을 체결하는 경우 부담하여야 하는 금액의 총액
  5) 그 밖에 대출계약의 해지에 관한 사항 등 대출성 상품에 관한 중요한 사항으로서 대통령령으로 정하는 사항

84

금융위원회는 금융상품으로 인하여 금융소비자의 재산상 **현저한** 피해가 발생할 우려가 있다고 **명백히 인정되는 경우로서** 대통령령으로 정하는 경우에는 그 금융상품을 판매하는 금융상품판매업자에 대하여 해당 금융상품 계약 체결의 권유 금지 또는 계약 체결의 제한·금지를 명할 수 있다.

※ **금소법 시행령 제40조(금융위원회의 명령권)**

① 법 제49조 제1항 제5호(금융소비자의 권익 보호 또는 건전한 거래질서를 위하여 필요한 사항)에서 "대통령령으로 정하는 사항"이란 다음 각 호의 사항을 말한다.
　　1. 내부통제기준 및 금융소비자보호기준
　　2. 수수료 및 보수
② 법 제49조 제2항에서 "대통령령으로 정하는 경우"란 투자성 상품, 보장성 상품 또는 대출성 상품에 관한 계약 체결 및 그 이행으로 인해 금융소비자의 재산상 **현저한** 피해가 발생할 우려가 있다고 **명백히 인정되는 경우**를 말한다.

(참고) "소액분쟁사건의 기준 금액"은 2천만원 이내이다. 금융회사는 일반금융소비자가 신청한 소액(2천만원 이내인 경우)분쟁사건에 대하여 조정안 제시 전까지 소 제기를 할 수 없다. 금융소비자는 금융상품판매업자등의 설명의무 위반사실, 손해발생 등의 요건만 입증하면 되고, 반면에 금융상품판매업자등은 자신에게 고의 또는 과실이 없음을 입증하지 못하면 손해배상책임을 면할 수 없다(금융상품판매업자등에게 입증책임의 전환).

※ **'금융소비자 보호에 관한 법률'에서의 관련 조문**

제41조(소송과의 관계)

① 조정이 신청된 사건에 대하여 신청 전 또는 신청 후 소가 제기되어 소송이 진행 중일 때에는 **수소법원(受訴法院)은 조정이 있을 때까지 소송절차를 중지할 수 있다.**
② 조정위원회는 제1항에 따라 소송절차가 중지되지 아니하는 경우에는 **해당 사건의 조정절차를 중지하여야 한다.**
③ 조정위원회는 조정이 신청된 사건과 동일한 원인으로 다수인이 관련되는 동종·유사 사건에 대한 소송이 진행 중인 경우에는 조정위원회의 결정으로 조정절차를 중지할 수 있다.

제42조(소액분쟁사건에 관한 특례)

조정대상기관은 다음 각 호의 요건 모두를 충족하는 분쟁사건에 대하여 조정절차가 개시된 경우에는 조정안을 제시받기 전에 소를 제기할 수 없다. 다만, 서면통지를 받거나 정한 기간 내에 조정안을 제시받지 못한 경우에는 그러하지 아니하다.
1. 일반금융소비자가 신청한 사건일 것
2. 조정을 통하여 주장하는 권리나 이익의 가액이 **2천만원 이하일 것**

제44조(금융상품판매업자등의 손해배상책임)

① 금융상품판매업자등이 고의 또는 과실로 이 법을 위반하여 금융소비자에게 손해를 발생시킨 경우에는 그 손해를 배상할 책임이 있다.

② 금융상품판매업자등이 제19조(설명의무)를 위반하여 금융소비자에게 손해를 발생시킨 경우에는 그 손해를 배상할 책임을 진다. 다만, 그 금융상품판매업자등이 고의 및 과실이 없음을 입증한 경우에는 그러하지 아니하다.

85

계좌손익의 달성여부나 손익의 규모는 과당매매의 판단기준이 아니다.

※ **금융투자업규정 제4-20조(불건전 영업행위의 금지)**

가. 일반투자자를 대상으로 빈번한 금융투자상품의 매매거래 또는 **과도한 규모의 금융투자상품의 매매거래를 권유하는 행위**. 이 경우 특정거래가 빈번한 거래인지 또는 과도한 거래인지 여부는 다음의 사항을 감안하여 판단한다.
　(1) 일반투자자가 **부담하는 수수료의 총액**
　(2) 일반투자자의 재산상태 및 투자목적에 적합한지 여부
　(3) 일반투자자의 투자지식이나 경험에 비추어 당해 거래에 수반되는 위험을 잘 이해하고 있는지 여부
　(4) 개별 매매거래 시 권유내용의 타당성 여부

86

모두 표기되어야 한다.

※ **협회 규정**

② 금융투자회사는 집합투자증권에 관한 투자광고에 다음 각 호의 사항을 포함하여야 한다. 다만, 한정된 공간에 다수의 집합투자증권을 광고하는 경우 협회는 **제3호부터 제6호까지의 사항 중 전부 또는 일부를 적용하지 아니할 수 있다.**
1. 금융소비자보호법 제22조 제3항, 금융소비자보호법 시행령 제18조 제1항 제1호, 제2호 및 제3항의 내용
2. 금융소비자보호 감독규정 제17조 제1항 제2호 및 제2항의 내용
3. **환매수수료 및 환매 신청 후 환매금액의 수령이 가능한 구체적인 시기**
4. **증권거래비용이 발생할 수 있다는** 사실과 투자자가 직·간접적으로 부담하게 되는 각종 보수 및 수수료
5. **고유한 특성 및 위험성 등이 있는** 집합투자기구의 경우 해당 특성 및 위험성 등에 관한 설명
6. 별표 9의 "금융투자회사의 의무 고지사항" 중 해당 투자광고의 내용과 관련된 사항

87 정답 ①

공모형 파생결합증권은 핵심설명서 교부대상이지만 상장이 되어 거래가 되는 ELW와 ETN은 대상에서 제외된다(ELW와 ETN은 장내시장에서 실시간 거래되므로 사전 교육에 의한 투자자보호장치가 있기 때문에 별도의 핵심설명서를 교부하지 않음).

핵심설명서 : 위험도가 높은 상품에 대해서는 투자설명서에 추가하여 핵심설명서를 교부하고 그 내용을 충분히 설명해야 한다.

▶ 핵심설명서 교부 대상 : ㉠ 고난도금융투자상품, ㉡ 고난도가 아닌 공모형 파생결합증권(ELW, ETN 제외), ㉢ 신용융자거래, ㉣ FX마진거래(유사해외통화선물거래)

88 정답 ④

가, 나, 다 모두 틀리다. 금융투자회사는 해당 금융투자회사의 임직원이 아닌 제3자가 작성한 조사분석자료를 공표하는 경우 해당 제3자의 성명(법인의 경우 법인명)을 **조사분석자료에 기재하여야 한다.**

※ (협회 규정) 조사분석대상 법인과의 이해관계의 고지

② 금융투자회사는 다음 각 호의 어느 하나에 해당하는 법인이 발행한 금융투자상품과 해당 법인이 발행한 주식을 기초자산으로 하는 주식선물·주식옵션·주식워런트증권에 대한 조사분석자료를 공표하거나 특정인에게 제공하는 경우 **자신과의 이해 관계를 조사분석자료에 명시하여야 한다.**

　1. 자신이 보증·배서·담보제공·채무인수 등의 방법으로 채무이행을 직접 또는 간접으로 보장하고 있는 법인

　2. **자신이 발행주식총수의 100분의 1 이상의 주식등을 보유하고 있는 법인**

⑤ **금융투자분석사가 기업금융업무 관련부서와 협의하고자 하는 경우 다음 각 호의 조건을 모두 충족하여야 한다.** 다만, 조사분석 대상법인이 발행한 금융투자상품의 투자등급이나 목표가격 변경 등 금융투자상품의 가치에 대한 평가와 직접적으로 관련된 부분은 협의할 수 없다.

　1. **조사분석 담당부서와 기업금융 업무 관련부서 간의 자료교환은 준법감시부서를 통하여 할 것**

　2. **조사분석 담당부서와 기업금융 업무 관련부서 간의 협의는 준법감시부서 직원의 입회하에 이루어져야 하며, 회의의 주요내용을 서면으로 기록·유지해야 한다.** 다만, 불가피한 사유로 준법감시 부서의 직원이 입회하지 못한 경우에는 협의내용을 전부 녹음하여 준법감시부서에 제출할 것

> (추가 보충 내용)
> 금융투자분석사는 자신의 금융투자상품 매매내역을 **매월** 회사에 보고하면 된다. 금융투자분석사는 자신이 담당하는 업종이 아닐 경우 매매는 할 수 있지만 공표일로부터 **7일간 같은 방향으로 매매**하여야 한다.

1) **금융투자분석사의 매매거래 제한**

　금융투자분석사는 자격을 취득하기 전에 취득한 금융투자상품을 처분하는 등 불가피하게 예외적인 경우를 제외하고는 자신이 담당하는 업종에 속하는 법인이 발행한 주식, 주권관련사채권, 신주인수권이 표시된 것, 이러한 주식을 기초자산으로 하는 주식선물·주식옵션 및 주식워런트증권을 매매하여서는 안 된다.

　또한 금융투자분석사는 소속 금융투자회사에서 조사분석자료를 공표한 금융투자상품을 매매하는 경우에는 공표 후 24시간이 경과하여야 하며, 해당 금융투자상품의 공표일부터 **7일 동안은 공표한 투자의견과 같은 방향으로 매매하여야 한다.**

2) **금융투자분석사의 24시간 매매거래 제한의 예외 허용**

　자본시장법은 조사분석자료 공표 후 24시간이 경과하기 전에 해당 회사가 자기계산으로 매매하는 행위를 금지하나, 조사분석자료가 새로운 내용을 담고 있지 않은 경우 등에 대해서는 예외적으로 매매를 허용하고 있으므로, 협회 규정에서도 법상 고유계정(회사의 계산)에 적용되는 24시간 매매제한의 예외사항을 금융투자분석사의 자기계산 매매에 대해서도 허용하고 있다.

89 정답 ③

재산상 이익의 가치는 다음과 같이 산정한다.

1. 금전의 경우 해당 금액
2. 물품의 경우 구입비용
3. 접대의 경우 해당 접대에 소요된 비용. 다만, 금융투자회사 임직원과 거래상대방이 공동으로 참석한 경우 해당 비용은 전체 소요경비 중 거래상대방이 **점유한 비율에 따라 산정**된 금액으로 한다.
4. 연수·기업설명회·기업탐방·세미나의 경우 거래상대방에게 직접적으로 제공되었거나 제공받은 비용
5. 제1호부터 제4호까지에 해당하지 아니하는 재산상 이익의 경우 해당 재산상 이익의 구입 또는 제공에 소요된 실비

90 정답 ③

주식회사의 자본원칙에는 자본확정의 원칙, 자본충실·구속의 원칙 그리고 자본불변(불감)의 원칙으로 나눈다. 이 중 회사설립 시 발기인의 인수가액의 전액 납입의무는 '자본확정의 원칙'이다.

※ 상법 제295조(발기설립의 경우의 납입과 현물출자의 이행)

① 발기인이 회사의 설립 시에 발행하는 주식의 총수를 인수한 때에는 지체없이 각 주식에 대하여 그 인수가액의 전액을 납입하여야 한다. 이 경우 발기인은 납입을 맡을 은행 기타 금융기관과 납입장소를 지정하여야 한다.

91　정답 ①

모두 정관의 절대적 기재사항이다.

※ 상법 제289조(주식회사 정관의 작성, 절대적 기재사항)

① 발기인은 정관을 작성하여 다음의 사항을 적고 각 발기인이 기명날인 또는 서명하여야 한다.

1. 목적
2. 상호
3. 회사가 발행할 주식의 총수
4. 액면주식을 발행하는 경우 1주의 금액(→ **100원 이상이어야 한다. 그러나 무액면주식일 경우에는 1주의 금액이 있을 수 없으므로 1주의 금액은 액면주식을 발행하는 경우에만 이를 절대적 기재사항으로 하고 있다.**) (기출지문)
5. 회사의 설립 시에 발행하는 주식의 총수
6. 본점의 소재지
7. 회사가 공고를 하는 방법
8. 발기인의 성명·주민등록번호 및 주소

※ 상법 제290조(변태설립사항 or 상대적 기재사항)

다음의 사항은 정관에 기재함으로써 그 효력이 있다.

1. 발기인이 받을 특별이익과 이를 받을 자의 성명
2. 현물출자를 하는 자의 성명과 그 목적인 재산의 종류, 수량, 가격과 이에 대하여 부여할 주식의 종류와 수
3. 회사성립 후에 양수할 것을 약정한 재산의 종류, 수량, 가격과 그 양도인의 성명
4. **회사가 부담할 설립비용과 발기인이 받을 보수액**

상법 제290조(변태설립사항)은 **정관에 기재함으로써** 그 효력이 있다. 변태설립사항(變態設立事項)이란 회사설립과 관련된 사항들 가운데 회사의 자본적 기초를 약화시킬 우려가 있는 것을 말한다. 상법은 회사의 자본을 충실하게 하기 위해 변태설립사항의 정관 기재를 강행규정으로 하고 있으며 이를 위반한 경우 원칙적으로 무효이다. 변태설립사항에는 **발기인의 특별이익, 현물출자, 재산인수, 설립비용과 발기인의 보수** 등이 있다.

주식회사 설립 시 **발기인이 받을 특별이익은 변태설립사항으로서 상대적 기재사항**이다.

상대적 기재사항이란 기재하지 않더라도 정관 자체의 효력에는 영향을 미치지 않지만, 해당사항이 정관에 **기재되어야만** 비로소 회사와의 관계에서 그 효력이 발생되는 사항이며 상법의 규정 중에 산재(散在)되어 있다.

92　정답 ④

감사는 주주총회에서 선임한다. 의결권 없는 주식을 제외한 발행주식의 총수의 100분의 3(정관에서 더 낮은 주식 보유비율을 정할 수 있으며, 정관에서 더 낮은 주식 보유비율을 정한 경우에는 그 비율로 한다)을 초과하는 수의 주식을 가진 주주는 **그 초과하는 주식에 관하여** 제1항의 감사의 선임에 있어서는 의결권을 행사하지 못한다.

주주는 대리인으로 하여금 그 의결권을 행사하게 할 수 있다. 이 경우에는 그 대리인은 대리권을 증명하는 서면을 총회에 제출하여야 한다. 즉, 주주의 의결권의 대리행사는 정관으로도 금지할 수 없다.

• 의결권의 불통일행사

주주가 2 이상의 의결권을 가지고 있는 때에는 이를 통일하지 아니하고 행사할 수 있다. 이 경우 주주총회일의 3일 전에 회사에 대하여 서면 또는 전자문서로 그 뜻과 이유를 통지하여야 한다. 또한 회사는 주주의 의결권 불통일 행사를 거부할 수 있으나 **주주가 주식의 신탁을 인수하였거나 기타 타인을 위하여 주식을 가지고 있는 경우에는 거부할 수 없다.**

※ 상법 제368조의2(의결권의 불통일행사)

① 주주가 2 이상의 의결권을 가지고 있는 때에는 이를 통일하지 아니하고 행사할 수 있다. 이 경우 주주총회일의 3일 전에 회사에 대하여 서면 또는 전자문서로 그 뜻과 이유를 통지하여야 한다.

② 주주가 주식의 신탁을 인수하였거나 기타 타인을 위하여 주식을 가지고 있는 경우 외에는 회사는 주주의 의결권의 불통일행사를 거부할 수 있다.

93　정답 ④

주식회사의 이사의 선임은 주주총회의 전속적인 결의사항이다. 그리고 ③의 지문인 "이사가 고의 또는 중대한 과실로 그 임무를 게을리 한 때에는 그 이사는 제3자에 대하여 **연대하여** 손해를 배상할 책임이 있다"라는 뜻은 **회사와 이사가 연대**하여 책임을 진다는 뜻이다. (기출지문)

※ 상법 제382조의3(이사의 충실의무)

이사는 법령과 정관의 규정에 따라 **회사를 위하여** 그 직무를 충실하게 수행하여야 한다.

(※ 저자 주 : 최근 "회사를 위하여"를 "주주를 위하여"로 변경하자는 논의가 사회에서 진행 중이다. 현재로서는 이사는 '회사를 위하여' 그 직무를 충실하게 수행하여야 한다.)

94 　　　　　　　　　　　　　　　　정답 ④

결손의 보전을 위한 자본금 감소의 경우에는 주주총회의 보통결의로 할 수 있고 채권자보호절차도 필요 없다. 결손전보는 실제로 회사 외로 자금이 유출되는 것이 아닌 회계상의 계정처리이기 때문이다.
회사가 무액면주식을 발행하는 경우 회사의 자본금은 주식 발행가액의 2분의 1 이상의 금액으로서 이사회에서 자본금으로 계상하기로 한 금액의 총액으로 한다. 이 경우 주식의 발행가액 중 자본금으로 계상하지 아니하는 금액은 **자본준비금**으로 계상하여야 한다.

95 　　　　　　　　　　　　　　　　정답 ③

적극 재산을 실가 이하로 과소평가하거나 채무를 실가 이상으로 과대평가할 경우에 실가와의 차액을 비밀준비금이라 한다. 이는 실질적으로는 준비금이 아니고 대차대조표에도 계상하지 아니하므로 부진정준비금 또는 위장준비금이라고 한다.
회사는 이사회의 결의에 의하여 준비금의 전부 또는 일부를 자본금에 전입할 수 있다. 그러나 정관으로 주주총회에서 결정하기로 정한 경우에는 그러하지 아니하다.

96 　　　　　　　　　　　　　　　　정답 ②

상속세는 국세이다. 지방세에는 '취득세, 등록면허세, 지방교육세, 주민세, 재산세, 자동차세, 담배소비세 등'이 있다.

※ 우리나라 조세체계
　1) 국세(14개)
　　개인이 얻은 소득에 부과하는 소득세, 법인에게 부과하는 법인세, 무상으로 이전되는 상속세, 재산이 무상으로 이전되는 증여세, 부동산에 대한 **종합부동산세**, 생산·유통과정에 대한 **부가가치세**, 특정한 물품에 대한 개별소비세, 주류에 대하여 부과되는 주세, 재산 권리 변동 증서에 대한 인지세, 주권·지분 양도에 대한 **증권거래세**, 교육재정 확충에 필요한 교육세, 사회간접자본투자를 위한 교통에너지환경세, 농어촌특별세, 외국물품 반입 및 물품에 대한 관세
　2) 지방세(11개)
　　일정한 자산의 취득에 대한 **취득세**, 재산권·권리에 대한 등록면허세, 경륜·경정·경마 등에 대한 레저세, 담배에 과세되는 세금인 **담배소비세**, 지역경제 활성화를 위한 지방소비세, 거주하는 개인·법인에 대한 **주민세**, 납세자의 소득에 따른 지방소득세, 일정한 재산에 대하여 부과되는 **재산세**, 자동차 소유에 대한 자동차세, 지역균형개발·수질개선에 대한 지역자원시설세, 교육질적향상에 대한 지방교육세

97 　　　　　　　　　　　　　　　　정답 ②

10년 미만의 저축성보험의 보험차익은 이자소득세 대상이지만 보장성보험은 대상이 아니다.

98 　　　　　　　　　　　　　　　　정답 ④

상속세와 증여세는 (국세청에 의한) 부과확정이다.

99 　　　　　　　　　　　　　　　　정답 ④

사업양도인이 아닌 사업양수인이 2차 납세의무자가 된다.

※ 국세기본법 제41조(사업양수인의 제2차 납세의무)
　① 사업이 양도·양수된 경우에 양도일 이전에 양도인의 납세의무가 확정된 그 사업에 관한 국세 및 강제징수비를 양도인의 재산으로 충당하여도 부족할 때에는 대통령령으로 정하는 **사업의 양수인**은 그 부족한 금액에 대하여 양수한 재산의 가액을 한도로 제2차 납세의무를 진다.

100 　　　　　　　　　　　　　　　　정답 ④

만기가 10년 이상이고 보유기간이 3년 이상인 채권(2018년 이전 발행채권)의 경우, 분리과세를 신청한 경우에만 무조건 분리과세로 납세의무가 종료된다(원천징수 세율은 30%이다).

2025~2026 시대에듀 증권투자권유자문인력 실제유형 모의고사 [4회분 + 특별부록] PASSCODE

개정1판1쇄 발행	2025년 05월 10일 (인쇄 2025년 04월 09일)
초 판 발 행	2024년 04월 05일 (인쇄 2024년 03월 18일)
발 행 인	박영일
책 임 편 집	이해욱
편 저	강성국
편 집 진 행	김준일 · 남민우 · 우지영
표지디자인	하연주
편집디자인	김기화 · 하한우
발 행 처	(주)시대고시기획
출 판 등 록	제10-1521호
주 소	서울시 마포구 큰우물로 75 [도화동 538 성지 B/D] 9F
전 화	1600-3600
팩 스	02-701-8823
홈 페 이 지	www.sdedu.co.kr

I S B N	979-11-383-9226-6 (13320)
정 가	21,000원